Droit des marchés publics au Mali

5-7, rue de l'Ecole-Polytechnique, 75005 Paris

www.editions-harmattan.fr

ISBN : 978-2-343-14164-0
EAN : 9782343141640

Dr Amadou dit Abderhimou DICKO

Droit des marchés publics au Mali

Cadre harmonisé des marchés publics au sein de l'espace UEMOA

Procédures de passation des marchés des bailleurs de fonds

Préface du Pr Alioune SALL

L'Harmattan
Mali

Avertissement

Cet ouvrage est la publication de la thèse de doctorat soutenue en décembre 2015. Depuis ladite soutenance, plusieurs textes législatifs ou réglementaires sont intervenus pour modifier le droit des marchés publics au Mali. L'ouvrage a tenu compte dans la mesure du possible de la nouvelle réglementation

Dédicace

Je dédie cet ouvrage à tous les habitants et ressortissants du village de **Ouani**, ainsi qu'à tous les Maliens qui œuvrent pour un Mali uni et prospère.

Préface

Le thème de l'encadrement juridique de la passation des marchés publics constitue assurément un des sujets de réflexion les plus étudiés dans la conjoncture actuelle. Résultat d'une volonté de partenaires extérieurs soucieux de promouvoir la « bonne gouvernance » autant que des Etats eux-mêmes, tout aussi acquis, au moins en principe, aux principes de transparence et de reddition des comptes, le droit des marchés publics stimule également la réflexion dans la mesure où il se trouve, dans le contexte sous-régional étudié particulièrement, au confluent du droit interne et du droit communautaire, - celui de l'Union Economique et Monétaire Ouest-Africaine (UEMOA) - rencontre riche de questionnements délectables pour un esprit comme celui de M. Amadou dit Abderhimou DICKO. Le pari, il convient de le dire d'emblée, a été plutôt réussi.

Il faut d'abord savoir gré à l'auteur de s'attaquer à un sujet qui mobilise un appareil documentaire impressionnant, et qui exige tout autant du chercheur, un patient et parfois ingrat travail de dépouillement de toutes les sources disponibles : actes pris par l'autorité nationale, droit émané de l'UEMOA, droit « étranger » ayant pu constituer la source d'inspiration ou le modèle, rapports et études faits par les « partenaires extérieurs » dans un domaine où, effectivement, ils ont beaucoup axé leur coopération avec les Etats africains en général, et avec le Mali en particulier.

Soucieux de remonter aux causes profondes de la réforme des marchés publics pour mieux en expliquer les données actuelles, M. DICKO s'est d'abord attaché à montrer l'évolution du droit des marchés publics, qui constitue toute la première partie de l'ouvrage. *« Connaître le réel pour aller à l'idéal »*, disait Jean Jaurès, cette règle que la méthodologie de recherche peut faire sienne semble avoir ainsi inspiré M. DICKO, qui a pu, une fois cette genèse établie, procéder à l'analyse critique du dispositif aujourd'hui en vigueur au Mali. Il faut alors, à ce stade, exprimer une satisfaction et un regret.

La satisfaction, de moins en moins éprouvée aujourd'hui, il faut bien l'avouer, de voir un chercheur dépasser la perspective descriptive ou synthétique d'une réalité pour adopter une posture franchement distante, délibérément critique. Assurément, c'est dans cette seconde partie-là que se trouvent précisément les germes d'une « thèse ».

« Germes » seulement – et le regret éprouvé –, car il est entendu que les perspectives d'analyse critique sont elles-mêmes nombreuses, et il était inévitable que l'absence de certaines d'entre elles aient été regrettées, comme l'ont fait apparaître les débats qui ont eu lieu lors de la soutenance de cette thèse de doctorat. Mais il faut alors rappeler que M. DICKO n'avait nulle prétention à l'exhaustivité, mais la seule volonté d'ouvrir un champ très largement en friche, et dont on espère qu'il sera labouré par d'autres chercheurs que lui, plus tard.

Mais il est des thèses dont le mérite est précisément cela : ouvrir un champ de recherche, synthétiser des impressions plus ou moins confusément exprimées, baliser le terrain pour « camper » le débat sur un sujet. C'est cela qu'a tenté, et sans doute réussi M. DICKO. Il convient de l'en complimenter. L'ayant nous-mêmes connu alors qu'il était inscrit en Master II, nous avons toujours pu apprécier son intérêt pour la recherche et un engagement personnel qui l'a poussé, à maintes reprises, à effectuer de longs et éprouvant voyages d'études ou de recherche, sujétion qui venait s'ajouter à ses servitudes professionnelles de magistrat. Les fonctions de Juge requièrent des agents ayant, outre une compétence multidisciplinaire, une probité ou intégrité morale au-delà de tout soupçon. Ceci poussa l'auteur a toujours se remettre en cause et à partir à la recherche continu du savoir, car il a fait de son crédo l'adage « on n'a jamais fini d'apprendre ». Il y a, avouons-le, quelque chose de roboratif à voir ce doctorant arriver au bout de sa tâche, et d'avoir accompli son ouvrage de fort belle manière. M. DICKO est la preuve vivante que la recherche universitaire est aussi, peut-être même essentiellement, une affaire de volonté individuelle, d'engagement personnel d'autant plus méritoire qu'il s'insérait dans un contexte qui n'est pas toujours favorable à la recherche universitaire.

Cette thèse de doctorat, brillamment soutenue à l'Université de Bamako, n'aurait pu cependant voir le jour sans l'appui du co-directeur, le Professeur Abdramane TOURE de l'Université des

Sciences Juridiques et Politiques de Bamako et de mon collègue de l'Université Cheikh Anta DIOP, le Professeur Fara Mbodji, qui a été, à vrai dire, l'orfèvre dans une matière dont il maîtrise les arcanes infiniment mieux que moi. La qualité de cette thèse lui doit beaucoup. Les autres membres du jury à savoir, le professeur Eloi DIARRA de l'Université de Rouen en France (Président du jury de soutenance), et le Professeur Bakary CAMARA de l'université des sciences juridiques et politiques de Bamako sont à saluer pour leur intérêt à cette thèse au contenu passionnant et à la qualité du travail de M.DICKO.

Pour le reste, il faut souhaiter un beau destin à l'homme et à l'œuvre. A M. DICKO, que la passion de la recherche qui est la sienne, et qui l'a amené à mener aujourd'hui des activités d'enseignement, ne le quitte jamais, pour le bonheur de l'Université du Mali ; et à l'ouvrage, qu'il soit le prélude d'autres études sur le droit des marchés publics, sujet qui présente tant de facettes intéressantes et inexplorées.

Abuja, ce 27 novembre 2017
Alioune SALL
Professeur Titulaire des Universités
Agrégé des Facultés de droit
Honorable juge à la Cour de justice de la CEDEAO

Sommaire

Liste des acronymes

ACP-CEE	: Afrique Caraïbes Pacifiques-Communauté Economique Européenne
AEF	: Afrique Equatoriale Française
AFD	: Agence Française de Développement
AGEROUTE	: Agence d'Exécution des Travaux Routiers
AGETIER	: Agence d'Exécution des Travaux d'Investissement et d'Equipements Ruraux
AGETIP	: Agence d'Exécution des Travaux d'Intérêt Public
AID	: Agence Internationale pour le Développement
AMGI	: Agence Multilatérale de Garantie des Investissements
AMP	: Accord sur les Marchés Publics de l'OMC
AMRTP	: Autorité Malienne de Régulation des Télécommunications et des Postes
AN	: Assemblée Nationale
ANO	: Avis de Non Objection
ANPE	: Agence Nationale pour l'Emploi
AOF	: Afrique Occidentale Française
ARMDS	: Autorité de Régulation des Marchés Publics et des Délégations de service public
AUDCG	: Acte Uniforme OHADA relatif au Droit Commercial Général
AUDSC	: Acte Uniforme OHADA relatif au Droit des sociétés commerciales
BAD	: Banque Africaine de Développement
BADEA	: Banque Arabe pour le Développement Economique en Afrique
BCEAO	: Banque Centrale des Etats de l'Afrique de l'Ouest
BID	: Banque Islamique de Développement
BIRD	: Banque Internationale pour la Reconstruction et le Développement
BM	: Banque Mondiale
BOAD	: Banque Ouest Africaine de Développement

BVG	: Bureau du Vérificateur Général
CAD/OCDE	: Comité d'Aide au Développement/Organisation de Coopération et de Développement Economique
CCAG	: Cahier des Clauses Administratives Générales
CCI	: Chambre de Commerce Internationale
CCJA	: Cour Commune de Justice et d'Arbitrage OHADA
CDJO	: Commission de Dépouillement et de Jugement des Offres
CEDEAO	: Communauté Economique des Etats de l'Afrique de l'Ouest
CEE	: Communauté Economique Européenne
CEMAC	: Communauté Economique et Monétaire des Etats de l'Afrique Centrale
CGSP	: Contrôle Général des Services Publics
CIRDI	: Comité Internationale de Règlement des Différends Relatifs Aux Investissements
CJCE	: Cour de Justice des Communautés Européennes
CMLN	: Comité Militaire de Libération Nationale
CMP	: Code des Marchés Publics
CNDR	: Comité Nationale de Défense de la Révolution
CNUCED	: Conférence des Nations Unies pour le Commerce et le Développement
CNUDCI	: Commission des Nations Unies pour le Droit Commercial International
COMESA	: Marché Commun de l'Afrique Orientale et Australe
CR	: Conseil de Régulation
CRD	: Comité de Règlement des Différends
CSCRP	: Cadre Stratégique de Croissance et de Réduction de la Pauvreté
CSLP	: Cadre Stratégique de Lutte contre la Pauvreté
DAF	: Direction Administrative et Financière
DAO	: Dossier d'Appel d'Offres
DDD	: Déclaration sur le Droit au développement
DFM	: Direction des Finances et du Matériel
DGD	: Direction Générale des Douanes
DGI	: Direction Générale des Impôts
DGMP	: Direction Générale des Marchés Publics
DGMP-DSP	: Direction Générale de Marchés publics et des Délégations de Service public

DNCF	: Direction Nationale du Contrôle Financier
DNTC	: Direction Nationale du Trésor et la Comptabilité Publique
DP	: Déclaration de Paris
DRMP	: Direction Régionale des Marchés Publics
DRMP-DSP	: Direction Régionale des Marchés Publics et des Délégations des Services Publics
DSRA	: Dossier Standard Régional d'Acquisition
EAMA	: Etats Africains et Malgaches et Associés
EIE	: Etudes d'Impact sur l'Environnement
FAD	: Fonds Africain de Développement
FED	: Fonds Européen de Développement
FIDA	: Fonds International pour le Développement Agricole
FIDIC	: Fédération Internationale des Ingénieurs Conseils
FMI	: Fonds Monétaire et International
GAR	: Gestion Axée sur les Résultats
GATT	: General Agreement On Tariffs and Trade
IDE	: Investissement Direct Etranger
INCOTERMS	: International Commercial Terms
ISC	: Institution Supérieure de Contrôle des Finances Publiques
JOCE	: Journal Officiel des Communautés Européennes
JORF	: Journal Officiel de la République Française
JORM	: Journal Officiel de la République du Mali
JORN	: Journal Officiel de la République du Niger
JORS	: Journal Officiel de la République du Sénégal
MAEP	: Mécanisme Africain d'Evaluation par les Pairs
MAPA	: Marchés à Procédures Adaptées
MATCL	: Ministère de l'Administration Territoriale et des Collectivités Locales
MEF	: Ministère de l'Economie et des Finances
MOA	: Maître d'Ouvrage Attributaire
MPDSP	: Marché Public et Délégation de Service Public
NEPAD	: Nouveau Partenariat pour le Développement de l'Afrique
OAB	: Offre Anormalement Basse
OCDE	: Organisation de Coopération et de Développement Economique

OEA	: Organisation des Etats Américains
OHADA	: Organisation pour l'Harmonisation en Afrique du Droit des Affaires
OIT	: Organisation Internationale du Travail
OMC	: Organisation Mondiale du Commerce
OMD	: Objectifs du Millénaire pour le Développement
OMPI	: Organisation Mondiale de la Propriété Intellectuelle
ONU	: Organisation des Nations Unies
PAS	: Programme d'Ajustement Structurel
PIB	: Produit Intérieur Brut
PME-PMI	: Petites et Moyennes Entreprises - Petites et Moyennes Industries
PNUD	: Programme des Nations Unies pour le Développement
PPM	: Plan Prévisionnel de Passation des Marchés publics
PRM	: Personne Responsable du Marché
PRMP-UEMOA	: Projet de Réforme des Marchés Publics des Etats Membres de l'UEMOA
PTF	: Partenaires Techniques et Financiers
PV	: Procès-verbaux
SGG	: Secrétariat Général du Gouvernement
TOM	: Territoires Français d'Outre-mer
UDPM	: Union Démocratique du peuple Malien
UE	: Union Européenne
UEMOA	: Union Economique et Monétaire Ouest Africain
UMOA	: Union Monétaire ouest Africain
USRDA	: Union Soudanaise du Rassemblement Démocratique Africain

Introduction générale

1.- Notion- « *(...) L'usage du contrat est devenu si fréquent qu'il a profondément transformé les méthodes de l'administration elle-même, à tel point qu'il est désormais convenu de parler d'administration contractuelle pour désigner une nouvelle forme de gestion des intérêts collectifs, moins autoritaire et plus consensuelle (...). Cela ne signifie pas pour autant que l'administration recourt systématiquement aux contrats. Un grand nombre de ses actes restent fondamentalement des actes administratifs unilatéraux. Il n'en demeure pas moins que l'utilisation du procédé contractuel est devenu de nos jours un mécanisme essentiel de la vie Juridique* »[1]. Les procédés classiques d'action de l'administration sont l'acte administratif unilatéral et le contrat[2]. L'administration[3], dans le cadre de l'accomplissement de ses activités, de ses fonctions ou de ses missions de service public[4] et de

---

[1] GUETTIER (C.), droit des contrats administratifs, 3ème édition, PUF, Paris, 2011, PP. 1-2.

[2] RICHER (L.), droit des contrats administratifs, 8ème édition, LGDJ, Paris, 2012, PP. 61-62 ; GAUDEMET (Y.), droit administratif, 19ème édition, LGDJ, Paris, 2010, p.263.

[3] L'administration a un double sens. Au 1er sens, l'administration est l'ensemble des organismes et autorités qui, sous l'impulsion générale des pouvoirs politiques assurent les multiples interventions de l'Etat moderne dans la vie sociale : pouvoir central autour du premier Ministre et des Ministres, autorités générales (organisation)
En un second sens, l'administration est une activité, l'activité même qu'assurent tous les organes que l'on vient de nommer et qui les met en rapport avec les administrés (fournisseurs, usagers, victimes des accidents contribuables etc.), (V. GAUDEMET (Y), id., p.1)

[4] Le service public peut être défini sommairement le service public comme une activité d'intérêt général gérée par une personne publique ou sous son contrôle, selon un régime exorbitant du droit commun ; c'est lorsqu'il y a service public et seulement dans ce cas que s'applique le droit administratif et que la juridiction administrative devient compétente. Le principe a été dégagé par la doctrine à la fin du XIXe siècle en s'appuyant sur l'arrêt Blanco du T.C du 8 février 1873. La relation entre le service public et le régime administratif a paru à une certaine époque tellement étroite que la doctrine a cru pouvoir les assimiler l'un à l'autre sans aucune réserve. C'est la théorie de ''l'école du service public'' (Duguit, Jèze, Bonnard). Mais cette présentation a dû être à son tour abandonnée à partir du moment où l'on a constaté l'existence de services publics industriels et commerciaux organisés et gérés selon les procédures de droit privé et la compétence du juge judiciaire, (V. GAUDEMET (Y), ibid. pp. 21-22).

police administrative[5] utilise ces deux procédés classiques d'actions que sont l'acte administratif unilatéral et le contrat.

Il n'y a décision que lorsque la manifestation de volonté de son auteur se traduit par l'édiction d'une norme ayant pour but de modifier ou de maintenir en l'état l'ordonnancement juridique. Seules les décisions exécutoires peuvent faire l'objet de recours devant le juge administratif. Les décisions se distinguent en actes réglementaires et en actes ou décisions non réglementaires. Selon Marie Christine Rouault, le règlement ne diffère guère de la loi du point de vue matériel. Comme elle, il est une norme à caractère général et impersonnel. Il s'en diffère du point de vue formel, car il est l'œuvre d'une autorité réglementaire[6]. Variété d'acte administratif, il s'adresse à une catégorie de personnes, vise une situation, sans designer ses destinataires[7]. Les décisions individuelles désignent nommément les personnes ou les destinataires, quels qu'en soient le nombre ou la nature. Les décisions sui generis ou actes particuliers visent des opérations particulières et non des personnes désignées nommément[8]. Leur régime juridique est hybride empruntant à celui des règlements et à celui des décisions individuelles. Normalement édicté par les personnes publiques, l'acte administratif peut parfois avoir pour auteur une personne privée[9].

Dans ses rapports avec les administrés, l'administration emploie également le procédé de l'acte bilatéral et spécialement du contrat[10]. Mais le procédé contractuel n'est pas nécessairement, en droit administratif, un procédé de droit public. D'après le Professeur GAUDEMET, la notion de contrat en droit administratif et en droit privé, sans doute est-elle la même : « *En cela, qu'il s'agit toujours*

---

[5] La police administrative est une forme d'intervention qu'exercent certaines autorités administratives et qui consiste à imposer, en vue d'assurer l'ordre public, des limitations aux libertés des individus. Le pouvoir de police se définit par son but qui est d'assurer la tranquillité, la sécurité et la salubrité publique (V. GAUDEMET (Y.), ibid., pp. 327-329).

[6] ROUAUlLT (M.C.), Droit administratif général, édition Gualino, 2011-2012, pp. 45-46.

[7] Interdiction générale, statut du Préfet, etc.

[8] Déclaration d'utilité publique, ouverture d'un concours etc.

[9] Par exception, des personnes privées peuvent prendre des actes administratifs lorsqu'elles ont reçu ce pouvoir pour l'exercice d'une mission de service public. Ce pouvoir a été reconnu aux comités d'organisation (CE, Ass. 31 juillet 1942 Monpeurt, GAJA n° 53), aux ordres professionnels (CE, Ass. 2 av. 1943, Bouguen, GAJA n° 54) et aux associations ou société gérant un service public administratif (CE, sect. 13 janv. 1961, Magnier).

[10] Il est à préciser qu'il ne peut en principe être recouru au procédé contractuel en matière de police (CE, 1er avril 1994, commune de Menthon, Rec. Lebon. P. 175).

d'un accord de volonté générateur pour les deux parties d'obligations individuelles subjectives. Mais si la nature, l'essence de l'institution sont identiques, les régimes juridiques ne sont pas nécessairement les mêmes ; il faut distinguer à cet égard parmi les contrats conclus par l'administration d'une part les contrats administratifs soumis à des règles spéciales de droit public et dont le contentieux relève des tribunaux administratifs, d'autre part les contrats de droit privé soumis au régime de droit privé et à la compétence judiciaire »[11].

L'importance et le poids de certains contrats de l'administration singulièrement des marchés publics dans l'économie du Mali font qu'ils sont au centre de plusieurs intérêts antagonistes notamment entre ceux de l'Etat, des collectivités territoriales, leurs démembrements et ceux des opérateurs économiques publics ou privés et des bailleurs de fonds ou partenaires techniques et financiers (PTF). Ces enjeux et conflits d'intérêts sont à la base de l'encadrement Juridique et institutionnel des marchés publics au Mali. Or l'encadrement Juridique et institutionnel des marchés publics signifie le droit des marchés publics.

La notion de droit des marchés publics se distingue de celle de marchés publics. Tout ceci implique d'analyser la notion de droit des marchés publics (I), de marchés publics (II), l'intérêt (III) et la problématique (IV) que suscitent le sujet avant d'annoncer le plan de rédaction(V).

I) La notion de droit des marchés public

2.- Distinction- Il convient de ne pas confondre la définition du droit des marchés publics (A) de celle du droit de la concurrence (B). Les règles de procédures relatives aux marchés publics sont notamment dans le nouveau code des marchés publics du Mali[12]. Cependant un nouveau code des marchés publics en date du 25 Septembre 2015 vient d'être adopté, mais qui n'a pas encore été publié au Journal Officiel de la république du Mali (JORM)[13]. L'avènement de ce

[11] GAUDEMET (Y) op.cit. pp.293-295.

[12] Le décret n°08-485/P-RM du 11 août 2008 portant procédures de passation, d'exécution et de règlement des marchés publics et des délégations de service public, JORM n° 39 du 26 septembre 2008, pp. 1522-1550. Ce décret est généralement appelé au Mali nouveau code des marchés publics. Les deux expressions sont retenues l'une pour l'autre dans cette étude.

[13] Décret n°2015-0604/p-RM du 25 Septembre 2015 portant code des Marchés Publics et des délégations de services publics (non publié à ce jour ou JORM)

nouveau code n'entame en rien cette étude en ce sens que sa seule innovation majeure est le relèvement du seuil de passation des Marchés Publics[14]. Il y a lieu de s'interroger aussi sur la force juridique des dispositions dudit code (C) et sur son champ d'application (D).

A) Essais de définitions du droit des marchés publics

3.- Doctrine- Il n'existe pas une définition légale de l'expression *"droit des marchés publics"*. C'est à la doctrine qu'est revenue la définition du droit des marchés publics. Le droit des marchés publics peut être défini comme étant l'ensemble des règles qui encadrent les procédures de passation, d'exécution, et de règlement des achats publics c'est-à-dire ceux des personnes morales de droit public ou des personnes morales de droit privé bénéficiant du concours financier ou de la garantie de l'Etat.

Cette définition paraît insuffisante à prendre en compte les éléments essentiels de ce droit en ce sens qu'elle a été dégagée à partir de l'analyse du décret n° 08-485/P-RM du 11 août 2008 du Mali portant procédures de passation d'exécution et de règlement des marchés publics[15].

La définition qui découle de l'analyse doctrinale paraît plus complète que la précédente. La doctrine majoritaire donne un ensemble d'éléments nécessaires à une définition pouvant cerner tous les contours de la notion.

Ainsi pour la doctrine[16], le droit des marchés publics peut être défini comme étant l'ensemble des règles qui régissent les procédures de passation, d'exécution, de règlement, de contrôle, de contentieux et de régulation des acquisitions de biens, de fournitures, de services et d'exécution des travaux des autorités contractantes[17] ou des pouvoirs

---

[14] Infra p.13

[15] Décret n° 08-485/P-RM/ du 11 août 2008 portant procédures de passation d'exécution et de règlement des marchés publics et des délégations de service public au Mali, op. cit.

[16] V. ALLAIRE (F.), l'essentiel du droit des marchés publics, 7ème édition 2014-2015, Gualino, PP. 10 à 40 ; JOURDAIN (F.), leçons de droit des marchés publics, Ellipses éditions Marketing SA, PP. 11 à 50 ; BRACONNIER (S.), précis de droit des marchés publics, 3ème édition, revue et corrigé éditions du moniteur, paris, 2009, PP. 215-431 ; GUETTIER (C.), op.cit., PP. 325-422 ; N'DIAYE (I.), guide de la passation des marchés publics au Sénégal, l'Harmattan, 2011, paris PP. 47 à 184 ; SY (D.), droit administratif, 2ème édition, revue corrigé et augmentée 2014, l'Harmattan Sénégal, PP. 329 – 352.

[17] L'expression autorité contractante est utilisée en droit UEMOA et au Mali.

adjudicateurs[18]. Selon le Professeur CORNU, le droit des marchés publics peut être défini comme étant l'ensemble des règles, des lois, des règlements, corps de règles[19], régissant les marchés publics au Mali.

Cette définition du droit des marchés publics doit être distinguée de celle du droit de la concurrence.

B) Distinction du droit des marchés publics et du droit de la concurrence

4.- Droit de la concurrence- Les travaux de l'Organisation de Coopération et de Développement économique (OCDE) et de la Commission des Nations unies pour le droit commercial international (CNUDCI) ont abouti à la conclusion qu'il était nécessaire d'élaborer un droit de la concurrence pour les pays en voie de développement d'Afrique de l'Ouest comme d'Afrique Centrale[20]. Il s'agit de favoriser la libre circulation des marchandises, des capitaux et des services afin d'assurer notamment que les échanges commerciaux entre les pays parties à l'intégration ne soient pas limités par des pratiques anticoncurrentielles.

L'UEMOA a adopté une réglementation en matière de droit de la concurrence, entrée en vigueur le 1er janvier 2003[21] et dérivée du Traité[22]. Cette réglementation couvre les accords, associations et pratiques concertées entre entreprises, ayant pour objet ou pour effet de restreindre ou de fausser le jeu de la concurrence à l'intérieur de l'union[23] ; toutes pratiques d'une ou de plusieurs entreprises, assimilables à un abus de position dominante sur le marché commun ou dans une partie significative de celui-ci ; et les aides publiques susceptibles de fausser la concurrence en favorisant certaines entreprises ou certaines productions.

---

[18] L'expression pouvoirs adjudicateurs est utilisée par les Etats membres de l'Union européenne dont la France.

[19] CORNU (G.), vocabulaire juridique, PUF, août 2011.

[20] MARTOR (B.) PILKINGTON (N.), SELLERS (D.), THOUVENOT (S.), le droit uniforme africain des affaires issu de l'OHADA, Editions du Jurisclasseur, Paris, 2004, p.300.

[21] V. Recueil des textes de droit communautaire de l'UEMOA, éditions Le Déclic, Ouagadougou, novembre 2008, pp.702-730.

[22] Article 88 du Traité révisé de l'UEMOA.

[23] Union s'entend UEMOA.

La réglementation de la concurrence au sein de l'UEMOA s'articule autour des textes communautaires dont trois règlements et une directive, adoptés le 23 mai 2002 à savoir le règlement relatif aux pratiques anticoncurrentielles à l'intérieur de l'UEOMA [24], le règlement relatif aux procédures applicables aux ententes et aux abus de position dominante à l'intérieur de l'UEMOA[25], le règlement relatif aux aides d'Etats à l'intérieur de l'UEMOA et aux modalités d'application de l'article 88 du traité[26] et la directive relative à la coopération entre la commission et les structures nationales de concurrence des Etats membres pour l'application des articles 88, 89 et 90 du Traité de l'UEMOA[27].

Pour la doctrine majoritaire[28], le droit de la concurrence est un corps de règles qui permettent de réprimer, sanctionner ceux qui de différentes manières entravent le libre jeu de la concurrence par des pratiques anticoncurrentielles que sont les ententes illicites[29], les abus de position dominante[30], les abus de dépendance économique[31] ou

---

[24] Règlement n°02/2002/CM/UEMOA du 23 mai 2002, relatif aux pratiques anticoncurrentielles à l'intérieur de l'UEMOA.

[25] Règlement n°03/2002/CM/UEMOA relatif aux procédures applicables aux ententes et abus de position dominante à l'intérieur de l'UEMOA.

[26] Règlement n°04/2002/CM/UEMOA relatif aux aides d'Etats à l'intérieur de l'UEMOA et aux modalités d'application de l'article 88 du Traité.

[27] Directive n°02/2002/CM/UEMOA relative à la coopération entre la commission et les structures nationales de concurrence des Etats membres pour l'application des articles 88, 89 et 90 du Traité de l'UEMOA.

[28] Lexique des termes juridiques, 17ème édition 2010, Dalloz, p.275 ; RIBOT (C.), MARC (E.), IDOUX (P.), Dico Moniteur des marchés publics, ibid. PP.180-181.

[29] L'ordonnance n°07-025/P-RM du 18 Juillet 2007 organisant la conférence au Mali (V. http://www.droit-afrique.com) : il y a entente, lorsque des opérateurs économiques, se livrent à des actions concertées, conventions expresses ou coalition tendant à limiter l'accès au marché ou le libre exercice de la concurrence par d'autres entreprises, à faire obstacle à la fixation des prix par le libre jeu du marché en favorisant artificiellement leur hausse ou leur baisse ou à repartir les marchés (échange d'information entre entreprises ayant contribué à augmenter artificiellement et significativement le prix des prestations proposées dans un appel d'offres).

[30] C'est l'exploitation abusive par une entreprise ou un groupe d'entreprises d'une position dominante sur un marché par le refus de vente : de conditions de vente discriminatoire et la rupture de relations commerciales au seul motif que le partenaire refuse de se soumettre à des conditions commerciales injustifiées

[31] Il affecte le fonctionnement ou la structure de la concurrence, une forme de violence qui constitue un vice du consentement entrainant la nullité du contrat.

encore les prix prédateurs[32], sous le contrôle du conseil de la concurrence et du juge.[33]

Le droit de la commande publique[34] et le droit de la concurrence sont deux disciplines relativement autonomes. L'obligation de mise en concurrence en cas de passation de marché public n'est pas au sens strict un élément du droit de la concurrence[35]. Il existe, cependant une convergence des finalités poursuivies par les deux disciplines et les occasions de les appliquer de façon concomitante sont nombreuses singulièrement pour les actes relatifs à leur passation. Ainsi, l'égalité d'accès à la commande publique peut être violée du fait d'une pratique anticoncurrentielle visant à la surestimation des chances d'emporter le marché d'un candidat par rapport à ses concurrents notamment en cas d'entente illicite.

La question de la force juridique des dispositions du nouveau code des marchés publics du Mali se pose.

C) Force juridique des dispositions du nouveau code des marchés publics

5.- Force juridique- A l'heure actuelle, il n'y a pas au Mali, une disposition juridique qui s'est prononcée expressément sur la force juridique des dispositions du nouveau code des marchés publics, étant entendu que c'est un droit relativement très récent transposé en 2008. Ces dispositions doivent être suivies par toute personne morale de droit public ou de droit privé visées à l'article 4 du Décret malien n°08-485[36] qui désirent passer des marchés publics. Ce texte énonce

---

[32] Le prix prédateur est le fait de pratiquer envers des consommateurs des prix de vente abusivement bas par rapport au coût de production de transformation et de commercialisation ; c'est une vente à perte (V. Lexique des termes Juridique, op.cit., p.570).

[33] Aux termes des dispositions de l'article 43 de l'ordonnance n°07-025/P-RM du Mali portant organisation de la concurrence, la définition et la répression des infractions liées aux pratiques anticoncurrentielles relèvent exclusivement de la compétence de l'union. Elles concernent : les ententes, les abus de positions dominantes et les aides d'Etat. Toutefois les structures nationales chargées de la concurrence assurent une mission générale d'enquête.

[34] Aux termes des dispositions de l'article 1er .9. du décret n° 2008-173/PRES/PM/MEF du 16 avril 2008 portant réglementation des marchés publics et des délégations de service public au Burkina Faso, modifié par le décret n°2013-1148/PRES/PM/MEF du 12 décembre 2013, la commande publique est toute forme d'acquisition de biens, services, prestations au profit des collectivités publiques, à savoir notamment le marché public et la délégation de service public. L'expression de la commande publique, utilisée dans cette étude concerne les marchés publics.

[35] RIBOT (C.), MARC (E.), IDOUX (P.), ibid. p. 182.

[36] Infra, p. 8.

des principes fondamentaux qui doivent être respectés sous peine de sanction pénale ou disciplinaire. Les principes fondamentaux du droit des marchés publics sont d'ordre public. Or ces principes d'ordre public irriguent tous les stades relatifs aux marchés publics. Ce qui fait dire à une partie de la doctrine que les règles du code des marchés publics sont d'ordre public, elles sont impératives et toute modification découlant de la volonté des parties doit respecter ces principes fondamentaux [37] sous peine de nullité. L'irrespect des procédures de passation des marchés publics est une cause de nullité du contrat[38], le moyen tiré de cette inobservation est d'ordre public[39]. Aux termes des dispositions de l'arrêté n°09-1970 du 06 août 2009 portant Cahier des Clauses administratives générales applicables aux marchés publics de travaux (dénommé CCAG relatifs aux marchés publics de travaux), Il ne peut être dérogé à peine de nullité absolue des stipulations dérogatoires, aux dispositions dudit cahier, sauf si ce dernier prévoit la possibilité d'une telle dérogation. Les dispositions qui dérogent doivent à peine de nullité de la dérogation, expressément être récapitulées dans le dernier article du cahier des clauses administratives particulières[40]. Le ministre de l'Economie et des Finances du Mali a par lettre circulaire[41] de 2015 confirmé le caractère impératif des dispositions du code des marchés publics lorsqu'il déclare qu'aucun paiement ne peut être fait sans le visa du contrôle financier. Le juge sénégalais insiste sur le respect du droit comptable budgétaire[42] tout en reconnaissant que la violation de cette obligation n'est pas opposable au cocontractant de la personne publique[43]. La réglementation sénégalaise fait du respect des règles de la comptabilité publique une condition de validité du contrat administratif : « *Tout acte de dépenses qui engage les finances d'une personne morale de droit public est subordonné à l'existence de crédits suffisants et au respect des règles organisant les dépenses*

[37] JOURDAIN (F), op. cit. , p.21 ; BRACONNIER (S.), op.cit. P.26.
[38] ROUAULT (M.C), op.cit. p. 42.
[39] CE, Sect. 27 Nov. 1942, Sté Bongrand et Dupin.
[40] Arrêté n°09-1970/MEF-SG du 06 août 2009 portant cahier des clauses administratives générales applicables aux marchés publics de travaux au Mali (non publié au JORM).
[41] Lettre circulaire du Ministre de l'Economie et des Finances, (source Ministère des Finances).
[42] Cour d'Appel de Dakar, arrêt du 24 mars 1972, Etat du Sénégal contre Berraz, annales africaines 1975, p.62.
[43] Article 17 de la loi n° 65-51 du 9 juillet 1965 portant code des obligations de l'administration du Sénégal (JORS du 23 août 1965, p.945) modifiée par la loi n° 06-16 du 30 mars 2006 (JORS du 5 août 2006, p. 790).

publiques qui sont : L'engagement, le contrôle, la certification du service fait, la confirmation de sa régularité et de sa mise en charge par l'ordonnateur, la liquidation et le paiement. Tout contrat conclu en violation de ces obligations de forme est nul de nullité absolue »[44].

Le champ d'application des dispositions du nouveau code des marchés publics ne peut être ignoré.

D) Champs d'application des dispositions du nouveau code des marchés publics

6- Champs d'application- Les procédures de passation, d'exécution et de règlement des marchés publics s'appliquent aux marchés conclus notamment par l'Etat, les Collectivités territoriales, les Etablissements publics, les agences et organismes, les personnes morales de droit public bénéficiant du concours financier ou de la garantie de l'Etat, les Sociétés et entreprises d'Etat, les sociétés à participation financière publique majoritaire et les associations formées par une ou plusieurs de ces personnes morales de droit public, les marchés passés par les personnes morales de droit privé agissant pour le compte de l'Etat, d'une personne morale de droit public, d'une société d'Etat, d'une société à participation financière publique majoritaire[45].
Le droit des marchés publics doit être distingué de la notion de marché public même si l'étude de l'un ne peut être faite sans celle de l'autre.

II) La notion de marchés publics

7.- Distinction- Il convient d'analyser les essais de définitions de la notion de marchés publics (A), la classification des marchés publics (B), la distinction des marchés publics avec les notions voisines (C), et la forme des marchés publics (D).

[44] Article 18 de la loi n° 72-62 du 20 juin 1972 portant loi de Finances pour l'année 1972-1973, cité par SY (D.) droit administratif, 2ème édition revue, corrigée et augmentée 2014, l'Harmattan Sénégal, p.336 et par NGAÏDO (M.), SOCK (M.T.), code des marchés publics annoté, 2015, éditions Juriscare, p.31.
[45] Articles 3,4, 5 et 6 de la Directive n°04/CM/UEMOA ; articles 4 et 5 du décret n° 08-485/P-RM du 11 août 2008 portant nouveau code des marchés publics au Mali, op.cit.

A) Essais de définitions de la notion de marchés publics

8.- Nature- La qualification de contrats administratifs parmi l'ensemble des contrats passés par les personnes publiques, résulte soit de la détermination de la loi ou du règlement, pour certaines catégories de contrats, soit dans le silence des textes, de la mise en œuvre de critères qui ont été dégagés par la jurisprudence.

Il faut distinguer la définition légale ou réglementaire[46], doctrinale et Jurisprudentielle des marchés publics.

9.- La définition légale ou réglementaire des marchés publics
Au Mali, un marché public est un contrat écrit conclu à titre onéreux par une autorité contractante pour répondre à ses besoins en matière de travaux, de fournitures ou de services[47]. La même définition est donnée par le code des marchés publics du Sénégal[48]. Cette définition issue de la Directive n°04/2005/CM/UEMOA[49], a été reprise par tous les pays de l'espace UEMOA[50]. La même définition est donnée par le règlement de l'Union économique des Etats de l'Afrique centrale (UEAC)[51] et le règlement du marché commun de l'Afrique orientale et australe(COMESA)[52]. Les marchés publics au sens du droit français sont définis par l'actuel code des marchés publics annexés au décret du 1er août 2006 comme les contrats conclus à titre onéreux par l'Etat, ces établissements publics administratifs et les collectivités locales et

---

[46] Dans certains pays comme le Benin, la RDC, c'est une loi qui règlemente les procédures de passation, d'exécution et de règlement des marchés publics, dans d'autres pays comme le Sénégal, le Mali, c'est un décret qui les réglemente.

[47] Article 2 du décret n° 08-485/P-RM/ du 11 août 2008 portant nouveau code des marchés publics au Mali, op.cit.

[48] Décret n° 2014-1212 du 22 septembre 2014 portant code des marchés publics au Sénégal, JORS n° 6812 du 04 octobre 2014, pp. 1159-1201.

[49] Article 1er de la Directive n° 04/2005/CM/UEMOA du 9 décembre 2005 portant procédures de passation d'exécution et de règlement des marchés publics et des délégations de services publics dans l'espace UEMOA.

[50] Article 4.24 du décret n° 2014-1212 du 22 sept. 2014 portant code des marchés publics au Sénégal; article 2 de la loi n° 2009-02 du7 août 2009 portant code des marchés publics en République du Benin ; article 2 du décret 2013-569/PRN/PM du 20 déc. 2013 portant code des marchés publics et des délégations de service public au Niger.

[51] Aux termes des dispositions du Règlement n°o6/09-UEAC-201-CM-20 le marché public est un contrat écrit conclu à titre onéreux par une autorité contractante pour répondre à ses besoins en matière de travaux, de fournitures ou de services.

[52] Règlement COMESA (V. http://règlementcomesa, page consultée le 20/10/2014.

leurs établissements locaux pour répondre à leurs besoins en matière de travaux, fournitures ou services[53].

Il existe de même une définition jurisprudentielle des marchés publics.

10.- La définition jurisprudentielle des marchés publics

Au Mali, l'examen du plumitif de la Cour suprême singulièrement de la section administrative permet de dire qu'il n'y a pas une définition des marchés publics sur la base des critères comme en droit français tel que repris expressément par le droit sénégalais. En ce qui concerne les contrats administratifs par leur nature, un contrat ne peut être administratif que si l'une des parties au moins est une personne morale de droit public. Il doit de plus répondre à un second critère, alternatif : l'objet du contrat doit se rattacher à l'exécution même du service public ou contenir une clause exorbitante de droit commun. Le critère des clauses exorbitantes de droit commun résulte de l'arrêt société des granits porphyroïdes des Vosges. Est considéré comme exorbitante la clause qui confère aux parties des droits, ou met à leur charge des obligations étrangères par leur nature à ceux susceptibles d'être librement consentis par quiconque dans le cadre des lois civiles et commerciales[54]. Ces clauses sont exclues par leur nature dans les relations privées[55]. Ces critères valent pour les marchés publics.

La Jurisprudence française a dégagé trois critères pour qualifier un contrat de contrats administratifs. Un critère permanent et nécessaire qui est la présence d'une personne publique au contrat, et un critère alternatif à savoir la présence dans le contrat d'une clause exorbitante du droit commun[56] et l'exécution d'une mission de service public[57]. Un contrat conclu entre deux personnes privées est en principe un contrat de droit privé et n'est pas administratif[58] même si l'une d'elles agit en vue de l'exécution d'un service public, même si le contrat contient une clause exorbitante du droit commun et se réfère au code des marchés publics et aux cahiers des charges des marchés de l'Etat, a pour objet l'exécution de travaux publics ou l'exécution d'un

[53] Article 1er du code français des marchés publics et autres contrats, commenté, 6ème édition, Dalloz, 2013.
[54] CE, Sect, 15 fév 1935 Stein.
[55] Cass, Civ 1ère, 18 Nov 1992, blanchisserie de pantin.
[56] CE, 31 juillet 1912, Société des granits porphyroïdes Des Vosges, GAJA n° 25.
[57] CE, 20 avril 1956, époux Bertin, Ministre de l'Agriculture c. consorts Grimouard, GAJA n° 72.
[58] CE, 13 déc. 1963, Syndicat des praticiens de l'art dentaire ; TC3 mars 1969, Société Inter lait

Service public administratif[59]. Ce principe connait trois exceptions dégagées par la Jurisprudence française. Le contrat conclu entre deux personnes privées est administratif, lorsque l'une d'elle chargée de l'exécution d'un service public agit pour le compte d'une personne publique qui a fait conclure le contrat[60]. Le contrat par lequel une personne privée conclut avec une autre personne privée en vertu d'un mandant explicite ou implicite, d'une personne publique et pour le compte de celle-ci[61]. Est également un contrat administratif, celui conclu entre une personne privée et une autre personne privée transparente créée par une personne publique[62].

La doctrine n'est pas restée inactive au sujet de la définition des marchés publics.

11.- La définition doctrinale des marchés publics

La définition doctrinale des marchés publics paraît plus concise en ce sens qu'elle définit les marchés publics à partir d'une combinaison d'éléments ou de critères essentiels et indispensables. Une partie de la doctrine donne une définition des marchés publics très proche de la définition légale. Pour cette doctrine, un marché public est un contrat conclu à titre onéreux entre les pouvoirs adjudicateurs et les opérateurs économiques publics ou privés pour répondre à leurs besoins en matière de travaux, de fournitures ou services[63]. L'analyse d'une autre doctrine non moins majoritaire, permet de définir les marchés publics suivant cinq critères. Ces critères sont : Le critère organique c'est-à-dire les marchés passés par les collectivités publiques ou autorités contractantes, le critère de la nature de la procédure c'est-à-dire la catégorie des marchés à procédure formalisée et celle des marchés à procédure adaptée[64], le critère matériel qui concerne l'objet du marché, le critère fonctionnel qui est le paiement

[59] CE 20 déc.1961 Société de l'Autorité Estérel – Côte d'Asure ; TC 9 fév. 1994 Sté Autoroutes paris – Rhin Rhône.TC 20 janv. 1986, Sté Laurent Bouillet 114. TC 26 juin 1989, SA cie. gén. D'entr. De chauffage

[60] TC 8 juillet 1963, Sté entreprise Peyrot, GAJA n° 82.

[61] CE 30 mai 1975, Ste d'équipement région montpellaire ; TC 7 juillet 1975, Commune d'Adge.

[62] CE, 21 mars 2007, commune de Boulogne Billancourt.

[63] V. DUVAL (J.C.), l'essentiel du droit des marchés publics, op.cit., P5 ; GAUDEMET (Y.), op.cit., P.311.

[64] MAPA, sigle de marchés à procédures adaptées.

d'un prix et les conditions de forme et de fonds des marchés publics[65]. Pour certains auteurs, les marchés publics sont en principe assujettis à des conditions de forme écrite et des conditions de fonds dont dépend leur validité[66]. Ces conditions de fonds sont le consentement, la capacité, l'objet et la cause comme pour les contrats de droit privé.

Une compréhension du droit des marchés publics suppose une classification des marchés publics.

B) Classification des marchés publics

12.- Critère- Partant du critère de l'objet du marché, il faut distinguer les marchés de travaux, de fournitures et de services courants et les marchés de prestations intellectuelles. Si au Mali et dans les pays de l'espace UEMOA, il est prévu ces trois catégories de marchés en dehors des marchés mixtes, dans la plupart des pays de la Communauté économique et monétaire des Etats de l'Afrique central (CEMAC), il est prévu quatre catégories de marchés à savoir les marchés de travaux, les marchés de fournitures, les marchés de service et les marchés de prestations intellectuelles[67]. De même en RD Congo, membre du COMESA, ce sont ces quatre catégories de marchés publics qui sont prévues[68].

Les marchés publics peuvent être classés en cinq catégories[69] : Suivant leur mode de passation, il convient de distinguer les marchés passés par appel d'offres, par entente directe. De même, certains droits distinguent les marchés passés selon une procédure formalisée dont la plus emblématique est l'appel d'offres et les marchés passés selon une procédure allégée ou non formalisée[70]. Ces derniers sont appelés les

---

[65] V. ROUAULT (M.C.), op.cit. P. 60 ; MICHON (J.), la nouvelle réglementation des marchés publics, 3ème édition Le moniteur, paris 2004, p.51 ; LAJOYE (C.), Droit des marché publics, 5ème édition 2012, Gualino Lextenso, P.216.

[66] GUETTIER (C.), op.cit. PP. 363-364 ; BRACONNIER (S.), précis de droit des marchés publics, op.cit.

[67] Article 3.4. du décret n° 2009-156 du 20 mai 2009 portant code des marchés publics au Congo ; Articles 1 et 7 du décret n° 0254/PR/MEEDDD portant code des marchés publics au Gabon du 19 juin 2012 ;

Article 1 du décret n° 503/PM/SGG/2003 du 5 décembre 2003 portant code des marchés publics au Tchad

[68] Article 7 de la loi n°10/01 du 27 avril 2010 relative aux marchés publics en RDC, op.cit.

[69] BEYE (A.), le droit des marchés publics au Sénégal, mémoire en droit public, année académique 1998/1999, p.3 ; voir dans également Georges Fillon, la passation et l'exécution des marchés publics sous les auspices de la Chambre de Commerce de Dakar, EDJA, 1991.

[70] LAJOYE (C.), droit des marchés publics, ibid. p.215.

marchés passés selon une procédure adaptée qui vont se substituer dans le code français de 2004 aux marchés publics passés sans formalités préalables du code de 2001 qui étaient appelés dans l'ancien code français de 1964 travaux sur mémoires et achats sur factures qu'il était convenu d'appeler la commande hors marché[71]. Ce sont les marchés publics dont le montant était inférieur ou égal au seuil de 90.000 euros HT[72], seuil en deçà duquel les personnes soumises au code des marchés publics français étaient dispensées de toute formalité préalable. En outre, le code sénégalais des marchés publics affirme expressément que sont des marchés publics, ceux dont le montant est inférieur au seuil des procédures formalisées. Ceux-ci font l'objet de demande de renseignement et de prix[73]. Au Sénégal, les marchés passés par les Communes dont le budget ne dépasse un seuil fixé par arrêté du Ministre chargé des Finances peuvent faire l'objet de procédures allégées, comportant en particulier des formalités de publicité et de cahiers des charges adaptés[74]. Dans le décret n°08-485/P-RM du 11 août 2008, le seuil pour les procédures formalisées est de 25 millions de francs CFA pour les travaux et les fournitures et 15 millions pour les prestations intellectuelles de l'Etat. Le nouveau décret n°2015-0604/P-RM du 25 septembre 2015 relève le seuil : à 100 millions de francs CFA pour les marchés de travaux, 80 millions de francs CFA pour les marchés de fournitures et de services courants et 70 millions de francs CFA pour les marchés de prestations intellectuelles. Pour les sociétés d'Etat, les sociétés à participation financière publique majoritaire et les établissements publics à caractère industriel et commercial, le seuil est fixé : A 150 millions de francs CFA pour les travaux et fournitures et à 80 millions pour les prestations intellectuelles[75]. Suivant leur mode de réalisation, il y a lieu de distinguer les marchés à commande[76] et les marchés de clientèle[77] ; suivant le mode d'établissement des prix, il peut être distingué les marchés à prix global et forfaitaire, les marchés à prix

[71] Ibid. p.218.
[72] Article 28 du code des marchés publics français de 2001.
[73] Articles 53, 54, 55 et 78 du décret n° 2014-1212 du 22 septembre 2014 portant code des marchés publics au Sénégal, JORS n° 6812 du 04 octobre 2014, pp. 1159-1201.
[74] Ibid. article 79.
[75] Article 9 du décret n°2015-0604/P-RM du 25 Septembre 2015 portant code des marchés publics et des délégations de services publics (non publié au JORM)
[76] Article 34 du décret n°08-485/P-RM du 11 août 2008 portant nouveau code des marchés publics au Mali.
[77] Ibid. article 35.

unitaire, les marchés sur dépenses contrôlées[78] ; suivant le mode de règlement, les marchés à prix fixe et les marchés à prix révisable[79] ; suivant leur objet il convient de distinguer 4 types de marchés publics[80] : Le marché public de fournitures est le marché qui a pour objet l'achat, le crédit-bail, la location ou la location- vente avec ou sans option d'achat de biens de toute nature y compris des matières premières, produits, équipements et objets sous forme solide, liquide ou gazeuse, ainsi que les services accessoires à la fourniture de ces biens ; le marché public de services est le marché qui n'est ni un marché de travaux ni un marché de fournitures. Il comprend également le marché de prestations intellectuelles, c'est-à-dire le marché de services dont l'élément prédominant n'est pas physiquement quantifiable ; le marché de travaux est le marché qui a pour objet soit, l'exécution, soit conjointement la conception et l'exécution de travaux ou d'un ouvrage ; le marché public de type mixte est le marché relevant d'une des trois catégories mentionnées ci-dessus qui peut comporter, à titre accessoire, des éléments relevant d'une autre catégorie. Les procédures de passation et d'exécution des marchés publics devront prendre en compte les spécificités applicables pour chaque type d'acquisition.

Il y a lieu de ne pas confondre les marchés publics des notions voisines.

C) Essais d'une distinction des marchés publics et des notions voisines

13.- Distinction- La réglementation au Mali distingue sans les qualifier les marchés publics et les délégations de service qui se subdivisent en concession de service public, en régie intéressée, en affermage, et le contrat de partenariat public-privé. La délégation de service public est définie au Mali comme étant le contrat par lequel l'autorité contractante[81] confie la gestion d'un service public relevant de sa compétence à un délégataire dont la rémunération est liée ou substantiellement assurée par les résultats de l'exploitation du service. Au sens du présent décret, les délégations de services publics

---

[78] Ibid. article 41.1

[79] Ibid. article 41.2.

[80] Ibid. article 2.

[81] Articles 4 et 5 du décret n°08-485/P-RM du 11 août 2008 portant nouveau code des marchés publics.

comprennent les régies intéressées, les affermages (l'opérateur de réseau) ainsi que les concessions de service public, qu'elles incluent ou non l'exécution d'un ouvrage[82].

Plusieurs notions voisines ci-après ne sont pas à confondre avec les marchés publics.

14.- Marchés publics et délégation de service public

Aux termes du décret malien n°08-485, les délégations de services publics comprennent les régies intéressées, les affermages, (l'opérateur de réseau) ainsi que les concessions de service public, qu'elles incluent ou non l'exécution d'un ouvrage. Cependant au regard de l'article 2 de la loi n°2016-061 du 30 décembre 2016 relative aux partenariats public-privé au Mali, les partenariats public-privé relevant de la présente loi passés par des personnes morales de droit public sont des contrats administratifs et comprennent les délégations de service public.

La régie intéressée[83] est un contrat par lequel une collectivité confie à un régisseur la gestion d'un service public (souvent les transports, la gestion de l'eau ou, les déchets) incluant tous les travaux d'entretien ou de gestion y afférent et qualifié de marché public ou de délégation de service public selon le mode de rémunération prévue au contrat[84].

L'affermage[85] est un contrat par lequel l'autorité contractante charge le fermier, personne publique ou privée, de l'exploitation d'ouvrages qu'elle a acquis afin que celui-ci assure la fourniture d'un service public, le fermier ne réalisant pas les investissements initiaux[86].

La concession de service public[87] est un contrat par lequel une personne publique charge un opérateur privé ou public, le concessionnaire, d'exécuter un ouvrage public ou de réaliser des investissements relatifs à tel ouvrage et de l'exploiter en vue d'assurer un service public, soit uniquement d'exploiter un ouvrage ou des

[82] Ibid. article 2.

[83] Définie par l'article 2 du décret n° 2011-079 du 22 février 2011 modifiant le décret n° 08-485 portant nouveau code des marchés publics au Mali.

[84] RIBOT(C.), MARC(E.), IDOUX (P.), op.cit. p. 557.

[85] Définie dans le décret n° 08-485 modifié portant nouveau code des marchés publics au Mali.

[86] Sénégal nouveau code des marchés publics EDJA, édition novembre 2011.

[87] Définie dans le décret n° 08-485 modifié portant nouveau code des marchés publics au Mali, ibid.

équipements publics en vue d'assurer un service public. Le concessionnaire exploite le service en son nom et à ses risques et périls en percevant des rémunérations des usagers de l'ouvrage ou des bénéficiaires du service concédé[88].

15.- Marchés de travaux publics et concessions de travaux publics

La concession de travaux qui peut être considérée comme l'ancêtre des contrats de commande publique, consiste à confier à un cocontractant la réalisation et l'exploitation d'un ouvrage [89]. Le cocontractant se rémunère grâce à la perception de redevance sur les usagers. La concession de travaux publics présente les mêmes caractéristiques que le marché public de travaux, à l'exception du fait que la contrepartie pour ce dernier est le paiement d'un prix.

16.- Marchés publics et contrats de partenariat public et privé

Le contrat de partenariat[90] est un contrat par lequel, la personne publique confie à un tiers, pour une période déterminée, une mission globale comprenant le financement et la réalisation, y compris la construction, la réhabilitation ou la transformation d'investissements matériels ou immatériels, ainsi que leur entretien, leur exploitation ou leur gestion et, le cas échéant, d'autres prestations, qui concourent à l'exercice par la personne publique concernée de la mission de service public dont elle est chargée[91].

17.- Marchés publics et convention d'occupation du domaine public

Au Mali, le domaine public est composé de tous les immeubles et meubles déterminés comme tels par la loi ou ayant fait l'objet d'une procédure spéciale de classement[92]. Le domaine public immobilier ou mobilier de l'Etat et des Collectivités territoriales est inaliénable, imprescriptible et insaisissable[93]. La gestion du domaine public de l'Etat est confiée au ministre chargé des Domaines qui peut déléguer

---

[88] Sénégal, le nouveau code des marchés public, ibid. p. 22.

[89] BEZANÇON (X.), CUCCHIARINI (C.) et COSSALTER (P.), 3ème, le guide la commande publique, Edition Le Moniteur, Paris 2012, P.25.

[90] Non définie par le décret n° 08-485 portant nouveau code des marchés publics au Mali mais prévu par l'article 120-3 dudit décret n°08-485. Actuellement régie au Mali par la loi n°2016-061 du 30/12/2016

[91] Sénégal, nouveau code des marchés publics, EDJA, Ibid.

[92] Article 3 de l'ordonnance n° 00-027/P-RM du 22 mars 2000 portant Code domanial et foncier du Mali.

[93] Ibid. articles 27, 56 et 67

ses pouvoirs[94], tandis que les Collectivités territoriales gèrent leur propre domaine[95]. Le contentieux relatif à la gestion du domaine public relève de la compétence du juge administratif[96]. Les autorités compétentes pour la gestion du domaine public délivrent des occupations temporaires révocables à tout moment.

18.- Marchés publics et accords-cadres

L'accord-cadre est un accord conclu entre une ou plusieurs autorités contractantes ayant pour objet d'établir les termes régissant les marchés à passer au cours d'une période donnée, notamment en ce qui concerne les prix et, le cas échéant les quantités envisagées[97].

19.- Marchés publics et marchés financiers et monétaires

Le marché financier est un lieu où sont émis et échangés les valeurs mobilières comme les actions et obligations tandis que le marché monétaire est un endroit qui permet aux établissements financiers de trouver quotidiennement les fonds dont ils ont besoin ou de placer leurs fonds sans emploi immédiat[98].

20.- Marchés publics et offre spontanée

L'offre spontanée est celle de travaux, de fournitures et de prestations de services notamment dans le cadre des marchés clés en main assortis d'un montage financier qui n'est pas lié à un appel à concurrence ou à une sollicitation par entente directe[99]. Elle n'était pas prévue en droit malien des marchés publics. Mais actuellement, aux termes des dispositions de l'article 30 de l'arrêté n° 2015-3721/MEF-SG du 22 octobre 2015 fixant les modalités d'application du Décret n°2015-0604/P-RM du 22 septembre 2015 portant code des marchés publics et des délégations de service public au Mali : « *Les offres spontanées ne peuvent être utilisées que dans les cas des délégations de service public, des contrats de partenariat public-privé, à travers lesquels les autorités contractantes ou délégantes, confient à un tiers, dénommé délégataire, une mission...* ».

---

[94] Ibid. article 18.

[95] Article 55 du code domanial et foncier du Mali.

[96] Article 10 du Code domanial et foncier du Mali et article L 2331-1 du Code général de la propriété des personnes publiques français (CGPPP).

[97] Article 1 du décret n° 2011-079/P-RM du 22 février 2011 modifiant l'article 2 du décret n°08-485/P-RM du 11 août 2008 portant nouveau code des marchés publics.

[98] Lexique des termes juridiques, op.cit. pp. 456-457 ; CORNU (G.), vocabulaire juridique, Ibid. pp. 639-639.

[99] Article 4 du décret n° 2014-1212 du 22 septembre 2014 portant code des marchés publics du Sénégal, ibid.

21.- Marchés publics et contrat d'emprunt public d'Etat
L'emprunt public est une opération consistant à recevoir à titre de prêt, une chose ou une somme d'argent[100]. Si pour une partie de la doctrine les emprunts publics sont des contrats administratifs, la jurisprudence ne retient pas cette hypothèse et leur applique les critères d'identification du contrat administratif[101].

22- Marchés publics et contrats de recherche et de développement
Ce sont des contrats qui portent sur un ensemble d'activités groupant la recherche fondamentale, la recherche appliquée et le développement expérimental pouvant comprendre la réalisation de démonstration[102].

23.- Marchés publics et contrats innomés
Les contrats innomés sont des contrats qui ne se trouvent pas au nombre des contrats réglementés[103]. Ils sont l'œuvre de l'imagination des personnes.

24.- Marchés publics et contrats in house
Les contrats in house ou prestations intégrées ou contrats de quasi-régie sont des contrats conclus entre personnes morales distinctes, mais dont l'une peut être considérée comme le prolongement administratif de l'autre. Deux conditions sont posées pour qualifier un contrat de in house : D'une part, le contrôle exercé par la personne publique sur le cocontractant est de même nature que celui qu'elle exerce sur ses propres services, une relation de tutelle ne suffit pas ; d'autre part le cocontractant travaille essentiellement pour la personne publique. Cependant si la personne choisit par la personne publique l'est sans le respect d'aucune procédure, elle est par contre tenue au respect du code des marchés publics pour le choix de ses propres partenaires[104].

---

[100] CORNU (G.), ibid. p. 395.
[101] GUETTIER (C.), op. cit. pp. 82-83.
[102] Article 3 du décret n° 2014-1212 du 22 septembre 2014 portant code des marchés publics au Sénégal, ibid.
[103] Lexique des termes juridiques, op.cit. p.194 ; CORNU (G.), op.cit. p. 258.
[104] Article 3 du code des marchés publics français, Dalloz 2013, p.16 ; GUETTIER (C.), op. cit. p. 96 et 216.

25.- Marchés publics et offre de contracter
L'offre de contracter est la proposition de conclure un contrat fait par une personne à une autre personne qui doit être expresse ou tacite[105].

26.- Marchés publics et promesse de contracter
La promesse de contracter est une convention par laquelle une personne s'engage à conclure un contrat avec une autre personne suivant les conditions déterminées[106].

La forme des marchés publics fait l'objet de discussion.

D) Forme des marchés publics

27.- Forme- Au Mali, le marché public est un contrat écrit[107]. L'écrit est une formalité obligatoire dans la plupart des pays de l'UEMOA notamment le Sénégal[108], le Bénin[109]. Cependant au Sénégal, aux termes des dispositions des articles 50 et suivants du code des obligations de l'Administration, la forme des contrats est librement déterminée par les parties sauf lorsque la loi impose des modalités obligatoires. Tout contrat conclu en violation des règles de forme imposées par la loi est nul de nullité absolue[110].

Le code des obligations de l'administration au Sénégal a prévu les contrats non écrits qui peuvent prendre la forme de convention verbale ou de marché sur mémoire ou facture ou de convention tacite[111]. Pour le Conseil d'Etat français les marchés publics doivent obligatoirement prendre la forme écrite sauf les marchés à procédures adaptées (MAPA) de faibles montants qui peuvent prendre la forme verbale[112]. Les MAPA ont remplacé les marchés passés sans formalités préalables qui à leur tour se sont substitués aux achats sur factures ou mémoire.

---

[105] Article 38 du code des obligations de l'administration du Sénégal, JORS du 23 août 1965, p.945.
[106] Ibid. article 40.
[107] Article 2 du décret n°08-485/P-RM du 11 août 2008 portable procédures de passation, d'exécution et de règlement des marchés publics et des délégations de service public, op.cit.
[108] Article 4.24 du décret n°2014-1212 du 28 septembre 2014 portant code des marchés publics au Sénégal, op.cit.
[109] Article 3 de la loi n° 2009-02 du 7 août 2009 portant code des marchés publics et des délégations de service public au Bénin, op.cit.
[110] Articles 50 et 51 de la loi n° 65-51 du 9 juillet 1965 portant code des obligations de l'administration au Sénégal (JORS du 23 août 1965 p.945) modifié par la loi n°06-16 du 30 mars 2006 (JORS du 5 août 2006, P.790)
[111] Ibid. article 54.
[112] CE, Avis content 29 juillet 2002, Sté Maj. Blanchisserie de pantin, op. cit.

Dans plusieurs arrêts rendus le même jour[113] au Mali, la section administrative de la Cour suprême s'est déclarée incompétente en infirmant les jugements du tribunal administratif de Bamako[114] ayant condamné l'Assemblée nationale du Mali au motif qu'il ne s'agit pas de marché public. Pour la jurisprudence malienne, à défaut d'écrit, le contrat est civil et seul le juge civil est compétent. La section administrative a motivé comme suit dans ces 4 arrêts : « *l'article 2 du décret n° 08-485 P-RM du 11 août 2008 portant procédures de passation, d'exécution et de règlement des marchés publics et des délégations de service public définit le marché public comme un contrat écrit à titre onéreux par une autorité contractante pour répondre à ses besoins en matière de travaux, de fournitures ou de services (...) ; qu'en l'espèce aucune pièce au dossier n'atteste un contrat écrit entre le requérant et l'Assemblée nationale du Mali ; que la formalité substantielle tenant à la forme écrite du contrat n'a pas été respectée par les parties contractantes (...) qu'il échet d'en tirer l'incompétence du juge administratif à statuer dans un domaine réservé par la loi au juge civil* ».

Pour la doctrine, les marchés publics sont en principe assujettis à des exigences de forme écrite dont dépend leur validité. Cependant certains marchés publics de faible montant peuvent être dispensés de forme écrite et donner lieu à règlement sur mémoire ou facture[115]. Comme le dit Maître Issaka N'DIAYE, même si les marchés publics doivent être écrits, certains marchés publics peuvent être dispensés de la forme écrite et donner lieu à règlement sur mémoire ou facture en

---

[113] Arrêt n° 235 du 20/10/2011 de la Section administrative de la Cour Suprême du Mali, aff. L'Assemblée nationale du Mali-Etat du Mali c/ jugement n° 388 du 08/09/2010 du tribunal administratif de Bamako et la Sté Diffusion Equipement Service (DES) ;
Arrêt n° 236 de 26/10/2011 de la section administrative de la C Sup. du Mali, aff. L'Assemblée Nationale du Mali Etat du Mali C/ jugement n° 396 du 08/09/2010 du Tribunal Administratif de Bko et Sté SOSACO SARL ;
Arrêt n° 237 du 26/10/2011 de la Sect. Ad de la C S du Mali aff l'Assemblée Nationale du Mali Etat du Mali C/ jugement n° 397 du 08/09/2010 du Tribunal Administratif de Bko et la Sté SEW USOCOME ; arrêt n° 238 du 26/10/2011 de la Sect ad de la C S du Mali, aff l'Assemblée Nationale du Mali Etat du Mali C/ jugement n° 392 du 08/09/2010 de Tribunal Administratif de Bko et Sté EB services SARL ;
Arrêt n° 239 du 31/10/2011 de la Sect Ad de la C S du Mali, aff Assemblée Nationale du Mali Etat du Mali C/ jugement n° 393 du 08/09/2010 du Tribunal Administratif de Bko et établissements M. yattassaye, voir recueil des arrêts de la cour suprême du Mali, 2009 – 2012.

[114] Avant 2011, les tribunaux administratifs du Mali étaient compétents pour connaître du contentieux des marchés Publics. Depuis cette date, seule la section administrative de la Cour suprême est compétente en matière de plein contentieux et de recours pour excès de pouvoir.

[115] N'DIAYE (I.), ibid. p.11 ; GUETTIER (C.), PP.363-364.

droit sénégalais[116]. Pour le Conseil d'Etat français, dans un avis du 29 juillet 2002, les marchés qui sont passés selon la procédure formalisée décrite par le code et ceux qui peuvent être passés selon une procédure adaptée c'est-à-dire ceux de faibles montants sont tous des marchés publics[117]. Pour le Professeur GAUDEMET, la forme écrite est obligatoire dans la conclusion des marchés publics sauf lorsque le montant de la prestation ne dépassant pas certains seuils[118].

Les marchés publics supposent certains critères : Ils sont soumis à des règles strictes contenues dans le code des marchés publics, la seconde particularité de la conclusion des marchés publics étant que la forme écrite est aussi obligatoire pour eux sauf lorsque le montant de la prestation ne dépassait pas certains chiffres[119]. Cette rédaction écrite des marchés publics se présente sous la forme de cahiers des charges, documents régissant les droits et obligations de chaque partie dans le marché. Les marchés publics sont sauf exception des contrats écrits. Les pièces constitutives en sont l'acte d'engagement et les cahiers des charges. L'acte d'engagement est la pièce signée par un candidat à un marché public dans laquelle il présente son offre ou sa proposition et adhère aux clauses que la personne publique a rédigées. Les cahiers des charges déterminent les conditions dans lesquelles les marchés sont exécutés.

III) Intérêt

28.- Evolution historique- Le droit africain des marchés publics des pays d'Afrique francophone postérieur à l'indépendance comme la plus grande partie de leur droit moderne « *est un droit largement hérité de la période coloniale ; c'est en effet, ce droit colonial qui s'appliquait au moment de l'acquisition de l'autonomie juridique des Etats africains (à partir de la fin 1958) et qui va servir avec le droit métropolitain proprement dit, de base de référence pour l'érection de nouvelles solutions* »[120]. D'après le professeur Laurent RICHER, la

---

116 N'DIAYE (I.), ibid.

117 CE, avis cont.29 juillet 2002, Sté Maj. Blanchisserie de pantin, avis n° 246921 ; BJCP 2002, 427.

118 GAUDEMET (Y), ibid. P.311.

119 Ibid. p. 51.

120 BOCKEL (A.) : « Les contrats administratifs : Données générales » dans Encyclopédie juridique de l'Afrique, droit des contrats et de la responsabilité, volume 9, les nouvelles éditions africaines Abidjan, Dakar, Lomé, 1982, p 217.

réglementation des marchés publics en France remonte à l'ancien régime et le système des marchés sur adjudication avait été complètement organisé sous l'ancien régime[121]. Après la révolution, un décret du 10 Brumaire an XIV a prévu que les travaux des hospices et établissements de charité devaient être « *données à l'adjudication et le décret du 17 juillet 1806 a étendu cette règle aux communes* »[122]. Puis a été adopté l'article 12 de la loi du 31 janvier 1833, premier texte de portée générale, qui a servi de fondement au droit des marchés publics français jusqu'au milieu du XXe siècle. Cette loi renvoyait au pouvoir réglementaire le soin de régler par ordonnance les formalités à suivre dans les marchés. L'article 1er de l'ordonnance du 4 décembre 1836 a prévu que tous les marchés au nom de l'Etat français seront faits avec concurrence et publication et a organisé la procédure d'adjudication. Une ordonnance du 14 novembre 1837 a introduit les mêmes dispositions pour les communes[123].

L'évolution historique du Mali marquée notamment par des siècles de colonisation française a influencé la réglementation des marchés publics au Mali des années postérieures à l'indépendance.

En effet, le Mali, ancien soudan français a été une colonie française de 1895 à 1946. Il faisait partie des colonies constituant l'Afrique occidentale française (AOF)[124]. L'AOF a été créée le 16 juin 1895 par l'union du Sénégal, du Soudan français, *de* la guinée et de la Côte d'Ivoire[125]. A sa dissolution à la suite des indépendances entre 1958 et 1960, cette fédération regroupait huit colonies françaises[126] d'Afrique de l'ouest, avec pour objectif de coordonner sous une même autorité, la colonisation française sur le continent africain.

Le haut Sénégal, Niger, Soudan français en 1920[127] devient le Mali à son indépendance le 22 septembre 1960. Il a été le berceau de trois grands empires[128] et d'une mosaïque de petits Etats ou royaumes qui

---

[121] RICHER (L.), ibid. p. 374.

[122] Ibid.

[123] BOCKEL (A.) ibid.

[124] A ne pas confondre avec l'AEF créée en 1910.

[125] http://fr.wikipidia.org/wiki/Afrique cocidentale.fr (page consultée le 16/6/2014).

[126] Mauritanie, Sénégal, Soudan français, guinée (devenue indépendant en 1958), cote d'Ivoire, Niger, Haute volta, Dahomey.

[127] http : Fr.wikipedia.org/wiki/histoire du Mali (page consultée le 11/7/2014).

[128] L'Empire du Ghana dénommé Ouagadou fondé par les Sarakolés au IVe siècle, se désagrégea en 1076 à la suite des percées berbères venus islamiser l'Afrique occidentale ; l'Empire du Mali fondé au XIe siècle est unifié par Soundjata Keïta en 1222 atteint à son

se succéderont du XVIIe s jusqu'au XIXe s[129]. Pour le Professeur Joseph KI-ZERBO, dans les empires et royaumes africains, même s'il n'y a pas un code écrit des marchés publics, le principe de la transparence existait en ce sens que la gestion du bien commun demeurait sous le vocable de « *forobà* » en langue Dioula qui représente la conception africaine de la chose publique (*respublica*). La démocratie locale existait étant entendu que les problèmes étaient discutés devant tout le monde à travers la palabre[130].

Le premier texte applicable dans les colonies en matière de marché public était ''*le décret du 26 octobre 1898 portant promulgation dans les colonies de divers articles du décret (français) du 18 novembre 1882 et les textes portant promulgation dans les colonies des différents textes modificatifs du décret français 18 novembre 1882*''[131]. Ce dernier décret peut être considéré comme l'ancêtre de la réglementation des marchés publics dans les pays d'Afrique francophones notamment le Mali, le Sénégal.

Sur trente articles que comportait le décret du 18 novembre 1882 relatif aux adjudications et marchés à passer pour le compte de l'Etat français, seize articles furent rendus applicables dans les colonies. En vertu des dispositions de l'article 1er du décret du 26 octobre 1898, les articles 2 ; 3 ; 4 ; 13 ; 14 ; 15 ; 17 ; 18 ; 20 ; 21 ; 22 ; 23 ; 24 ; 25 ; 27 et le 2e paragraphe de l'article 19 du décret du 18 novembre 1882 relatif aux adjudications et marchés à passer pour le compte de l'Etat français sont promulgués dans les colonies[132].

Cette réglementation coloniale qui reprenait la réglementation française relative aux adjudications et marchés passés par l'Etat français avait prévu les 4 modes de passations des marchés publics qui

---

apogée sous le règne de Mansa Moussa en 1320 s'étendait de l'océan atlantique au Niger ; l'Empire Songhoï fondé par Soni Ali Ber puis Askia Mohamed au XVe S. En 1591 il fut démantelé par les troupes du pacha Djonder en provenance du Maroc il s'étend sur la plus grande partie du Mali actuel.

[129] Le royaume de Ségou fondé par Kaladjan Coulibaly au milieu du XVIIe S, qui sera dirigé également par Biton Coulibaly qui régna de 1712 à sa mort en 1755.
L'empire Toucouleur d'Elhadj Omar Tall qui lança son djihad en 1852.
L'empire du Wassoulou fondé par Samory Touré.
Le royaume du Kénédougou dirigé par Tieba Traoré puis son frère Babemba Traoré.

[130] KI-ZERBO (J.), A quand l'Afrique ? Entretien avec René Holenstein, éditions d'en bas, 2013, p.81.

[131] http://issuu.com/Scdurag/docs/Fra traité de législation coloniale troisième partie (page consultée le 6/7/2014).

[132] http://issuu.com id (page consultée le 6/7/2014)

suivent : L'adjudication ou la réadjudication[133], les marchés de gré à gré[134] pour les fournitures, transport et travaux dont la dépense totale n'excède pas 20.000 francs ou s'il s'agit d'un marché passé sur plusieurs années dont la dépense annuelle n'excède pas 5.000 francs et les marchés préalablement autorisés par le président de la République sur un rapport spécial du ministre compétent, les achats sur simple facture ou sur mémoire[135].

Aux termes des dispositions du décret du 26 octobre 1898, il peut être suppléé aux marchés écrits par des achats sur simple facture pour les objets qui doivent être livrés immédiatement dès lors que la valeur de chacun de ces achats n'excède pas 1500 francs. En dessous de ce seuil, les travaux ou transports peuvent être exécutés sur simple mémoire.

Ce décret du 26 octobre 1898 a repris les dispositions du décret du 18 novembre qui prévoyaient les cahiers des charges[136]. Au regard des dispositions de l'article 17 du décret du 26 octobre 1898, les adjudications doivent être approuvées par le ministre et ne sont valables qu'après cette approbation.

D'après le Professeur GLELE, la constitution française du 27 octobre 1946 instituant "*l'union française*" fit des colonies des Territoires d'outre-mer (TOM) régis par la constitution et les lois de la République française. Les TOM furent dotés d'Assemblées territoriales élues. La loi cadre du 23 juin 1956 leur conféra un statut d'autonomie interne partielle. Le nouveau régime distinguait les services d'Etat relevant de la métropole et les services locaux relevant des territoires[137].

En 1946, le Soudan français, à l'instar des autres colonies, devient un territoire d'outre-mer. La réglementation des marchés publics apparaît pour la première fois dans les Territoires d'outres mer après la constitution française du 27 octobre 1946. A la suite de l'entrée en vigueur de la constitution française du 27 octobre1946 qui fit des colonies des TOM, un nouveau décret du 11 avril 1949 qui s'inspire

---

[133] Articles 14,15,17 du décret du 26 octobre 1898 portant promulgation dans les colonies de divers articles du décret français du 18 novembre 1882.
[134] Ibid., article 18.
[135] Ibid. article 22.
[136] Ibid. article 14.
[137] GLELE (M.A.) : « La constitution ou loi fondamentale » dans Encyclopédie Juridique de l'Afrique, volume 1 P. 2 et Suivant.

du décret mère français du 18 novembre 1882 relatif aux adjudications et aux marchés passés au nom de l'Etat et du décret du 26 octobre 1898 précité est promulgué. Il s'agit du décret n° 49-500 du 11 avril 1949 portant application pour les territoires relevant du Ministère de la France d'outre-mer du décret du 6 avril 1942 relatif aux marchés passés au nom de l'Etat[138]. Le décret du 22 juillet 1957 réglementait quant à lui les marchés passés au nom des territoires et groupes de territoires. A ces textes de base s'ajoutent un certain nombre d'arrêtés destinés à réglementer le contenu des différents types de marchés publics (les cahiers des charges, applicables aux marchés de travaux, de fournitures et de services)[139]. Les deux grands textes applicables avant l'indépendance dans les territoires français d'outre-mer étaient encore en vigueur au Sénégal, au Benin et au Mali, après leur indépendance[140].

En vertu des dispositions des articles 1 et 2 du décret n° 49-500 du 11 avril 1949, les marchés de travaux, fournitures transports au compte de l'Etat français exécutés dans les Territoires relevant du Ministère de la France d'outre-mer sont passés et préparés par les services compétents, soumis pour avis préalable à la commission consultative locale désignée par le Chef du Territoire et approuvés par le Ministre de la France d'outre-mer ou le ministre intéressé ou le fonctionnaire ayant reçu délégation.

Cette commission était composée ''en principe'' du Secrétaire général ou le délégué du Chef du Territoire (président), le contrôleur financier s'il existe et le directeur ou chef du bureau des finances, 4 fonctionnaires ou officiers représentant les principaux services intéressés. Cette commission devra faire connaître son avis dans les quinze jours qui suivent la réception des marchés.

Aux termes du décret n°49-500 du 11 avril 1949, les modes de passation des marchés publics sont : L'adjudication publique ouverte, l'adjudication restreinte, l'appel d'offres, l'entente directe, les marchés passés sur factures ou mémoires, le concours[141]. Le seuil pour les marchés sur appel d'offres était de 20 millions de francs c'est-à-dire lorsque la dépense totale n'excède pas 20 millions ou s'il s'agit

[138] Journal officiel de la République française du 13 avril 1949 page 3741.

[139] BOCKEL (A.) : « La forme et la nature juridique des contrats administratifs » dans Encyclopédie juridique de l'Afrique volume 9, p. 239 et s.

[140] Ibid.

[141] Articles 8 et 5 du décret n° 49-500 du 11 avril 1949, ibid.

d'un marché passé pour plusieurs années, dont la dépense annuelle n'excède pas 4 millions de francs[142]. Il peut être suppléé aux marchés écrits par de simples factures pour les achats de fournitures livrables immédiatement lorsque les besoins prévisibles du service ne justifient pas l'acquisition d'une quantité dont la valeur excède 500.000 francs.

Les travaux ou transports dont la valeur présumée n'excède pas 500.000 F peuvent être exécutés sans marchés écrits, sur simple mémoire[143]. Suivant les dispositions de l'article 39 du décret n°49-500, les montants de marchés ou achats sur factures ou mémoires sont exprimés en francs métropolitains.

Le titre II du décret n°49-500 explicite davantage les cahiers des charges tandis que le titre III réglemente les garanties à fournir par les soumissionnaires et titulaires de marchés. Aux termes des dispositions de l'article 46 du décret n°49-500, ce dit décret abroge toutes dispositions contraires et notamment le décret du 26 octobre 1898. Le décret n° 49500 du 11 avril 1949 rendait applicable dans les TOM les dispositions du décret français du 6 avril 1942 relatif aux marchés passés au nom de l'Etat[144]. Dans ce décret, le principe en matière de passation des marchés était l'adjudication. Cette réglementation distinguait l'adjudication ouverte et l'adjudication restreinte. Ce décret du 6 avril 1942 sera modifié par le décret du 21 novembre 1952[145].

Le décret français du 22 juillet 1957 applicable aux marchés de l'outre-mer combina l'adjudication à d'autres modes de passation des marchés publics[146].

La réglementation relative aux cahiers des charges des marchés publics entra en vigueur dans les TOM. Deux arrêtés régissaient ces cahiers de charge : L'arrêté du 16 octobre 1946 portant fixation du cahier des charges et conditions générales imposés aux entrepreneurs de travaux publics et l'arrêté du 8 avril 1953 portant approbation du cahier des charges et conditions générales applicables aux marchés de

---

[142] Ibid. article 20.
[143] Ibid. article 25.
[144] BOCKEL (A.) : « Les contrats administratifs » dans Encyclopédie Juridique de l'Afrique, Droit des contrats pp. 215-218.
[145] JORF des 13 avril 1949 et du 22 novembre 1952.
[146] BOCKEL (A.) : « la passation des contrats administratifs » dans Encyclopédie Juridique de l'Afrique, volume 9, pp. 225-231.

fournitures et de services. Ces deux arrêtés étaient en vigueur au Mali, au Benin et au Sénégal, bien après l'indépendance desdits pays[147].

Ces cahiers des charges n'étaient pas toujours applicables à certaines formes de marchés dits spéciaux dont les clauses étaient rédigées de façon particulière. Il s'agit notamment des marchés à prix provisoire : marchés et études, de recherche de travaux et fournitures complexes dont il est difficile de fixer le prix lors de la conclusion ; des marchés à commande ayant pour objet de fixer un maximum et un minimum de prestations susceptibles d'être commandées pendant une période déterminée à un même fournisseur qui s'engage à les honorer ; des marchés de clientèle garantissant une sorte d'exclusivité au cocontractant pour certaines catégories de prestation pour une durée plus longue ; des marchés de programme conclus en application d'une autorisation de programme pluriannuelle qui permettent au cocontractant d'établir des plans de fabrication ;des marchés industriels où il n'est pas possible de définir de façon précise l'objet et le prix. Ces formes de marchés sont apparues en droit français vers 1956 – 1959, ont été reprises dans les textes des pays africains francophones[148].

Le Soudan français accéda avec les autres TOM en 1958 au statut de l'autonomie interne complète. Pour le professeur François GONIDEC, le modèle constitutionnel de cette période d'autonomie a été imposé[149].

Tous les TOM, excepté la guinée, lors du référendum du 28 septembre 1958, votèrent oui le projet de constitution du Général de Gaulle. Les TOM devaient opter entre le statut de département d'outre-mer et celui d'Etat membre de la communauté. En vertu des dispositions de la constitution, la communauté avait une compétence d'attribution limitativement définie et comprenant notamment la politique économique et financière commune, tandis que les Etats membres ont des compétences non expressément indiquées dans la constitution. Ceux-ci ont désormais une compétence de droit commun.

---

[147] BOCKEL (A.) : « la passation des contrats administratifs » dans Encyclopédie Juridique de l'Afrique, volume 9, pp. 240.

[148] BOCKEL (A.) : « La forme et la nature juridique des contrats administratifs » dans Encyclopédie Juridique de l'Afrique p. 241.

[149] GONIDEC (P.F.) : « introduction », Ibid. p. 25 et s.

En vertu des dispositions de l'article 76 de la constitution du 4 octobre 1958, les assemblées territoriales adoptèrent le statut d'Etat membre de la communauté. Les assemblées territoriales proclamèrent l'Etat naissant une République. La République proclamée, chaque Assemblée territoriale s'érigea en Assemblée législative constituante. Ses membres prirent le titre de député.

Le Conseil du Gouvernement en fonction au moment de l'adoption du statut d'Etat membre de la communauté se transforma en Gouvernement provisoire de la République et prit le titre de Conseil des ministres et le Président du Conseil du Gouvernement devenait premier ministre. En se basant sur l'article 77 de la constitution de la Vème République, les Etats africains se dotèrent chacun d'une constitution[150].

Les premières constitutions écrites des Etats membres de la communauté furent imposées par le système politique français. L'article 77 de la constitution de 1958 imposa aux Etats membres de la communauté les principes fondamentaux de leur constitution comme l'obligation de ''*s'administrer et de gérer démocratiquement et librement leurs propres affaires*''. Les mêmes formules se retrouvent à quelques nuances près dans ces constitutions : ''*La République affirme son attachement au droit à la libre détermination des peuples et aux libertés fondamentales de l'Homme définis par les déclarations des constitutions de la République française et la Déclaration universelle des droits de l'homme*''.

Le président de la République française présidait et représentait la communauté[151]. En sa qualité de président de la communauté, il était représenté dans chaque Etat par un haut-commissaire[152]. Il découle de ces dispositions que les Etats membres de la communauté n'avaient pas compétence pour élire ou désigner un Chef d'Etat différent de celui de la République. Les Républiques africaines et françaises avaient donc un seul et même chef d'Etat, président de la République.

[150] Fédération du Mali constituée du Sénégal et du Soudan (17 janvier 1959), constitutions du Mali (23 janvier 1959), Sénégal (24 janvier 1959) Mauritanie (22 mars 1959), Côte d'Ivoire (26 mars 1959).

[151] Articles 6 et 81 de la constitution française du 4 octobre 1958.

[152] Ibid. article 81.

Les élus africains n'étaient représentés que dans le sénat de la communauté[153].

Les Etats indépendants ont reconduit largement la législation de l'Etat prédécesseur. La reconduction constitutionnelle a été la technique privilégiée des nouveaux Etats africains indépendants qui dès leur première constitution ont exprimé leur volonté de conserver la législation précédemment applicable sur leur territoire. La constitution de la fédération du Mali du 17 janvier 1959 disposait : ''*A moins que les autorités fédérales n'en aient décidé autrement, les lois et règlements actuellement en vigueur continueront d'avoir leur plein effet, en tout ce qu'ils n'ont pas de contraire à la présente constitution*''.

Pendant la période d'autonomie interne, plusieurs textes s'inspirant de la réglementation antérieure en vigueur dans les colonies et les TOM ont été adoptés : La loi n°59-35 du 8 décembre 1959 relative aux marchés publics, le décret n°154 PCM du 23 mai 1959 portant réglementation des marchés publics[154] et l'ordonnance n°46 bis P-GP du 16 novembre 1960 portant règlement financier en République du Mali[155] dont les articles 143 à 152 sont consacrés au mandatement des marchés.

Il apparaît pour le Docteur AYOLOLA, dans sa thèse de doctorat[156] que les Etats de l'UEMOA à l'exception de la Guinée Bissau sont restés pendant longtemps en marge de la liberté de la concurrence. Ce contexte n'a pas favorisé l'éclosion, la métamorphose du droit des marchés publics dans son pays, la Côte d'Ivoire. De même pour EBA'A EFANDENE ALAIN PARFAIT [157] dans son mémoire de DEA, le bouleversement du droit des marchés publics dans son pays le Cameroun est apparu avec le libéralisme politique et économique. Pour EBA'A, l'avènement du libéralisme politique et économique a entraîné une mutation de la réglementation applicable aux marchés publics au Cameroun surtout avec la création d'Autorité de Régulation

---

[153] Ibid. articles 83.
[154] V. journal officiel du 15 juin 1959.
[155] V. journal officiel de la République du Mali n°88 du 17/6/1961.
[156] AYOLOLA (K.), le droit de la concurrence à travers les ententes et les abus de de positions dominantes dans le cadre de l'UEMOA, Faculté de Droit, thèse de droit, Université de Cocody, 2001-2002 p.19.
[157] PARFAIT (E.E.A.), la régulation des marchés publics au Cameroun, Université Yaoundé II-SOA, mémoire de DEA en droit public, année académique 2003-2004, PP. 9-20.

des Marchés Publics en 2001. Pour cet auteur camerounais, dans le contexte du dirigisme économique que son pays a connu dès son accession à l'indépendance, il n'y avait pas eu de transformation de la réglementation relative aux marchés publics. Par la suite en 2002, le Niger créa à son tour une Autorité de Régulation. Dans ces deux pays, il apparaît une mutation du droit des marchés publics dans un contexte de libéralisme politique et économique.

Est-ce-à-dire que dans un contexte de dirigisme économique ou d'interventionnisme économique, il n'y a pas transformation du droit des marchés publics ?

Il apparaît par contre dans les écrits de certains auteurs occidentaux notamment le Professeur BRACONNIER que la transformation du droit des marchés publics peut apparaître dans un contexte de déréglementation c'est-à-dire de libéralisme économique ou d'hyper réglementation. L'avènement des Autorités de Régulation est synonyme de modification du droit des marchés publics. Pour, le professeur Braconnier « *si, en France, la régulation est née dans un contexte d'hyperréglementation dans lequel, il convenait d'introduire une forte dose de liberté, aux USA en revanche, elle s'est développée dans un contexte de concurrence dans lequel il convenait de remettre un peu d'ordre* »[158].

IV) Problématique

29.- Problématique- La présente recherche est axée essentiellement non seulement sur le nouveau droit des marchés publics au Mali transposant le droit communautaire des marchés publics au sein de l'espace Union économique et monétaire ouest africaine (UEMOA), mais également sur les procédures de certains bailleurs de fonds comme la Banque mondiale (BM), la Banque africaine de Développement (BAD), l'Union européenne (UE) régissant les marchés publics au Mali. Les procédures des bailleurs de fonds bilatéraux ou partenaires techniques feront l'objet d'un moindre développement en ce sens que la plupart de ces derniers appliquent les procédures des bailleurs de fonds multilatéraux ou renvoient au droit

[158] BRACONNIER (S.), op.cit. P.47.

national[159]. Ceci n'exclut pas le recours à la réglementation relative aux marchés publics de certains pays d'Afrique et d'ailleurs à titre de comparaison. Ainsi, les sources internes, les sources communautaires UEMOA et les sources conventionnelles[160] du droit des marchés publics au Mali permettent-ils d'appréhender cette recherche.

Tout droit ne subit-il pas des influences extérieures ou intérieures qui l'amènent à se transformer ? D'ailleurs, Xavier Domino, dans la préface de l'ouvrage « *leçons de droit des marchés publics* »[161], affirme que le droit français des marchés publics a subi ces dernières années sous l'effet des initiatives prises par les jurislateurs européens et nationaux autant que de la jurisprudence d'innombrables innovations, des bouleversements ininterrompus qui ont abouti à une révolution complète de la matière ou à une refonte[162]. Quid, du cas du Mali qui est également membre de l'UEMOA qui a transposé en 2008 les directives n°04 et n°05 du 9 décembre 2005 relatives aux marchés publics au sein des Etats membres de l'espace ? Le droit des marchés publics au Mali a-t-il subi une transformation ? Et, le cas échéant, quelle analyse critique peut être faite de ce nouveau droit des marchés publics ?

V) Plan de rédaction

30.- Parties- Pour cerner les contours du sujet, il convient d'examiner dans une première partie, la transformation du droit des marchés publics au Mali et dans une deuxième partie, l'analyse critique du nouveau droit des marchés publics au Mali.

[159] A titre d'exemple les pays de l'Union européenne notamment la France, l'Allemagne ont transposé les Directives 2004/17 et 2004/18 de l'union européenne relatives aux marchés publics.

[160] Les sources conventionnelles sont les procédures des bailleurs de fonds.

[161] DOMINO (X.), in préface de leçons de droit des marchés publics de JOURDAIN (F.), DELAMARRE (M.), (sous la direction de …), ELLIPSES Editions Marketing SA , 2014, p.9.

[162] JOURDAIN (F.), DELAMARRE (M.), (sous la direction de …) leçons de droit des marchés publics ELIPSES Marketing SA, 2014, p.9.

PREMIERE PARTIE
LA TRANSFORMATION DU DROIT DES MARCHES PUBLICS AU MALI

31.- Transformation du droit des marchés publics au Mali- Pour le Professeur BRACONNIER, les marchés publics sont un « *terrain privilégié de mutation du droit public* »[163]. Le nom transformation signifie modification, changement [164] . Selon, le dictionnaire HACHETTE ce nom transformation signifie action de transformer, de se transformer. Le verbe transitif transformer signifie donner une autre forme, un autre aspect[165].

La société tout comme l'Etat, se transforme sur le plan politique, économique et social. Toute transformation, tout changement du contexte historique de l'Etat, d'une société entraîne une adaptation du droit, une transformation du droit. Qui dit transformation d'un droit, dit naissance d'un nouveau droit. Le droit des marchés publics ne fait pas exception à ce principe. La transformation du droit des marchés signifie bouleversement, mutation, changement de ce droit.

Toute mutation du droit des marchés publics ne peut qu'être comprise que dans un contexte historique. Le contexte historique étant la relation des faits et des évènements passés qui ont occasionné la transformation ou le bouleversement du droit des marchés publics. Le dictionnaire Petit Larousse définit le contexte comme étant les circonstances, la situation globale où se situe un évènement[166]. Il s'agit de replacer cette transformation dans son contexte historique c'est-à-dire le déterminant qui est défini par le Dictionnaire Larousse, comme le facteur ou l'élément qui cause ou provoque cette transformation. Il n'existe pas d'évènement sans cause suivant le déterminisme. Celui-ci est considéré comme « *la conception*

---

[163] BRACONNIER (S.), op.cit. P.11
[164] CORNU (G.), op.cit.
[165] Dictionnaire HACHETTE, édition 2010.
[166] Dictionnaire Petit Larousse, édition 2000.

philosophique selon laquelle il existe des rapports de cause à effet entre les phénomènes physiques, les actes humains, etc. »[167].

Le droit est un fait de société, un phénomène social[168]. L'évolution de ce contexte historique est indissociablement liée à la transformation du droit des marchés publics au Mali. Dans les pays d'Amérique latine et africains, les institutions financières internationales comme le FMI et la BM ainsi que les PTF ont encouragé systématiquement la pénétration du capitalisme. Les crises récurrentes financières et de la dette ont obligé ces pays à recourir au concours de ceux-ci. Or, ces bailleurs de fonds conditionnent leur appui financier et technique aux pays en développement à la mise en œuvre de réformes politiques économiques et institutionnelles dont l'objectif est la promotion de la logique de marché. La transformation est née dans un contexte de liberté de la concurrence et des prix. Sans le respect de ce principe, il ne saurait y avoir transformation du droit des marchés publics.

Selon le Docteur AYOLOLA, dans sa thèse de doctorat : « *De 1960 à 1990, la fixation autoritaire des prix dans les Etats de l'UEMOA ne permettait pas la liberté de la Concurrence* »[169]. C'est à partir du changement du contexte économique ou commercial, que la rupture va débuter avec l'avènement des programmes d'ajustement structurel (PAS). Pour le Professeur Hans Kelsen[170], « *l'ordre juridique n'est pas un système de normes juridiques placées toutes au même rang, mais un édifice à plusieurs étages superposés, une pyramide ou hiérarchie formée d'un certain nombre d'étages ou couches de normes juridiques* »[171]. Toute norme juridique doit être insérée dans un ensemble hiérarchisé, tout se tient par un système particulier de communication par lequel la règle supérieure transmet sa validité à la

---

[167] Ibid.

[168] DIARRA (A.), démocratie et droit constitutionnel dans les pays francophones d'Afrique noire, le cas du Mali depuis 1960, pp.1-24.

[169] AYOLOLA (K.), op.cit. p.19.

[170] Juriste autrichien qui fut le premier a développé le contrôle de constitutionnalité dans son pays et qui a été étendu sur une bonne partie de l'Europe et ailleurs. Mais le contrôle de constitutionnalité est né aux USA avec l'arrêt Marbury Versus Madison rendu en 1803 par la Cour suprême ; voir en ce sens FAVOREU (L.), GAÏA (P.), GHEVONTIAN (R.), MESTRES (J.-L.), PFERSMANN (O.), ROUX (A.), SCOFFONI (G.), droit constitutionnel, 12ème édition, Dalloz, 2009, pp. 232-234.

[171] KELSEN (H.), théorie pure du droit, traduction de Charles Eisenmann, Paris, Dalloz, 1962, p.299 ; la garantie juridictionnelle de la constitution, traduction Charles Eisenmann, R.D.P., 1928, p.187. ; v. également, FAVOREU (L.), GAÏA (P.), GHEVONTIAN (R.), MESTRE (J.-L.), PFERSMANN (O.), ROUX (A.), SCOFFONI (G.), droit constitutionnel, 12ème édition, Dalloz, 2009, p.243.

règle inférieure qui lui est subordonnée[172]. « *Chaque degré de l'ordre juridique, écrit KELSEN constitue donc un ensemble et une production du droit vis-à-vis du degré inférieur et une reproduction du droit vis-à-vis du degré supérieur* »[173].

Dans le cadre de l'harmonisation de ses procédures de passation et d'exécution des marchés publics avec les Directives de l'UEMOA, le Mali a enclenché une vaste réforme de son système de passation et d'exécution des marchés publics tant sur le plan institutionnel que normatif.

La transposition du droit communautaire des marchés publics en 2008 au Mali a entraîné une rupture avec l'abrogation de plusieurs dispositions législatives et réglementaires régissant les marchés publics. De même cette rupture s'est accompagnée de l'apparition de plusieurs nouvelles règles bouleversant l'ancien droit des marchés publics. Le cadre normatif a été transformé et cette modification a entraîné une transformation du schéma institutionnel. Les sources du droit des marchés publics sont multiples et hétérogènes. Une distinction peut être faite entre les sources supérieures et les sources inférieures. Les marchés publics ont pour source le droit communautaire, le droit conventionnel, la constitution, la loi, les règlements, la jurisprudence, la doctrine. Il s'agit de source de normes supérieures et de sources de normes inférieures. Les sources inférieures en vertu du principe de la hiérarchie des normes inventé par Hans Kelsen subissent l'influence des normes supérieures, car toute norme inférieure a l'obligation de se conformer aux dispositions de la norme supérieure. La libéralisation du secteur des marchés publics a entraîné une modification tant des normes supérieures que des normes ordinaires. A chaque changement des normes supérieures doit succéder une modification des normes inférieures. De ce fait la transformation du régime juridique des marchés publics découle essentiellement de la conformation des dispositions des normes inférieures aux mutations des normes supérieures constitutionnelles, communautaires et conventionnelles.

L'entrée en vigueur des normes supérieures notamment la constitution du Mali du 25 février 1992, les Directives UEMOA sur les marchés

---

172 ROUSSEAU (D.), la justice constitutionnelle, 3e édition, Montchrestien, 1998, p.20.
173 Id.

publics[174] a entraîné non seulement une modification du corpus législatif, mais aussi du corpus réglementaire relatif aux marchés publics. Le corpus désigne un ensemble cohérent de règles ou un recueil de textes de loi, un code, un ordonnancement juridique[175]. L'évolution du contexte politique économique et social et l'entrée en vigueur des normes supérieures a conduit les autorités publiques à procéder à une refonte des textes relatifs aux marchés publics. Il convient de noter de nombreux points de rupture avec le droit antérieur. Cependant, dans certains cas, il y a eu une continuité du droit antérieur.

C'est le contexte historique de l'évolution du nouveau droit des marchés publics au Mali (Titre I) qui est à l'origine de la transformation dudit droit dont il convient de préciser la portée (titre II).

[174] Directives n° 04/CM/UEMOA portant procédures de passation, d'exécution et de règlement des marchés publics et des délégations de services publics du 9/12/2005 et n°05/CM/UEMOA portant contrôle et régulation des marchés publics et des délégations de service public du 09 décembre 2005.
[175] CORNU (G.), op.cit.

TITRE I : LE CONTEXTE HISTORIQUE DE L'EVOLUTION DU NOUVEAU DROIT DES MARCHES PUBLICS AU MALI

32-. Contexte historique- La question qui a véritablement opposé les chercheurs et qui continue de les opposer est de savoir si c'est l'économique qui détermine le politique ou vice-versa d'une part et d'autre part, si c'est plutôt, le culturel qui détermine le politique ou vice-versa. Répondre à une telle problématique ressemble à trancher celle de l'œuf et de la poule. L'un des premiers penseurs à s'atteler à donner une réponse à cette question est Karl Marx qui affirme vigoureusement la dépendance du politique par rapport à l'instance économique [176]. Pour Marx, dans son ouvrage, la Critique de l'Economie Politique et du Capital, « *la structure économique de la société est la fondation réelle sur laquelle s'élève un édifice juridique et politique, et à quoi répondent des formes déterminées de la conscience sociale* » [177]. Karl Marx, distingue l'infrastructure économique, causalité historique première, des superstructures sociales au sein desquelles se situent le politique et l'Etat. Cependant Marx et Engels sont d'accord que les superstructures à leur tour rétroagissent sur le mode de production économique sans toutefois en bouleverser radicalement les dynamiques internes. C'est la thèse, de la « détermination en dernière instance », expression d'Engels. Mais pour Marx l'instance politique est vouée en règle générale, à garantir la pérennité du système économique (d'exploitation). Cette affirmation a été reprise par Henri ISAIA et Jacques Spindler[178] qui défendent l'idée que les pouvoirs publics ne doivent pas troubler la vie économique sinon, elle disparaît, mais ils doivent se borner à garantir strictement le libre jeu des lois du marché. Un courant de penseurs

---

[176] BRAUD (P.), sociologie politique, 10ème édition, LGDJ, p.254.
[177] MARX (K.), critique de l'économie politique, Paris Gallimard, 1968, t.II, p.10.
[178] ISAIA (H.) et SPINDLER (J.) (sous la coordination de ...), histoire du droit des finances publiques, vol.I, les grands textes commentés du droit budgétaire et de la comptabilité publique, Economica, Paris, 1986, p.41.

s'est inscrit dans la voie de Marx. C'est le cas de Immanuel Wallenstein qui voit dans le capitalisme comme une « économie-monde », c'est-à-dire un système économique qui englobe plusieurs systèmes culturels[179]. Par contre pour d'autres penseurs opposés à la doctrine de Marx, notamment Emile Durkheim ou Talcott Parsons, les facteurs culturels déterminent l'instance politique; le politique émerge progressivement de la religion, tout ce qui est social est religieux, les fonctions politiques, économiques et scientifiques se sont affranchies peu à peu de la fonction religieuse. En définitive Philippe Braud[180] souligne l'articulation, les intrications, l'interaction entre phénomènes d'ordre politique, économique et culturel.

Il s'agit de replacer un fait dans son contexte historique. Placer la transformation du droit des marchés publics dans son contexte historique, consiste à relater les évènements, les faits passés qui ont conditionné ou déterminé cette transformation. Ainsi dans le cadre du droit des marchés publics, les bouleversements intervenus sont-ils la manifestation de la primauté de l'économique sur le politique, de l'inverse ou de l'interaction entre les deux termes. Les réformes intervenues dans le droit des marchés publics sont le fait des institutions financières internationales ou organisations internationales ayant pour objet la promotion de la liberté du commerce. « L'Etat à peine né en Afrique est matraqué par des institutions comme la BM qui exigent toujours moins d'Etat. L'influence des entreprises transnationales s'imposent de plus en plus »[181]. Une série d'initiatives ont été prises dans le cadre mondial et sous régional pour reformer le droit des marchés publics (chapitre I) qui ont influencé les changements intervenus dans le contexte historique national (chapitre II).

[179] BAUD, (P.), id.p.256.
[180] Ibid, pp.262-263.
[181] KI-ZERBO (J.), op.cit. p.8.

Chapitre I
les initiatives prises dans le cadre mondial et sous-r2gional pour reformer le droit des marchés publics

33.- Les initiatives- *« Les marchés publics se trouvent (...) immergés dans un environnement Juridique hétérogène, qui prend ses racines aussi bien dans l'ordre Juridique international, principalement communautaire »* [182] . Plusieurs organisations internationales ou mondiales interviennent dans le secteur de la commande publique à savoir l'OMC, l'UE, la CNUDCI, le FMI, la BM [183] , la (BAD), Transparency international, l'OCDE, etc. *« Tout cela traduit en contrepoint de l'intégration communautaire, un phénomène très avancé d'internationalisation du droit des contrats publics (...) épiphénomène juridique de la globalisation et de la mondialisation économique et politique »* [184] . Ce mouvement de libéralisation va concerner le secteur des marchés publics.

Dans le cadre de la réforme du droit des marchés publics en Afrique et ailleurs, les bailleurs de fonds et les PTF ont pris un certain nombre d'initiatives (Section I) qui sont à la base des initiatives prises par l'UEMOA au niveau sous régional (Section II).

---

[182] BRACONNIER (S.), ibid. P.13.

[183] Le groupe de la Banque mondiale comporte cinq institutions qui entretiennent des liens étroits : la BIRD, l'IDA, la société financière internationale (SFI), l'agence multilatérale de garantie des investissements (MIGA) et le centre international pour le règlement des différends relatifs aux investissements (CIRDI). Pour être membre de la BIRD, il faut être membre du FMI et pour être membre des trois autres institutions, il faut être membre de la BIRD. Celle-ci a été créée en 1945, la SFI, a été créée en 1956, l'IDA a été créée en 1960 et le CIRDI a été créé en 1966.

[184] BRACONNIER (S.), ibid. pp.53-54.

Section I : Les initiatives prises par les bailleurs de fonds et les PTF dans le cadre de la réforme du droit des marchés publics

34.- Détermination des bailleurs de fonds- *« Le contexte international était marqué par la forte détermination de la Banque Mondiale, relayée par l'Organisation mondiale du Commerce, d'améliorer sur la base de règles et standards internationaux, les systèmes de passation des marchés publics des pays en développement, notamment par le renforcement de la transparence des procédures et leur simplification »*[185].

La prépondérance de l'influence des partenaires extérieurs du Mali et les initiatives prises par les bailleurs de fonds et PTF ont contribué fortement aux mutations intervenues dans le droit des marchés publics dans les pays en voie de développement. Les bailleurs de fonds multilatéraux et bilatéraux ainsi que les PTF vont prendre des initiatives fortes pour réformer les systèmes des marchés publics des pays en développement non seulement au sein des regroupements sous régionaux africains, mais également dans chacun des pays des zones UEMOA, CEMAC, COMESA.

Le droit des marchés publics est l'un des droits le plus marqué par le contexte de la mondialisation libérale. Ce droit a été fortement influencé sur tous les continents par cette mondialisation et cette libéralisation prônée par les bailleurs de fonds et PTF. D'après Dominique Brault, l'adoption du libéralisme économique sur tous les continents est l'un des faits marquants de la fin du 20ème siècle[186].

Les bailleurs de fonds multilatéraux et bilatéraux et les PTF ont adopté d'importants actes sur le plan mondial pouvant servir de modèle aux Etats pour une réforme de leur droit des marchés publics en Afrique et dans les pays qui ont signé avec eux des programmes (paragraphe II) et cela à la suite des principales conférences qu'ils ont initiées dans le cadre de la réforme du droit des marchés publics (paragraphe I).

---

[185] V. étude GEMCO relative à la relecture du code des marchés publics du Mali p.12.

[186] BRAUL (D.), droit de la concurrence comparée (vers un ordre concurrentiel mondial ?), Economica, Paris, 1995, p.1.

Paragraphe I : Les principales Conférences initiées par les bailleurs de fonds et les PTF dans le cadre de la réforme du droit des marchés publics

35.- Les conférences initiées- Les institutions financières internationales et les PTF ont adopté une méthodologie et une stratégie pour préparer les pays en voie de développement à adhérer aux réformes qu'ils se proposèrent d'adopter dans le contexte mondial afin de promouvoir la liberté du commerce. Il s'agit d'éviter comme, il a été coutume de dire que les réformes ont été imposées et cela surtout, avec le réveil des mouvements altermondialistes qui affirmèrent que toutes les réformes initiées par les bailleurs de fonds et les PTF ont été imposées aux pays en voie de développement. Pour éviter, toute frustration, ces bailleurs de fonds organisèrent plusieurs Conférences et forums auxquels les pays en voie de développement prirent une part active. Dans le cadre de la réforme du droit des marchés publics dans les pays en voie de développement, plusieurs conférences furent organisées, à savoir la Conférence d'Abidjan sur la réforme du droit des marchés publics en Afrique (A) et le Forum de Haut-Niveau de paris qui déboucha sur la Déclaration de Paris (B).

A) La Conférence d'Abidjan sur la réforme du droit des marchés publics en Afrique : une réforme souhaitée du droit des marchés publics

36.- Objet- La Conférence d'Abidjan de 1998 sur la réforme des marchés publics en Afrique a été le véritable précurseur de toutes les réformes relatives au droit des marchés publics intervenues en Afrique et ailleurs dans le monde. Il s'agit au cours de cette Conférence de montrer aux pays participants, essentiellement les faiblesses de leur droit des marchés publics qui enfreignaient les investissements directs étrangers et qui faisaient que plusieurs bailleurs de fonds n'étaient pas prêts à investir en Afrique. La plupart des Codes relatifs aux marchés publics présentaient des failles qui étaient aux antipodes des normes et standards internationaux. Pour les coorganisateurs de la Conférence d'Abidjan, les Etats sont libres théoriquement d'adopter un nouveau droit des marchés publics. C'est pourquoi, ce serait une réforme souhaitée et non imposée par les bailleurs de fonds et les coorganisateurs, loin de tout paternalisme. La Conférence d'Abidjan sur la réforme des marchés publics en Afrique a eu lieu du 30 novembre au 4 décembre 1998. Les coorganisateurs sont la BAD, la

Conférence des Nations Unies pour le Commerce et le Développement (CNUCED), le Centre du Commerce international (CCI)[187], l'OMC, le PNUD, la BM[188]. Toutes ces institutions financières ou non financières ont pour objectif commun la promotion de la liberté de la concurrence, de l'économie de marché au plan international ou mondial. Le Centre du Commerce international est l'agence centrale au sein de l'ONU qui fournit une assistance technique dans le domaine des marchés. Il fonctionne en association avec la Banque mondiale, d'autres banques multilatérales ou d'autres bailleurs de fonds. C'ainsi qu'elle élabora une série d'instruments tels que le Répertoire des systèmes de passation des marchés publics, des outils d'analyse desdits systèmes afin de mesurer l'efficacité du processus de passation des marchés publics[189]. Le PNUD a pour objectif de créer un environnement de bonne gouvernance dans lequel les principes fondamentaux, de responsabilité et transparence sont respectés. Il y avait 30 pays participants dont le Mali, le Sénégal, le Benin, le Gabon, le Ghana, Kenya, Madagascar, Maroc, Nigeria, Afrique du sud, la France, le Canada, Arabie Saoudite, les USA, la Côte d'Ivoire,[190] etc.

Plusieurs recommandations jetèrent les bases d'un nouveau droit des marchés publics pas seulement en Afrique, mais à travers le monde, et cela à travers les participants qui sont venus des quatre continents : Asie, Amérique, Europe et Afrique.

Un consensus s'est dégagé au cours de cette conférence pour une stratégie de réforme des marchés publics. La Banque mondiale encouragea les pays emprunteurs à adopter des lois et des règlements inspirés de la loi type de la CNUDCI sur la passation des marchés publics. A l'issu de la Conférence d'Abidjan sur la réforme des marchés publics les recommandations suivantes ont été adoptées : Un cadre juridique à rendre conforme à la loi type de la CNUDCI[191] ; la stratégie adoptée lors de cette conférence doit servir de point d'ancrage à tout projet de réforme des marchés publics entrepris à un

---

187 A ne pas confondre avec le sigle de la Chambre de Commerce international (également CCI ou ICC sigle anglais.

188 V. rapport relatif à la Conférence d'Abidjan sur la réforme des marchés publics en Afrique.

189 V. l'intervention de Monsieur Witting, lors de la Conférence d'Abidjan à la page 66 du rapport de la Conférence d'Abidjan sur la réforme des marchés publics.

190 Ibid.

191 Commission des Nations Unies pour le Droit Commercial International

niveau national ; la modernisation des structures juridiques des marchés publics vise plusieurs phases du cycle des marchés publics comme la planification, la sélection, la concurrence et la réalisation du contrat ainsi que les phases administratives ; l'harmonisation des règles relatives aux marchés publics ; l'adhésion à l'accord sur les marchés publics de l'OMC qui est volontaire pour les membres de l'OMC.

Lors de cette conférence, les pays ont été invités à engager des réformes de leurs systèmes de passation des marchés publics en vue de mettre en œuvre les principes de bonne gestion des finances publiques, celle-ci étant à la fois une condition indispensable à la stabilité macroéconomique et un élément essentiel de bonne gouvernance[192].

Une école est née à partir de la Conférence d'Abidjan, qui peut être appelée l'école des bailleurs de fonds et des PTF. Cette école estime que la nouvelle réglementation des marchés publics a été initiée par et pour les Etats africains. Les partisans de cette école ne sont autres que les coorganisateurs de la Conférence d'Abidjan sur la réforme des marchés publics tenue à Abidjan. M. Weismann, Directeur de l'appui aux opérations de la BM dans la région Afrique, a encouragé les pays d'Afrique à adopter des règles de passation des marchés publics conformes aux normes et standards internationaux. Cette réforme en vue d'une nouvelle réglementation des marchés publics sera *''initiée de l'intérieur avec, au besoin, l'assistance des bailleurs de fonds''*[193]. Ces donateurs et bailleurs de fonds ont adopté la même position à la suite de Forum de Haut Niveau de Paris qui déboucha sur la Déclaration de Paris du 2 mars 2005 en affirmant que celle-ci est considérée comme un *« consensus mondial sans précédent »*[194]

Pour les partisans d'une nouvelle réglementation des marchés publics, celle-ci sera initiée et élaborée par les pays africains en vertu du principe de la souveraineté des Etats africains. Ces idées sont partagées par toutes les grandes puissances industrielles occidentales qui ont eu une mainmise sur les institutions financières internationales et autres organisations internationales qui sont coorganisateurs directs

---

[192] Voir Conférence d'Abidjan sur la réforme des marchés publics en Afrique, op.cit.

[193] KUNANAYAKAM (T.), quel développement ? quelle coopération internationale ? CETIM, 2007, p. 5.

[194] D'ALMEIDA (M.), communication 1 : genre et déclaration de Paris sur l'efficacité de l'aide au développement P. 1.

ou indirects de la Conférence d'Abidjan. Ces organisateurs indirects sont entre autres le FMI, l'OCDE. D'après Jeffrey Sachs, l'économiste d'Harvard, *« le FMI n'est pas neutre. Il est l'instrument au moyen duquel le trésor américain intervient dans les pays en développement »* [195] . A propos de l'OMC, son ancien Directeur Général Renato Ruggiero : *« nous sommes en train d'écrire la constitution d'une seule économie globale »*[196].

La BM et le FMI mènent des programmes d'étranglements économiques et financiers et posent d'autres conditionnalités. Le nombre d'Etats qui se débattent dans des crises financières et qui n'ont pas retrouvé les chemins de la croissance malgré l'absorption des « remèdes» que leur avait imposé le FMI démontre les limites de ce modèle. Les pays industrialisés membres de l'OCDE comme les USA accordent des contributions importantes aux institutions non bancaires d'aide multilatérale dont les plus connues sont les institutions spécialisées des Nations-Unies : Organisation internationale du Travail (OIT), Organisation des Nations-Unies pour l'éducation, la science et la culture (UNESCO), Organisation de l'Aviation Civile (OACI), Organisation Mondiale de la Santé (OMS), Union International des Télécommunications (UIT).

Suivant la charte fondatrice de la BM, les prêts sont versés en fonction de considération purement économique sans tenir compte de la nature du régime politique du pays bénéficiaire. Avec l'influence de l'administration Bush dans les années 2000 il y a eu une évolution. Les aides ne seront accordées que sous certaines conditions relatives à la bonne gestion de l'aide, mais aussi au respect des droits de l'homme[197]. La BM accorde des prêts à des taux préférentiels à ses pays membres en difficulté. En contrepartie, elle exige que des mesures politiques appelées Programmes d'Ajustement structurel (PAS) soient prises pour limiter la corruption, maintenir un équilibre budgétaire ou faciliter l'émergence d'une démocratie.

Selon une règle tacite, le Directeur du FMI est désigné par les gouvernements européens alors que le président de la BM est désigné

---

[195] Cité par KUNANAYAKAM (T.), ibid, p.94.
[196] Ibid.
[197] http://Fr.wikipédia.or/wiki/Banquemondiale (page consultée le 5 juin 2014).

par le gouvernement américain, les USA étant le principal actionnaire de la BM[198].

Le FMI né en juillet 1944 lors de la Conférence de Bretton Woods afin de garantir la stabilité du système monétaire. Il conditionne ses prêts à la mise en place de certaines réformes économiques visant à améliorer la gestion des finances publiques et une croissance économique équilibrée à long terme tout en accordant des prêts à certains pays en difficulté dans le contexte de la reconstruction d'après- guerre. Le FMI est plus ou moins complémentaire des autres grandes institutions économiques créées à l'époque : la Banque internationale pour la Reconstruction et le Développement (BIRD) appelée aussi BM[199] fut créée en même temps que le FMI et le GATT (general agreement on tariffs and trade).

La seconde rencontre non moins importante que la Conférence d'Abidjan est le Forum de Haut-Niveau de Paris qui aboutit à la Déclaration de Paris (DP).

B) Le Forum de Haut-Niveau aboutit à la Déclaration de Paris : Une réforme exigée du droit des marchés publics

37.- Déclaration de Paris- C'est au cours de ce Forum que les bailleurs de fonds ont décidé de passer à la vitesse supérieure en mettant les pays emprunteurs qui sont tous des pays en voie de développement face à un dilemme : faire le choix entre l'absence de réforme de leur droit des marchés publics, corollaires de la baisse de l'aide publique au développement et la réforme de leur droit des marchés publics, corollaire de l'accroissement de l'aide publique au développement. Les objectifs de ce forum se situent dans la continuité de la Conférence d'Abidjan.

Le Forum de Haut-Niveau a été organisé par le Comité d'Aide au Développement (CAD/OCDE) à Paris du 28 février au 2 mars 2005 sur l'efficacité et l'harmonisation de l'aide publique aux pays en voie de développement. La qualité de l'organisateur et des participants du Forum reflète tout de même les exigences qui en sont issues dans la Déclaration de Paris en matière de réforme du droit des marchés

---

[198] V. Statut de la BM, Ibid.

[199] L'expression Banque mondiale désigne à la fois la BIRD et l'IDA, étant donné que les procédures de passation des marchés de la BIRD et de l'IDA sont identiques (V.Dossier d'Appel d'Offres type, BM, mars 2007, piii).

publics des pays en voie développement. Les participants sont entre autres : L'Afrique du Sud, l'Allemagne, l'Australie, le Benin, la Bolivie, les USA, la Fédération de Russie, la France, la Gambie, le Ghana, la Jamaïque, le Kenya, le Japon, le Koweït, Madagascar, la Nouvelle-Zélande, la Papouasie-Nouvelle-Guinée, le Sénégal, le Mali, le Niger, le Tadjikistan, la BAD, la Banque arabe pour le développement économique en Afrique (BADEA), la Banque asiatique pour le développement, la Banque européenne d'investissement, la Banque européenne pour la reconstruction et le développement, la Banque interaméricaine pour le Développement, la Banque islamique pour le Développement, la BM, le Fonds international de Développement agricole (FIDA), le FMI, l'OCDE, le Secrétariat du Commonwealth, etc.[200].

Ce Forum aboutit à la Déclaration de Paris du 2 mars 2005 sur l'efficacité de l'aide publique au développement. Cette Déclaration lie l'accroissement de l'aide publique aux pays en voie développement à la mise en place de systèmes de passation des marchés publics conforme aux normes et standards internationaux.

Outre la réforme du droit des marchés publics, une série de résolutions ont été adoptées par les participants à la DP, notamment : Le redoublement d'efforts pour accroître l'efficacité de l'aide par la simplification des politiques des donneurs, la précision d'indicateurs, de calendrier et d'objectifs-cibles afin d'accélérer la croissance ; le contrôle et l'évaluation des progrès dans la mise en œuvre parce qu'il est impératif d'apporter la preuve que des progrès tangibles sont réalisés sur le terrain ; la consolidation des capacités de gestion des finances publiques en créant un environnement à l'investissement public et privé tout en publiant des informations fiables, transparentes et à jour sur l'exécution du budget ; le renforcement de l'efficacité de l'aide dans les Etats fragiles dans le dessein de mettre en place des institutions nationales, légitimes, efficaces et solide, etc.

La responsabilité mutuelle est aussi un moyen d'avoir l'adhésion des populations aux politiques publiques et à l'aide au développement[201]. Dans le prolongement de la DP, se situe le programme d'action d'Accra adopté au cours du Forum de Haut-Niveau tenu au Ghana du

---

[200] Pour une liste complète des pays ayant entériné la Déclaration de Paris, voir www.oecd.org/dac.

[201] V. Déclaration de Paris sur l'efficacité de l'aide au développement, pp.1-14.

2 au 4 septembre 2008. L'objectif principal de ce Forum d'Accra est d'accélérer et d'amplifier la mise en œuvre de la Déclaration de Paris sur l'efficacité de l'aide au développement adoptée le 2 mars 2005 en vue d'obtenir des résultats sur la voie du développement et de rendre compte desdits résultats. L'obtention des résultats se fait à travers l'amélioration de la Gestion axée sur les résultats notamment par l'amélioration de la qualité de la conception, de l'exécution et de l'évaluation des politiques publiques des pays en développement par la consolidation de leur système d'information et en ventilant le cas échéant, les données par sexe, région et catégorie socio-économique. Au cours de ce Forum les pays en développement ont reconnu qu'ils doivent faire des progrès en vue d'atteindre les Objectifs du Millénaire pour le Développement (OMD) en ce sens que 1,4 milliard d'êtres humains, qui sont pour la plupart des filles et des femmes vivent dans l'extrême pauvreté[202]. Les pays en développement et les donneurs travailleront ensemble en vue de la mise au point d'instruments efficaces de gestion axée sur les résultats pour évaluer les politiques de développement et les moduler en conséquence[203]. Une deuxième école née à la suite du Forum de Haut Niveau tenu à Paris du 28 février au 2 mars 2005 peut être rapprochée des dires des auteurs de la doctrine qui estiment que toutes les politiques économiques, monétaires et financières sont imposées par les bailleurs de fonds et les PTF aux pays en voie de développement. Cette école est celle des sociétés civiles africaines, les organisations non-gouvernementales et mouvements altermondialistes. Pour ces organisations de la société civile environ une quinzaine, l'agenda de la Déclaration de Paris a été défini par les donateurs de l'OCDE et le suivi du processus d'application et d'évaluation se fait à l'aide des indicateurs développés par la Banque Mondiale[204]. Toumara Kunanayakam[205], démontre comment les grandes puissances occidentales contestent aux pays africains le droit au développement pour les maintenir sous leur domination avec les politiques néolibérales imposées par les institutions financières internationales entre leurs mains que sont le

[202] La Banque mondiale à travers une étude faite en 2005 évalue le seuil de pauvreté à 1,25 dollars par jour en 2005 ; V. le programme d'action d'Accra issu du Forum de Haut-Niveau du 2 au 4 septembre 2008.
[203] V. Programme d'action d'ACCRA, pp.1-9.
[204] V. http : //www.afard.org/allfichiers/6a (page consultée le 10/7/2014).
[205] Sri Lankaise.

FMI, la BM, l'OMC, leurs sociétés transnationales[206]. L'aide aux pays africains n'est qu'une aide fatale et c'est à travers ses politiques imposées aux pays en développement que ceux-ci financent le développement de ses grandes puissances [207] . Toumara montre l'importance de la Déclaration sur le Droit au Développement (la DDD) adopté le 4 décembre 1986 par l'Assemblée générale des Nations Unies par 146 voix pour 10 abstentions et une seule opposition, les USA. Ce texte est la suite d'une série de textes adoptés à l'initiative des pays du Tiers Monde dans le prolongement de la décolonisation. La DDD définit le développement comme *« un processus global, économique, social, culturel et politique qui vise à améliorer sans cesse le bien-être de l'ensemble de la population et de tous les individus sur la base de leur participation active au développement et au partage équitable des bienfaits qui en découlent »*[208].

Dans son esprit la DDD se situe à l'opposé des politiques néolibérales en vigueur depuis plusieurs décennies et dont les résultats catastrophiques s'observèrent quotidiennement sur une grande étendue : Un accroissement de la pauvreté, une dette du Tiers Monde insupportable, la destruction de l'environnement, l'exode rural, le chômage massif, des guerres sans fin, la violation et la restriction des droits démocratiques, etc. *« Les grandes puissances capitalistes, les grandes sociétés internationales, le FMI, la Banque Mondiale, l'OMC n'ont cessé de s'opposer à la DDD sur le plan théorique que pratique »*[209].

Certains actes ont été adoptés sur le plan mondial par des institutions internationales ou mondiales pour accélérer la réforme du droit des marchés publics dans les pays emprunteurs ou en voie de développement.

---

[206] KUNANAYAKAM (T.), quel développement ? Quelle coopération internationale ? Pour un nouvel ordre international, coédition CETIM (Centre Europe-Tiers Monde), Suisse 2007, pp.1-45

[207] V. MOYO (D.), l'aide fatale, les ravages d'une aide inutile et de nouvelles solutions pour l'Afrique, JC Lattès, 2009, pp.24-41.

[208] 2ème Paragraphe du préambule de la DDD.

[209] Brunel (S.), l'aide au tiers-Monde à quoi bon ? pp.1-30.

Paragraphe II : Les actes adoptés sur le plan mondial pouvant servir de modèles aux Etats pour une réforme de leur droit des marchés publics

38.- Actes adoptés au plan mondial- Dans le cadre du système des Nations Unies à travers la CNUDCI, de l'OMC et de l'OCDE, plusieurs instruments furent adoptés en vue de servir de modèles aux Etats qui désirèrent adapter leurs systèmes des marchés publics aux normes et standards internationaux.

La CNUDCI, dans le cadre du système des Nations unies (A) d'une part et d'autre part l'OMC, la BM, la BAD, les bailleurs de fonds multilatéraux, les PTF, Organisation non gouvernementale (ONG) et l'OCDE (B) adoptèrent des actes pouvant servir de modèles aux pays désirant réformer leur droit des marchés publics.

C) Les actes de la Commission des Nations Unies pour le Droit Commercial International (CNUDCI)

39.- Nations unies- La CNUDCI a été créée par la résolution 2205 (XXI) de l'Assemblée Générale des Nations Unies en sa 1497ème session plénière en date du 17 décembre 1966[210]. La CNUDCI est reconnue comme le principal organe Juridique du système des Nations Unies dans le domaine du droit commercial international[211]. Actuellement elle compte 60 membres choisis parmi les Etats membres de l'ONU et traditions Juridiques différentes[212] dont 14 Etats d'Afrique, 14 Etats d'Asie, 8 Etats d'Europe orientale, 10 Etats d'Amérique latine et des Caraïbes et 14 Etats d'Europe Occidentale et autres. Les membres de la commission sont élus par l'Assemblée générale pour une période de six ans, le mandat de la moitié d'entre eux prennent fin tous les trois ans. Le mandat de cette commission permanente de l'ONU est « *d'encourager l'harmonisation et la modernisation progressive du droit commercial international, en élaborant des instruments législatifs ou non, dont elle encourage l'utilisation et l'adoption dans un certain nombre de domaines clefs du droit commercial, tels que le règlement des différends, les pratiques en matière de contrats internationaux, (...) la passation de*

[210] Guide pratique de la CNUDCI, pp. 1 et 37.
[211] Guide pratique de la CNUDCI, ibid. p.1.
[212] Ibid. p.3.

marchés et la vente des marchandises »[213]. C'est à ce titre que la CNUDCI a adopté en 1994 la loi type de la CNUDCI sur la passation des marchés de biens, de travaux et de services, devenue la loi type de la CNUDCI sur la passation des marchés publics en 2011[214]. En vue de s'acquitter de son mandat, la CNUDCI entretient des liens étroits avec des organisations internationales et régionales qui participent à ces travaux notamment, la Banque mondiale, la Conférence de la Haye de droit international privé, la CNUCED, l'Institut international pour l'unification du droit privé (Uni droit), l'OCDE, l'organisation des Etats américains (OEA), l'organisation mondiale de la propriété intellectuelle (OMPI), l'organisation mondiale des Douanes (OMD) et l'OMC[215].

Cette loi type et le guide pour son incorporation qui l'accompagne ont été élaborés en 1994. L'objectif de ces actes est d'aplanir les obstacles au commerce international. La loi type de la CNUDCI[216] a été adoptée par l'Assemblée Générale de l'ONU à travers la résolution A/RES/66/95 concernant la loi type de la commission des Nations unies pour le droit commercial international sur la passation des marchés publics[217]. Une Loi type est un texte législatif qu'il est recommandé aux Etats d'incorporer dans leur droit national, il est un moyen de moderniser et d'harmoniser les lois nationales[218].

A l'occasion de la Conférence d'Abidjan sur la réforme des marchés publics en Afrique[219], il a été recommandé aux Etats participants d'aligner leurs textes relatifs aux marchés publics sur celui de la loi type CNUDCI. D'ailleurs certains regroupements régionaux comme le COMESA ont affirmé expressément qu'ils se sont inspirés de la loi type de la CNUDCI[220].

---

[213] ibid. p.1.

[214] Ibid.p.17.

[215] Ibid.p.25.

[216] La CNUDCI (la Commission des Nations Unies pour le droit commercial international) à distinguer de la CNUCED (la conférence des Nations Unies pour le commerce et le développement) avec qu'il entretient des relations étroites.

[217] C'est à sa soixante – sixième session de 2011 que cette résolution a été adoptée pour faire sienne les décisions de la CNUDCI (voir guide de la CNUDCI, p32).

[218] Guide pratique CNUDCI. p.17

[219] Supra, p.38.

[220] Directives COMESA du 17 mars 2003.

La loi type CNUDCI comprend 5 titres qui ont inspirés la plupart des pays africains notamment ceux du COMESA, de l'UEMOA et de la CEMAC.

Sur le plan de la forme et du fond cette loi type a beaucoup inspiré les Etats comme le Mali. Certaines dispositions du droit des marchés publics au Mali se sont inspirées de la loi type CNUDCI à savoir : la publication des avis d'attribution de marchés[221], les principes de l'appel d'offres[222], l'appel d'offres en deux étapes[223], l'appel d'offres restreint[224], le marché est attribué à l'offre proposant le prix le plus bas. Une différence entre le décret du Mali et la loi type CNUDCI porte sur la consécration de la technique de la pondération basée sur plusieurs critères d'une part et d'autre part ce sont les critères autres que le prix qui doivent être quantifiables dans la mesure du possible ou soient exprimés en termes monétaires[225].

Il sert de guide aux Etats qui ont entrepris de réformer leur système de passation des marchés publics. La loi- type de la CNUDCI a pour objectifs d'aboutir à un minimum d'économie et d'efficacité dans la passation des marchés, promouvoir le commerce international, garantir un traitement équitable et juste à tous les fournisseurs et entrepreneurs, promouvoir l'intégrité et l'équité du processus de passation des marchés et la confiance du public dans ce processus, assurer la transparence des procédures de passation des marchés[226].

La réforme du système des marchés publics est une clef de voûte de la réforme législative entreprise pour développer l'économie du marché. Les Etats du Marché commun de l'Afrique orientale et Australe (COMESA) à travers le règlement régional du COMESA en matière de passation des marchés publics vise la directive COMESA du 17 mars 2003 par laquelle la conférence a convenu des éléments fondamentaux de la réforme de la législation en matière du marché public.

Le Conseil des Ministres tenu à Khartoum du 13 au 15 mars 2003 a adopté le Projet de Réforme du système de passation des marchés

[221] Article 14 de la loi type CNUDCI, et article 69 du décret malien n° 08-485, Ibid.
[222] Article 18.1 de la loi type CNUDCI et article 42.2 du décret n° 08-0485, ibid.
[223] Article 19.1 et 46 de la loi type CNUDCI et article 47 du décret n° 08-485, ibid.
[224] Article 20 et 47 de la loi type CNUDCI et article 46 du décret n° 08-485, ibid.
[225] Article 34.4, guide pour l'incorporation dans le droit interne de la loi type de la CNUDCI sur la passation des marchés de biens, de travaux et de services, op.cit.
[226] V. préambule de la loi type CNUDCI.

publics du COMESA avec l'appui de la BAD. Déjà le 30 mai 2001 un accord de financement BAD et COMESA a été conclu[227]. Les Objectif de la réforme des marchés publics COMESA sont l'harmonisation du système de passation des marchés publics des Etats membres du COMESA et l'Utilisation du modèle de la CNUDCI [228]. Les participants à la Conférence de Khartoum ont noté que la loi-type de la CNUDCI a été utilisée par plusieurs Etats membres du COMESA notamment l'Ethiopie, le Kenya, le Malawi, la Namibie, le Rwanda, l'Ouganda et la Zambie en vue de mettre en place leurs propres lois sur la passation des marchés publics[229]. Il a été décidé que les documents suivants d'appel d'offres de la BAD soient adoptés comme documents d'appel d'offres standard des Etats membres du COMESA[230].

Suivant le rapport de présentation n° 1575 /MEF du 26 février 2007 du Décret du Sénégal n° 2007 – 545 du 25 avril 2007 portant code des marchés publics, le code des marchés publics en vigueur, porté par le décret du 30 mai 2002 mérite quelques réglages en rapport avec les pratiques reconnues dans le domaine de la passation des marchés conformément à la loi type de la CNUDCI et au projet d'harmonisation des marchés publics initié depuis l'an 2000 par la commission de l'UEMOA[231].

Le DSRA UEMOA relatif à la passation des conventions de délégation de service public « *prend en compte également les règles et principe dont s'inspirent les dispositions législatives types de la commission des Nations Unies pour le Droit du Commerce International (CNUDCI) sur les projets d'Infrastructures à financement privé (PFI)* »[232].

La commission a aussi publié un guide pour l'incorporation dans le droit interne de la loi type de la CNUDCI (A/CN 9/403). Ce guide pour l'incorporation de la loi type de la CNUDCI a été achevé en

[227] V. Directives COMESA, du 17 mars 2003.
[228] Ibid.
[229] Ibid.
[230] Ibid.
[231] V. note de présentation du décret n° 2007-545 du 25 avril 2007 portant code des marchés publics au Sénégal annexé au dit décret.
[232] V. DSRA relatif à la convention de délégation de service public, décembre 2012, UEMOA.

2012[233].Les objectifs visés par cet acte est de servir de modèle aux Etats membres de l'ONU désirant moderniser leur réglementation des marchés publics en les alignant aux normes et standards internationaux.

Le guide pour l'incorporation de la loi type CNUDCI, fait le commentaire des cinquante-sept (57) articles de la loi type CNUDCI, afin d'expliquer aux Etats désirant moderniser leur réglementation, quelle est la conduite à tenir et la manière d'intégrer dans leur droit interne cette loi type. C'est pourquoi, le guide fît des observations[234] à chacun des 57 articles de la loi type tout en dégageant les caractéristiques principales de cette loi[235]. Aux termes des dispositions du Guide, il s'applique à tous les marchés passés par des entités adjudicatrices[236], ne s'applique pas aux marchés intéressant la défense[237] en donnant plus de souplesse aux Etats à exclure d'autres catégories de marchés. Le guide explique les conditions de participation des candidats et la publication des résultats notamment la qualification des fournisseurs ou entrepreneurs qui doivent posséder les qualifications et les compétences professionnelles et techniques, les ressources financières, les équipements et autres moyens matériels et ne doivent pas être en faillite ou liquidation, s'être acquitté de ses obligations fiscales, la protection de la propriété intellectuelle et le secret professionnel, l'interdiction de toute discrimination[238].

Le Guide impose la communication à toute personne qui en fait la demande le nom de tous les soumissionnaires ou entrepreneurs présélectionnés, le motif du rejet de toutes les offres, propositions ou de tous les prix[239], la publication des avis d'attribution de marché[240] et l'interdiction des marques et brevets. Il explique les méthodes de passation des marchés et les conditions d'utilisation de ces méthodes[241] comme le recours à la procédure d'appel d'offres qui est le principe[242], les Conditions d'utilisation de l'appel d'offres en 2

---

233 V. DSRA relatif à la convention de délégation de service public, décembre 2012, UEMOA, ibid. p.17.
234 V. Guide pour l'incorporation dans le droit interne de la loi type CNUDCI, pp.63-64.
235 Ibid. pp.51-63.
236 Article 1er du Guide.
237 Ibid. article 2.
238 Ibid. article 6.
239 Ibid. article 12.
240 Ibid. article 14.
241 Ibid. chapitre II.
242 Ibid. article 18.1.

étapes[243], de la sollicitation de proposition[244] ou la négociation avec appel à concurrence,[245] etc.

L'OMC, la BM, la BAD, les bailleurs de fonds, les PTF et l'OCDE adoptèrent également certains actes relatifs au droit des marchés publics qui inspirèrent les Etats ayant réformé leur droit des marchés publics.

D) Les actes de l'OMC, de la BM, de la BAD, des bailleurs de fonds multilatéraux, des PTF, des ONG et de l'OCDE

40.- Les PTF- Les organisations mondiales ou internationales entretiennent des relations étroites avec les institutions financières internationales. D'ailleurs la plupart des puissances industrialisées sont membres de l'OMC, de l'OCDE et des Institutions financières internationales et poursuivent à peu près les mêmes objectifs de promotion de l'économie du marché et de l'ouverture à la concurrence internationale[246].

L'OMC, la BM, la BAD, certaines ONG et les PTF ont adopté plusieurs instruments relatifs au droit des marchés publics tandis que l'OCDE a élaboré certains actes qui ont inspiré la plupart des Etats africains dans l'élaboration et l'évaluation de leur droit des marchés publics.

Au GATT[247], conclu pour libéraliser le commerce international succéda l'OMC[248]. Elle intervient en amont pour favoriser la négociation et l'adoption de règles propices à la libération des échanges, et en aval, par le biais d'un organe de règlement des différends (ORD)[249]. L'accord sur les marchés publics de l'OMC (AMP) a été signé à Marrakech le 15 avril 1994. L'AMP est l'un des accords « plurilatéraux » inclus dans l'annexe 4 de l'accord créant l'OMC[250]. Il est entré en vigueur le 1er janvier 1996 et intégré dans

[243] Article 46 du guide pour l'incorporation dans le droit interne de la loi type CUDCI, ibid.
[244] Article 46 du guide pour l'incorporation dans le droit interne de la loi type CUDCI, ibid. article 48.
[245] Ibid. article 49.
[246] Supra, p. 40.
[247] General Agreement on Tarifs and Trade.
[248] L'organisation mondiale du commerce créée par les accords de Marrakech du 15 avril, 1994, entrés en vigueur le 1erjanvier1975. Elle compte au début de l'année 2008, 152 Etats membres au sein d'une sorte de forum de négociation continue organisée en rounds.
[249] V. RIBOT (C.), MARC (E.), IDOUX (P.), op.cit. p.482.
[250] BRACONNIER (S.), op.cit. p.53.

l'ordre communautaire européen par une décision du Conseil du 22 décembre 1994[251]. Ses principes sont la règle de la non-discrimination entre Etats par l'application généralisée de la clause de la nation la plus favorisée qui consiste à aligner le traitement des partenaires étrangers sur les conditions consenties au partenaire le plus avantagé jusqu'alors et les règles garantissant une concurrence internationale loyale. Les Gouvernements partis à l'AMP sont tenus de mettre en place des procédures nationales permettant aux soumissionnaires se jugeant lésés de contester les décisions d'attribution des marchés[252].

La BM, la BAD, l'UE adoptèrent des Directives relatives aux marchés publics[253] qui inspirèrent la quasi-totalité des pays en développement dans le cadre de la réforme de leur droit des marchés publics. D'ailleurs les sept dossiers standards régionaux d'acquisitions relatifs aux procédures de passation des marchés publics adoptés par l'UEMOA en décembre 2012, se sont inspirés de ceux de la BM, de la BAD et des autres PTF[254].

D'autres PTF ne sont pas restés en marge de ce mouvement de réforme du droit des marchés publics. Les PTF notamment la Chambre de Commerce internationale(CCI), la Fédération internationale des Ingénieurs Conseils (FIDIC)[255], Transparency International[256] ont élaboré plusieurs instruments destinés à améliorer les systèmes des marchés publics afin de les rendre plus transparents. La CCI élabora les INCOTERMS et formula des recommandations. En cas de marchés internationaux ou de livraison sur un territoire étranger, il est essentiel de prévoir l'INCOTERM adéquat, qui a un impact déterminant sur le prix. Dans le cadre d'un contrat d'achat-vente international, les INCOTERMS (International Commercial Terms) déterminent les obligations réciproques acheteur-vendeur, les

---

[251] V. AMP de l'OMC, op.cit.

[252] L'AMP s'applique aux marchés dont la valeur dépasse certains seuils. Le seuil est de 130.000 DTS (environ 178.000 dollars en mai 1997), pour le cas des marchés de biens et de services passés par le gouvernement central ; de 200.000 DTS pour les marchés des biens et de services passés par les entités des gouvernements sous-centraux pour les services d'utilité publique il se situe autour de 400.000 DTS et de 5.000.000 DTS pour les marchés de construction (soit 6.242.028 euro).

[253] Infra, p. 197.

[254] Infra, p. 67

[255] La FIDIC a élaboré les documents types utilisés par la BM, voir la préface des Dossiers types d'appel d'offres passation des marchés de travaux, Banque mondiale, septembre 1996, p.iii.

[256] V. http : www.transpanency.org (page consultée le 19 décembre 2014).

responsabilités respectives, le partage des coûts et des risques, sans préciser le moment où est transférée la propriété. Ils distinguent les ventes au départ dans lesquels les risques du transport principal sont laissés à la charge de l'acheteur et qui est indiqué dans les contrats de marché par 8 INCOTERMS à savoir EXW, FCA, FAS, FOB, CFR, CIF, CPT, CIP et les ventes à l'arrivée dans lesquelles les risques du transport principal sont laissés à la charge du vendeur qui est indiqué dans les contrats de marché par 5 INCOTERMS à savoir DAF, DES, DEQ, DDU, DDP [257]. Le Dossier Type d'Appel d'Offres de fournitures et de services courants élaborés par la Direction générale des Marchés Publics et des Délégations de Services publics du Mali (DGMP) fait référence à ces INCOTERMS[258].

En vue de la transparence, l'ICC[259] recommande notamment que la publicité adéquate soit accessible sur un site unique, internet, que l'appel d'offres soit communiqué au plan international, que les caractéristiques techniques devraient être définies plus larges, que l'adjudication soit au moins-disant, qu'un recours interne soit prévu, que la protection de la propriété intellectuelle soit assurée [260].

La FIDIC a élaboré les documents types dont se sont inspirés la BM et l'ICC ou la CCI. Dans le cadre de la réforme du droit des marchés publics, l'OCDE a élaboré deux instruments essentiels à savoir la méthodologie d'évaluation des systèmes nationaux des marchés publics et les principes de l'intégrité qui ont fortement inspirés la réglementation des marchés publics au Mali et ailleurs.

Le constat a été fait que les systèmes nationaux de passation des marchés publics des pays en développement comme le Mali, n'était pas aligné sur les normes et standards internationaux[261]. Ainsi la nécessité s'est fait sentir d'élaborer des indicateurs pour évaluer la performance desdits systèmes nationaux afin de les rendre conformes aux normes et standards internationaux.

Une Table-ronde sur la passation des marchés fut organisée conjointement par la Banque mondiale et le Comité d'aide au

[257] Sur le sens de ses INCOTERMS se référer à http /www.incoterms.

[258] V. Dossier type d'appel d'offres relatif aux marchés de fournitures d'août 2009 de la DGMP.

[259] Sigle anglais de la CCI.

[260] http : /www.CCI (page consultée le 15 décembre 2014).

[261] Rapport GEMCO, op.cit.

développement (CAD) de l'OCDE. Au cours de cette Table-ronde, les bailleurs de fonds bilatéraux et multilatéraux ont dégagé des outils et des normes qui fournissent des orientations pour l'amélioration des mécanismes de passation des marchés[262]. Dans le cadre de cette Table-ronde fut adopté en décembre 2004, la « Déclaration de Johannesburg » qui s'engagea à élaborer des indicateurs de base devant servir de normes internationales communes pour l'évaluation des systèmes nationaux de passation des marchés[263]. Un groupe de travail de l'OCDE/CAD élabora les indicateurs contenus dans la méthodologie d'évaluation[264].

Tous les pays peuvent se fonder sur les indicateurs pour évaluer leurs systèmes de passation des marchés publics en vue de son amélioration en dégageant ses forces et ses faiblesses au plan juridique, institutionnel. D'ailleurs, il a été convenu avec l'activité conjointe de suivi de la Déclaration de Paris que les indicateurs de l'OCDE seraient utilisés pour le suivi de la réalisation de l'objectif qualitatif fixé par la Déclaration de Paris concernant la passation des marchés[265]. Deux catégories d'indicateurs ont été dégagées par l'OCDE/DAC pour évaluer les systèmes nationaux de passation des marchés à savoir les indicateurs de base[266] et de conformité/performance[267]. Les indicateurs de base consistent à comparer les normes existantes dans un pays donné avec les normes internationales reconnues que constituent les indicateurs de base. Les indicateurs de base sont axés sur quatre piliers qui contiennent des indicateurs de base. Les indicateurs de conformité et de performance (ICP) sont liés aux indicateurs de bases. Ils consistent à fournir des informations à partir d'un examen des données, des enquêtes ou des entretiens afin d'identifier les domaines où la conformité ou la performance est faible[268]. Les ICP consistent à déterminer notamment le pourcentage de passation des marchés soumise au cadre législatif en cours d'évaluation en terme de volume et de nombre de marchés qui sont effectués par voie d'appel d'offres ouvert, le pourcentage des soumissions rejetées au cours de chaque

[262] Méthodologie d'évaluation des systèmes nationaux de passation des marchés, version 4, 3 octobre 2006, p.1.
[263] Ibid, p.1.
[264] Ibid.
[265] Méthodologie d'évaluation des systèmes nationaux de passation des marchés publics p.1.
[266] Sigle IB, Ibid. p.3.
[267] Sigle ICP, ibid p.3.
[268] Ibid. pp.59.

processus, le pourcentage d'appel d'offres qui ont recours à des dossiers types d'appel d'offres, le pourcentage de cas où des critères de présélection objectifs ont été utilisés, le pourcentage de paiements effectués en retard[269].

Le Mali[270] à l'instar de la plupart des pays de l'UEMOA[271] et du COMESA comme la RDC[272] utilisent des systèmes modernes de passation, d'exécution et des contrôles des marchés. Le respect des principes de l'intégrité dans le domaine des marchés publics a été dégagé par l'OCDE[273]. Lors du colloque de l'OCDE et du forum mondial sur l'intégrité dans les marchés publics, en novembre 2006, les participants ont demandé la création d'un instrument international qui aide les responsables de l'élaboration des politiques publiques à réformer la passation des marchés publics et à renforcer l'intégrité et la confiance des citoyens dans la gestion des deniers publics. Deux ans plus tard, les pays de l'OCDE ont montré leur volonté d'agir dans cet important domaine à risque en approuvant les principes pour renforcer l'intégrité dans les marchés publics sous la forme d'une recommandation de l'OCDE. L'OCDE a fait figure de précurseur en reconnaissant l'importance d'une bonne gouvernance des marchés publics. *''Cette recommandation traduit l'accord général des pays membres sur le fait que les efforts visant à renforcer la gouvernance doivent porter sur toutes les étapes de la passation des marchés*

---

269 Ibid. pp. 52 à 58.

270 V. rapport de synthèse ARMDS du Mali, audit de conformité des procédures de passation et de règlement des marchés passés en 2009 de mai 2014 du Groupement KP-SARL-ERA Baker Tilly.

271 V. rapport ARMP Sénégal 2011 et 2013.

272 V. exposé des motifs de la loi n° 10/010 du 27 avril 2010 relative aux marchés publics en RDC abrogeant l'ordonnance loi n°69-054 du 5décembre 1969, op.cit.

273 OCDE : organisation de coopération et de développement économique. L'OCDE est un forum unique en son genre ou les gouvernements œuvrent ensemble pour relever les défis économiques, sociaux et environnementaux que pose la mondialisation. Elle aide les gouvernements à faire face à des situations nouvelles en examinant des thèmes tels que le gouvernement d'entreprise, l'économie de l'information et les défis posés par le vieillissement de la population. L'organisation offre aux gouvernements un cadre leur permettant de comparer leurs expériences en matière de politiques, de chercher des réponses à des problèmes communs, d'identifier les bonnes pratiques et de travailler à la coordination des politiques nationales et internationales. Les pays membres de l'OCDE sont : l'Allemagne, l'Australie, l'Autriche, la Belgique, le Canada, le Chili, la Corée, le Danemark, l'Espagne, les Etats-Unis, la Finlande, la France, la Grèce, la Hongrie, l'Irlande, l'Islande, Israël, l'Italie, le Japon, le Luxembourg, le Mexique, la Norvège, la Nouvelle-Zélande, les Pays-Bas

publics, de l'évaluation des besoins à la gestion des contrats et des paiements''[274].

Selon l'OCDE, l'intégrité peut se définir comme une condition de l'utilisation des fonds des ressources, des actifs et des pouvoirs conformément à leur intention officielle et à l'intérêt général[275]. D'après l'UEMOA[276], « *la clé de voûte d'un système de passation des marchés efficient opérant avec intégrité (équité, transparence, crédibilité) est l'existence de mécanismes de contrôle indépendants et l'existence d'une capacité propre à permettre un contrôle afin d'en assurer la véracité et la conformité* ». L'essentiel de ces principes de l'OCDE ont été repris par le droit communautaire UEMOA[277] et le droit interne de tous les Etats membre de l'Union[278].
Ces initiatives prises sur le plan mondial ont fortement influencé les initiatives prises dans le cadre sous régional.

Section II : Les initiatives prises dans le cadre sous-régional Ouest Africain pour réformer le droit des marchés publics

41.- Au niveau communautaire- L'affirmation faite par Koupaki AYOLALA dans sa thèse de doctorat sur le droit de la concurrence[279] vaut pour le droit des marchés publics dans l'espace UEMOA et singulièrement au Mali. Ce chercheur dans cette thèse précise que les pays de l'UEMOA, ont adopté des textes relatifs à la concurrence pour prôner la liberté des prix dans un contexte concurrentiel, souvent à la demande pressante sous forme de recommandation émanant de l'OMC, de la CNUCED, du FMI et de la BM qui y voient un gage

---

274 V. OCDE (2010), principes de l'OCDE pour renforcer l'intégrité dans les marchés publics, édition, OCDE p.3.
275 Id. p. 22.
276 V. rapport d'évaluation du projet d'appui à la réforme des systèmes des marchés publics dans l'espace UEMOA p. 10.
277 Articles 2 de la Directive n°04/2005 UEMOA et 4 de la Directive n°05/2005 UEMOA du 9 décembre 2005, op.cit.
278 Article 3 du décret n°08-485/P-RM du 11 août 2008 portant nouveau code des marchés publics au Mali, op.cit.
279 Sur la distinction entre le droit de la concurrence et le droit des marchés publics, supra, p.5.

d'allégeance à leur philosophie politico-économique[280]. Les pays membres de la CEMAC, du COMESA et de l'UEMOA ont tous été influencés par les actes et instruments issus du contexte mondial.

Un certain nombre d'initiatives préparèrent à la réforme du droit des marchés publics au sein de l'espace UEMOA (paragraphe I). C'est au sein de l'UEMOA, que furent adoptés les actes qui donnèrent naissance au cadre harmonisé des marchés publics (paragraphe II).

Paragraphe I : Les initiatives préparatoires à la réforme du droit des marchés publics au sein de l'UEMOA

42.- UEMOA- L'UMOA était un espace monétaire qui regroupa essentiellement les anciennes colonies françaises d'AOF. Dans le cadre de la construction de l'UE, l'UMOA ne peut rester sous sa forme initiale et surtout avec la création de l'Euro, qui sert de monnaie unique pour la plupart des pays de cette UE. La transformation de l'UMOA en UEMOA (A), est devenue inévitable en ce sens que la France ne peut seule continuer à exercer une influence dans cette zone en écartant les autres pays de l'espace Schengen. Cette transformation implique de nouveaux objectifs (B).

A) La transformation de l'UMOA en UEMOA

43.- La transformation UMOA- Selon le professeur Alioune SALL, les regroupements comme l'UEMOA et la CEDEAO ont été suscités par les puissances coloniales pour garder les liens particuliers avec les ex-colonies : *« C'est la France qui, aux côtés de la Banque mondiale a encouragé et financé les études de faisabilité relatives à la transformation de l'UMOA en UEMOA »*[281]. C'est sous l'influence de la France et des autres partenaires ou bailleurs de fonds que la transformation de l'UMOA en UEMOA vit le jour. Le Professeur SALL met en outre l'accent sur *« le rôle pionnier du colonisateur dans les regroupements sous régionaux »*. Il démontre que le fait que les organisations internationales comme l'UEMOA ou la CEDEAO sont des modèles empruntés et non forcément adaptés, pourraient

---

[280] AYOLOLA (K.), le droit de la concurrence à travers les ententes et les abus de positions dominantes dans le cadre de l'UEMOA, thèse de doctorat de droit privé, Université de Cocody, 2001-2002, p.22.

[281] SALL (A.), les mutations de l'intégration des Etats en Afrique de l'Ouest, une approche institutionnelle, l'Harmattan, 2006, pp. 16-17.

nuire au développement d'une force internationale africaine[282]. Pour le Docteur BOURGI, la nouvelle coopération française basée sur l'aide au pays en développement qui s'ouvre immédiatement après les indépendances, procède plus d'un souci de placement capitaliste, donc de rentabilité ou de promotion d'entreprises françaises que d'un réel souci de développement de l'Afrique. L'aide est de plus en plus coûteuse pour les pays qui la reçoivent[283].

La situation au sein de la communauté avant l'indépendance du Mali est déterminée par des accords conclus à cet effet. Les deux notions d'indépendance et de coopération sont étroitement associées. Les accords de coopération allaient s'établir entre la France et ses anciennes colonies. En signant des accords de coopération négociés pour la plupart, avant la reconnaissance officielle de l'indépendance, la France avait une double préoccupation[284] d'une part continuer à assurer une part de responsabilité à l'égard de l'ancien empire en octroyant l'aide matérielle et culturelle nécessaire à l'atteinte des objectifs de progrès économique et social et d'autre part conserver une place privilégiée et culturelle dans les nouveaux Etats et *''par la même occasion substituer à la domination directe une nouvelle forme d'influence, certes diffuse, mais plus pernicieuse que la précédente''*[285]. Pour le Professeur Achille MBEMBE, la France « décolonisa sans s'auto décoloniser »[286].

Une coopération multiforme qui concerne plusieurs domaines allait prendre place au système colonial : la coopération politique, la coopération technique, la coopération culturelle, la coopération économique, financière et monétaire et la coopération judiciaires, etc. Les accords de coopération économique, monétaire et financière signés après les indépendances entre l'ancienne puissance coloniale et les ex-colonies d'AOF et d'AEF ont perpétué l'influence de la France dans tous les domaines. Les mécanismes monétaires de la zone franc ont été maintenus avec les nouveaux accords signés avec les pays de l'UMOA. L'UMOA regroupait les anciennes colonies françaises d'Afrique occidentale au sein d'une même zone monétaire le FCFA.

---

282 SALL (A.), op.cit. p. 16.
283 BOURGI (A.) : « Les relations avec l'Etat colonial » dans Encyclopédie juridique de l'Afrique, Droit international, vol.1 pp.207-223.
284 Ibid. P. 209.
285 Ibid.
286 MBEMBE (A.), sortir de la grande nuit, essai sur l'Afrique décolonisée, La Découverte/Poche, 2013, Paris, voir le résumé.

L'accord portant création de l'UMOA a été signé le 12 mai 1962 et regroupaient la Côte d'Ivoire, le Dahomey, la Haute-Volta, le Niger, la Mauritanie, la République du Mali et le Sénégal.

Au nom de la souveraineté monétaire, le Mali s'est retiré en 1962 de la zone CFA. Pour le Docteur Seydou Badian KOYATE, « *le droit de battre la monnaie est l'un des attributs de la souveraineté nationale. Sans indépendance monétaire, il n'y a pas d'indépendance économique et partant politique pleine et entière* »[287]. Mais face aux difficultés économiques et monétaires liées au contexte de l'époque, le Mali entamera des négociations avec la France pour réintégrer la zone Franc en 1967. Sa réintégration à l'UMOA et à la zone CFA interviendra en 1984.

Deux autres accords de coopération vont intervenir entre la France et les pays de l'UMOA : le traité du 4 novembre 1973 relatif à l'UMOA et l'accord de coopération signé à Dakar le 4 décembre 1973 entre la France et les Etats membres de l'UMOA. De ces accords se dégagent trois principes fondamentaux : d'une part, une garantie illimitée par la France de la monnaie ayant cours légal dans les pays africains de l'UMOA[288]. Cette garantie se caractérise par une parité fixe entre le franc français et le FCFA avec pour corollaire la convertibilité totale de la zone franc, la liberté de transfert des capitaux, la réglementation des changes et la mise en commun des ressources en devises, d'autre part, une certaine décentralisation en matière d'émission et de crédit, enfin la construction d'une union économique entre les pays membres de la zone franc.

L'activité d'émission monétaire en AOF remonte à la création de la Banque du Sénégal par Décret du 21 décembre 1853 signé par Louis Napoléon Bonaparte[289].

A la suite du Traité du 12 mai 1962 instituant l'UMOA, la BECEAO est devenue un établissement public international géré par un conseil d'administration composé de représentants des Etats membres de l'Union et de la République française. Le 9 juin 1959, une décision du Président de la communauté instaurait le franc comme monnaie commune des Etats membres de la communauté tandis que le 12 juin

[287] DIARRAH (C.O.), op-cit p.68.
[288] Cette garantie concerne aussi les pays africains de la zone CEMAC.
[289] Chronologie des événements marquant de l'histoire de la BECEAO et de l'UEMOA, édition 2012

1959, le même Président Charles de Gaulle signait cinq décisions relatives à la monnaie, au régime des changes et au commerce extérieur, à la politique économique commune, aux programmes de développement et à la politique financière commune. Ces décisions vont constituer le fondement de la charte économique et financière de la communauté[290].

Les autres partenaires ou bailleurs de fonds ne sont pas restés en marge en laissant le champ libre à la France. En effet, l'aide publique au Mali à l'instar des autres pays de l'UEMOA étant désormais liée à la politique de réglementation des marchés publics. D'abord des accords de coopération économique et financière furent signés entre les nouveaux pays indépendants d'Afrique et notamment le Mali et les pays membres de la communauté. De même les accords de coopération Afrique – Caraïbe – Pacifique/Communauté économique européenne (ACP-CEE) ne prévoyaient que des aides financières sans exigence d'aucune réforme des systèmes de passation et d'exécution des marchés publics[291].La communauté économique européenne sur la base du Traité de Rome du 25 mars 1957 avait créé la CEE. Ce traité prévoyait l'association à cette dernière des pays et TOM relevant de la Belgique, de la France et des Pays-Bas[292]. En application de ces dispositions, deux conventions furent adoptées à Yaoundé entre les Etats africains et Malgaches et associés (EAMA) et ceux de la CEE[293]. A la suite de ces deux conventions, dix-huit zones de libres-échanges sont créées entre la CEE et chacun des EAMA. Ces conventions prévoyaient également des aides financières et des institutions paritaires.

L'adhésion à la CEE de trois nouveaux Etats[294] entraîna la signature à Lomé le 28 février 1975 d'une convention conclue entre les neufs Etats de la CEE et quarante-six Etats d'Afrique des caraïbes et du pacifique dit Etats ACP. Cette convention de Lomé I entra en vigueur le 1er avril 1976 et devait prendre fin le 1er mars 1980. La nouvelle

---

290 Chronologie des événements marquant de l'histoire de la BECEAO et de l'UEMOA, édition 2012.

291 Ibid. p. 240.

292 V. préambule et les articles 3 et 131 à 136 du traité de Rome.

293 Les conventions Yaoundé I et II respectivement du 20 juillet 1963 et 29 juillet 1969.

294 Danemark, Irlande et Royaume-Uni.

convention fut signée à Lomé le 31 octobre 1979[295]. Cette convention EACP – CEE avait pour objectif de créer des zones de libres-échanges entre la CEE et chacun des EACP et d'augmenter l'aide financière. Cet accord respectait la lettre du GATT.

La transformation de l'UMOA en UEMOA ne se pas fit pas sans objectifs.

B) Les objectifs de l'UEMOA

44.- Objectifs de la transformation- Le traité instituant l'Union a été signé le 10 janvier 1994[296] et ratifié en juin 1994, remplaçant l'UMOA[297] et la CEAO (Communauté Economique d'Afrique de l'Ouest), créée en 1973[298].

Les Etat membres de l'UEMOA sont le Bénin, le Burkina Faso, la Côte d'Ivoire, la Guinée-Bissau[299], le Mali, le Niger, le Sénégal et le Togo.

L'UEMOA a été mis en place en vue du renforcement de l'intégration économique et monétaire au sein des Etats membres. Il vise essentiellement, la construction d'un marché commun à travers certains organes devant mettre en place la réforme du droit des marchés.

L'objectif principal de l'UEMOA est la création d'un marché commun fondé sur la libre circulation des biens, des services et des capitaux. L'organisation a aussi pour objet de coordonner les politiques nationales dans certaines matières telles que l'énergie ou les transports, et enfin d'harmoniser la législation de ses Etats membres dans la limite de l'objet du traité[300]. Le marché commun est un groupement de deux ou plusieurs Etats ou Territoires, comportant à la fois une union douanière, la liberté de circulation des personnes, capitaux et services et une harmonisation des législations dans l'ordre économique et social, une concurrence effective pour les produits ou

[295] BRUYAS (J.) : « La coopération avec la CEE et les divers Etats membres de l'OCDE » dans Encyclopédie juridique de l'Afrique, droit international et relations internationales, vol. 2 P. 240 et suivant.
[296] http://www.uemoa traité (page consultée le 14 décembre 2014).
[297] Créée en 1962 modifiée par le traité du 14 novembre 1973.
[298] La dissolution de ces deux institutions a été prononcée par une décision du 14 mars 1994 qui a fusionné leurs fonctions.
[299] Elle n'était pas fondatrice de l'Union et n'a rejoint l'UEMOA qu'en 1997.
[300] Article 4 du traité de l'UEMOA , op.cit.

services. Une des fonctions complémentaires de l'UEMOA est la coordination des politiques économiques et budgétaires par l'institution de procédures multilatérales de surveillance.

L'UEMOA est une organisation régionale qui, à certains égards, est très proche de l'Union européenne quant à ses objectifs et réalisations, mais aussi quant à ses institutions[301]. Les institutions de l'UEMOA sont les organes de direction, de contrôle et les institutions financières. Les organes de direction sont : La Conférence des Chefs d'Etat, le Conseil des ministres. La conférence des chefs d'Etat établit les lignes directrices de la politique de l'union et peut élaborer ou modifier ses règles de fonctionnement. La conférence des chefs d'Etat se réunit au moins une fois par an et statue sur toutes les questions qui n'ont pas été votées à l'unanimité par le conseil des ministres. Le Conseil des ministres se situe en 2e position dans la hiérarchie des organes de direction de l'UEMOA. Il doit se réunir au moins deux fois par an et sa mission est, d'une part de définir la politique monétaire et de crédit de l'union et, d'autre part d'édicter le droit dérivé nécessaire à son fonctionnement et son développement. Tout comme son homologue de l'union européenne, le Conseil des ministres édicte des règlements, directives, décisions, recommandations et avis. Le Conseil des ministres travaille en étroite coordination avec la commission, dernier organe de direction et branche exécutive de l'UEMOA. La commission établit les règles d'application de la législation élaborée par le Conseil des ministres et dispose du pouvoir d'élaborer des recommandations et des avis qu'elle transmet à la conférence des chefs d'Etat.

Le droit dérivé de l'UEMOA s'applique de la même manière que la législation issue de l'Union européenne. Les règlements sont directement applicables et obligatoires dans les Etats membres et abrogent toutes dispositions nationales contraires. Les Directives ne font, en revanche, qu'indiquer un résultat à atteindre tout en laissant aux instances nationales la compétence quant à la forme et aux moyens pour y parvenir, les décisions sont obligatoires, mais ne s'appliquent qu'aux personnes physiques ou morales qui en sont destinataires.

---

[301] MARTOR (B.), PILKINGTON (N.), SELLERS (D.), THOUVENOT (D.), le droit uniforme africain des affaires issu de l'OHADA, édition du Jurisclasseur, 2004, p. 294.

Les organes de contrôle sont le Comité interparlementaire qui joue un rôle consultatif à l'égard de la commission et les Cours de l'UEMOA[302]. Les institutions financières autonomes sont la Banque Centrale des Etats de l'Afrique de l'Ouest (BCEAO) et la Banque ouest-africaine de Développement (BOAD). La BCEAO émet les signes monétaires dans les Etats membres et la BOAD a pour objectif de promouvoir un développement équilibré dans tous les Etats membres et de favoriser leur intégration.
Axée, sur une communauté monétaire historique entre ses membres, l'UEMOA a pour objectifs majeurs d'instaurer un marché commun par une suppression progressive des entraves aux libertés de circulations et des mesures d'effet équivalent à des restrictions quantitatives grâce notamment au rapprochement des législations et une coordination des politiques sectorielles des Etats membres. Le programme d'appui aux réformes des systèmes nationaux de passation des marchés publics (PRMP – UEMOA) a pour but de permettre à l'union d'atteindre cet objectif du point de vue spécifique du secteur des marchés publics. La commission est l'organe d'exécution du projet. La mise en œuvre du projet a été assurée par l'unité de gestion des marchés publics logée à la Direction des Finances publiques du Département des Politiques économiques. Le Directeur des Finances publiques assurera la coordination.
Une série d'actes ont été adoptés par l'UEMOA dans le cadre de l'harmonisation du droit des marchés publics au sein des Etats membres de l'Union.

Paragraphe II : Les actes adoptés par l'UEMOA dans le cadre de l'harmonisation du droit des marchés publics au sein des Etats-membres de l'Union

45.- Actes précurseurs- Certains actes précurseurs adoptés par le Conseil des ministres de l'UEMOA (A) débouchèrent sur l'adoption des directives relatives aux marchés publics (B).

A) Les actes précurseurs adoptés par le Conseil des Ministres de l'UEMOA

46.- Conseil des ministres- Pour contribuer à l'atteinte des objectifs de la Conférence d'Abidjan, en juin 2000, soit moins de deux années

---

302 Infra, p. 167.

plus tard après ladite Conférence d'Abidjan de 1998 sur la réforme des marchés publics en Afrique, sur instruction de la Conférence des Chefs d'Etat et de Gouvernement de l'UEMOA, le Conseil des ministres de l'Union adoptait lors de sa réunion à Dakar les 28 et 29 juin 2000 le document de conception du projet de réforme des marchés publics des Etats membres de l'UEMOA et la Directive n°02/2000/CM/UEMOA portant code de transparence dans la gestion des finances publiques[303] dont la finalité est d'établir un cadre national de gestion des finances publiques plus transparent et de procéder à la modernisation des systèmes nationaux de passation des marchés publics.

47.- PRMP-UEMOA- A partir d'une forte volonté politique exprimée par la BAD, le Projet de Réforme des Marchés Publics des Etats membres de l'UEMOA (PRMP-UEMOA) a été l'objet de plusieurs réflexions, études et missions d'évaluations au sein de l'ensemble des Etats pendant sept (7) années de décembre 1998 à décembre 2005[304]. Ce programme de réforme des marchés publics a été adopté sur la base du protocole additionnel n° 11 relatif aux politiques sectorielles de l'UEMOA qui prévoit en son article 24 que l'union pourra instituer toute autre politique sectorielle commune nécessaire à la réalisation de ses objectifs définis par voie d'acte additionnel de la Conférence des Chefs d'Etat et de gouvernement. Il s'inscrit pleinement dans l'objectif prévu à l'article 67 du Traité de Dakar qui prescrit une harmonisation des législations et procédures budgétaires des lois de finances et des comptabilités publiques des Etat membres.

Le but sectoriel du projet est de contribuer au renforcement de l'intégration régionale et à la bonne gouvernance dans l'espace UEMOA à travers la restauration de l'efficience et de la transparence dans la gestion des marchés publics des Etats[305]. L'objectif du projet régional des réformes des marchés publics est de procéder à la modernisation des systèmes de passation des marchés publics des Etats membres de l'Union à travers la mise en œuvre effective de la

[303] V. Guide Communautaire de l'acheteur public UEMOA, décembre 2012, p.9.
[304] V. PRMP-UEMOA, pp. 1-20.
[305] Pp. PRMP-UEMOA

réglementation communautaire des marchés publics (RCMP) adoptée par l'UEMOA en décembre 2005[306].

Le programme a été préparé et approuvé par la commission avec l'assistance technique et financière de la BAD et de la BM[307]. Le coût total du projet est estimé à 7,14 millions d'UC dont 3,03 millions d'UC (soit 42,4%) en devises et 4,11 millions d'UC (57,6 %) en monnaies locales[308].
Le projet régional des réformes des marchés publics entre dans le cadre des initiatives d'assainissement des finances publiques et de la promotion de la bonne gouvernance dans les Etats membres. En effet l'importance dans l'économie et l'impact sur les finances publiques des marchés publics justifient que ceux-ci s'appuient sur un corps de règles claires, qui favorisent la transparence et l'efficacité dans le processus de leur passation et de leur exécution.

En outre, le contexte actuel de mondialisation caractérisé entre autres par une mobilité croissante des capitaux à la recherche de rentabilité et de sécurité rend impératif la mise à niveau des systèmes de passation des marchés publics des Etats membres en vue de faciliter leur insertion dans l'économie mondiale. Par ailleurs, la réforme des systèmes des marchés publics entreprise par les Etats membres de l'UEMOA avec l'appui de la communauté internationale s'inscrit dans le cadre des efforts déployés pour se conformer aux objectifs de la Déclaration de Paris axée sur une recherche de la plus grande effectivité de l'aide extérieure. La volonté affichée de la communauté d'utiliser le budget comme principal instrument de lutte contre la pauvreté requiert qu'une attention soutenue soit accordée à l'alignement des dispositifs nationaux des pays africains sur les normes internationales et à l'harmonisation des procédures entre un nombre plus élevé de pays notamment d'une sous-région.

En effet les cadres réglementaires et législatifs des Etats membres de l'Union se distinguaient par des fortes divergences notamment au niveau des seuils à partir desquels les marchés devront faire l'objet d'une publicité ; à la formalisation de la publicité ; à l'évolution et à l'attribution des offres.

[306] Ibid.
[307] Ibid, pp. 1-9.
[308] Ibid, pp. 1-14.

Par ailleurs au niveau du cadre organique, l'octroi des missions de contrôle de l'exécution et de régulation à une entité ne favorisait pas la transparence. La nécessité de créer des organes de régulation à même de veiller à l'intégrité des procédures et à l'élaboration des politiques s'est fait ressentir. Le marché sous régional se caractérise par une insuffisance de spécialiste dans les pays et le système d'information ne contribuait pas à la modernisation et à la transparence des marchés publics.

Le projet d'appui à la réforme des marchés publics s'inscrit dans le cadre des efforts déployés par le groupe de la Banque pour contribuer à l'institutionnalisation de la bonne gouvernance et pour faciliter la coopération économique et l'intégration régionale entre les Africains.

Les résultats attendus du projet qui sont plus ou moins atteints sont : La transposition dans les systèmes juridiques nationaux des huit Etats membres des deux directives sur les marchés publics et l'harmonisation par voie de conséquence des codes nationaux desdits Etats ; l'élaboration des dossiers standards régionaux d'acquisition (DSRA) pour la passation des marchés des biens de travaux, la pré sélection des entreprises de travaux, l'utilisation des services de consultants, les rapports d'évaluation des offres de biens et des travaux. Le projet de réforme des marchés publics a été conçu en tenant compte du système d'évaluation des marchés publics mis au point dans le cadre de l'initiative conjointe OCDE DAC – BM pour le renforcement des capacités des pays en voie de développement dans le domaine des marchés publics[309] ; la mise en place d'un observatoire régional des marchés publics (ORMP) qui permet le suivi des réformes et l'évaluation de la qualité et de la performance des systèmes des Etats membres et l'impulsion d'une politique d'intégration régionale des marchés publics[310] ; la mise en place d'un mécanisme de recours non juridictionnel des soumissionnaires au niveau régional comme voie de recours fonctionnel ; la mise en place d'un site web régional des marchés publics pour la publicité et les résultats des appels d'offres régionaux et internationaux et la mise à disposition de la documentation communautaire pertinente[311] ; la création au sein de l'UEMOA d'un service des marchés publics pour assurer et faciliter au niveau régional et national la bonne application

[309] PRMP-UEMOA, p.15. Ibid.
[310] Ibid.
[311] Ibid, p.22.

des Directives sur les marchés publics[312] ; le renforcement des capacités institutionnelles et humaines du service des marchés publics de la commission de l'UEMOA, des administrations nationales chargées de la passation et de la régulation des marchés publics et du secteur privé, des formations qualifiantes ciblées et un appui logistique[313].

L'adoption des deux Directives communautaires relatives aux marchés publics a été l'acte majeur de la réforme du droit des marchés publics au sein de l'UEMOA.

C) L'acte majeur de la réforme du droit des marchés publics au sein de l'UEMOA : L'adoption du Droit communautaire harmonisé des marchés publics au sein de l'UEMOA par le Conseil des ministres de l'Union

48.- Adoption du cadre harmonisé des marchés publics UEMOA- L'analyse de la réglementation communautaire et des « considérant » des deux directives UEMOA[314], permet de préciser comme suit les objectifs de la nouvelle réglementation des marchés publics : L'harmonisation du cadre juridique et celle du cadre institutionnel des marchés publics au sein de l'espace UEMOA.

Pour la réalisation de ce programme, la BAD et la BM ont financé durant la période 2002 – 2005 une première phase du programme qui a permis l'adoption en décembre des deux directives sur les marchés publics qui constituent les premiers moyens juridiques de l'harmonisation et de la modernisation des systèmes nationaux des marchés publics[315].

Cette étape a donné lieu à : L'élaboration et à l'adoption d'une réglementation communautaire par le Conseil des Ministres de l'union le 9 décembre 2005, la réalisation d'un inventaire des reformes des systèmes de passation des marchés publics dans les Etats membres de l'UEMOA, l'identification des instruments et des fonctions de gestion des marchés publics au niveau régional qui seront domiciliés auprès de la commission, l'évaluation des systèmes de passation des marchés publics dans les pays membres de l'union qui s'est faite par référence

[312] PRMP-UEMOA, p.22.
[313] Ibid.
[314] Directives n°04 et 05 /CM/UEMOA du 9 décembre 2005, op.cit.
[315] V. PRMP-UEMOA, Ibid. p23.

aux piliers internationalement développés dans le cadre de l'initiative OCDE – CAD/Banque mondiale sur le renforcement des capacités des systèmes des marchés publics dans les pays en voie de développement.

Le dispositif ouest africain est fortement inspiré par celui de l'Union européenne. Certaines dispositions ressemblent beaucoup à celles des articles 81 et 82 du Traité de Rome. De même les Directives UEMOA relatives aux marchés publics se sont beaucoup inspirées de celles de la BM et de la BAD.

49.- Dossiers standards UEMOA- d'ailleurs les Dossiers standards UEMOA de 2012 affirment expressément qu'ils se sont inspirés de ceux de la Banque mondiale et de la BAD[316]. Or le Mali a transposé ces directives UEMOA conformément aux dispositions des articles 33 et 14 des Directives[317]. En effet, le Mali s'est beaucoup inspiré des Directives de la BM et de la BAD et de leurs dossiers standards. Les dossiers types du Mali d'août 2009 relatifs aux fournitures et aux services courants[318] et ceux de la Banque mondiale[319] se ressemblent quant au fond et à la forme. Le contenu des dossiers types du Mali et ceux de la Banque mondiale sont à quelques termes près les mêmes. Les dossiers types du Mali consacrent au même titre que ceux de la Banque mondiale les instructions aux soumissionnaires [320], les Données particulières de l'Appel d'Offres (DPAO)[321], les cahiers des clauses administratives générales (CCAG)[322], les Cahiers des Clauses administratives particulières (CCAP)[323], le Bordereau des prix et le

---

[316] V. Dossier Standard UEMOA P.3.

[317] Article 93 et 14 des directives UEMOA n° 04 et n° 05, op.cit.

[318] V. extraits du Dossier type d'appel d'offres DGMP du Mali d'août 2009 pour la passation des marchés de fournitures courantes, de services d'informatiques et de bureautiques ; extraits du Dossier type du Dossier type d'appel d'offres DGMP du Mali d'août 2009 pour la passation des marchés de travaux ; extraits du Dossier type sélection de consultant DGMP du Mali d'août 2009 pour la consultation restreinte ou demande de proposition pour des prestations intellectuelles.

[319] V. extraits des dossiers standards de la Banque mondiale et de la BAD,.

[320] Section II du dossier type d'appel d'offres travaux DGMP du Mali d'août 2009 et Section I du Dossier type d'appel d'offres de la Banque mondiale mai 2004.

[321] Section III du Dossier type du Mali et Section II du Dossier type de la Banque mondiale, ibid.

[322] Section IV du Dossier type du Mali, et Section VII du Dossier type de la Banque mondiale ibid.

[323] Section V du Dossier type du Mali, et Section VIII du dossier type de la Banque mondiale, ibid.

Détail quantitatif estimatif[324], les modèles de formulaires et de garantie[325]. Dans les deux dossiers types, l'acheteur public attribuera le marché au soumissionnaire dont l'offre a été jugée conforme pour l'essentiel au DAO, à condition qu'il soit en outre jugée qualifiée pour exécuter le marché de façon satisfaisante et qui a soumis l'offre évaluée la moins-disante[326]. Le Mali a repris les types des marchés publics de la Banque mondiale à savoir les marchés de travaux, de fournitures et de services courants et les marchés de prestations intellectuelles.

Les Directives de l'Union européenne ont de même inspiré le droit malien des marchés publics, déjà à travers les accords ACP-CEE[327]. A la suite de la suppression de la notion d'adjudication en droit européen des marchés publics, le Mali en transposant les Directives UEMOA a supprimé aussi la notion d'adjudication qui existait dans l'ancien code des marchés publics du Mali du 10 novembre 1995.

L'une des principales réalisations attendues de la mise en œuvre de ce projet est l'élaboration des Dossiers standards régionaux d'acquisition (DSRA) pour la passation des marchés de biens, de travaux et de services.

C'est pourquoi la Directive n°04/2005 évoque l'avènement de dossiers – types communautaires d'acquisitions qui seraient élaborés par la commission de l'UEMOA à l'attention des Etats membres[328].

Les sept (07) Dossiers Standards Régionaux d'Acquisition (DSRA) ont été effectivement élaborés par l'UEMOA en 2012 avec l'appui des bailleurs de fonds internationaux et PTF[329]. Ces DSRA sont inspirés des documents de la BAD, de la BM et des PTF. Ce sont : le Dossier Standard Régional d'Acquisition (DSRA) pour la passation des marchés publics de prestations intellectuelles[330], le Dossier Standard Régional d'Acquisitions relatif à la passation des marchés de travaux[331], le Dossier Standard Régional d'Acquisitions relatif à la

---

[324] Section VI du Dossier type du Mali, et Section VI du Dossier type de la Banque mondiale, ibid.

[325] Section VIII du Dossier type du Mali, et Section IX du Dossier type de la Banque mondiale, ibid.

[326] Clause 35.1 du dossier type du Mali et clause 40. Du dossier type de la Banque mondiale.

[327] Supra, p. 60.

[328] Article 45 et 79 de la Directive N°04/2005/CM/UEMOA, op.cit.

[329] PRMP-UEMOA, op.cit.

[330] V. DSRA pour la passation des marchés publics de prestations intellectuelles, UEMOA, décembre 2012, p.5.

[331] V. DSRA pour la passation des marchés de travaux, UEMOA, décembre 2012, p.5.

passation des marchés de fournitures et / ou de service connexes[332], le DSRA relatif à la passation des marchés de services courants[333], le DSRA de Modèle de rapport d'évaluation des offres relatif à la passation des marchés de travaux ou de fournitures[334], le DSRA de modèle de rapport d'évaluation de propositions relatives à la sélection des consultants[335]. « *Il s'inspire des règles et principes contenus dans les documents types d'acquisition de PTF notamment la BM et la BAD (PV)* ». Le DSRA relatif à la passation des conventions de délégation de service public[336] « *prend en compte également les règles et principes dont s'inspirent les dispositions législatives types de la commission des Nations Unies pour le Droit du Commerce International (CNUDCI) sur les projets d'Infrastructures à financement privé (PFI)* ».

L'harmonisation du cadre juridique vise en outre l'atteinte d'une stabilité macro-économique et d'une croissance durable, notamment par la bonne gestion des affaires publiques, la mise en œuvre de la part des Etats membres de l'UEMOA de politiques et de procédures financières crédibles et transparentes en raison de l'accélération du processus de mondialisation caractérisée par une mobilité croissante des capitaux à la recherche de rentabilité et de sécurité, la réforme des systèmes de passation des marchés publics et des délégations de services publics des Etats membres de l'UEMOA, en vue notamment, d'en accroître la transparence et l'efficacité, de renforcer l'efficacité de la lutte contre la corruption et de garantir des voies de recours efficaces.

La réalisation des objectifs de déconcentration et de décentralisation des procédures de passation et d'exécution des marchés publics nécessite de reconnaître la personnalité morale et l'autonomie financière des collectivités territoriales, de favoriser le transfert de ressources budgétaires aux autorités déconcentrées et décentralisées,

---

[332] V. DSRA pour la passation des marchés de fournitures et/ou services, UEMOA, décembre 2012, p.5.

[333] V. DSRA pour la passation des marchés de services courants, UEMOA, décembre 2012, p.5.

[334] V. DSRA de Modèle de rapport d'évaluation des offres relatif à la passation des marchés de travaux ou de fournitures, UEMOA, décembre 2012, p.

[335] V. DSRA de Modèle de rapport d'évaluation de proposition relatif à la sélection des consultants, décembre 2012, UEMOA, p.5.

[336] V. DSRA relatif à la passation des conventions de délégation de service public, UEMOA, décembre 2012, p.5.

et d'assurer une délégation de pouvoir accrue en matière d'ordonnancement de la dépense publique, la réalisation des objectifs visant à mettre en œuvre une déconcentration et une décentralisation performantes, améliorer la productivité de la dépense publique, promouvoir les petites et moyennes entreprises, favoriser les échanges intra-communautaires[337].

La transformation du cadre organique des marchés publics au Mali découle de la transposition en droit interne des Directives n° 04[338] et n° 05[339]/2005/CM/UEMOA du 9 décembre 2005. Aux termes des dispositions de la Directive n° 05, toute réglementation des marchés publics doit concourir à la réalisation des objectifs visant à mettre en œuvre un cadre institutionnel performant, à favoriser la déconcentration et la décentralisation des procédures de passation et d'exécution[340].

Le constat a été fait que les systèmes de passation des marchés publics des Etats membres de l'UEMOA présentaient des faiblesses au plan institutionnel tant en matière de contrôle que de régulation des procédures[341].

50.- Directives UEMOA- Ainsi, l'article 4 de la Directive n° 05 impose – il aux Etats membres de l'UEMOA, la mise en place d'entités administratives centrales, déconcentrées et décentralisées de contrôle des marchés publics ayant pour mission le contrôle de l'application de la réglementation sur les marchés publics, d'émettre des avis, d'accorder des autorisations et des dérogations nécessaires, d'assurer en relation avec l'organe de régulation la formation, l'information et le conseil de l'ensemble des acteurs de la commande publique, d'assurer en relation avec l'organe de régulation à la collecte d'information et de documents en vue de la constitution d'une banque de données[342].

La Directive n° 05, exige des Etats-membres, la mise en place d'un mécanisme institutionnel de régulation qui ne peut être dévolu aux organes administratifs chargés du contrôle a priori des marchés

---

337 Articles 2 des Directives n°04 et 05, Ibid.
338 Directive n° 04/2005/CM/UEMOA du 9 décembre 2005, ibid.
339 Directive n° 05/2005/CM/UEMOA du 9 décembre 2005, ibid.
340 V. Considérant 4 de la Directive n° 05 ibid..
341 V. Considérant 6 de la Directive n° 05, ibid.
342 Article 4 de la Directive n° 05/2005/CM/UEMOA du 9 décembre 2005, ibid.

publics c'est-à-dire la création d'une autorité indépendante de régulation des marchés publics avec une composition tripartite et paritaire de l'administration, du Secteur privé et de la Société Civile[343]. Cette Directive n° 05, prévoit la création d'une autorité chargée du traitement du recours non-Juridictionnel composé de membres de l'administration, du Secteur privé et de la Société civile reconnue pour leur professionnalisme, leur indépendance et leur impartialité dont les décisions peuvent faire l'objet d'un recours à bref délai devant une Juridiction [344]. L'autorité de recours non Juridictionnel peut d'office adresser à la commission de l'UEMOA ou à la demande de celle-ci copie des procédures et décisions rendues. En outre la commission de l'UEMOA peut la saisir pour faire des investigations sur des pratiques frauduleuses ou infractions portées à sa connaissance[345].

La nécessaire convergence des législations et des réglementations nationales en matière de marchés publics impose la mise en place d'un mécanisme de surveillance multilatérale pour l'atteinte des objectifs communautaires[346]. C'est à ce titre que la commission de l'UEMOA, en collaboration avec les Etats – membres définira les organes, mécanismes et modalité de la surveillance multilatérale en matière de marchés publics, placés auprès de la commission par voie de Décision de cette dernière[347]. Pour atteindre ces objectifs communautaires le Mali à l'instar de la plupart des pays de l'UEMOA a adopté la loi portant création de la DGMP-DSP et celle portant création de l'ARMDS. C'est dans ce cadre que par décision n° 1 du Président de la Commission de l'UEMOA, l'Observatoire de Régulation des Marchés publics et des Délégations de Service public a été créé. Suivant le Règlement intérieur de cet observatoire, toutes les Autorités de Régulation des marchés publics des huit pays de l'UEMOA en sont représentées.

Le contexte historique mondial de l'évolution du nouveau droit des marchés publics au Mali ayant influencé le contexte sous régional qui à son tour a influencé le contexte national.

343 Ibid. article 5.
344 Ibid. article 12.
345 Ibid.
346 V. considérant 6 de la Directive n°5, Ibid.
347 Article 13 de la Directive n°05/2005/CM/UEMOA.

Chapitre II
Les changements intervenus dans le contexte historique national

51.- Evolution- *« Les marchés publics forment l'un des secteurs dans lesquels l'impact du droit communautaire sur le droit national est le plus perceptible. C'est le droit communautaire qui dans ce domaine a sans doute suscité le plus d'interrogation et a provoqué le plus d'évolution législative, réglementaire ou Jurisprudentielle »*[348].

Le droit des marchés publics au Mali a subi des bouleversements, des transformations dans le cadre de la construction de l'UEMOA, un modèle emprunté au modèle européen et sous l'influence du libéralisme mondial prôné par les institutions financières mondiales. La doctrine du libéralisme économique classique a été développée par l'économiste libéral écossais Adam Smith dans son ouvrage « *Recherches sur la nature et les causes de la Richesse des Nations* » publié en 1776. Pour formuler sa théorie sur le rôle de l'Etat, Adam Smith se base sur les besoins objectifs de l'ordre économique, caractérisé d'après lui, par une harmonie fondamentale des intérêts, réglée par une main invisible qui, agissant dans une société compétitive, réconcilie les conflits, d'où une réduction du rôle régulateur de l'Etat. Pour les tenants du libéralisme économique classique, celui-ci est une voie parmi d'autres pour parvenir, conformément au droit naturel, au bonheur de la société. Le marché constitue soit un facteur certes important, mais soumis au politique qui doit le laisser faire le plus possible, soit, il est le fondement même de la vie en société[349]. Les révolutionnaires français en réaction à l'ancien régime adoptèrent la doctrine classique anglaise en adoptant certains principes du libéralisme économique comme le droit de

[348] BRACONNIER (S.), op.cit. P.41.

[349] Cité par OUATTARA (T.A.), l'économie des finances publiques et le système budgétaire malien, seconde édition Jamana, 2002, pp.57-58 ; voir également Frédéric Colin, l'essentiel du droit public économique, Gualino, op.cit. p.16.

propriété reconnu par les articles 2 et 17 de la Déclaration des droits de l'homme. Le décret d'Allarde des 2-17 mars 1791 mit fin aux corporations[350] tandis que la loi Le Chapelier des 14-17 juin 1791 consacra la liberté du commerce et de l'industrie tout en interdisant les coalitions (grèves) ou syndicats sous peine de mort[351].

Les conséquences de la Première Guerre mondiale et celles de la crise économique de 1929, entraînèrent l'avènement de la doctrine néoclassique qui relativise ou tempère la doctrine classique. Cette doctrine néoclassique est l'œuvre de John Maynard Keynes dans son ouvrage « *la théorie générale de l'emploi, de l'intérêt et de la monnaie* » publié en 1936[352]. Pour cet économiste libéral, l'Etat doit agir en cas d'offre excédentaire pour stimuler la demande, par exemple en procédant à la hausse des salaires. Par contre l'Etat peut utilement relancer l'économie en relançant la demande par une augmentation des déficits publics pour notamment lancer de grands chantiers. A la libération en France, le modèle dominant est Keynésien. C'est ainsi qu'un texte emblématique sera adopté à savoir l'ordonnance du 30 juin 1945 relative au prix qui avait donné compétence au ministre de l'Economie le pouvoir de réglementer les prix des produits et services.

Cette période du XIXème au XXème siècle fut appelée « l'interventionnisme libéral » par Frédéric Colin [353]. A l'indépendance, le Mali opta pour une politique socialiste planifiée qui s'essouffla. Par la suite le Mali opta pour une politique de libéralisme économique par l'abandon de la politique économique socialiste planifiée ayant stimulé la réforme du droit des marchés publics (Section I).Cette évolution du contexte historique entraîna une adaptation du cadre juridique et institutionnel des marchés publics au nouveau contexte mondial, sous régional (Section II).

---

[350] Décret d'Allarde des 2-17 mars 1791. (V. http : fr.wikipedia.org ; page consultée le 5 janvier 2015).
[351] Loi Le Chapellier des 14-17 juin 1791. (V. http : wikipedia.org ; page consultée le 5 Janvier 2015).
[352] Cité par OUATTAR (T.A.), op.cit.
[353] COLIN (F.), op.cit. pp. 16-17.

Section I : L'abandon au Mali de la politique économique socialiste planifiée ayant stimulé la réforme du droit des marchés publics

52.- Libéralisme économique- Le passage du Mali d'une politique économique socialiste planifiée au libéralisme économique (paragraphe I) déboucha sur la libéralisation du secteur des marchés publics au Mali (paragraphe II).

Paragraphe I : Le passage du Mali d'une politique économique socialiste planifiée au libéralisme économique

53.- Facteurs endogènes et exogènes- L'analyse du droit des marchés publics au Mali sous la première République[354], la deuxième République[355] et la troisième République[356] du Mali permet d'affirmer, que ce droit subit des influences endogènes et exogènes liées au contexte historique. Ces facteurs montrent l'immobilisme du droit des marchés publics dans le contexte du dirigisme économique au Mali (A) et le bouleversement du droit des marchés publics dans un contexte de libéralisme économique au Mali (B).

A) L'immobilisme du droit des marchés publics dans le contexte du dirigisme économique au Mali

54.- Dirigisme économique- Le dirigisme économique ou l'interventionnisme économique peut être défini comme une doctrine économique ou une politique étatique qui prône ou réalise l'irruption de l'Etat dans les affaires relevant traditionnellement du secteur privé et dans lequel l'Etat oriente et contrôle l'activité économique et sociale par une intervention directe ou indirecte notamment par la planification, la nationalisation, les subventions[357]. A son indépendance, le 22 septembre 1960, le régime du Président Modibo Keita opta pour le dirigisme économique jusqu'à sa chute le 19 novembre 1968. Durant, cette période le droit des marchés publics se

---

[354] La première République du Mali va du 22 septembre 1960 au coup du Comité Militaire de Libération nationale (CMLN), le 19 novembre 1968.

[355] La deuxième République du Mali va de la constitution du 2 juin 1974 à la révolution du 26 mars 1991 qui renversa le régime de l'UDPM.

[356] La troisième République du Mali est née à partir de la constitution actuelle du 25 février 1992.

[357] CORNU (G.), vocabulaire juridique, op.cit. p.567 ; voir également Le lexique des termes juridiques op.cit. p.259.

caractérisait par son immobilisme. Cet immobilisme était dû à l'instauration d'une partitocratie de fait, moteur d'une politique socialiste planifiée qui irradie tout le système politique, économique et social du pays et à l'absence de dispositif réglementaire permettant l'éclosion du droit des marchés publics.

A la suite de l'éclatement de la fédération du Mali dans la nuit du 19 au 20 août 1960, le soudan français proclama son indépendance sous le nom de la République du Mali. C'est au cours du Congrès Extraordinaire du 22 septembre 1960 de l'Union Soudanaise du Rassemblement Démocratique Africain (USRDA) tenu dans la grande salle de l'Ecole Technique de Bamako, que fût proclamée l'indépendance politique totale et que furent dégagées les options fondamentales du régime dans tous les domaines politique, économique et sociale.

Le congrès extraordinaire du 22 septembre 1960 donna mandat à la Direction du Parti et au Gouvernement de s'attaquer entre autres à la décolonisation économique, d'instituer des circuits économiques et commerciaux dans le cadre d'une planification socialiste fondée sur les réalités africaines, de diriger et de contrôler efficacement l'économie du pays par l'Etat qui y prendra une part de plus en plus active[358]. Le parti a été retenu comme le moteur de la nation et la seule force dirigeante de l'Etat tout en se donnant comme principe fondamental une organisation politique reposant sur le centralisme démocratique[359]. Le parti irradie toute la vie politique économique, sociale ainsi que toute l'administration. L'instance suprême du parti était son congrès qui définissait l'orientation de l'action gouvernementale. La collusion du politique et de l'administratif a été une réalité en ce sens que sur les 19 membres du Bureau Politique National (BPN), 6 étaient ministres dont le Président Modibo Keita qui était également le secrétaire général du parti[360]. Le BPN était l'instance de décision du parti entre deux congrès et le président Modibo Keita présidait chaque mardi les réunions du Bureau avant le Conseil des Ministres qui se tenait en principe chaque mercredi. Afin

[358] DIARRAH (C.O.), le Mali de Modibo Keita, op-cit, 1986, p.35 ; Voir également le règlement intérieur de l'USRDA, publié en 2010 à l'occasion du cinquantenaire du Mali, p.23 et s.

[359] DIARRAH (C.O.), Ibid, p.35 ; Voir également le règlement intérieur de l'USRDA, publié en 2010 à l'occasion du cinquantenaire du Mali, p.23 et s.

[360] Ibid. p. 41

de veiller à la mise en œuvre des décisions du BPN, le congrès de septembre 1962 désigna six commissaires politiques qui effectuèrent des contrôles à l'intérieur du parti comme dans les structures gouvernementales.

L'USRDA, opta pour un socialisme tenant compte des réalités morales et matérielles du pays. Ce socialisme maintint un secteur privé et rejeta le capitalisme.

Cette politique socialiste fut bâtie sur certains critères à savoir l'existence d'une monnaie nationale, le monopole sur l'import-export, le contrôle de l'Etat sur les transports, l'absence de grandes exploitations agricoles privées, le contrôle par l'Etat et les producteurs des grands moyens de production. Il s'agit de faire de l'Etat, l'instrument de réorganisation de l'économie et faire en sorte que celle-ci ne soit pas une économie complémentaire de l'économie française, mais une économie indépendante fondée sur le seul intérêt des Maliens.

Au sortir de la colonisation, le capital privé étranger détenait le quasi-monopole du commerce import-export et les moyens de production.

Les premières oppositions à la ligne politique du parti firent leur apparition après la création de l'Office des céréales et de la SOMIEX, qui étaient des entreprises publiques opérant dans le secteur commercial : Ce sont les commerçants[361].

Avec la création du franc malien, l'opposition dirigée par les leaders du PSP Fily Dabo SISSOKO, Hamadoun DICKO appelèrent les commerçants à manifester. A la suite de ces événements, ceux-ci et certains commerçants furent arrêtés, jugés et condamnés à la peine de mort par un tribunal populaire le 10 octobre 1962. Auparavant, la peine de mort avait été commuée en peine de travaux forcés à perpétuité, une semaine après le jugement par le Président Modibo KEITA. Fily Dabo SISSOKO, Hamadoun DICKO et Kassoum TRAORE en 1964 subirent une mort tragique en juillet 1964[362].

La jeunesse du parti et l'UNTM, soutenaient la politique socialiste. Le tournant dans le durcissement du régime arriva à la suite du coup d'Etat survenu au Ghana, le 25 février 1966 qui renversa le Docteur

---

[361] DIAGOURAGA (M.), Modibo KEITA, un destin, l'Harmattan, 2005, pp.95-97 ; DIARRAH (C.O.), ibid.p.164.
[362] DIAGOURAGA (M.), Op-cit, pp.95-97 ; DIARRAH (C.O.), ibid.p.164.

Kwamé Nkrumah. Attristé par cet événement, les dirigeants de l'USRDA, créèrent le 1er mars 1966, le Comité national de Défense de la Révolution (CNDR), doté de plein pouvoir avec à sa tête le Président Modibo KEITA. Le CNDR comprenait 12 membres.

En 1967, a eu lieu l'opération taxi qui consistait à démasquer les dirigeants qui se sont embourgeoisés. Le Conseil National de la jeunesse dirigea cette opération taxi[363].

Le 22 août 1967, le BPN fut dissous alors qu'il était l'Instance Suprême de décision et ses pouvoirs sont transférés au CNDR. A la suite de la dissolution de l'Assemblée nationale, une délégation législative de 28 membres furent chargés des attributions législatives et le Président Modibo Keita gouverna par ordonnance.

La jeunesse et les syndicats s'opposèrent aux accords de 1967 entre la France et le Mali concernant le franc malien. Les Commissions créées s'opposèrent à ces accords et préconisèrent notamment le maintien du contrôle d'Etat sur l'import-export, le contrôle absolu du commerce extérieur par l'Etat. Ces accords remettaient en cause l'option socialiste. Avec la signature de ces accords, c'est l'implication de la France dans la politique économique et financière du Mali.

En novembre 1968, Modibo KEITA, avant de s'embarquer dans le bateau, le « *Général Abdoulaye SOUMARE* », qui l'amenait à la Conférence économique régionale à Mopti disait : *« les accords de 1967 sont un piège. Il nous faut préparer à les rompre »*[364]. Le 19 novembre 1968, le CMLN prit le pouvoir.

55.- Création des sociétés d'Etat- La première République se caractérisait par l'absence de dispositif législatif ou réglementaire permettant l'éclosion du droit des marchés publics. En raison de l'option socialiste et du dirigisme économique, le Mali et le Sénégal s'inspirèrent de la formule de sociétés d'Etat[365]. Cette technique de création de sociétés d'Etat, a été introduite dans les pays colonisés par la France avec la loi du 30 avril 1946 relative à l'établissement, au financement et à l'exécution de plans d'équipements et de développement des Territoires relevant de la France d'outre-mer[366] qui

---

[363] DIARRA (C.O.), ibid. pp. 165-171.
[364] DIARRA (C.O.), ibid. pp. 165-171.pp.176-177.
[365] DE GAUDUSSON (J.D.B.) : « Identification des entreprises publiques », dans Encyclopédie juridique de l'Afrique droit des entreprises, vol. 7, p. 211.
[366] JORF 1946, p.3654.

donna compétence au Ministre de la France d'outre-mer à créer des sociétés d'Etat ou des sociétés d'économie mixte. Avec l'adoption de la doctrine de l'interventionnisme économique au Mali, les sociétés d'Etat se multipliaient et constituaient la structure d'intervention de l'Etat dans le domaine de la production des biens et services. Ainsi au Mali, plusieurs sociétés d'Etat, bénéficiant du monopole de droit ou de fait dans le domaine des transports, des travaux ou en matière d'importation et d'exportation ont été créées sous la première République : La Société malienne d'importation et d'exportation (SOMIEX), la Compagnie malienne de Textiles (COMATEX), la Société des exploitations des produits oléagineux (SEPOM), la Compagnie Nationale Air-Mali (AIR-MALI), la Société nationale des Tabacs et Allumettes du Mali (SONATAM), la Société des Ciments du Mali (SOCIMA), la Compagnie malienne des Transports routiers (CMTR), la Pharmacie populaire du Mali (PPM), la Société nationale d'entreprise et des travaux publics (SONETRA) la Compagnie malienne de navigation (CMN), l'Union nationale des coopératives (UNICOOP), la Société des Hôtelleries du Mali (SHM), la Société Malienne du Bétail et des Peaux et Cuirs (SOMBEPEC), l'Office Nationale de Cinématographie (OCINAM), Editions-Imprimeries (EDIM), l'Entreprise malienne du bois (EMAB), la Société des Conserves du Mali (SOCOMA), la Librairie populaire du Mali (LPM), l'Union Laitière de Bamako (ULB), les Ateliers de Markala, les Tanneries du Mali (TAMALI), la Société d'exploitation des Briqueteries du Mali, l'Usine céramique de Djikoroni[367]. Ces sociétés d'Etat étaient soumises à la loi du 11 avril 1969 portant statut des sociétés et entreprises d'Etat. Initialement, ces entreprises étaient régies par le statut général des entreprises nationales[368].

Le décret n° 108 du 22 juillet 1968 imposant le seuil à partir duquel un marché public est passé[369], modifié par le décret du 8 novembre 1977[370]. Ce décret n'exigeait la passation de marchés publics que lorsque le seuil atteignait 1 million de FM. Ce seuil s'est substitué à l'ancien seuil de 500000 FM. En dessous de ce seuil de 500000 FM pendant la première République, aucune exigence de passation de

[367] DE GAUDUSSON (J.D.B.) : « Les formes juridiques des entreprises publiques » dans Encyclopédie juridique de l'Afrique, id. p. 212 ; DIARRAH (C.O.), Ibid. pp. 81-83.

[368] Article 1er du Statut général des entreprises nationales du 26 janvier 1963, JORM du 10 février 1963.

[369] V. JORM du 1er janvier 1969.

[370] V. JORM du 12 décembre 1977.

marchés publics n'était prévue. Au nom du principe constitutionnel de continuité juridique les textes en vigueur avant l'indépendance du Mali demeurent applicables en leur disposition non contraire au Mali. Le décret et les textes relatifs aux cahiers des charges sont demeurés longtemps applicables au Mali. Dans un tel contexte de monopole, il ne peut y avoir éclosion du droit des marchés publics.

Ce dirigisme économique s'essouffla avec l'amorce du bouleversement du droit des marchés publics dans un contexte du libéralisme économique.

B) L'amorce du bouleversement du droit des marchés publics dans le contexte du libéralisme économique au Mali

56.- Bouleversement- A la suite du coup d'Etat militaire de 1968, les 14 membres du CMLN avec à leur tête le lieutenant Moussa Traoré, mirent en place un organe collégial et un gouvernement provisoire pour diriger le pays en attendant le retour à une vie constitutionnelle normale. Le CMLN affirma son attachement à la « *démocratie formelle* » sans dégager les contours ou le contenu de ce retour à la démocratie. Par la suite, le 19 septembre 1969, il a été mis fin au bicéphalisme issu du coup d'Etat du 19 novembre 1968. A cette date, le Président du CMLN assumait les fonctions de chef d'Etat et la présidence du Gouvernement mettant ainsi fin au bicéphalisme qui prévalait dans l'exécutif après la formation du Gouvernement provisoire issu des événements du 19 novembre 1968. Le CMLN élabora un projet de constitution qui sera soumis à référendum. Le 2 juin 1974, le peuple adopta la constitution avec un taux estimé à 99, 71%[371]. Cette constitution institua une partitocratie constitutionnelle ouverte au libéralisme économique et amorça un début de rupture avec l'ancien droit des marchés publics antérieurs à la prise du pouvoir par le CMLN.

Dans la constitution du 2 juin 1974[372], les institutions du Mali étaient le parti unique, le Président de la République, l'Assemblée Nationale, le Gouvernement, la Cour Suprême, le Conseil Economique et Social[373]. L'UDPM a vu le jour officiellement, au terme de son

[371] V. le Mali de 1968 à 1988, du CMLN à l'UDPM, réalisation AMAP, Ministère de l'Information, p.39.
[372] JORM numéro spécial 40 du 25 juin 1974.
[373] Article premier de la constitution du 2 juin 1974, id.

congrès constitutif des 28-29-30 et 31 mars 1979. Il a été affirmé au cours de ce congrès que « *Le Parti est le moteur de la Nation et la seule force dirigeante de l'Etat* »[374]. Le Général Moussa TRAORE a été élu Secrétaire général du Parti. Ce congrès adopta quatre résolutions de politique économique, de politique sociale et culturelle et de politique d'orientation du Parti qui préconisèrent la réalisation d'une économie nationale indépendante et planifiée, conforme aux réalités maliennes et reposant sur la coexistence d'un secteur d'Etat, d'un secteur mixte et d'un secteur privé national ou étranger[375]. La constitution consacre la primauté du parti sur les autres institutions et c'est la Direction nationale du parti qui propose au suffrage des électeurs la candidature du premier responsable du Parti à la présidence de la République. Le Président a en charge la conduite de la politique de l'Etat et il est le Chef de l'Administration. Le centralisme démocratique constituait le principe fondamental qui règle la vie du ¨Parti. Du point de vue organisationnel, le Parti est divisé en structures, instances et organes. Il comprend en son sein des organisations démocratiques. Les comités, les sous-sections et sections étaient les structures du Parti. Ces instances délibératives étaient l'Assemblée générale du Comité, la conférence des sous-sections, la conférence des Sections, le Conseil National et le Congrès. Les organes de l'UDPM étaient le Bureau du Comité, le Bureau de la Sous-section, le Bureau de la Section et le Bureau Exécutif Central. L'irruption du CMLN, sur la scène politique du Mali et l'avènement du parti unique UDPM entraîna l'amorce d'un début de rupture avec l'ancien droit des marchés publics. Au cours de la première session extraordinaire du Conseil National de l'UDPM, les 5 au 7 février 1981, les délégués recommandèrent l'encouragement du secteur privé. Auparavant, à la suite des journées d'étude consacrées à l'examen des plans de redressement des sociétés et entreprises d'Etat, en mars 1980, le Gouvernement avait décidé de transformer certaines sociétés d'Etat en société d'économie mixte : Société des Tanneries du Mali, société des produits oléagineux du Mali, l'entreprise malienne de bois et la compagnie malienne de transports[376]. La référence au libéralisme économique joua un rôle primordial dans la privatisation des entreprises publiques. C'est pour retrouver cette inspiration libérale

---

[374] V. le Mali de 1968 à 1988, op-cit. p.38.

[375] Articles premier et 23 de la Constitution du 2 juin 1974, ibid. p. 42.

[376] DEBENE (M.) : « la restructuration des entreprises publiques » dans Encyclopédie juridique de l'Afrique, droit des entreprises, op.cit. p. 251.

que les mesures portant sur les sociétés d'Etat furent arrêtées en 1980. Au Mali, la liberté économique fut réaffirmée. Ce qui fit une rupture avec l'expérience socialiste du Premier Président de la République du Mali, Modibo Keita.

57.- Accords avec le FMI et la BM- Au début de la décennie 1980, la situation économique du Mali était extrêmement difficile. Elle se caractérisait par plusieurs facteurs qui empêchaient tout développement du pays : Le déficit budgétaire intérieur et extérieur important, le déficit du compte d'opération, les contraintes de trésorerie pesant sur les finances publiques qui conduisirent l'Etat à la baisse de son programme d'investissement et l'accumulation d'arriérés sur les salaires des fonctionnaires, les cotisations auprès des organisations régionales et internationales et l'accumulation de dettes envers le secteur privé, la faiblesse du taux de croissance, le chômage des jeunes diplômés. Pour rétablir les grands équilibres macroéconomiques, le Mali signa avec le FMI et la BM en 1982, 1983, 1986 trois accords de confirmations et intégra la zone CFA en 1984[377]. Avec ce nouveau contexte, intervint le rôle croissant des institutions financières internationales comme le FMI et la BM dans la définition, l'élaboration, l'application et le suivi de la politique économique du Mali. Le Mali obtint en contrepartie un soutien rapide à la balance des paiements et d'afflux importants de financements extérieurs, équivalent à 30% du PNB en 1986 et 1987 contre 20% en 1982. Le concours financier de la France en 1984 représentait environ 40% du budget de fonctionnement[378]. Dans l'optique d'une meilleure maîtrise des achats publics, le Mali s'est doté en 1983 d'une réglementation des marchés publics. Le décret de 1968 sera abrogé par le décret de 1977 qui portait le seuil de passation des marchés publics à 3 millions de francs malien (FM). Ce texte s'appliquait jusqu'à l'entrée en vigueur du décret de 1993 qui portait le seuil de passation des marchés publics à 10 millions de FCFA. Avec la loi du 11 avril 1969 portant statut des sociétés et entreprises d'Etat, la réglementation des marchés publics se caractérisait par son opacité en ce sens que c'est le Comité de gestion présidée par le Directeur Général[379] qui décidait du seuil de passation des marchés publics

---

[377] Le Mali de 1960 à 1968, op.cit.

[378] DIABATE (A.), thèse de doctorat en sciences économiques, op.cit. pp.1 à 26.

[379] Articles 11 et 20 de la loi du 11 avril 1969 portant statut des sociétés et entreprises d'Etat, ibid.

conformément au règlement intérieur de l'entreprise[380]. « Les contrats conclus par l'entreprise impliquant des engagements financiers d'un montant supérieur au chiffre d'affaires fixé par le règlement intérieur de l'entreprise doivent être soumis à l'approbation préalable du ministre de Tutelle »[381]. Durant toute la période de 1960 à 1990 il n'existait pas une structure de contrôle a priori de la passation des marchés publics. La DGMP n'a été créée qu'en 1990 et cumulait toutes les fonctions de passation, de contrôle, d'exécution, de traitement du contentieux des marchés publics[382]. En outre les cahiers des charges avant l'indépendance demeurent en vigueur bien après l'accession du Mali à la souveraineté nationale et internationale. Ce n'est qu'en 1993 que les premiers cahiers des charges sont élaborés au Mali abrogeant la réglementation antérieure à l'indépendance qui s'appliquait.

La doctrine libérale déboucha sur la libéralisation du secteur des marchés publics au Mali.

Paragraphe II : La libéralisation du secteur des marchés publics au Mali

58.- Loi du marché- Le libéralisme économique peut être défini comme la doctrine économique qui érige en système l'abandon de l'économie à la loi du marché et dont la traduction juridique est l'affirmation en principe de la liberté des conventions, l'intervention de l'Etat dans les relations économiques étant réduite au minimum, sinon exclue. Dans ce système l'Etat doit se borner à exercer les fonctions indispensables à la vie en société et à la cohésion sociale tout en abandonnant les autres activités à l'initiative privée. L'Etat, dans cette dynamique est tantôt qualifié d'Etat-arbitre en ce sens qu'il n'a pas à s'immiscer dans les rapports entre les individus, mais seulement à veiller au respect des règles du jeu libéral, tantôt, il est qualifié d'Etat-gendarme ce qui implique que son rôle essentiel est d'assurer le maintien de l'ordre, la défense nationale[383].

---

[380] Ibid. articles 2 à 25.

[381] Article 20 de la loi du 11 avril 1969 portant statut des sociétés et entreprises d'Etat.

[382] Article 2 de la loi n°90-06/AN-RM du 19 février 1990 portant création de la DGMP, op.cit.

[383] Lexique des termes juridiques, op.cit. P. 432 ; voir également, CORNU (G), vocabulaire juridique, op.cit. p.606.

En 1990 fut créée au Mali, la Direction générale des Marchés publics (dénommée DGMP) avec pour mission principale d'assurer la mise en œuvre de la politique des achats publics, tout en veillant à sauvegarder les intérêts de l'Etat et ceux des opérateurs économiques.

Les procédures d'acquisition des biens et services constituent un des maillons essentiels de l'exécution du budget d'Etat. En outre, la plupart des PTF conditionnent leur adhésion à l'appui budgétaire, à l'amélioration des procédures nationales en les adaptant aux normes et standards internationaux. C'est dans ce cadre que le décret de 1995 a été abrogé.

La période du dirigisme économique a été critiquée par la doctrine qui prône le libéralisme économique qui aboutit à la déréglementation (A) et à la privatisation des sociétés et entreprises d'Etat (B).

A) La déréglementation

59.-Doctrine- L'ultralibéralisme a été un succès dans la décennie 1980 notamment en Grande-Bretagne avec M. Thatcher et aux Etats-Unis avec R. Reagan[384]. Cette doctrine ultralibérale s'attaqua de façon virulente au dirigisme économique et préconisa un désengagement de l'Etat.

La déréglementation peut être définie comme l'action de soustraire une matière à l'emprise de l'ordre public en la rendant à la liberté des conventions et à la loi du marché. C'est l'allègement des règles contraignantes qui enserrent une activité, une politique qui traduit un retour relatif au libéralisme économique et un recul corrélatif de l'interventionnisme étatique[385]. La déréglementation est également définie comme la pratique du libéralisme économique pratiquée par la plupart des Etats consistant à supprimer le plus grand nombre possible de réglementations imposant des contraintes aux opérateurs économiques, telles que la fixation de prix minimum ou des disciplines en matière de concurrence. La déréglementation est aussi synonyme de dérégulation[386]. Ceci coïncide avec la levée des monopoles des sociétés et entreprises d'Etat, la suppression des régies et la liberté du commerce et de l'industrie.

---

[384] Cité par KUNANAYAKAM (T.), op.cit. p.95.
[385] CORNU (G.), vocabulaire juridique, op.cit. p.331.
[386] Lexique des termes juridiques, op.cit. p. 252.

La déréglementation se traduit par un bouleversement du droit applicable dans la mesure où elle se traduit par l'extension de la marge de liberté des acteurs économiques et un renforcement du jeu de la concurrence. Cette déréglementation consiste à restreindre le champ des monopoles dans le but de favoriser un environnement concurrentiel.

L'un des principes directeurs de la déréglementation est d'étendre la libre participation des acteurs économiques singulièrement les opérateurs économiques publics ou privés. En effet, dans le domaine des marchés publics, il apparaît que la participation des opérateurs économiques est indispensable, cependant, dans le cadre de la libéralisation du secteur des marchés publics, cette participation doit être accrue et renforcée. Il apparaît que dans la plupart des pays de l'UEMOA et singulièrement au Mali, l'accroissement du recours aux opérateurs économiques publics ou privés est lié au retrait des prestations en régie et à la remise en cause des monopoles de certaines entreprises publiques sur nombre de marchés publics. Le nouveau droit des marchés publics renforça cette évolution en érigeant au rang de principe fondamental, le principe du libre accès à la commande publique.

La levée des contraintes administratives a débuté par la remise en cause des prestations en régie. La régie peut être définie comme un mode de gestion d'un service public et parfois par extension, ce service public. La régie directe est un mode de gestion d'un service public qui est assuré directement par la personne publique dont dépend ce service, avec son personnel et ses moyens financiers et matériels. L'exécution en régie désigne l'exécution d'une activité par les services propres de la personne publique considérée [387]. L'exécution en régie limitait le recours à des opérateurs économiques publics ou privés et entrainait par conséquent la réduction du recours au procédé contractuel. Avec l'avènement de la libéralisation, il est apparu un recul de l'exécution en régie au bénéfice du procédé contractuel faisant intervenir des opérateurs économiques.

Ainsi, dans le cadre des marchés de prestations intellectuelles, l'autorité contractante a recours à des cabinets d'experts, avec pour

[387] CORNU (G.), vocabulaire juridique, op.cit. p.868 ; voir également, lexique des termes juridiques, op.cit. p. 609.

finalité l'augmentation du volume des marchés de prestations intellectuelles.

Il est apparu, l'accroissement des marchés de travaux avec la fin de l'exécution des travaux d'entretien routier. Le Ministère chargé des travaux publics a procédé à une privatisation de la société d'entretien routier au Mali excepté pour les cas d'urgence au Mali. Désormais, les travaux d'entretien routier s'effectuent en principe par des marchés publics de travaux confiés à des opérateurs économiques.

Par ailleurs, le processus de privatisation des entreprises publiques et sociétés d'Etat, débuté au Mali dans la décennie 1990, avait mis fin à certains monopoles légaux exercés dans le domaine des marchés publics. Le désengagement de l'Etat des sociétés et entreprises publiques entraîna une remise en cause des monopoles par le retrait des dispositions leur conférant l'exclusivité dans le domaine des marchés publics. Les opérateurs économiques publics ou privés sont désormais sur un pied d'égalité dans les procédures de passation des marchés publics.

La libéralisation économique implique la liberté du commerce et de l'industrie. Le principe de la liberté d'accès à la commande publique prend sa source dans le principe général de liberté du commerce et d'industrie et singulièrement dans le cadre de la liberté d'entreprendre. Le principe de la liberté du commerce et de l'industrie posé par l'article 7 de la loi française des 2-17 mars 1791 implique que toute personne peut exercer librement toutes activités économiques et professionnelles dans le cadre des lois et règlements en vigueur[388]. Les libertés économiques notamment la liberté du commerce et d'entreprendre sont indispensables. Ceci impose aux pouvoirs publics de laisser agir les opérateurs économiques au maximum[389]. La liberté d'entreprendre suppose que toute personne physique ou morale peut être candidat à un marché public. Aucune restriction arbitraire ou abusive ne doit l'empêcher de postuler. Cependant, le décret d'Allarde des 2 et 7 mars 1791, conditionnait déjà, l'exercice de cette liberté à des préalables. A ce titre ne sont pas admis à soumissionner aux marchés publics, les personnes physiques ou morales qui n'ont pas souscrit aux obligations administratives, fiscales et comptables, celles en liquidation judiciaire ou en état de faillite, les personnes frappées

[388] Lexique des termes juridiques, ibid. p. 433.
[389] COLIN (F.), l'essentiel du droit des marchés publics, op.cit. p.16.

d'une interdiction ou d'une déchéance légale. La consécration de la liberté d'accès à la commande publique est un ciment de la libéralisation du secteur des marchés publics, un principe fondamental consacré aux opérateurs économiques qui leur permet désormais d'exiger des pouvoirs publics la levée des obstacles ou des contraintes à la concurrence dans le domaine des marchés publics.

La libéralisation implique également la privatisation.

B) La privatisation

60.- Mouvement- La privatisation est un néologisme qui peut être entendu d'une part comme l'action de confier au secteur privé des activités jusque-là gérées en régie directe par une personne morale de droit public et d'autre part l'action de transférer au secteur privé le capital d'entreprises appartenant à la puissance publique et qui très souvent avaient fait l'objet d'une nationalisation[390]. Elle peut être aussi considérée comme un mouvement qui réalise le passage d'une forme de droit public à une forme de droit privé ou qui permet aux capitaux privés de renforcer leur position[391].

Il convient d'examiner les modalités de la privatisation des sociétés et entreprises d'Etat au Mali et ses conséquences néfastes que furent la compression des travailleurs. La privatisation renvoie à l'ouverture du capital social d'une entreprise publique ou d'une société d'Etat aux personnes privées et aux modalités du transfert d'une propriété du patrimoine de l'Etat au secteur privé. Il y a lieu de distinguer deux formes de privatisation : Celle qui consiste en la privatisation des formes de gestion et l'ouverture du capital d'une société[392].

La privatisation des formes de gestion intervient, dans le cadre de la transformation d'un Etablissement public à caractère industriel et commercial (EPIC) en société. Cette technique passe par la dissolution de l'Etablissement public et la création d'une nouvelle société. Le patrimoine de l'établissement dissous pourra être apporté à la nouvelle société dont le capital social sera également ouvert aux personnes

---

[390] Lexique des termes juridiques, ibid. p.568.

[391] DEBENE (M.) : « La restructuration des entreprises publiques dans Encyclopédie juridique de l'Afrique, droit des entreprises, vol.7, op-cit. p.252.

[392] DEBENE (M.) : « La restructuration des entreprises publiques dans Encyclopédie juridique de l'Afrique, droit des entreprises, vol.7, p. 253.

privées. Au Mali, cela a été le cas avec EDM, qui est devenu EDM-SA.

De même la fusion d'un EPIC et d'une société peut aboutir au même résultat qui est l'ouverture du capital social au secteur privé. La privatisation du capital social peut se faire au moment de sa formation ou au cours de son fonctionnement. Durant cette étape l'ouverture du capital social peut être réalisée par une augmentation du capital qui permet l'apport de capitaux privés. Ce qui est appelé une recapitalisation. Des apports en numéraire en nature ou en industrie peuvent être faits selon la nature de la société. L'incorporation de réserves ou la conversion des obligations en actions permet également d'ouvrir le capital de la société à des partenaires privés. En effet, la part de l'Etat dans les nouvelles sociétés est souvent fixée suivant une base maximum. Ainsi, au Mali, le code minier prévoit que la part de l'Etat dans le capital social de la société minière ne saurait excéder 20%[393]. La privatisation de la propriété de l'entreprise peut de même être réalisée par le biais d'une cession d'actifs à des personnes privées.

Les réformes de libéralisation économique imposées par les bailleurs de fonds multilatéraux ont porté sur les causes structurelles des déséquilibres notamment la levée de l'encadrement administratif des prix et des monopoles publics.

A partir de 1989, il a été assisté à un vaste programme de restructuration des entreprises publiques avec la privatisation de 14 importantes sociétés et entreprises d'Etat ainsi que la liquidation d'autres comme la SOMIEX qui détenait le monopole du commerce. Le programme de restructuration du marché céréalier mit fin au monopole de l'OPAM et à la fixation administrative des prix des produits agricoles pour soutenir une politique favorable à la production nationale.

La politique de privatisation déboucha sur des conséquences néfastes parmi lesquelles la compression des travailleurs. Sous la pression des bailleurs de fonds, la compression des travailleurs ou leur licenciement est devenu plus facile pendant la deuxième République. Le Code du Travail de 1962[394] rendait très difficile le licenciement d'un travailleur en ce sens que tout licenciement était soumis à une

---

[393] Article 65 de la loi n° 2012-015/du 27 février 2012 portant code minier au Mali, JORM n° 09 du 2 mars 2012, pp.329-354.

[394] Loi n° 62-67/AN-RM du 9 août 1962 portant Code du Travail.

autorisation de l'Inspecteur du Travail[395]. Un nouveau Code du Travail est adopté en 1992[396] sous la pression des bailleurs de fonds qui a rendu plus souple le licenciement du travailleur. Désormais le travailleur engagé dans les liens d'un contrat de travail à durée indéterminé peut être licencié sans autorisation de l'Inspecteur du Travail excepté pour les délégués du personnel[397]. L'employeur est simplement tenu désormais d'informer l'inspecteur du Travail du ressort par lettre recommandée comprenant les indications relatives au travailleur et à l'employeur et le motif du licenciement. La privatisation des sociétés et entreprises d'Etat a eu des conséquences sociales néfastes souvent dramatiques. L'avènement des PAS au Mali, imposé par les bailleurs de fonds a entrainé la compression des milliers de travailleurs qui n'y avaient pas été préparés. Dans un article parût dans le journal Indépendant du Mali, du vendredi 20 mars 2015, à la suite d'un meeting à la bourse du travail, les dirigeants des Associations des travailleurs compressés chiffraient à 50000 le nombre de travailleurs compressés. Cependant, Alassane Diabaté dans sa thèse de doctorat en sciences économiques annonçait une réduction des effectifs de la fonction publique malienne de 49.500 en 1988 à 36.000 en 1993[398]. Au cours de ce meeting tenu le 19 mars 2015, les travailleurs estiment que vingt ans après leur compression, ils réclament à l'égard de l'Etat du Mali en vain le paiement de leurs droits qui avoisinaient 40 milliards de FCFA[399]. Conscient des effets néfastes des compressions, le Gouvernement du Mali avec l'appui des bailleurs de fonds notamment la Banque mondiale a mis en place un fonds de réinsertion des travailleurs compressés. Passé, l'euphorie, des sommes versées, la quasi-totalité des travailleurs compressés des sociétés et entreprises d'Etat ont engagé des procès avec l'Etat du Mali pour réclamer le paiement de droits et dommages et intérêts. Face aux grèves et manifestations organisées par les travailleurs compressés, l'Etat s'était vu obligé de trouver une solution en signant des protocoles avec les associations de travailleurs compressés. Mais, le problème demeure encore.

---

[395] Article 38 de la loi n °62-67/AN-RM du 9 août 1962 portant code du travail au Mali, ibid.
[396] Loi n° 92-020 du 23 septembre 1992 portant Code du Travail au Mali.
[397] Ibid .article L.277.
[398] DIABATE (A.), dépenses publiques et croissance : le cas du Mali, thèse de doctorat en sciences économiques, soutenue le 27 novembre 2009 à l'Université Paris Dauphine, p. 29.
[399] KEITA (R.), 20 ans après leur compression les travailleurs des sociétés et entreprises d'Etat réclament leurs droits, journal Indépendant, N°3708 du vendredi 20 mars 2015, p.2.

L'évolution du contexte historique mondial, sous régional et national du droit des marchés publics implique l'adaptation du cadre juridique et institutionnel national des marchés publics.

Section II : L'adaptation du cadre normatif et organique du droit des marchés publics au Mali au contexte mondial, sous régional et national

61.- Mutation- L'évolution du contexte mondial, sous régional et national entraîna la mutation du cadre normatif et organique national. Avec la révolution de mars 1991, la nouvelle constitution du 25 février 1992 consacrant plusieurs aspects relatifs aux marchés publics sera adoptée (paragraphe I), et par la suite le droit communautaire des marchés publics au sein de l'UEMOA est transposé au Mali (paragraphe II).

Paragraphe I : L'adoption de la Constitution du Mali du 25 février 1992 consacrant plusieurs aspects relatifs aux marchés publics

62.- Constitution- Plusieurs aspects relatifs aux marchés publics sont insérés dans cette constitution. La constitution du 25 février 1992[400] est venue parachever sur le plan juridique le processus de mutation politique, économique et sociale commencé au Mali à partir des années 1980-1991. Sous l'effet conjugué du vent de démocratisation entamé depuis la chute du mur de Berlin, la tenue du sommet de la Baule et la mise en place des PAS, interviendra la révolution du 26 mars 1991 avec la chute du régime du parti unique de droit qu'est l'UDPM. Dans la foulée de cette révolution interviendra aussi la Conférence nationale souveraine qui élabora le projet de constitution soumis à référendum le 12 janvier 1992 et promulgué le 25 février 1992. Cette nouvelle constitution succéda à celle de l'UDPM. Cette nouvelle constitution va harmoniser l'évolution du contexte politique économique et social avec le système juridique. Cette constitution concerne le domaine des marchés publics notamment sur le plan de la consécration de la protection des droits et libertés fondamentaux garantis par la constitution (A) et au sujet de la répartition des compétences entre les pouvoirs publics (B).

[400] JORM n° 4 du 25 février 1992, pp.117-126.

A) La consécration de la protection des droits et libertés fondamentaux garantis par la constitution

63.- Protection des droits fondamentaux- Selon la doctrine les droits et libertés fondamentaux ou droits fondamentaux signifient droits et libertés constitutionnellement protégés[401]. La doctrine répartit les droits et libertés fondamentaux en cinq (5) catégories : La catégorie 1 est celle des droits-libertés que sont les droits de l'homme et les droits reconnus au travailleur. Les droits de l'homme sont le respect de la dignité humaine contre toute forme d'asservissement, la protection de la liberté individuelle contre toute arrestation arbitraire, la liberté d'association, la liberté d'enseignement qui consiste à donner et recevoir un enseignement sous le respect de la constitution, la liberté de conscience et d'opinion, la liberté d'expression et de communication, le droit de propriété, la liberté d'entreprendre qui a un lien avec la liberté du commerce et de l'industrie qui implique la libre entreprise et la libre concurrence, le droit d'asile accordé à tout homme persécuté et le droit à mener une vie familiale normale et au regroupement familial des étrangers en ce sens que la nation garantie à l'individu et à la famille les conditions nécessaires à leur développement. Les droits du travailleur sont la liberté syndicale, le droit de grève. La catégorie 2 est celle des droits-participation qui permettent au citoyen de participer au jeu politique. La catégorie 3 est celle des droits-créances que sont le droit à la protection de la santé, le droit à la protection sociale, le droit à l'instruction et à la culture, le droit à la solidarité nationale et le droit à l'emploi. La catégorie 4 est celle des droits-garanties que sont le droit au juge, le droit au recours, les droits de la défense, le principe de la légalité des délits et des peines, le droit à la présomption d'innocence. La catégorie 5 est celle du droit à l'égalité[402].

Avec la promulgation de la nouvelle constitution sont reconnus les droits et libertés fondamentaux garantis par cette constitution. Déjà, dans le préambule, il est affirmé que le Peuple Souverain du Mali, souscrit à la Déclaration universelle des Droits de l'Homme du 10 décembre 1948 et à la Charte africaine des Droits de l'Homme et des Peuples du 27 juin 1981. Le Titre I est intitulé « Des droits et Devoirs

---

[401] FAVOREU (L.), GAÏA (P.), GHEVONTIAN (R.), MESTRES (J.-L.), PFERSMANN (O.), ROUX (A.), SCOFFONI (G.), droit constitutionnel, 12e édition, Dalloz, 2009, pp. 869-870.

[402] Ibid. pp. 903- 995.

de la Personne Humaine ». Les articles 1er à 24 de cette constitution concernent ces droits et devoirs. Certains de ces droits concernent les marchés publics, à savoir l'égalité des citoyens devant la loi et la liberté d'entreprise.

Le Titre I est la consécration constitutionnelle de certains principes directeurs de la commande publique. Il en est ainsi des principes d'égalité des candidats devant la commande, de la liberté d'accès à la commande publique qui se déduisent de l'article 2 de la constitution[403] ainsi libellé : *« Tous les Maliens naissent et demeurent libres et égaux en droits et en devoirs. Toute discrimination fondée sur l'origine sociale, la couleur, la langue, la race, le sexe, la religion et l'opinion politique est prohibée ».*

Entre autres droits et libertés fondamentaux consacrés par la Constitution figure la liberté d'entreprise. De la liberté d'entreprise se déduit la liberté du commerce et d'industrie et la liberté de la concurrence. Elle est consacrée par l'article 14 de la Constitution[404] qui dispose : *« La liberté d'entreprise est garantie dans le cadre des lois et règlements en vigueur ».*

La constitution consacre de même la répartition des compétences normatives entre les pouvoirs publics.

B) La répartition des compétences normatives entre les pouvoirs publics

64.- Régime- La Constitution consacre des aspects relatifs au droit des marchés publics par la répartition des compétences normatives entre les domaines de la loi et du règlement et le contrôle de l'action gouvernementale par le Parlement.

La consécration d'un régime parlementaire [405] emprunté essentiellement au régime français de la Vème République, entraîna une répartition des compétences normatives entre les pouvoirs exécutif et législatif. Ce qui aboutit à un parlementarisme rationalisé consacrant une compétence d'attribution au Parlement et une compétence de droit commun au Pouvoir exécutif. En vertu des

---

[403] Article 2 de la constitution du Mali du 25 février 1992.

[404] Ibid. article 14.

[405] Le régime parlementaire est défini comme celui dans lequel, le gouvernement est responsable politiquement devant le Parlement par opposition au Chef de l'Etat irresponsable d'après CORNU (G.), op.cit. p.492.

dispositions de l'article 70 de la constitution Malienne la loi fixe les règles concernant les droits civiques et les garanties fondamentales accordées aux citoyens pour l'exercice des libertés publiques, des droits réels et des obligations civiles et commerciales, les crimes et délits ainsi que les peines qui leurs sont applicables, la procédure pénale, le régime d'émission de la monnaie, l'assiette, le taux et les modalités de recouvrement des impôts. La loi détermine également les principes fondamentaux de la comptabilité publique, de la création, de l'organisation et du contrôle des services et organismes publics, des nationalisations d'entreprises, des dénationalisations et du transfert de propriété d'entreprises du secteur public au secteur privé, de la libre administration des collectivités locales, de leur compétence et de leurs ressources. En application de cette disposition, le code des collectivités territoriales modifié par les lois n°98-010 du 19 juin 1998 et n°98-066 du 30 décembre 1998, précise que le Conseil Communal, le Conseil du Cercle et l'Assemblée régionale délibèrent entre autres sur les marchés de travaux et des fournitures et autres conventions[406]. La loi des Finances détermine les ressources et les charges de l'Etat. Le plan est adopté par l'Assemblée nationale. Il fixe les objectifs de l'action économique et sociale de l'Etat.

La consécration d'un exécutif bicéphale (Président de la République et premier ministre) aura des impacts sur l'aménagement et la répartition des compétences en matière de gestion des marchés publics. Le pouvoir exécutif est la fonction consistant à assurer l'exécution des lois. C'est une fonction d'impulsion, d'animation et de direction générale de l'Etat.

Le règlement[407] est un texte de portée générale émanant de l'autorité exécutive par opposition à la loi votée par les assemblées législatives. Il convient de distinguer le règlement autonome pris en vertu de la constitution et qui porte sur toutes les matières autres que celles réservées au domaine de la loi par la constitution du règlement d'administration publique que le premier ministre est tenu de prendre à l'invitation du législateur en vue de compléter une loi et dont le texte

---

[406] Articles 14, 83 et 123 de la loi n° 95-034 portant Code des Collectivités territoriales modifiée par les lois n°98-010 du 19 juin 1998 et n°98-066 du 30 décembre 1998.
[407] CORNU (G.), op.cit ;

doit au préalable être obligatoirement soumis à l'avis de la Cour Suprême[408].

« Le Gouvernement détermine et conduit la politique de la Nation et dispose de l'Administration et de la force armée »[409]. Le premier ministre est le Chef du Gouvernement. A ce titre, il dirige et coordonne l'action gouvernementale. *« Il assure l'exécution des lois. Sous réserve des dispositions de l'article 46*[410]*, il exerce, le pouvoir réglementaire (...). Il peut déléguer certains de ses pouvoirs aux ministres (...) »*[411]. La constitution du Mali confère une compétence de droit commun au pouvoir réglementaire en précisant ceci en son article 73 : *« Les matières autres que celles qui sont du domaine de la loi ont un caractère réglementaire »*. C'est en application de cette disposition que par Décret n°08-485 en date du 11 août 2008, un nouveau code des marchés publics portant procédures de passation, d'exécution et de règlement des marchés publics et des délégations de service public transposant les Directives UEMOA sur les marchés publics de décembre 2005 a été adopté au Mali[412] abrogeant le Décret du 10 novembre 1995 portant code des marchés publics au Mali.

Un autre aspect de la constitution intéressant les marchés publics est le contrôle de l'action gouvernementale par le Parlement. Le premier ministre[413] après délibération du Conseil des ministres engage devant l'Assemblée nationale (AN) la responsabilité du Gouvernement sur son programme ou éventuellement sur une déclaration de politique générale. L'Assemblée nationale met en cause la responsabilité du Gouvernement par le vote d'une motion de censure. Cette motion n'est recevable que si elle est signée par un dixième au moins des membres de l'Assemblée nationale. Le vote de la motion ne peut avoir lieu que quarante-huit heures après son dépôt. Seuls sont recensés les votes favorables à la motion de censure qui ne peut être adoptée qu'à la majorité des deux tiers des membres composant l'Assemblée nationale. Si la motion de censure est rejetée, les signataires ne peuvent en proposer une nouvelle au cours de la même session. Le

---

[408] Article 75 de la Constitution du Mali du 25 février 1992.

[409] Ibid. article 53.

[410] En vertu des dispositions de l'article 46 de la constitution du Mali du 25 février 1992 « le Président de la République signe les ordonnances et les décrets pris en Conseil des Ministres ».

[411] Article 55 de la constitution du Mali du 25 février 1992, ibid.

[412] JORM n° 39 du 26 septembre 2008, pp.1522-1550.

[413] Article 78 de la constitution du Mali du 25 février 1992, ibid.

premier ministre peut, après délibération du Conseil des ministres, engager la responsabilité du Gouvernement devant l'Assemblée nationale sur le vote d'un texte. Dans ce cas, ce texte est considéré comme adopté, sauf si une motion de censure, déposée dans les vingt-quatre heures qui suivent, est votée. Lorsque l'Assemblée nationale[414] adopte une motion de censure ou lorsqu'elle désapprouve le programme ou une déclaration de politique générale du Gouvernement, le premier ministre doit remettre au Président de la République la démission du Gouvernement. Le contrôle de l'action gouvernementale s'exerce à travers les commissions générales de l'Assemblée nationale[415], les commissions spéciales ou d'enquête[416], la Commission de contrôle chargée du contrôle de la comptabilité et de la gestion des crédits inscrits au budget de l'AN[417], les questions écrites[418], les missions de renseignements[419], les questions orales[420], les questions d'actualité[421] et les interpellations du Gouvernement[422]. Le Gouvernement peut être entendu, à sa demande, en séance plénière pour expliquer sa politique dans un domaine précis ou sur des questions d'actualité [423] .Durant les questions d'actualité et les interpellations, le banc du Gouvernement est occupé par le Premier ministre ou son intérimaire accompagné des ministres concernés[424]. Dans le cadre du contrôle de l'action gouvernementale, le débat sur les

---

414 Ibid. article 79.

415 En vertu des dispositions de l'article 28 du règlement intérieur de l'Assemblée Nationale, les 11 commissions générales sont : La Commission des Travaux publics, de l'Habitat, des Domaines et des Transports ; la Commission de l'Education, de la Culture, des Nouvelles Technologies de l'Information et de la Communication ; la Commission de la Santé, du Développement social, et de la Solidarité ; la Commission de la Défense nationale, de la Sécurité et de la Protection Civile ; la Commission de l'eau, de l'Energie, des Industries, des Mines, de l'Artisanat, du Tourisme et des Technologies ; la Commission des Finances, de l'Economie, du Plan et de la Promotion du Secteur Privé ; la Commission des Lois Constitutionnelles, de la Législation, de la Justice, des Droits de l'Homme et des Institutions de la République ; la Commission de l'Administration Territoriale et de la Décentralisation ; la Commission des Affaires Etrangères, des Maliens de l'extérieur et de l'Intégration Africaine ; la Commission du Développement Rural et de l'Environnement et la Commission du Travail, de l'Emploi, de la Promotion de la Femme, de la Jeunesse, des Sports et de la Protection de l'Enfant

416 Ibid.

417 Articles 36 à 39 du Règlement intérieur de l'Assemblée Nationale.

418 Ibid. Article 87

419 Ibid. Article 88

420 Ibid. Article 90

421 Ibid. Article 91

422 Ibid. Article 92

423 Ibid.

424 Ibid. Article 93.

questions orales, d'actualité et les interpellations est retransmis en direct ou en différé intégral par les médias d'Etat[425].

L'adaptation du cadre juridique national des marchés publics au cadre sous régional découla de la transposition du droit communautaire des marchés publics au sein de l'UEMOA.

Paragraphe II : La transposition au Mali du Droit communautaire des marchés publics au sein de l'UEMOA

65.- Transposition des Directives UEMOA- Au Mali, il a été constaté une résistance à la transposition du droit communautaire des marchés publics. La plupart des changements entraîne une certaine résistance. Les personnes concernées ou impliquées dans les changements résistent plus ou moins à tort ou à raison au changement. La transposition du droit communautaire des marchés publics au Mali n'a pas fait exception.

Malgré l'obligation de transposition (A), il y a eu une certaine résistance brisée par l'influence des bailleurs de fonds et PTF (B).

A) L'obligation de transposition

66.- Obligation communautaire- La transposition est une exigence du droit communautaire dont le manquement est sanctionné. Comme le droit communautaire européen, le droit communautaire africain issu de l'UEMOA a été élaboré par voie de règlements et de directives. Il convient de rappeler, pour ce qui est des règlements qu'il s'agit d'un droit d'applicabilité directe, ayant vocation à créer des droits et obligations pour les individus sans qu'il soit nécessaire de prendre des mesures nationales de transposition[426]. Pour ce qui est des directives, le traité UEMOA énonce qu'elles lient les Etats membres quant aux résultats à atteindre. La forme et les moyens pour y parvenir demeurent donc de la compétence de chaque Etat membre[427].

Le traité de l'UEMOA du 10 janvier 1994 comporte deux obligations à la charge des Etats membres. Ceux-ci doivent s'abstenir de faire obstacle à son application, ils doivent également prendre des mesures nécessaires pour sa mise en œuvre. Le traité communautaire est

[425] Ibid.
[426] Article 43 paragraphe 1 du Traité de l'UEMOA, op.cit.
[427] Ibid.

complété par des actes additionnels et très peu de ses dispositions sont directement applicables. C'est pourquoi, les organes communautaires doivent prendre des normes juridiques secondaires qui constituent une législation dérivée composée de règlements, de directives, de décisions, de recommandations et d'avis. Ces actes additionnels et secondaires n'ont pas la même force juridique. Les actes additionnels à l'instar du traité s'imposent aux autorités des Etats membres. Les décisions sont obligatoires dans tous leurs éléments, mais seulement pour les destinataires. Les recommandations et avis n'ont pas de force exécutoire.

L'harmonisation désigne un simple rapprochement entre deux ou plusieurs systèmes juridiques pour réduire les différences. Elle implique une obligation de compatibilité. L'uniformisation consiste à une modification de la législation de deux ou plusieurs pays tendant à instaurer une matière juridique donnée, une réglementation identique. Elle est synonyme d'unification, de loi uniforme. Elle implique une obligation de conformité[428].

Les Directives n°04 et n°05 du 9 décembre 2005 sont entrées en vigueur à compter du 1er janvier 2006[429] et ont été publiées au Bulletin Officiel de l'Union. Les Directives n°04 et n°05 imposent un certain nombre d'obligations aux Etats membres de l'UEMOA pour se conformer aux dispositions desdites Directives[430] :

Les Etats membres disposaient d'un délai de deux (2) ans à compter de l'entrée en vigueur desdites Directives pour se conformer à celles-ci en prenant les dispositions législatives, réglementaires et administratives nécessaires. Chacun des Etats membres de l'Union est tenu d'informer immédiatement la Commission ; les Etats membres de l'Union communiquent à la Commission les dispositions de droit interne transposant les Directives ; les nouvelles dispositions transposant les Directives doivent contenir une référence à celles-ci ; les dispositions complémentaires prises par les Etats membres de l'UEMOA ne peuvent contredire les Directives.

---

[428] CORNU (G.), op. cit.

[429] Articles 94 de la Directive n°04/2005/CM/UEMOA du 9/12/2005 portant procédures de passation, d'exécution et de règlement des marchés publics et des délégations de service public dans l'UEMOA et 15 de la Directive n°05/2005/CM/UEMOA du 9/12/2005 portant contrôle et régulation des marchés publics et des délégations de service public dans l'UEMOA, ibid.

[430] Les articles 93 et 14 des Directives n°04 et 05, ibid.

Au plus tard à la date d'expiration du délai de deux ans, date d'entrée en vigueur des Directives, la Commission, chargée du suivi et de l'application de ces Directives reçoit des Etats membres les informations utiles lui permettant d'établir un rapport à soumettre au Conseil des Ministres relativement à leur transposition.

Le manquement à l'obligation de transposition est sanctionné par un recours en manquement. Les Etas membres de l'UEMOA sont tenus d'une obligation de transposition dans le délai imparti. Faute du respect des dispositions relatives à la transposition, chacun des Etats membres peut voir sa responsabilité engagée devant la Commission ou devant la Cour de Justice de l'UEMOA par le biais du recours en manquement.

Pour la doctrine[431] et la jurisprudence française[432], le Traité et la Directive communautaire prévalent sur la loi postérieure. La constitution consacre l'existence d'un ordre juridique communautaire intégré à l'ordre juridique interne[433]. Les règlements ont un effet direct[434]. Un acte administratif incompatible avec des dispositions précises et inconditionnelles d'une directive transposée dans les délais impartis est illégal. La transposition en droit interne d'une directive communautaire est une exigence constitutionnelle à laquelle il ne pourrait être fait obstacle qu'en raison d'une disposition expresse contraire de la constitution. Les autorités nationales ne peuvent légalement, après l'expiration des délais impartis pour sa transposition, laissées subsister des dispositions réglementaires qui ne seraient plus compatibles avec les objectifs définis par la directive[435].

La responsabilité de l'Etat peut être engagée lorsqu'une directive a été transposée de façon indirecte[436] ou ne l'a pas été en temps utile[437]. Il en découle une obligation constitutionnelle de transposition des directives.

Pour la doctrine, droit primaire des traités et droit dérivé, la directive lie les Etats en ce qui concerne les résultats à atteindre, sauf en ce qui

[431] ROUAULT (M.C.), op-cit, pp. 5-19.
[432] CE, Ass. 20 octobre 1989, Nicolo ; CE, Ass. 28 février 1992, SA, Rothmans International, France
[433] Conseil constitutionnel 19 nov. 2004.
[434] CE, Ass. 30 août 2009 Mme Perreux.
[435] CE. Ass. 3 févr. 1989, cie Alitalia.
[436] CE, Ass. 28 fév. 1994, SA Rothmans International et SA Philipp Morrice France
[437] CE. Ass. 30 octobre 1996 Ministre du budget c/SA Jacques Dangeville

concerne les formes et les moyens[438]. Le Conseil d'Etat français consacre la supériorité de la constitution sur le droit conventionnel dans l'arrêt Sarran et Levacher de 1998[439]. Cette position a été adoptée par la cour de cassation française[440]. Il en est de même pour le droit communautaire[441]. Cependant la cour de Justice des communautés européennes affirme la supériorité sur toutes les normes de droit interne y compris de valeur constitutionnelle du droit communautaire[442].

B) La résistance brisée à la transposition

67.- Résistance- Même, si la plupart des Etats membres de l'UEMOA ont procédé à la transposition des deux Directives au-delà du délai imparti, actuellement, tous les ont transposés. Cependant, au Mali, cette transposition a rencontré une certaine résistance qui a été brisée. Au Mali, en prélude à la transposition du droit communautaire des marchés publics, une série de séminaires de formation et de sensibilisation a eu lieu courant 2004-2005. Ces rencontres ont concerné tous les acteurs de la commande publique et les bailleurs de fonds et PTF.

Les responsables maliens rencontrés par le Consultant commis[443] n'ont pas adhéré aux vues de la BM et de l'UEMOA sur certains points de la réforme comme le démantèlement de la DGMP ; la représentation de la société civile au sein des commissions de dépouillement des plis et de jugement des offres ; la création d'une Autorité de Régulation des Marchés Publics ; la représentation de la société civile au sein de l'organe de régulation ; la suppression de la préférence nationale qui ne favoriserait pas le développement du secteur privé.

Cette résistance à la transposition a été brisée par l'influence des bailleurs de fonds et PTF et l'annihilation de la volonté politique. Au cours de la phase préparatoire à la transposition, les bailleurs de fonds

[438] GAUDEMET (Y.) op.cit. pp. 1-20.
[439] CE, 30 oct. 1998, Sarran et Levacher
[440] C Cass. 2 juin 2000, Fraisse
[441] CE. 3 déc. 2001, synd.nat. de l'industrie pharmaceutique
[442] CJCE, 11 janv. 2000, Tanja Kreil.
[443] Etude relative à la relecture du code des marchés publics du Mali, réalisée par le Groupement d'études et de Conseils-GECO-Mali-, janvier 2005 (en exécution du contrat n°0414 DGMP/2014).

et PTF ont continué à exiger l'alignement des systèmes nationaux des marchés publics aux normes et standards internationaux.

Les bailleurs de fonds notamment la BM [444] ont formulé des recommandations en vue de la mise ne place d'un système de passation des marchés transparent, équitable, concurrentiel et économique qui passent notamment par l'extension de la réglementation des marchés publics à la délégation de service public; l'introduction dans la réglementation des procédures d'appel d'offres en deux étapes ; l'obligation de planification et de programmation des marchés publics et leur publication ; la parution périodique d'un journal officiel des marchés publics ; la suppression de l'adjudication et de l'appel d'offres avec concours ; l'audit annuel des marchés publics par des auditeurs indépendants des autorités contractantes ; la création d'une Autorité de Régulation des marchés publics ; la publication des résultats des procédures d'appel d'offres et la notification aux soumissionnaires non retenus des motifs du rejet de leurs offres.

68. – Transposition De même, la résistance à la transposition de certains Maliens est devenue sans effet en raison de la ténacité des bailleurs de fonds et de l'annihilation de la volonté politique. Les dirigeants africains et singulièrement ceux de l'UEMOA résistent rarement aux pressions et aux réformes exigées par les bailleurs de fonds. Tous les Etats qui résistent aux bailleurs de fonds le font à leurs frais et à leurs dépens. Au Mali, les pouvoirs publics suivent les diktats de la BM surtout que ceux qui résistent ou tentent de résister n'ont pas de poids sur la scène politique internationale. La volonté politique ne fait qu'entériner le vouloir des bailleurs de fonds.

[444] Rapport d'évaluation des conditions de passation, d'exécution et de contrôle des marchés publics, novembre 2000, de la Banque mondiale.

TITRE II
LA PORTEE DE LA TRANSFORMATION DU NOUVEAU DROIT DES MARCHES PUBLICS AU MALI

69.- Hiérarchie des normes- En vertu du principe de la hiérarchie des normes, les normes inférieures subissent l'influence des normes supérieures et doivent se conformer à ces dernières. Les mutations juridiques dues au respect du principe de la hiérarchie des normes ont abouti à la modification du corpus législatif relatif aux marchés publics au Mali.

Au Mali, la conformation aux normes supérieures aboutit de même à l'adoption d'un nouveau dispositif législatif relatif aux procédures financières, budgétaires et comptables régissant les marchés publics.

Outre les directives n°04 et n°05 de l'UEMOA, le droit des marchés publics est un droit au carrefour de plusieurs disciplines. Dans le cadre harmonisé des finances publiques au sein de l'espace UEMOA, plusieurs autres Directives ont été adoptées notamment la Directive N°01/2009 portant Code de transparence dans la gestion des finances publiques au sein de l'UEMOA[445], la Directive N°06/2009 du 26 juin 2009 portant loi de finances[446], la Directive N°07/2009 du 26 juin 2009 portant règlement général sur la comptabilité publique[447], la Directive N°08/2009 du 26 juin 2009 portant nomenclature budgétaire de l'Etat[448], la Directive N°08/2009 du 26 juin 2009 portant plan comptable de l'Etat[449].

---

[445] Directive n°01/2009/CM/UEMOA portant code de Transparence dans la gestion des Finances publiques au sein de l'UEMOA.

[446] Directive n°06/2009/CM/UEMOA du 26 juin 2009 portant loi de Finances.

[447] Directive n°07/2009/CM/UEMOA du 26 juin 2009 portant règlement général sur la comptabilité publique.

[448] Directive n°08/2009/CM/UEMOA du 26 juin 2009 portant nomenclature budgétaire de l'Etat.

[449] Directive n°08/2009/CM/UEMOA du 26 juin 2009 portant plan comptable de l'Etat.

Ces Directives ont été transposées au Mali. Une modification du corpus législatif aboutit nécessairement à celle du corpus réglementaire en vertu du principe de la hiérarchie des normes. Le Décret N°95-401-P-RM du 10 novembre 1995 portant code des marchés publics, modifié par le Décret N°99-292/P-RM du 21 septembre de 1999 et certains de ses compléments subséquents ayant montré ses limites seront abrogés par le Décret N°08-485 du 11 août 2008 portant procédures de passation, d'exécution et de règlement des marchés publics et des délégations de service public. Le premier ministre, en application du Décret N°08-485, en tant que détenteur du pouvoir réglementaire de droit commun[450] a adopté le Décret N°09-219/PM-RM du 11 mai 2009 déterminant les autorités chargées de la conclusion et de l'approbation des marchés et des délégations de service public[451].

En application de ce Décret N°08-485, le ministre de l'Economie et des Finances détenteur du pouvoir réglementaire délégué en matière de marchés publics[452] a adopté plusieurs textes notamment l'arrêté N°09-1969/MEF-SG du 06 août 2009 fixant les modalités d'application du Décret N°08-485/P-RM du 11 août 2008 portant procédures de passation, d'exécution et de règlement des marchés publics et des délégations de service public ayant abrogé l'arrêté n°97-1037/MF-SG du 26 juin 1997 ; l'arrêté N°09-1970/MEF-SG du 06 août 2009 portant cahier des clauses administratives générales applicables aux marchés publics de travaux[453] ayant abrogé l'arrêté n°97-1595/MF-SG du 08 octobre 1997[454] ; l'arrêté N°09-1971/MEF-SG du 06 août 2009 portant cahier des clauses administratives générales applicables aux marchés publics de fournitures courantes, de services d'informatique et de bureautique[455] ayant abrogé l'arrêté n°95-0391/MFC-CAB du 22 février 1995[456] ; l'arrêté N°09-1972/MEF-SG du 06 août 2009 portant cahier des clauses administratives générales applicables aux marchés publics de prestations intellectuelles [457] ayant abrogé l'arrêté n°02-1879/MF-SG du 04

[450] Article 55 de la constitution du Mali du 25 février 1992.
[451] JORM n° 23 du 5 juin 2009, pp.887-888.
[452] Article 55 de la constitution du Mali, op-cit.
[453] Non retrouvé au JORM.
[454] Non retrouvé au JORM
[455] Non retrouvé au JORM
[456] Non retrouvé au JORM
[457] Non retrouvé au JORM

septembre 2002[458] ; l'arrêté n°10-203 du 28 janvier 2010 fixant les dispositions particulières relatives à la passation des marchés publics des Collectivités Territoriales ayant abrogé l'arrêté n°00-1383/MEF-SG du 11 mai 2000; l'arrêté N°10-0496/MEF-SG du 24 février 2010 fixant les modalités de recouvrement et de mise à disposition de l'Autorité de Régulation des Marchés Publics et des Délégations de Service Public de la Redevance de Régulation sur les marchés publics et des délégations de Service Public, des produits des ventes des dossiers d'appels d'offres et des frais d'enregistrement des recours non juridictionnels[459].

En application des dispositions de l'article 76 du Décret n°08-485, l'arrêté N°10-203 du 28 janvier 2010 fixant les dispositions particulières relatives à la passation des marchés publics des Collectivités Territoriales a été adopté.

Cette transformation du cadre normatif relatif aux marchés publics (Chapitre I) a également entraîné la transformation du cadre organique[460] relatif aux marchés publics (chapitre II).

---

[458] Non retrouvé au JORM

[459] Non retrouvé au JORM

[460] Cadre institutionnel ou schéma institutionnel selon la Déclaration de Paris ou la Conférence d'Abidjan.

Chapitre I
La transformation du cadre normatif relatif aux marchés publics

70.-Notion de principe directeur- Un certain nombre de principes directeurs gouvernent ce nouveau droit des marchés publics au Mali. Les principes directeurs *« Pris dans leur ensemble (...) déterminent précisément les orientations d'une procédure, les conceptions dont elle s'inspire, l'éthique qu'elle veut incarner (...) Pris dans leur singularité, ces principes constituent autant de jalons qui, lorsqu'ils ne se suffisent pas eux-mêmes, ce qui est assez souvent le cas, trouvent en tant que besoin leur prolongement dans le corps des dispositions applicables (...) »*[461]. Ce sont ces principes qui commandent, qui permettent l'interprétation des dispositions et comblent leurs lacunes. Le vocable est d'origine doctrinale[462], même s'il a été employé expressément pour la première fois par le Code de procédure civile français en 1970 puis repris par le nouveau code de procédure civile [463] et la plupart des codes de procédure civile des Etats d'Afrique francophone[464]. En France, le code de procédure administrative[465] et le code de procédure pénale[466] ont emboité le pas. Cependant pour une partie de la doctrine, l'idée de formuler des principes directeurs ne revient pas à Henri Motulsky, mais à MM. Jean Foyer et G. Cornu qui avaient déjà employé la terminologie en 1958 et dont la dénomination existe chez Vizioz dès 1955[467]. Certains principes directeurs sont affirmés explicitement dans la réglementation, tandis que d'autres sont

---

[461] GUINCHARD (S) FERRAND (F), et CHAINAIS (C.), la procédure de droit communautaire, p.1039.

[462] CADIET (L.), ibid. p. 1039 et les auteurs GUINCHARD (S.), FERRAND (F.) et CHAINAIS (C.), id. p.571 affirment qu'en procédure civile, Morel, Vizioz, Cornu et Foyer puis Motulsky, l'ont tour à tour employé.

[463] Article 1er à 24 du Nouveau Code de procédure civile français, Dalloz 2013.

[464] V. encyclopédie juridique de l'Afrique, procédure civile et voies d'exécution, pp. 9-29.

[465] Ordonnance 2000-387 du 4 mai 2000, code de justice administrative française.

[466] Loi 2000-516 du 15 juin 2000 sur le renforcement de la présomption d'innocence et les droits des victimes, voir code de procédure pénale français

[467] GUINCHARD (S.), FERRAND (F.), CHAINAIS (C.), ibid. p.567.

sous-jacents ou latents dans les textes [468]. Pour la plupart des auteurs[469], il peut être constaté deux phases dans le domaine des marchés publics. Ce sont la phase du processus de passation et celle de l'exécution des marchés publics. En effet, les auteurs Nicolas Cros et Xavier Boissy[470] précisent qu'il existe deux stades en matière de marchés publics : Les stades de passation et d'exécution.

De même les textes en matière de marchés publics distinguent les phases de passation et d'exécution des marchés publics[471]. Le titre III du code des marchés publics français est intitulé la passation des marchés tandis que le titre IV est libellé l'exécution des marchés[472].

Le professeur Stéphane Braconnier[473] distingue la phase passation des marchés publics dans laquelle il inclut la ‘‘conclusion formelle du marché'', de la phase exécution des marchés publics qu'il subdivise en exécution technique, en exécution financière incluant le règlement des marchés publics et, les litiges liés à l'exécution des marchés publics. Un certain nombre de principes directeurs peuvent être décelés dans la nouvelle réglementation des marchés publics au Mali. Un principe directeur peut être défini comme un droit fondamental, un maillon central de la chaîne des principes fondamentaux qui gouvernent une réglementation. Ces principes qui transcendent les contentieux [474] constituent la charte des droits et obligations des parties. D'autres auteurs les définissent comme un ensemble de principes essentiels qui inspirent les dispositions d'une procédure et en assurent la cohérence[475]. Il est revenu au juge, à la doctrine ou à la

---

468 Ibid. p.571.

469 DEVILLER (J.M.), op.cit., p.383 ; ROUAULT (M.C.), op.cit., p.64 et suivants ; GUETTIER (C.), LABRUSSE-RUTIER (C.), TRUCHET (D.), (sous la direction de…), Droit des contrats administratifs, 3e édition, 2011, pp 125-422 ; MICHON (J.), les marchés publics en 100 questions, guide pratique à l'usage des acheteurs et des prestataires, édition Le Moniteur, paris 2009, pp 65-345 ; LAJOYE (C.), op.cit., pp. 111-351

470 CROS (N.), BOISSY (X.), les litiges des marchés publics, édition Berger-Levrault, 2010, p. 9.

471 Décret n° 08-485 portant au Mali procédure de passation d'exécution et règlement des marchés publics et des délégations de service public.

472 Code français des marchés publics et autres contrats, 6ème édition Dalloz, 2013, p91 et suivants.

473 BRACONNIER (S.), précis du droit des marchés publics, 3e édition, Le Moniteur 2009, pp 215-415.

474 GUINCHARD (S.), FERRAND (F), CHAINAIS (C.), procédure civile, droit interne et communautaire, 29ème édition, Dalloz, 2008, op.cit. p.568.

475 CADIET (L.) (sous la direction de …), Dictionnaire de la justice, PUF, 1ère édition, 2004, pp.1038-1039.

réglementation de consacrer ces principes directeurs. Il convient de relater que les principes dégagés actuellement ou reconnus ne sont que la partie émergée de l'iceberg. Les principes généraux de droit dégagés par la jurisprudence sont une catégorie autonome juridique s'imposant à tous dont l'existence a été affirmée implicitement[476] puis explicitement[477]. Parmi ces principes y figurent *''les principes de la commande publique''*[478] qui *''englobe les principes de liberté d'accès à la commande publique d'égalité de traitement des candidats et de transparence des procédures''*[479].

Les mutations du cadre juridique dues au respect du principe de la hiérarchie des normes impliquent d'analyser les principes directeurs du nouveau droit des marchés publics au stade de la passation (Section I) et au stade de l'exécution (Section II).

Section I : Les principes directeurs du nouveau droit des marchés publics au stade de la passation

71.- Stade de la passation- Le processus de passation des marchés publics commence depuis la définition préalable des besoins et se termine avec la notification du marché qui consacre l'entrée en vigueur du marché. A compter de sa notification ou à une date ultérieure prévue par le marché, celui-ci entre en vigueur et marque le début d'exécution des obligations[480]. Pour la doctrine, c'est la notification de l'attribution du marché qui déclenche son entrée en vigueur et son exécution, avant cette notification le marché sera par conséquent considéré comme réalisé en dehors de tout cadre contractuel régulier[481]. Le marché est conclu et prend effet à compter de la date de notification.

Au stade de la passation du marché public, il convient de retenir notamment un certain nombre de principes directeurs. Ce sont les principes directeurs protecteurs des candidats et soumissionnaires

---

[476] CE 5 mai 1944, Dme Vve Tromprier gravier.
[477] CE 26 octobre 1945, Aramu.
[478] ROUAULT (M. C.), op.cit..p.135 ; voir également CE 23 déc. 2009, établissement public du musée et du domaine national de Versailles.
[479] CE, Sect. 10 fév. 2010, Perez.
[480] Article 75 du Décret N°08-485 portant procédures de passation, d'exécution et de règlement des marchés publics au Mali, op.cit.
[481] ALLAIRE (F.), l'essentiel du droit des marchés publics, ibid. p.122 ; MICHON (J.), les marchés publics en 100 questions, quatrième édition, LEMONITEUR, 2009, p.305.

potentiels (Paragraphe I) et les principes directeurs protecteurs des autorités contractantes (Paragraphe II).

Paragraphe I : Les principes directeurs protecteurs des candidats et soumissionnaires potentiels

72.- Innovation- L'affirmation de ces principes est une innovation fondamentale du droit communautaire des marchés publics au sein de l'espace UEMOA. Ils ont été transposés par le droit interne des marchés publics au Mali. En effet, ces principes sont les principes directeurs, corollaire du principe constitutionnel de l'égalité des citoyens devant la loi (A) et le principe de la passation concurrentielle (B).

A) Les principes directeurs corollaires du principe constitutionnel d'égalité des citoyens devant la loi

73.- Egalité des citoyens- Le principe d'égalité des citoyens devant la loi signifie que toute personne doit être traitée de manière identique à une autre si elle est placée dans la même situation juridique. Cette égalité de traitement devant la loi est transposée dans le droit des marchés publics en égalité de traitement des candidats à un marché public.

La réglementation malienne, à la suite du droit communautaire des marchés publics au sein de l'espace UEMOA[482], détermine comme principes directeurs, entre autres les principes fondamentaux de la commande publique et de transparence des procédures. Les principes fondamentaux de la commande publique sont notamment les principes du libre accès des candidats à la commande publique, d'égalité de traitement des candidats devant la commande publique, de reconnaissance mutuelle, de la rationalité, de la modernité et de la traçabilité des procédures.

Ce principe fondamental de libre accès à la commande publique qui vient d'être reconnu expressément ne vient que légaliser une situation de fait. La constitution d'un marché commun au sein de l'espace UEMOA a pour corollaire le principe de la liberté d'accès à la commande publique. Aucun obstacle ne peut être porté sauf motif d'intérêt général ou d'ordre public, à l'accès à la candidature et à

[482] Article 2 de la Directive n°04 repris par l'article 3 du Décret n°08-485/P-RM du 11 août 2008 portant nouveau code des marchés publics au Mali.

l'obtention des marchés au sein de l'espace communautaire. Ce principe consacre le respect des dispositions du traité de Dakar qui prévoit que l'UEMOA se fixe comme objectif de « *renforcer la compétitivité des activités économiques et financières des Etats membres dans le cadre d'un marché ouvert et concurrentiel* »[483]. Ce principe suppose d'une part, la promotion du libre accès des marchés publics à l'ensemble des entreprises à l'échelle communautaire, l'accroissement de la mobilité de l'offre et de la demande de biens et services dans le cadre de la commande publique et d'autre part la suppression des protections nationales que peuvent constituer les entraves à la libre circulation des marchandises et à la libre prestation des services[484]. Ce principe communautaire UEMOA a été inspiré du Traité communautaire de l'Union européenne qui dispose : *« les restrictions à la libre prestation des services à l'intérieur de la communauté sont interdites à l'égard des entreprises des Etats membres établis dans un pays de la communauté autre que celui du destinataire de la prestation »*[485]. C'est pour sauvegarder ce principe communautaire que la Cour de Justice des Communautés Européennes, notamment dans l'affaire UNIVERSITY OF CAMBRIDGE en 2000, a jugé que l'objectif des directives européennes sur la coordination des procédures de passation des marchés publics à l'échelle communautaire *« vise à supprimer les entraves à la libre circulation des services et des marchandises et donc à protéger les intérêts des opérateurs économiques établis dans un Etat membre désireux d'offrir des biens ou des services aux pouvoirs adjudicateurs établis dans un autre Etat membre »*[486]. De même, un arrêt du Conseil d'Etat français du 29 juillet 1994 confirme l'illégalité de l'attribution de marchés fondés sur la préférence locale[487]. Il n'y a ni une jurisprudence communautaire, ni une nationale à ce sujet en ce sens que ce droit communautaire UEMOA n'est pas effectif sans l'application du seuil communautaire.

---

[483] Article 4 du Traité UEMOA, op.cit.
[484] Guide communautaire UEMOA p.16.
[485] Article 49 du traité de l'Union européenne.
[486] Cour de Justice des Communautés Européennes (CJCE), aff.C-380/98, 3 octobre 2000, University of cambridge, Rec. p.I-8035, point 16; dans le même sens, CJCE, 25 avril 1996, concl. LENZ sur aff. C-87/94, Commission des Communautés européennes c/ Royaume de Belgique, Rec. P. I-2052, point 30.
[487] C.E. 29 juiillet 1994, commune de Ventenac-en-Minervois, n° 131562, DS, 1995, somm. 245, obs. Ph. Terneyre.

Le principe directeur d'égalité de traitement des candidats devant la commande publique interdit toute discrimination prohibe l'exclusion des candidats qui remplissent les conditions exigées par la réglementation ou le règlement de la consultation. Tout d'abord pour éviter les discriminations entre les candidats, les renseignements qui peuvent être exigés des candidats sont limitativement dressés par la réglementation aux marchés publics. Peuvent exclusivement être réclamés : les renseignements sur l'expérience, les capacités professionnelles, techniques et financières[488]. De plus lorsque le candidat s'appuie pour justifier ses capacités sur celles d'un autre candidat, il doit fournir les pièces relatives aux capacités dudit candidat. Dès lors si, la personne publique est tenue d'écarter les candidatures ne comportant pas les pièces exigées, elle ne peut demander une attestation non incluse dans la liste des pièces et ne peut fonder le rejet d'une candidature sur son absence[489]. Dans un arrêt n°65 du 08/04/2010 la Section administrative de la Cour Suprême du Mali élimine un candidat qui n'a pas produit un certificat de non-faillite[490]. Les cas d'interdiction de soumissionner, sont prévus en cas de faillite personnelle, de cessation d'activité. Le candidat doit produire les certificats fiscaux et sociaux[491].

L'égalité de traitement des candidats est un moyen permettant aux soumissionnaires de disposer des mêmes chances dans la compétition pour obtenir un marché. L'article 2 du code de transparence précise que les Etats membres s'efforceront de passer et de faire exécuter les marchés publics *« en donnant à tous les soumissionnaires répondant aux critères de sélection, la possibilité de concourir »*[492]. Le juge européen s'accommode d'une égalité relative entre les candidats. Dans l'affaire Commission c / Danemark du 22 juin 1993, il estime que l'égalité de traitement des candidats implique que toutes les offres

[488] Articles 19 à 23 du Décret n°08-485/P-RM du 11 août 2008 portant nouveau code des marchés publics au Mali.
[489] CE,13 nov.2002, OPHLM Cité urbaine du Mans, contrats et marchés pub 2003, n°4, note F. Olivier.
[490] Arrêt n°65 du 08/04/2010, de la section Administrative de la cour suprême du Mali, aff., la société Métal Soudan C/ Sté Métalux Recueil des arrêts de la cour suprême du Mali, 2009-2012
[491] Article 20.2 a) du Décret n°08-485/P-RM du 11 août 2008 portant nouveau code des marchés publics au Mali.
[492] Article A-2-1-2.2 de la Directive n°02/2000 du 29 Juin 2000 portant code de transparence dans la gestion des finances publiques au sein de l'UEMOA.

soient conformes aux prescriptions du cahier des charges, le cas échéant pour garantir une comparaison objective des offres[493].

Le principe de reconnaissance mutuelle est une autre innovation fondamentale découlant de la transposition des normes communautaires UEMOA. Le principe de reconnaissance mutuelle implique que les Etats doivent s'accorder a priori du crédit en ce qui concerne l'équivalence de leurs attestations administratives, fiscales, parafiscales, les agréments techniques et professionnels délivrés par les administrations fiscales les ordres et corporations. Ceci est une présomption simple d'authenticité à charge pour la PRM qui affirme le contraire d'en apporter la preuve. Une entreprise d'un Etat membre de l'Union qui soumissionne à des marchés d'un autre Etat membre en vertu du principe de la reconnaissance mutuelle doit être admise à soumissionner en se fondant sur les attestations administratives fiscales parafiscales et sociales délivrés par les organismes officiels de son pays d'origine sans que la PRM du pays dans lequel il soumissionne lui impose de produire des attestations délivrées par ses autorités nationales. *« Les entreprises communautaires doivent être admises à concourir aux appels d'offres implantées à demeure, dans l'ensemble des Etats en étant parfaitement immergées dans le tissu économique local ou national »*[494].

L'UEMOA, prévoit *« la transparence des procédures, et ce à travers la rationalité, la modernité et la traçabilité des procédures »*[495]. Cette disposition est interprétée comme faisant référence essentiellement aux documents et dossiers de passation des marchés publics et à leur bonne tenue. Ce qui implique l'utilisation des outils informatiques et l'internet pour procéder à la passation des marchés publics. C'est la technique de la dématérialisation. Enfin le principe de la traçabilité, implique que les procédures de passation laissent des traces écrites et doivent être conservées pour être contrôler ou auditer à tout moment. L'exigence d'un système d'archivage et d'actes de transmissions des marchés publics facilite cette traçabilité des procédures de passation des marchés publics.

---

[493] CJCE, 22 juin 1993, aff. Commission c / Danemark, Rec. P. I-3353, point 33, affaire dite « storebeelt ».

[494] Guide communautaire de l'acheteur public UEMOA, op.cit. p.18.

[495] Article 2 de la Directive n°04/UEMOA, op.cit.

L'objectif visé par l'UEMOA à travers ces trois principes est notamment la recherche d'une standardisation des dossiers d'appel d'offres en vue d'accroître la célérité du processus de passation des marchés, l'utilisation de l'outil informatique en vue de la dématérialisation des procédures gage d'une plus grande intégration régionale des systèmes nationaux de passation des marchés et l'archivage électronique et physique des pièces des marchés publics qui favorise les audits des marchés publics[496].

Un des principes directeurs parmi les plus importants est celui de la transparence des procédures. En droit communautaire UEMOA, la notion de transparence se traduit essentiellement par le terme publicité qui se dédouble en une publicité de l'information destinée aux candidats en amont et en aval de la procédure de passation, et en une publicité concomitante à leur sélection tout au long de la procédure[497]. La doctrine majoritaire met l'accent sur un degré de publicité adéquat permettant une concurrence ouverte et une impartialité des procédures[498]. La transparence de toutes les procédures et opérations qui permettent aux autorités publiques de s'approvisionner et de choisir des cocontractants dans le cadre de la commande publique est l'un des instruments les plus efficaces pour ouvrir l'accès des marchés publics à une saine concurrence. Cette transparence s'effectue au moyen d'une saine publicité. Celle-ci est l'un des aspects de l'égalité en ce sens que le meilleur moyen de respecter l'égalité est de donner à chaque concurrent potentiel ses chances en lui permettant d'entrer dans la compétition[499]. Ce principe signifie que la procédure de passation des marchés publics ne doit pas être opaque d'une part et d'autre part que les différentes phases de la procédure doivent bannir toute discrimination et donner lieu à une pré-information, une information et une post-information[500] claire et précise et à une concurrence loyale entre les candidats potentiels.

Les marchés publics donnent lieu d'abord à un avis de pré information qui indique le montant total estimé des marchés et leurs caractéristiques essentielles que les autorités contractantes envisagent

---

[496] Guide communautaire UEMOA de l'acheteur public, ibid. p.20.

[497] Ibid. p.24.

[498] ALLAIRE (F.), l'essentiel du droit des marchés publics, op.cit. p.24 ; dans le même sens, LAJOYE (C.), droit des marchés publics, ibid. p.121.

[499] Guide communautaire UEMOA de l'acheteur public, ibid. pp.18-19 ; Richer (L.), droit des contrats administratifs, ibid. pp. 494-495.

[500] Termes employés par Richer (L.), ibid. p.495 ; LAJOYE (C.), ibid. p.170-180.

de passer au cours des douze mois suivants la publication de l'avis ou au cours de l'exercice budgétaire. Promouvoir la transparence dans les marchés publics exige que les PRM élaborent les plans prévisionnels de passation des marchés (PPM) qui doivent être librement accessibles aux soumissionnaires potentiels. Ces PPM doivent être publiés par la DGMP[501]. De même la PRM doit publier un avis général de passation des marchés publics de seuil communautaire afin de mettre en alerte les entreprises communautaires des opportunités d'affaires qui se présentent dans un des Etats membre de l'UEMOA[502].

Par la suite, le marché public fait l'objet d'une information qui est une publicité qui permet d'aviser les opérateurs économiques potentiels et qui est organisée selon des modalités de support publicitaire. Cette information implique une publication des appels d'offres dans le journal des marchés publics et dans des quotidiens nationaux de large diffusion. Lorsque le seuil communautaire de mise en concurrence est atteint, la PRM doit procéder à un envoi de ses avis d'appel public à la concurrence pour publication sur les supports officiels de la Commission de l'UEMOA[503]. Pour le seuil national, la publicité des avis d'appel public à candidature est faite dans la revue des marchés publics et dans un quotidien national de large information. La nécessité de la publicité au cours de la procédure de passation des marchés publics est posée par le nouveau code des marchés publics au Mali : L'Etat s'engage à soumettre à publicité la passation des marchés publics[504]. La publicité renvoie d'abord à l'obligation de publier l'avis d'appel d'offres. L'absence d'une publicité des critères d'attribution vicie la procédure de passation des marchés[505]. Les critères retenus par le pouvoir adjudicateur ne doivent pas être discriminatoires, notamment au regard du droit communautaire et ils doivent être liés à l'objet du marché. Ils doivent donc être objectifs et opérationnels. Des critères peuvent être regardés comme discriminatoires notamment en ce qui concerne un critère géographique ou le critère de la préférence nationale[506] ou des critères

---

[501] Article 27 alinéa 2 de la Directive N°04 /UEMOA, ibid.
[502] Ibid. Article 39.
[503] Ibid. Article 41.
[504] Article 54 du décret n° 08-485 portant nouveau code des marchés publics au Mali
[505] CJCE, 24 Janvier 2008, Emm. G. Lianakis AE e.a. C/Dimos Alexandrapolis e.a.,aff. C-532/06 : contrats-Marchés publics 2008, n°54, note W. Zimmer.
[506] CJCE, 22 juin 1993, Commission C/Danemark.

entraînant une rupture d'égalité entre les candidats[507]. Les critères doivent être nécessairement adaptés au marché : Les critères doivent être liés à l'objet du marché. L'utilisation de critères sans lien direct avec la prestation entraîne nécessairement l'annulation de la procédure en cas de contestation de la part d'un candidat évincé.

La post-information est réalisée par la publication d'un avis d'attribution. La transparence oblige les autorités contractantes à publier les résultats de l'appel à la concurrence dans les mêmes modalités ou les mêmes cadres ayant porté l'avis d'appel à la concurrence aux candidats. En France, la post-information oblige également le pouvoir adjudicateur à dresser et à publier la liste des marchés conclus l'année précédente[508]. Ceci doit être fait au premier trimestre de chaque année et mentionné le nom de chaque titulaire.

74.- Décision- La décision n° 10-003 du CRD du 7 juin 2010 constate que l'assemblée régionale de Ségou a rompu le principe de la transparence des procédures consacré par l'article 3 du décret n° 08-485au motif que les requérants n'ont pas été invités à l'ouverture des offres financières[509]. Dans une autre affaire le CRD, par décision n° 10-004 du 15 juin 2010a fait droit à la requête de SERHOS en annulant la procédure de passation du marché tout en ordonnant la reprise de la consultation restreinte, étant entendu que le requérant n'a pas été informé du report de la date et du lieu d'ouverture des plis et n'a pas été invité à venir retirer son offre financière ;Que *''de ce fait l'autorité contractante a rompu les principes d'égalité de traitement des candidats et de transparence des procédures consacrées par l'article 3 du décret n° 08-485-PRM du 11 août 2008...''*[510]. Ces principes sont évoqués systématiquement ensemble par l'ARMDS du Mali. Par décision n° 10-036 du CRD du 12 novembre 2010, le CRD a reçu le recours de la société CIMALCOM et a annulé la procédure de l'appel d'offres tout en ordonnant sa reprise pour violation par l'autorité contractante des principes d'égalité de traitement des candidats et de la transparence des procédures de passation des marchés édictés par l'article 3 du décret n° 08-485.

---

507 CE, 9 juillet 2007, EGF-BTP.

508 Article 133 du code des marchés publics français de 2006.

509 V. décisions du CRD 2010, décision n° 10-003 /ARMDS-CRD du 7 juin 2010, affaire groupement Caura-Hydraxe SARL C/ Assemblée régionale de Ségou

510 V. décisions CRD 2010, décision n° 10-004 ARMDS-CRD du 15 juin 2010, affaire SERHOS contre Ministère de l'Administration territoriale et des collectivités locales, recueil des décisions ARMDS-CRD, 2010.

En effet le Ministère de l'Equipement et des Transports a lancé le 9 mai 2010 un appel d'offres relatif à l'achèvement de la mise en œuvre du réseau multiservices (téléphonie, informatique, vidéo et sécurité) pour la cité administrative de Bamako. L'autorité contractante n'a pas publié la décision d'attribution du marché et n'a pas informé CIMALCOM sur le sort de son offre qui a été rejetée.

Dans une affaire de transport par voie aérienne des pèlerins maliens et de leur bagage aux lieux saints de l'islam au titre du Hadj 2010, par décision n°10-005 du 15 juin 2010, le C R D a fait droit à la requête en annulant la procédure de passation du marché pour une atteinte grave à la transparence de la procédure de passation du marché : Nouvel Air a plus d'un dossier dans la salle à l'ouverture des plis[511]. Enfin par décision n°10-020 du CRD du 03 septembre 2010[512] le CRD a annulé la procédure de passation du marché attribué à INCOM par le Ministère de l'Equipement et des Transports, qui porte sur l'acquisition de matériaux à faible Tirant d'eau au motif que la déclaration du ministre de l'Equipement et des Transports disant publiquement que le marché sera attribué à INACOM viole les principes de transparence et d'égalité de traitement des candidats.

Le principe de la passation concurrentielle est une exigence fondamentale en matière de marchés publics.

B) Le principe de la passation concurrentielle

75.-Mise en concurrence- Ce principe au cours de la phase de passation des marchés publics est lié au respect de l'obligation de publicité. Ces deux principes directeurs sont considérés par la doctrine comme des principes intangibles au même titre que les principes de liberté d'accès à la commande publique et de l'égal accès des candidats[513].

Ce principe impose que les marchés publics soient passés à travers la mise en concurrence des potentiels soumissionnaires ou candidats. La passation concurrentielle est un principe cardinal du droit communautaire transposé dans le droit interne des Etats membres de

[511] V. décisions CRD 2010, décision n°10-005 ARMDS-CRD du 15 juin 2010 aff. SAM International c/ Ministère de l'équipement et des transports, op.cit.
[512] V. Décisions CRD 2010 : décision n°10-020 ARMDS-CRD du 03 septembre 2010 affaire COMANAV contre Ministère de l'équipement et des transports, op.cit.
[513] Bloch (B.M.), code français des marchés publics commenté 2012, 12ème édition, Berger-Levrault, mai 2012, p.22.

l'UEMOA. La directive UEMOA édicte que les Etats membres s'engagent à soumettre à des mesures de publicité ainsi qu'à des procédures de mises en concurrence la passation des marchés publics dont le montant est égal ou supérieur à un seuil fixé [514]. Ce principe a été consacré par la réglementation malienne sur les marchés publics qui dispose que les marchés publics sont passés après mise en concurrence des potentiels contractants de l'administration par appel d'offres [515]. La passation concurrentielle s'érige implicitement en principe directeur dans la conclusion des marchés publics. En effet, la passation concurrentielle est l'essence même des contrats publics. Pour la doctrine, ce principe est déterminant et fondamental dans les marchés publics. Pour le Professeur Laurent Richer, la caractéristique fondamentale d'un marché public et l'origine de la qualification d'un contrat comme tel provient de son assujettissement à l'obligation de mise en concurrence[516]. Dès l'instant que ce principe est reconnu, les autorités de régulation et les juridictions devraient garantir son respect dans les procédures de passation des marchés publics.

« A partir du moment où la mise en concurrence est obligatoire, l'acheteur public est contraint de définir ses besoins et de comparer diverses solutions ; le prestataire est incité à faire des efforts pour procurer la meilleure qualité au meilleur prix et pour améliorer la productivité »[517].

Le Mali transposant, le droit communautaire UEMOA des marchés publics dans sa réglementation a porté sa préférence aux modes concurrentiels de passation des marchés publics par rapport aux modes dérogatoires.

76.- Principe- La préférence est donnée aux modes concurrentiels de passation des marchés publics. Les modes concurrentiels de passation des marchés publics sont des modes de passation qui respectent la règle de la passation concurrentielle et le principe de la transparence. Il ne faut pas confondre les modes de passation formalisés des marchés publics et les modes de passation des marchés à procédures adaptées.

---

514 Articles 39 à 42 de la Directive n°04/ UEMOA.

515 Article 28 du décret N°08-485/P-RM du 11 août 2008 portant nouveau code des marchés publics au Mali.

516 RICHER (L.), droit des contrats administratifs, ibid. p.340.

517 Ibid. p.360.

Les modes de passation formalisés des marchés publics se distinguent de ceux des marchés publics de travaux, de fournitures et de services et de ceux des marchés publics de prestations intellectuelles. Les modes de passation formalisés des marchés publics de travaux, fournitures, services hors les marchés de prestations intellectuelles au Mali sont ceux qui doivent respecter toutes les dispositions prescrites par la réglementation en vigueur. Les marchés publics peuvent être passés soit par appel d'offres, soit par entente directe[518]. Le recours à tout mode de passation autre que l'appel d'offres doit être exceptionnel, justifié par l'autorité contractante et être autorisé par la DGMP.

L'appel d'offres est la procédure par laquelle l'autorité contractante choisit l'offre conforme aux spécifications techniques, évaluée la moins-disante et dont le soumissionnaire satisfait aux critères de qualification. Cette procédure se conclut sans négociation sur la base de critères objectifs d'évaluation préalablement portés à la connaissance des candidats dans le dossier d'appel d'offres et exprimés en termes monétaires.

L'appel d'offres peut être ouvert ou restreint. L'appel d'offres ouvert est la procédure par laquelle tout candidat qui remplit les conditions peut soumissionner c'est-à-dire qui n'est pas en état de faillite ou de liquidation des biens, n'a pas été exclu par une décision définitive en matière pénale, fiscale ou sociale ou par une décision de l'Autorité de Régulation ou n'a pas été condamné pour entente[519].

L'appel d'offres ouvert précédé de préqualification est adopté lorsque les travaux à réaliser, les équipements à livrer et les services à fournir revêtent un caractère complexe et exige une technicité particulière, l'appel d'offres ouvert est précédé de préqualification. L'examen de la qualification des candidats s'effectue exclusivement en fonction de leur aptitude à exécuter le marché de façon satisfaisante et selon les critères définis dans l'invitation à soumissionnaire[520]. Tous les candidats répondant aux critères de qualification sont admis à remettre une offre.

---

[518] Article 42 du décret n°08-485/P-RM du 11 août 2008 portant nouveau code des marchés publics au Mali.

[519] Article 18 du décret n°08-485/P-RM du Mali, Ibid.

[520] Ibid. article 45.

L'appel d'offres restreint est la procédure par laquelle seuls peuvent remettre des offres les candidats que l'autorité contractante a décidé de consulter. Il ne peut être procédé à l'appel d'offres restreint que lorsque les biens, les travaux ou services de par leur nature spécialisée ne sont disponibles qu'auprès d'un nombre limité de fournisseurs, d'entrepreneurs, de prestataires de services. Le recours à l'appel d'offres retreint doit être motivé et soumis à l'autorisation de la DGMP[521].

L'appel d'offres en 2 étapes est la procédure par laquelle les soumissionnaires sont d'abord invités à remettre des propositions techniques sans indication de prix. A la suite de la 1ère étape, les soumissionnaires qui satisfont au minimum acceptable de critères de qualification et qui ont soumis une offre technique conforme sont invités à faire des propositions techniques définitives assorties de propositions de prix. Il ne peut être recouru à la procédure d'appel d'offres en 2 étapes que dans le cas d'un marché d'une grande complexité. Le recours à cette procédure doit être motivé et soumis à l'autorisation de la DGMP[522].

77.- Marchés sur concours- Les modes de passation des marchés publics singulièrement des marchés de concours.
L'administration peut mettre au concours entre les hommes de l'art ou les entreprises qualifiés l'établissement du projet d'une fourniture ou d'un ouvrage lorsque les motifs techniques ou esthétiques justifient des recherches particulières. Le programme du concours détermine les conditions auxquelles doivent satisfaire les projets, en ce qui concerne la dépense, les délais dans lesquels ils doivent être déposés, les primes, récompenses ou avantages alloués aux auteurs des projets les mieux classés par une commission désignée par l'autorité compétente. Un jury intervient dans la phase de présélection et après l'ouverture des offres pour choisir les projets primés et le cas échéant pour désigner l'attributaire provisoire des travaux. L'appel d'offres avec concours était réglementé par l'ancien code des marchés publics du Mali[523]. Par contre le Sénégal a continué à réglementer ce mode de

---

[521] Ibid. article 46.
[522] Ibid. article 47.
[523] Article 31 du décret n° 95-401/P-RM du 19 novembre 1995 portant code des marchés publics au Mali

passation des marchés publics qui comporte des singularités par rapport aux autres modes de passation des marchés publics[524].

Il existe des formalités particulières de passation des marchés de prestation intellectuelle qui sont aussi des procédures formalisées de passation des marchés publics. Ces modes concernent essentiellement le droit interne du Mali.

Le marché de prestation intellectuelle est attribué après mise en concurrence sur la base d'une liste restreinte de candidats pré-qualifiés en raison de leur aptitude à exécuter les prestations à la suite d'un avis à manifestation d'intérêt. La soumission des propositions s'effectue sous la forme d'une enveloppe unique comportant 2 enveloppes distinctes et cachetées comportant respectivement l'offre technique et l'offre financière. L'ouverture des plis s'effectue en 2 temps : dans un premier temps les offres techniques sont ouvertes et évaluées conformément aux critères définis. Dans un 2ème temps, seuls les soumissionnaires ayant présentés des offres techniques qualifiées et conformes voient leurs offres financières ouvertes. L'ouverture des offres financières est publique et les soumissionnaires qualifiés sont invités à participer. La sélection s'effectue par référence à une qualification minimum requise soit sur la base de la qualité technique et du montant de la proposition. Il peut faire l'objet de négociation avec le candidat dont la proposition est retenue[525]. Ces modes de marchés publics de prestations intellectuelles ne sont que la reprise par le droit interne du droit conventionnel des bailleurs de fonds. A quelque exception près ce sont les mêmes modes de passations[526].

78.- Choix de l'attributaire le moins-disant- Le processus du choix de l'attributaire le moins-disant comprend : la phase de réception des offres, la phase d'analyse des candidatures, la phase d'analyse des offres et du choix du moins-disant.

L'autorité contractante doit s'assurer que le candidat dispose des capacités financières suffisantes pour exécuter le marché s'il en est attributaire. L'analyse des capacités financières du candidat a pour but : D'analyser la solidité de l'entreprise, donc sa capacité à mener le marché à bien sur le plan financier et en particulier sa capacité à payer

---

[524] Article 60.4. du décret n° 2014-1212 du 22 septembre 2014 portant code des marchés publics au Sénégal.
[525] Article 48 du décret n°08-485P-RM du Mali.
[526] Infra. p. 319.

ses fournisseurs et ses salariés pendant la durée du marché. L'usage habituel consiste en l'examen du chiffre d'affaires moyen du candidat, confronté à l'estimation du montant du marché : l'acheteur considère qu'une entreprise dont le chiffre d'affaires annuel est proche du montant annuel du marché, n'a pas la capacité financière à absorber un tel marché. Les sources d'information classique d'analyse financière sont le bilan et le compte de résultat de préférence des trois dernières années, afin de pouvoir mesurer l'évolution éventuelle et dégager les grandes tendances de la gestion de l'entreprise. L'entreprise doit être inscrite au Registre du commerce, tenir une comptabilité et publier les comptes annuels. Le Tribunal de première Instance des Communautés européennes a donné une interprétation de la capacité financière des entreprises dans un jugement du 26 février 2002, considère que la *« capacité financière des candidats doit être appréciée par rapport à leur aptitude à payer leur personnel et leurs créanciers en cas d'attribution du marché, plutôt que par rapport à la valeur dudit marché »*[527].

Dans un arrêt N°290712 du 17 novembre 2007, le Conseil d'Etat[528] a sanctionné l'ANPE pour avoir prévu *« l'exigence d'un niveau de capacité financière des candidats à un marché public au moins égal au montant maximum du marché »*.

La réglementation malienne prévoit les capacités juridiques, techniques, financières, fiscales et sociales tandis que celle sénégalaise prévoit en plus la capacité environnementale[529] comme en droit français[530]. Ce dernier critère a été également utilisé comme critère pour le choix des offres dans les réglementations sénégalaise et française.

La phase d'analyse des offres passe à travers l'examen préliminaire sur la recevabilité des offres, le classement des offres et la proposition d'attribution au moins-disant. Seules sont recevables et examinées les

[527] TPICE, ESEDRA SPRL C/Commission européenne du 26 février 2002, n° T-169-00.

[528] Voir commentaire détaillé de cet arrêt dans contrats et marchés publics n°1/2007 par Willy Zimmer, contribution n°4, ainsi que son compte rendu dans l'AJDA n°41/2006 , p.2255.

[529] Article 59.2. du décret n°2011-1048, op.cit. ; article 4 de l'arrêté malienne N°2015-3721/MEF-SG du 22/10/2015 fixant les modalités d'application du Décret n°2015-0604/P-RM du 25/09/2015 portant code des marchés publics et des délégations de service public au Mali.

[530] Article 45 du Code des marchés publics français, op.cit.

offres complètes et conformes [531]. Par conséquent, le pouvoir adjudicateur est tenu d'éliminer : Les offres inappropriées, les offres irrégulières et les offres inacceptables. Est considérée comme inappropriée une offre qui apporte une réponse sans rapport avec le besoin qui a été défini par le pouvoir adjudicateur et qui peut être assimilée à une absence d'offre. C'est le cas par exemple si le candidat propose une fourniture ou un matériel différent de celui demandé par l'acheteur. L'offre irrégulière est une offre qui tout en apportant une réponse au besoin de l'acheteur, est incomplète[532] ou ne respecte pas les exigences formulées dans l'avis de publicité ou dans les documents de la consultation[533]. Par exemple en proposant un produit qui ne respecte pas une exigence minimale de qualité prévue par le cahier des charges ou en proposant une variante alors que celles-ci n'étaient pas prévues par le document de consultation, une offre sera qualifiée d'irrégulière.

Une offre est inacceptable si les conditions qui sont prévues pour son exécution méconnaissent la législation en vigueur, ou si les crédits budgétaires alloués au marché après évaluation du besoin à satisfaire ne permettent pas au pouvoir adjudicateur de la financer. Ce sera le cas d'une offre très supérieure à l'estimation, si le pouvoir adjudicateur est en mesure de démontrer qu'il n'avait affecté à cette opération qu'un montant de crédit égal à cette estimation[534]. Dès lors qu'aucune offre n'a été reçue ou bien qu'il n'a été proposé que des offres inappropriées ou des offres irrégulières ou inacceptables, le marché pourra être déclaré infructueux.

La commission procède à une évaluation détaillée des offres recevables en fonction des critères établis conformément au code mentionnés dans le DAC ou de Consultation[535].

En droit français avant de classer les offres, le pouvoir adjudicateur peut être amené à rejeter les offres considérées comme inacceptables, irrégulières ou inappropriées[536].

---

[531] CE, 9 mai 2008, Agence de maîtrise d'ouvrage des travaux du Ministère de la Justice, n° 308911.

[532] CE, 12 janvier 2011, Département de DOUBS, n°343324 ; article 12 de l'arrêté n°2015-3721, ibid.

[533] CE, 30 novembre 2011, Ministère de la Défense et des Anciens combattants C/EURL Qualitech, n°353121.

[534] CE, 30 septembre 2011, Département de la Haute-Savoie, société GTS, n°350153.

[535] Article 13.3 du décret n°08-485/P-RM du Mali op.cit.

Les offres éliminées sur cette base ne sont pas analysées et ne sont donc pas classées. Il ne peut y avoir de négociation avec les candidats, il est seulement possible de demander aux candidats de préciser ou de compléter la teneur de leur offre. Dans les procédures d'appel d'offres, la négociation est rigoureusement interdite et les acheteurs ne sont habilités qu'à demander des explications complémentaires. L'impossibilité pour l'acheteur de faire compléter les offres est une exigence. Une obligation s'impose en présence d'offres anormalement basses (OAB)[537] : L'identification des offres anormalement basses et la demande des justifications de ces offres, visées à l'article 68 du code sont réalisées selon les modalités suivantes : Les offres jugées anormalement basses ne peuvent être rejetées que si l'Autorité contractante a pu juger du caractère anormalement faible de l'offre par rapport à la réalité économique du coût de réalisation de la prestation offerte et non par rapport aux autres offres, en tenant compte en particulier de la nature du marché et de l'état de la concurrence. La Cour de justice des communautés européennes a défini dans un arrêt de principe de 2001 une méthode de gestion des offres anormalement basses. Cette méthode se décompose en quatre étapes : repérer une OAB ; demander des explications complémentaires au candidat ; analyser les explications fournies par l'opérateur économique ; décider si, après analyse, l'offre est anormalement basse ou pas[538]. Par la suite au Mali est intervenu l'arrêté 2015-3721 précité dont l'article 13 donne les techniques d'identification de l'OAB : « *la méthode suivante est utilisée pour l'identification des OAB : calcul de la moyenne de toutes les offres conformes soumises, évaluées, puis identification des offres inférieures à cette moyenne diminuée d'un pourcentage déterminé par l'autorité contractante pour tous les marchés de même nature ; ces offres sont déclarées OAB. Le DAC précise le pourcentage en deçà duquel l'offre est considérée comme anormalement basse. Ce pourcentage ne peut être supérieur à vingt (20) pour cent* »

A l'issue de l'analyse et du classement des offres, le marché est attribué à l'offre arrivée première, selon les modalités propres à chaque personne publique et à chaque procédure.

---

536 Article 35-I du CMP français ; Duval (J.C.), l'essentiel du droit des marchés publics, p.82.
537 Article 14 CCAG du Mali relatif aux travaux.
538 CJCE, 27 novembre 2001, Impresa Lombardini, aff. C-285/79.

Dès qu'elle a fait son choix, la commission d'évaluation des offres dresse un procès-verbal qui arrête sa décision et qui est signé séance tenante. Ce document est un procès-verbal d'attribution provisoire. L'autorité contractante attribue le marché dans le délai de validité des offres, défini dans le dossier d'appel d'offres.

L'ancien Code des Marchés Publics du Mali consacre les modes de passation des achats en dessous des seuils que sont les contrats simplifiés et les bons de commande. Aux termes des dispositions de l'arrêté N°09-1969/MEF-SG du 06 août 2009 *« les achats de l'Etat et des établissements publics nationaux dont la valeur est inférieure au seuil de passation des marchés publics font l'objet de contrats simplifiés ou de bons de commande »*[539]. Les contrats simplifiés sont des documents écrits cités à l'article 30 dont les montants sont supérieurs ou égaux à 500.000 FCFA, mais inférieurs à 25.000.000 FCFA lorsqu'il s'agit de travaux, fournitures et services courants ou à 15.000.000 FCAFA lorsqu'il s'agit de prestations intellectuelles. Ces dispositions ont été abrogées par l'arrêté 2015-3721 /MEF du 22 octobre 2015 qui a prévu des marchés à procédures adaptées que sont les demandes de renseignement ou de sollicitation de prix[540]. Cette disposition n'est pas applicable aux marchés des sociétés d'Etat, des sociétés à participation financière publique majoritaire et des EPIC dont le seuil est fixé à 100 millions lorsqu'il s'agit de travaux, fournitures et services courants et à 60 millions pour les prestations intellectuelles[541]. Pour les dépenses de travaux, fournitures services inférieurs à ces seuils pour ces sociétés, sous réserve de l'application d'autres procédures spécifiques ou de règles prévues par d'autres dispositions législatives ou réglementaires, l'autorité contractante : choisit librement les modalités de publicité adaptées au montant et à la nature du marché ;sollicite simultanément par écrit des prix auprès d'au moins trois entreprises en définissant la nature des prestations recherchées et en faisant référence à des normes dans toute la mesure du possible ; doit s'assurer que les candidats ont la capacité d'exécuter le marché, y compris au plan juridique[542].

79.- Seuil communautaire UEMOA- En vertu des dispositions de l'article 40 de la Directive n° 04, la commission de l'UEMOA définira

---

[539] Article 28 de l'arrêté N°09-1969/MEF-SG du 06 août 2009 (non publié au JORM).

[540] Infra p.310

[541] Article 9.1 du décret n°08-485, ibid

[542] Ibid. article 9.2.

en concertation avec les Etats membres, un seuil communautaire de publication pour les marchés de travaux, de fournitures et de service. Les obligations de publicités dans les marchés publics sont des formalités qui visent la transparence et permettent le contrôle des obligations prescrites par les Directives communautaires des marchés publics. En effet, par le respect de cette formalité la commission de l'UEMOA est à même de vérifier que les Etats membres respectent leurs obligations dans le domaine spécifique de la commande publique. Une bonne politique de seuils dans les règles de passation de marchés publics d'envergure communautaire implique un effort particulier de simplification et de systématisation pour des questions de lisibilité. Ainsi, les seuils de l'obligation de publicité et de mise en concurrence suivant des perspectives d'un droit communautaire des marchés publics impliquent au moins deux seuils de publicité. Le seuil national de publicité et de mise en concurrence du marché et le seuil communautaire similaire, le second devant être en toute logique supérieur au premier.

Qu'il s'agisse du niveau national ou du niveau communautaire de la concurrence, la fixation des seuils peut être déterminée en fonction essentiellement de trois éléments : le type de pouvoir adjudication[543], le montant financier du marché[544], la nature des prestations[545].

Le processus de définition des différents types de seuils par la commission de l'UEMOA a abouti aux taux ci-après[546] :

- 1.000.000.000F CFA (USD 2.000.000) pour les marchés de travaux des Etats, collectivités territoriales, établissement publics et 1.500.000.000F CFA (USD 3.000.000) pour ceux des organismes de droit public, sociétés d'Etat, sociétés à participation publique majoritaire ;
- 500.000.000FCFA (USD 1.000.000) pour les marchés de fournitures des Etats, collectivités territoriales, établissement publics et 750.000.000FCFA (USD 1.500.000) pour ceux des organismes de droit public, sociétés d'Etats, sociétés à participation publique majoritaire ;

---

543 Etats, collectivités territoriales, EPA, Epic nationaux ou locaux, organismes de droit public etc.

544 En relation étroite avec la notion d'opération.

545 Travaux, fournitures, services courants, prestations intellectuelles.

546 Voir UEMOA, guide communautaire de l'acheteur public, achevé d'imprimer en décembre 2012 par la Manufacture des arts graphiques Ouagadougou P. 86.

- 500.000.000FCFA (USD 1.000.000) pour les marchés de services courants des Etats, collectivités territoriales, établissement publics et 750.000.000FCFA (USD 1.500.000) pour ceux des organismes de droit publics, sociétés d'Etats, sociétés à participation publique majoritaire ;
- 150.000.000FCFA (USD 300.000) pour les marchés de prestation intellectuelle des Etats, Collectivités territoriales, établissements publics et 200.000.000FCFA (USD 400 000) pour ceux des organismes de droit public, sociétés d'Etat, sociétés à participation publique majoritaire.

Toute procédure de passation des marchés publics qui n'obéit pas à la procédure de l'appel d'offres est réputée être une procédure exceptionnelle, dérogatoire au droit commun des modes de passation des marchés publics qu'est l'appel d'offres. Les impératifs d'efficacité de l'action administrative conduit souvent les autorités contractantes à s'aménager des procédures dérogatoires ou exceptionnelles que sont les marchés d'entente directe et les procédures spéciales que sont celles liées au secret défense. Le marché est passé par entente directe lorsque l'autorité contractante engage sans formalité les discussions qui lui paraissent utiles avec un entrepreneur ou prestataire ou fournisseur. Il doit être motivé et soumis à l'autorisation de la DGMP. Il y fait recours dans les cas suivants : Lorsque les besoins ne peuvent être satisfaits que par une prestation nécessitant l'emploi d'un brevet d'invention, d'une licence ou de droits exclusifs détenus par un seul fournisseur ou un seul prestataire ; dans les cas d'extrême urgence ou de prestataire défaillant ; dans les cas de force majeure qui font que les délais ne sont pas respectés[547].

Le nouveau code des marchés publics au Mali, consacre les principes protecteurs des autorités contractantes.

Paragraphe II : Les principes directeurs protecteurs des autorités contractantes

80.- Distinction- Il convient d'examiner les principes directeurs protecteurs des autorités contractantes au cours de la préparation de la passation (A) et les principes directeurs protecteurs au cours de la passation (B).

---

[547] Article 9.2. du décret n°08-485/P-RM du Mali.

A) Les principes directeurs au cours de la préparation de la passation

81.- Obligation de définition préalable des besoins- Au Mali sont reconnus comme des règles fondamentales préalables à la passation des marchés publics, les principes de l'obligation de définition préalable des besoins, des autorisations budgétaires et la préparation des documents.

La détermination obligatoire des besoins est un préalable indispensable affirmé par l'ancien décret n° 08-45 / P-RM du 11 août 2008 portant procédures de passation, d'exécution et de règlement des marchés publics et des délégations de service public. Il s'agit d'obligations fondamentales : *« La nature et l'étendue des besoins sont déterminées avec précision par les autorités contractantes avant tout appel à la concurrence ou toute procédure de négociation par entente directe. Le marché public ou la délégation de service public conclu par l'autorité contractante doit avoir pour objet exclusif de répondre à ces besoins »*[548]. Le nouveau Décret n°2015-064/P-RM du 25 septembre 2015 portant code des marchés publics et des délégations de service public abrogeant le Décret n°08-485 est plus explicite dans cette détermination des besoins en son article 34.1 ainsi libellé : « *Avant tout appel à la concurrence ou toute procédure de négociation par entente directe, la nature et l'étendue des besoins sont déterminées avec précision au cours d'une réunion tripartite annuelle regroupant utilement l'administrateur de crédits, la personne responsable du marché et le service technique spécialisé. Le marché ou la délégation de service public conclu par l'autorité contractante doit avoir pour objet exclusif de répondre à ces besoins* ».

Le choix de la procédure de passation à mettre en œuvre dépendant largement du montant et des caractéristiques des prestations à réaliser, la définition des besoins conditionne le déroulement ultérieur de la procédure et la bonne exécution du marché dans le respect de la bonne utilisation des deniers publics. La définition des besoins conditionne tout le processus de passation d'un marché public. La définition préalable des besoins est une phase essentielle qui doit être remise à sa vraie place. De l'analyse des besoins, découle l'objet du marché, les questions d'allotissement, de durée, de forme du marché, de prix ; de

---

[548] Article 29.1. du décret N°08-485 du 11 /8/2008 portant nouveau code des marchés publics au Mali.

conditions d'exécution avec l'encadrement, voir l'interdiction éventuelle de variantes, du mode de passation des marchés publics, et du prix de la meilleure offre ou de l'offre le moins-disant.

Quant à l'autorisation budgétaire préalable, le nouveau code des marchés publics du Mali Dispose : *« Le lancement d'une procédure de passation d'un marché public est subordonné à l'existence de crédits budgétaires suffisants et au respect des règles organisant les dépenses des autorités contractantes »*[549].

Ainsi la réglementation sénégalaise sur les marchés publics et les contrats administratifs n'a-t-elle pas considéré expressément ces principes comme étant des principes fondamentaux applicables aux achats publics. Au Sénégal, la conclusion d'un contrat susceptible d'engager les finances de la personne publique contractante est soumise à l'existence de crédits budgétaires suffisants et au respect des règles d'engagement des dépenses publiques[550]. Les principes fondamentaux applicables aux achats publics sont entre autres une définition préalable des besoins par les acheteurs publics et l'existence de crédits suffisants[551] conformément à l'article 17 précité. Le Décret portant code des marchés publics du Sénégal en son article 5 impose la définition préalable des besoins et la préparation des documents constitutifs des projets de marché par les services compétents de l'autorité contractante sous la responsabilité de la PRM. Pour la réalisation des études préalables et l'établissement des projets de marchés, il peut être fait appel au Sénégal à d'autres services techniques compétents de l'administration ou d'hommes de l'art. De même au sens des dispositions de l'article 6 du Décret précité, lors de l'établissement de leur budget, les autorités contractantes évaluent le montant total des marchés de fournitures par catégorie de produit, par catégorie de services et des marchés de travaux qu'elles envisagent de passer au cours de l'année concernée et établissent un plan de passation des marchés comprenant l'ensemble de ces marchés.

La définition préalable des besoins et sa transcription dans les cahiers des charges sont des préalables à toute passation de marchés publics. La définition des besoins devient un véritable principe fondamental de

---

[549] Article 34.3. du Décret n°2015-0604/P-RM du 25 septembre 2015 portant code des marchés publics et des délégations de service public.
[550] Article 17 de la loi N° 65-51 du 19 juillet 1965 portant code des obligations de l'Administration au Sénégal.
[551]Ibid. article 24.

l'achat public. Le marché conclu par l'autorité contractante doit avoir pour objet exclusif de répondre aux besoins définis initialement. Cela implique que l'objet du marché ne saurait évoluer en cours de passation ou même d'exécution du marché : Le besoin défini initialement et la prestation obtenue du titulaire du marché doivent parfaitement correspondre.

La définition du besoin se fait par le principe du recours à des spécifications techniques nationales, communautaires ou internationales et par le principe du recours à la procédure dérogatoire. Le principe est le recours à des spécifications techniques nationales, communautaires ou internationales pour définir le besoin. La définition des besoins consiste en la détermination des spécifications techniques, des caractéristiques techniques de la prestation qu'on souhaite commander. Le recours à des spécifications techniques ne doit pas créer des obstacles injustifiés à l'ouverture du marché. L'expression des besoins doit rester neutre et ne peut, notamment, faire référence à un mode de fabrication particulier ou à une provenance ou origine déterminée, ou encore à une marque ou à un brevet, sauf à titre exceptionnel dans le cas où une description suffisamment précises et intelligible de l'objet du marché n'est pas possible. Les spécifications techniques des travaux, fournitures et prestations de services sont définies par référence aux normes, agréments techniques ou spécifications nationaux ou communautaires, ou à défaut par référence à des normes ou agréments techniques ou spécifications internationaux[552].

Par décision n° 11-009 du 11 mai 2011[553], le CRD a reçu le recours de global CODEX et a ordonné la reprise de l'appel d'offres au motif que les spécifications techniques demandées à la page 5 du dossier d'appel d'offres correspondent aux caractéristiques techniques des canettes CR 85-X du fabricant AGFA dont le représentant exclusif est CTECH. Or le décret n° 08-485 interdit les spécifications techniques qui ont pour effet de favoriser ou d'éliminer certaines entreprises[554]. Dans une autre affaire, le CRD a ordonné la reprise des spécifications

---

[552] Article 30 du décret n°08-485 et articles 7 et 8 de l'arrêté n°09-1969/MEF-SG du 06 août 2009 fixant les modalités d'application du NCMP du Mali.

[553] V. Décisions CRD 2011 : Décision n° 11-009 ARMDS-CRD du 11 mai 2011, aff.global CODEX contre INPS, recueil des décisions de l'ARMDS-CRD de 2011.

[554] Article 30.2 du décret n°08-485/P-RM du 11 août 2008 portant nouveau code des marchés publics au Mali.

techniques du dossier d'appel d'offres[555]. En effet, le Ministère de l'Administration territoriale et des Collectivité Locales a lancé en janvier 2011 l'appel d'offres ouvert en deux lots pour la fourniture de 68 véhicules dont 9 véhicules légers (lot 1) et 59 véhicules double cabine (lot 2). Sera Mali a saisi le CRD contre le dossier d'appel d'offres au motif que les spécifications techniques telles que formulées visent une marque déterminée, notamment la marque Toyota.

Il ne peut être dérogé à ces règles de références ou spécifications techniques que si ces normes, agréments techniques ou spécifications techniques nationaux, communautaires ou à défaut internationaux ne contiennent aucune disposition concernant l'établissement de la conformité ou s'il n'existe pas de moyens techniques permettant d'établir de façon satisfaisante la conformité d'un produit à ces normes, à ces agréments techniques, etc. Une fois les besoins définis, il convient de les insérer dans les documents, d'où la préparation desdits documents. L'acheteur public doit savoir identifier et évaluer les besoins du service avant de les transcrire dans les cahiers des charges. Au sens des dispositions de l'article 38 du décret malien n° 08-485, les cahiers des charges déterminent les conditions dans lesquelles les marchés sont exécutés. Ils comprennent des documents généraux et des documents particuliers et le dossier d'appel d'offres (DAO). Ces dispositions ont été reprises par le Décret n°2015-0604/P-RM du 25 septembre 2015 portant code des marchés publics et des délégations de service public en son article 44. L'innovation a été que désormais suivant l'article 44.4 dudit code c'est l'organe de régulation des marchés publics et des délégations de service public qui établit ces cahiers de charges qui sont adoptés par arrêté du ministre chargé des Finances.

82.- Documents généraux- Les documents généraux comprennent les Cahiers des clauses administratives générales (CCAG) et les Cahiers des Clauses Techniques Générales (CCTG).

Les cahiers des clauses administratives générales qui fixent les dispositions administratives applicables à toute une catégorie de marchés, à savoir : Le cahier des clauses administratives générales applicables aux marchés publics de travaux ; le cahier des clauses

[555] V. Décisions CRDS 2011 : Décision n° 11-011 ARMDS-CRD du 17 mai 2011, aff. SERA Mali C/ Ministère de l'Administration Territoriale et des collectivités locales, op.cit.

administratives générales applicables aux marchés publics de fournitures courantes, de services, d'informatiques et de bureautique ;le CCAG applicables aux marchés publics de prestations intellectuelles ;le CCAG applicables aux marchés publics industriels et le CCAG de la convention de délégation de service public .

Les cahiers des clauses techniques générales qui fixent les dispositions techniques applicables à toutes les prestations de même nature. Le CCAG applicables aux marchés publics de travaux s'applique aux marchés de travaux de bâtiment, aux marchés de génie civil et de génie rural[556]. Il énumère par ordre de priorité les pièces constitutives du marché. Le marché comprend par ordre de priorité les pièces contractuelles suivantes : l'acte d'engagement ou la soumission ; le CCAP ; le CCTP contenant la description des ouvrages et les spécifications techniques ; le présent CCAG applicables aux marchés publics de travaux ; le ou les CCTG applicables aux prestations faisant l'objet du marché ; sauf dans le cas où le marché prévoit le règlement de la totalité des prestations par un prix forfaitaire unique, l'état des prix forfaitaires ou le bordereau des prix unitaires ; sous réserve de la même exception, le détail estimatif ; les documents tels que les plans, notes de calculs, cahier des sondages et dossier géotechnique ; lorsque ces pièces sont mentionnées comme pièces contractuelles, les décompositions de prix forfaitaires et les sous-détails des prix unitaires ; les normes, spécifications et prescriptions spéciales ; les avis techniques de centres scientifiques et techniques spécialisés. Il contient en outre les décomptes et avances mensuels, les délais de pénalité, les délais d'exécution, les délais de réception, les règlements des litiges, qualité des matériaux et produits qui doivent être conformes aux stipulations du marché et aux prescriptions des normes maliennes homologuées au cas où elles existent (les vérifications sont faites par le maître d'œuvre ou par un laboratoire ou un organisme de contrôle), les articles 92 et 93 prévoient les garanties décennale et biennale,[557] etc.

Les documents généraux sont complétés par les documents particuliers. Ils comprennent les Cahiers des Clauses administratives particulières (CCAP) et les Cahiers des Clauses techniques particulières (CCTP). Les cahiers des clauses administratives

[556] Arrêté n°09-1970/MEF-SG du 06 août 2009 portant cahier des clauses administratives générales applicables aux marchés publics de travaux (non publié au JORM).
[557] Articles 92 et 93 du CCAG applicables aux marchés publics de travaux, op.cit.

particulières fixent les dispositions administratives propres à chaque marché et les CC techniques particulières fixent les dispositions techniques nécessaires à l'exécution des prestations prévues au marché. Les documents particuliers comportent l'indication des articles des documents généraux qu'ils complètent ou modifient.

Les CCAG et les CCT générales sont établis par la DGMP en collaboration avec les ministères intéressés. Les cahiers sont pris par arrêté du ministre chargé des Finances. Les cahiers des charges déterminent les conditions dans lesquelles les marchés sont exécutés[558].

83.- DAO- La préparation du dossier d'appel d'offres (DAO) qui contient l'avis d'appel d'offres ; les instructions aux soumissionnaires qui ont pour objet de donner aux soumissionnaires les renseignements dont ils ont besoin pour préparer des soumissions conformes aux conditions fixées par l'acheteur.

Elle fournit également des renseignements sur la remise des offres, l'ouverture des plis, l'évaluation des offres et l'attribution du marché. Cette section contient des clauses types à ne pas modifier; les données particulières de l'appel d'offres (DPAO) : les renseignements et les données qui suivent pour l'achat des fournitures devront compléter, préciser ou modifier les clauses des instructions aux soumissionnaires (IS). En cas de divergence, les données particulières ci-dessous ont priorité sur les clauses des IS, les données particulières concernent l'objet de l'appel d'offres, le délai d'exécution, l'origine des fonds, la préparation et le dépôt des offres, la monnaie de l'offre; les critères de qualification des soumissionnaires, le montant de la garantie d'offre qui s'élèvera habituellement à un et demi (1,5) ou deux (2) % et n'excédera en aucun cas 3% du prix de l'offre, le délai de validité des offres qui est de 90 jours au moins pour des fournitures courantes, ce délai doit être réaliste afin d'éviter des prolongations, adresse pour le dépôt des soumissions, le titre et le numéro de l'appel d'offres, la date et l'heure limite pour le dépôt des soumissions, toutefois les offres peuvent être reçues en salle juste avant le début proprement dit d'ouverture des plis; le CCAG ; le CCAP ; le bordereau des prix unitaires, le devis estimatif et le calendrier des livraisons ; les spécifications techniques (le texte des spécifications techniques sera

[558] Article 38 du décret n°08-485/P-RM du 11 août 2008 portant nouveau code des marchés publics au Mali.

inclus dans le DAO par l'autorité contractante s'il y a lieu) ; les formulaires ou modèles de formulaires (formulaire d'offre (en cas d'appel d'offres en lot unique, formulaire d'offre (en cas d'offres en plusieurs lots), modèle de garantie d'offres, modèle d'acte d'engagement, modèle de lettre de notification de marché, modèle de garantie de bonne exécution, modèle de caution d'avance de démarrage, qualification du soumissionnaire et annexes, la liste des pièces administratives à joindre au dossier (inscription au registre du commerce, attestation de l'OMH, attestation de l'INPS, certificat de non-faillite, quitus fiscal, carte d'identification fiscale)[559]. Le DAO fixe les conditions de participation, les critères d'analyse des offres, les conditions relatives à la forme de présentation et au délai de dépôt des offres.

D'autres principes directeurs assurent la protection des autorités contractantes au cours de la passation des marchés publics.

B) Les principes directeurs protecteurs des autorités contractantes au cours de la passation des marchés publics

84.- Principes de l'économie et de l'efficacité- Ce sont le principe de l'économie du processus d'acquisition et le principe de l'efficacité du processus d'acquisition. Les principes de l'économie et de l'efficacité du processus d'acquisition ne sont pas à confondre avec les principes de l'économie et de l'efficacité de l'achat public[560]. En effet, le droit interne des marchés publics du Mali fait cette distinction. Le décret n°08-485 du Mali parle de l'économie et de l'efficacité du processus d'acquisition [561] tandis que la loi du 23 juillet 2008 relative à l'ARMDS parle de l'efficacité et du moindre coût de l'achat public[562]. La Directive n°04/2012/CM/UEMOA, définit l'économie et l'efficacité de la commande publique comme un principe fondamental qui consiste à instaurer un environnement concurrentiel pour les opérateurs économiques et d'adopter des procédures décisionnelles rationnelles pour les Collectivités publiques afin d'obtenir une mise en

---

559 V. DAO Type DGMP de mai 2009.

560 Infra p.131 et 247.

561 Article 3 du décret n°08-485/P-RM du 11 août 2008 portant procédures de passation, d'exécution et de règlement des marchés publics et des délégations de service public au Mali.

562 Article 2 de la loi du 23 juillet 2008 relative à l'ARMDS

concurrence effective de leurs commandes publiques et de meilleures prestations qualité-prix[563].

Relativement au principe de l'économie du processus d'acquisition, la finalité de la publicité et de la concurrence dans les marchés publics est de moraliser l'achat public et de réaliser des économies d'après le professeur Laurent Richer[564]. Il s'agit d'apporter le plus d'économie possible dans les dépenses publiques. Grâce à la concurrence, le travail ne sera pas payé au-dessus de sa vraie valeur.

Pour la doctrine majoritaire[565], le principe de l'économie fait référence au choix de l'offre, qui peut selon les réglementations des pays porte soit sur le choix de l'offre le moins-disant, soit sur le choix de l'offre le mieux-disant, soit sur le choix de l'offre économiquement la plus avantageuse. Le choix de l'offre économiquement la plus avantageuse est un principe intangible au même titre que les autres principes fondamentaux de la commande publique[566]. En matière d'évaluation des politiques publiques, le terme employé est l'économie qui englobe celui de l'efficience. La loi du 23 juillet 2008 dispose que l'ARMDS peut procéder à l'évaluation de l'efficacité et du coût [567]. Or, l'évaluation du coût peut être entendue soit dans le sens des ressources acquises au moindre coût c'est-à-dire l'économie, soit dans le sens des ressources utilisées au moindre coût c'est-à-dire l'efficience.

L'économie d'un contrat peut être bouleversée en cours d'exécution par la multiplication des avenants[568] ou des ordres de service. C'est pourquoi, le principe a été l'interdiction d'avenant bouleversant l'économie du contrat sauf en cas de sujétion imprévue. L'économie d'un contrat désigne généralement son organisation générale, ses équilibres fondamentaux et d'après le conseil constitutionnel français *« le législateur ne saurait porter à l'économie des conventions et contrats légalement conclus (...) »* [569]. La qualification de bouleversement dépend des circonstances en ce sens qu'un

---

563 Article 2 de la Directive n°04/2012/CM/UEMOA du 28 décembre 2012 relative à l'éthique et à la déontologie dans les marchés publics et les délégations de service public au sein de l'UEMOA.

564 RICHER (L.), ibid. p. 374

565 RICHER (L.), ibid. pp.488-490; LAJOYE (C.), op.cit. p. 185-188; DUVAL (J.C.), l'essentiel du droit des marches publics, fiche 12

566 Bloch (B.M.), ibid. p.23.

567 Article 2 de la loi du 23 juillet 2008.

568 RICHER (L.), op.cit. pp.259 à 261.

569 Conseil constitutionnel français, décision du 10 juin 1998, AJDA 1998, 540.

accroissement de 10 à 15% est acceptable en principe alors qu'une hausse de plus de 40% ne l'est pas[570], ni même une augmentation de 23% de la contribution de la collectivité publique à un service délégué, surtout, si elle survient très peu de temps après la signature du contrat initial[571]. Cette règle comporte une exception en matière de sujétion imprévue ne résultant pas du fait des parties[572]. La survenance de la sujétion imprévue autorise à bouleverser l'économie du marché[573].

Le principe de l'efficacité du processus d'acquisition suppose que les procédures de passation des marchés sont cohérentes. C'est l'atteinte des résultats visés par les objectifs du processus de passation. Le processus d'acquisition est efficace lorsqu' il a abouti au meilleur choix de l'offre le moins-disant ou du mieux-disant selon la réglementation ou la procédure applicable. Les procédures de passation des marchés publics n'ont pas été torpillées pour favoriser un candidat au détriment d'autres candidats et que les deniers publics ont été sauvegardés. L'efficacité du processus de passation des marchés publics signifie le respect par les agents publics et les personnes privées qui interviennent dans les procédures de passation des marchés publics des valeurs et principes généraux notamment le principe d'égalité des candidats devant la commande publique[574], le principe de neutralité[575], le principe de légalité, l'indépendance dans l'accomplissement des missions, le devoir de réserve, le professionnalisme, la bonne conduite morale, l'intégrité et la probité morale, le bon usage des finances publiques et la prohibition de toute forme de corruption[576]. Un processus de passation est efficace lorsqu'il atteint les résultats intangibles que la réglementation s'est fixé comme une bonne définition des besoins, un choix de l'attributaire le moins-disant, une transparence des procédures et un respect des principes fondamentaux de la commande publique. Une

---

[570] CE 8 mars 1996, commune de Petite-Bourg, MP ,n°1/97 p.24.

[571] TA de Lille 2 juillet 1998, Préfet de la région Nord Paas-Calais, BJDCP, 1999, n°1,p. 72 concl. Célérier.

[572] CE 30 juillet 2003, Commune de Lens, BJDCP,2003, n°31 p. 462,concl. Piveteau ; AJDA, 2003 1727, note J-D. Dreyfus.

[573] CE 22 juin 1998, préfet du Puy de Dôme, BJDCP 1999 n°1 p.36.

[574] Article 4 de la Directive n°04/2012/CM/UEMOA du 28 septembre 2012 relative à l'éthique et à la déontologie dans les marchés publics et les délégations de service public au sein de l'UEMOA.

[575] Ibid. article 5.

[576] Ibid. articles 5, 6, 7, 8, 9, 10, 11, 22 et 25.

décision du CRD du Sénégal explicite clairement la notion d'efficacité des procédures de passation des marchés publics. Dans une procédure de passation des marchés publics pour fournitures de trousseaux aux étudiants, le CRD a le 3 octobre 2011 annulé la procédure d'attribution provisoire du marché de fournitures tout en ordonnant la reprise de l'évaluation des offres et la reprise de la procédure. Cependant depuis, cette décision du CRD, l'autorité contractante n'a plus fait diligence. C'est ainsi que l'entreprise Unitrade a saisi le CRD le 3 avril 2012 qui par décision en date du 25 avril 2012 a ordonné à l'autorité contractante de finaliser la procédure dans les 15 jours à compter de la réception de la lettre de Unitrade lui transmettant les informations sur sa qualification au motif que *« les principes fondamentaux applicables aux achats publics que sont les principes de libre accès à la commande publique, d'égalité de traitement des candidats et de transparence des procédures visent entre autres l'efficacité des procédures ; qu'il convient de constater que cette efficacité n'est plus garantie dès lors que les parties à une procédure n'observent plus la célérité et le formalisme requis dans le traitement du dossier, ce qui porte préjudice aux destinataires finaux des produits »*[577].

Les principes directeurs au stade de l'exécution ne peuvent être ignorés.

Section II : Les principes directeurs au stade de l'exécution des marchés publics

85.- Distinction- Il peut être distingué les principes directeurs protecteurs de l'autorité contractante (Paragraphe I) et le principe du respect des stipulations contractuelles par les parties (Paragraphe II).

[577] V. Décisions CRD du Sénégal 2012 : Décision n° 045/12/ARMP/CRD du 25 avril 2012 du CRD statuant en Commission litiges sur le recours de la société Unitrade relatif à la procédure de passation du marché d'acquisition de trente-deux trousseaux vétérinaires destinés aux étudiants sénégalais boursiers de l'école inter Etats des Sciences et de Médecine vétérinaires de l'Université Cheick Anta DIOP de Dakar (UCAD) lancé par le Ministère de l'Enseignement Supérieur des Universités et des Centres universitaires régionaux et de la recherche scientifique.

Paragraphe I : Les principes directeurs protecteurs de l'autorité contractante

86.- Analyse- Il convient d'analyser les principes protecteurs des biens publics (A) et le principe de l'efficacité de l'achat public (B).

A) Les principes directeurs protecteurs des biens publics

87.- Principe de la protection des deniers publics- La protection des deniers publics est un principe fondamental dont la violation découle des fautes de gestion.

A travers, le principe fondamental de la protection des deniers publics, Il s'agit d'éviter le détournement de biens publics à travers des achats fictifs en vue d'assurer la protection des deniers publics. Si au Mali, la réglementation en vigueur dans le domaine des marchés publics ne fait pas mention expresse du respect de la protection des deniers publics, ce principe est sous-entendu tout au long de cette réglementation. Par contre dans certains pays comme le Sénégal, la protection des deniers publics est affirmée explicitement comme un principe fondamental applicable aux contrats d'achat passés à titre onéreux par les acheteurs publics[578]. Le code des marchés publics français reconnaît ce principe fondamental de la protection des deniers publics[579]. La doctrine abondante reconnaît la protection des deniers publics comme un principe fondamental[580] et intangible dans le domaine des marchés publics.

La Directive n°01/2009/CM/UEMOA portant code de transparence dans la gestion des finances publiques au sein de l'UEMOA en date du 27 mars 2009 insiste sur la gestion correcte des deniers publics. Il est précisé dans le préambule que l'argent public est au cœur de l'Etat de droit et de la démocratie, par conséquent la collecte et l'utilisation des fonds publics respectent les principes de l'Etat de droit : la légalité, la transparence, le contrôle démocratique et la responsabilité[581]. En outre, il est précisé au paragraphe 1.4 que la réglementation des marchés publics[582] doit être conforme au code de

[578] Article 24 nouveau de la loi N° 65-51 du 19 juillet 1965 portant code des obligations de l'administration au Sénégal, op.cit.
[579] Article 1 du code des marchés publics français Commentés 2012 de Bernard-Michel Bloch.
[580] LAJOYE (C.), op.cit. P. 114.
[581] Annexe de la Directive n°01/2009/CM/UEMOA qui y fait partie intégrante.
[582] Et des délégations de service public

transparence et aux normes et meilleures pratiques internationales. Le Sénégal a adopté une charte de transparence et d'éthique en matière de marchés publics suivant Décret n°2005-576 du 22 juin 2005. Le code des obligations de l'Administration au Sénégal prévoit que la définition préalable des besoins par les acheteurs publics et le respect des principes de liberté d'accès à la commande publique, d'égalité de traitement des candidats et de transparence des procédures et l'existence de crédits suffisants ont pour finalité d'assurer l'efficacité de l'achat public et la bonne utilisation des deniers publics[583].

88.- Fautes de gestion- Les agents des autorités contractantes peuvent commettre les fautes de gestion suivantes : procurer ou tenter de procurer un avantage anormal à un candidat, manquer à l'obligation de planification et de publicité annuelle des marchés[584].

Les ordonnateurs de l'Etat et des autres organismes publics sont responsables en raison des fautes de gestion. L'article 80 de la Directive UEMOA portant loi de finances de 2009 énonce comme fautes de gestion les faits suivants : La violation des règles relatives à l'exécution des recettes et des dépenses de l'Etat et des organismes publics ; le fait pour une personne dans l'exercice de ses fonctions, d'octroyer ou de tenter d'octroyer à elle-même ou à autrui un avantage injustifié, pécuniaire ou en nature ; le fait d'avoir entrainer la condamnation d'une personne morale de droit public ou de droit privé chargée de la gestion d'un service public, en raison de l'inexécution tardive d'une décision de justice[585], etc.

La notion de fautes de gestion en droit sénégalais est plus détaillée, même, s'il y a une très forte concordance entre les fautes de gestion en droit sénégalais et malien. Aux termes des dispositions de la loi organique n°2012-23 du 27 décembre 2012 portant création de la Cour des Comptes du Sénégal[586], est notamment punissable en matière de dépenses[587] : le fait de n'avoir pas soumis aux autorités compétentes,

---

[583] Article 24 de la loi n°65-51 du 19 juillet 1965 portant code des obligations de l'Administration modifiée par la loi 06-16 du 30 juin 2006.

[584] Articles 116 et 117 du Décret n° 08-485 du 11 août 2008 portant procédures de passation, d'exécution et de règlement des marchés publics et des délégations de service public au Mali, op.cit.

[585] Articles 77 à 80 de la Directive n°06/2009/CM/UEMOA portant loi de Finances du 26 juin 2009

[586] JORS n°6711 du 2 février 2013, pp. 82 et s.

[587] Cette loi distingue les fautes de gestion punissables en matière de dépenses et celles punissables en matière de recettes.

un acte ayant pour effet d'engager une dépense ; le fait d'avoir imputer ou fait imputer irrégulièrement ; le fait d'avoir enfreint la réglementation en vigueur concernant la comptabilité matières ; le fait d'avoir passé outre au refus de visa d'une proposition d'engagement des dépenses, excepté dans le cas où l'avis conforme du ministre chargé des Finances a été obtenu préalablement par écrit ; le fait d'avoir engagé des dépenses sans avoir reçu à cet effet délégation de signature ou de pouvoirs ; le fait d'avoir produit à l'appui ou à l'occasion de ses liquidations de fausses certifications ; le fait d'avoir enfreint la réglementation en vigueur concernant les marchés ou conventions d'un organisme soumis au contrôle de la Cour des comptes ; le fait de n'avoir pas assuré une publicité suffisante aux opérations dans les conditions prévues par les textes en vigueur ; le fait de n'avoir pas fait appel à la concurrence dans les conditions prévues par les textes en vigueur ; le fait d'avoir procuré ou tenté de procurer un avantage anormal à un candidat à un marché ; le fait d'être intervenu à un stade quelconque dans l'attribution d'un marché dans laquelle l'agent concerné a pris ou conservé un intérêt ; le fait d'avoir fractionné des dépenses en vue de se soustraire à une procédure formalisée ; le fait d'avoir passé un marché public avec un candidat exclu des commandes publiques ou d'avoir exécuté un marché ou contrat non approuvé par l'autorité compétente ; le fait d'avoir manqué à l'obligation de planification et de publicité annuelle des marchés publics ; le fait de s'être livré, dans l'exercice de ses fonctions, à des faits caractérisés créant un état de gaspillage. Sont notamment considérés comme réalisant un état de gaspillage, les transactions trop onéreuses pour la collectivité intéressée en matière d'achat public ainsi que les stipulations de qualité ou de fabrication qui, sans être requises par les conditions d'utilisation des travaux ou de fournitures seraient de nature à accroître le montant de la dépense. Il en est de même des dépenses en épuisement de crédits[588].

Cette disposition se situe dans la lignée du code des marchés publics français qui dispose que les principes fondamentaux de la commande publique permettent d'assurer l'efficacité de la commande publique et la bonne utilisation des deniers publics[589].

---

[588] Article 57 de la loi organique n°2012-23 du 27 décembre 2012 abrogeant et remplaçant la loi organique n°99-70 du 19 février 1999 portant création de la Cour des Comptes du Sénégal.
[589] Article 1er II. du code des marchés publics et autres contrats, commenté, 6e édition, Dalloz, 2013.

La doctrine française abonde dans le même sens en précisant que l'objet des principes fondamentaux de la commande publique est d'assurer l'efficacité de la commande publique et la bonne utilisation des deniers publics[590].

Au Mali, aux termes des dispositions des articles 19 des lois de finances 2007, 2008, 2009 et 2010[591], il est interdit de prendre des mesures ayant pour objet d'engager des dépenses en dépassement des crédits ouverts ou d'exécuter des dépenses sans engagement préalable. En outre, les articles 21 desdites lois de finances rendent personnellement et pécuniairement responsable de son acte sans préjudice des sanctions administratives et judiciaires, le fonctionnaire et agent de l'Etat qui engagent des dépenses en dépassement des crédits ouverts ou qui exécute une dépense sans engagement préalable, visé au contrôle financier. La Section des Comptes de la Cour Suprême du Mali, dans son rapport final de 2014, a constaté la violation des dispositions précitées tout en recommandant au Bureau du Vérificateur général *« le remboursement au Trésor Public de la somme totale de 955360999 FCFA relative aux dépassements des crédits en violation des articles 19 et 21 des différentes lois de finances »*[592]. Dans le même rapport, la Section des comptes constate des dépenses faites sans appel à concurrence, le fractionnement des dépenses, des factures non acquittées, des factures ne comportant pas les mentions requises et des dépenses justifiées par des factures pro-forma[593]. Cependant, il convient de dire qu'il s'agit d'un rapport d'une structure de contrôle qui ne saurait être pris comme une présomption absolue de vérité.

B) Le principe de l'efficacité de l'achat public

89.- Finalité des principes directeurs de la commande publique- La loi du 23 juillet 2008 en son article 2 précise que l'ARMDS peut procéder à l'évaluation de l'efficacité et du coût. La finalité des principes fondamentaux de la commande publique est d'assurer l'efficacité de ce dernier[594]. La question qui vient à l'esprit lorsqu'on

---

[590] LAJOYE (C.), op.cit., p.114 ; MICHON (J.), op.cit., p.52.
[591] Source Direction Nationale du budget du Mali.
[592] V. Rapport final –vérification de la gestion du Vérificateur Général 2007 à 2010, pp.14-15
[593] Ibid. p.15 des annexes.
[594] V. Rapport final –vérification de la gestion du Vérificateur Général 2007 à 2010, pp.14-15.

examine l'efficacité est : Est-ce que les extrants (les produits) correspondent aux résultats recherchés ?

Définie comme un concept axé sur les résultats, l'efficacité concerne la mesure dans laquelle les buts et les objectifs fixés pour une activité ou programme quelconque sont atteints. Elle s'intéresse à l'obtention des résultats voulus compte tenu des objectifs et des ressources disponibles. L'efficacité est donc un concept lié à la réalisation des objectifs prévus. Elle concerne la relation entre les finalités et les objectifs. Est-ce que les objectifs retenus sont réalisés grâce aux moyens utilisés.

La question d'efficacité comporte deux parties : d'abord vérifier si les objectifs stratégiques ont été atteints et, ensuite, si ces résultats peuvent être imputés à la politique suivie. Pour pouvoir dire dans quelle mesure les objectifs ont été atteints, ces derniers doivent être formulés de manière à rendre possible ce type d'estimation. Ce résultat ne peut pas être atteint sur la base d'objectifs vagues ou abstraits.

Pour le contrôle de l'efficacité, le vérificateur peut : Vérifier si les objectifs et les moyens (juridiques, financiers, etc.) mis à la disposition d'un programme gouvernemental nouveau ou en cours sont appropriés, cohérents, adéquats ou pertinents ; vérifier l'organigramme, du processus de prise de décision et du système de gestion pour la mise en œuvre du programme ; vérifier l'efficacité des investissements et programmes gouvernementaux et/ou de leurs composantes individuelles, c'est-à-dire vérifier si les finalités et les objectifs sont réalisés ; vérifier si les impacts d'une politique, qu'ils soient sociaux, économiques, ou environnementaux observés, directs ou indirects, sont imputables à cette politique ou à d'autres causes ; identifier les facteurs qui empêchent l'obtention d'un rendement satisfaisant ou la réalisation des objectifs ; vérifier si le programme complet reproduit chevauche ou contrecarre des programmes connexes ; vérifier si la qualité des services publics répond aux attentes de la population ou aux objectifs retenus ; vérifier le caractère approprié ou non du dispositif permettant de mesurer et d'observer l'efficacité d'un programme ; vérifier si les approches alternatives permettent d'obtenir un meilleur rendement ou d'éliminer les facteurs qui inhibent l'efficacité des programmes ; analyser les causes des constats et des problèmes observés lors de l'identification des moyens susceptibles d'améliorer l'efficacité des activités des programmes gouvernementaux. L'efficacité de l'achat public se mesure à l'aide d'indicateurs [595] en vue de déterminer l'impact, les effets de la commande publique sur les populations cibles. C'est à travers l'atteinte des Objectifs du Millénaire pour le Développement (OMD) et la promotion du développement économique et social qu'il peut mesurer l'efficacité de l'achat public[596]. Actuellement, il est question d'objectif de développement durable (ODD).

Au cours de l'exécution, les parties sont en principe tenues au respect des stipulations contractuelles.

Paragraphe II : Le principe du respect des stipulations contractuelles par les parties

90.- Limites- Le droit des marchés publics reconnaît le principe de la liberté contractuelle. Cependant ce principe connaît des limites en droit administratif par rapport au droit privé. Si en droit des obligations, le contrat est la loi des parties depuis l'arrêt du canal de Craponne[597], ce principe connaît des limites en droit des contrats administratifs depuis l'arrêt compagnie gaz de bordeaux[598] qui a introduit la théorie de l'imprévision en droit administratif. Or cette théorie n'était pas reconnue en droit civil, mais il y a eu une évolution en droit civil avec la jurisprudence française qui oblige à une négociation.

Le principe du respect des stipulations contractuelles implique le respect des obligations par les parties au contrat (A) et le respect des droits des parties (B).

A) Les obligations des parties au contrat

91.- Entrée en vigueur- Le marché entre en vigueur dès sa notification ou à une date ultérieure prévue par le marché. L'entrée en vigueur marque le début d'exécution des obligations juridiques. Dans les 15 jours calendaires de l'entrée en vigueur du marché un avis

---

595 Infra, p. 247.
596 Infra, p. 281.
597 C. Cass. 6 mars 1876, aff. DE Galliffet c/Commune de Pelissane.
598 C.E. 30 mars 1916, GAJA, n°30.

d'attribution définitive est publié[599]. Plusieurs obligations incombent à l'autorité contractante et au titulaire du marché.

92.- Obligations de l'autorité contractante- D'abord, les obligations suivantes incombent à l'autorité contractante : Le paiement du prix est la principale obligation qui incombe à l'autorité contractante. Les prix des marchés sont réputés couvrir toutes les dépenses qui sont la conséquence nécessaire et directe des travaux, fournitures ou services, notamment les droits, impôts et taxes et le bénéfice du titulaire du marché[600]. Les prix du marché sont soit des prix unitaires, le prix global forfaitaire, le prix sur dépenses contrôlées, les prix fermes ou révisables[601].

Les pouvoirs publics ont pris conscience des difficultés que peuvent rencontrer le titulaire du marché en ne le payant qu'à la fin de l'exécution des travaux. C'est la raison pour laquelle, les pouvoirs publics ont apportés des dérogations aux règles régissant les finances publiques notamment celles qui veulent que l'autorité contractante ne paie le titulaire qu'après service fait. Ce qui fait que certaines sommes sont payées soit en cours d'exécution soit même avant tout commencement d'exécution. Il s'agit des avances et des acomptes. Les marchés donnent lieu à des versements soit à titre d'avances ou d'acomptes soit à titre de règlement partiel définitif ou pour solde du marché[602] . Le régime financier de l'exécution des marchés publics consiste au paiement d'avance, d'acompte, au règlement pour solde provisoire et au règlement pour solde définitif.

Le versement facultatif des avances des démarrages par l'autorité contractante pour des opérations préparatoires à l'exécution des travaux, fournitures ou services. Le montant total des avances accordées ne peut dépasser 20% du montant du marché initial de travaux et prestations intellectuelles, ni 30% du montant du marché initial de fournitures et autres services. Les avances sont toujours définies dans le DAO ou de consultation. Les avances doivent être garanties à concurrence de la totalité de leur montant et comptabilisées afin de s'assurer de leur apurement. Les avances sont remboursées selon des modalités fixées par le marché, par retenue sur les sommes

---

[599] Article 76 du décret n°08-485/P-RM du 11 août 2008 portant nouveau code des marchés publics au Mali.

[600] Ibid. article 40.1.

[601] Ibid. article 41.

[602] Ibid. article 95.

dues au titulaire à titre d'acompte ou de solde. Le remboursement des avances doit être achevé lorsque le montant des sommes nettes mandatées atteint 80% du montant du marché.

Les marchés d'un délai d'exécution supérieur à 3 mois qui ont donné lieu à un commencement d'exécution ouvrent droit au versement d'acomptes suivant les modalités fixées par le marché. Le montant des acomptes ne doit pas dépasser la valeur des prestations auxquelles ils se rapportent, une fois déduite, le cas échéant les sommes nécessaires au remboursement des avances. Les CCAG fixent pour chaque catégorie de marché les termes périodiques ou les phases d'exécution en fonction desquelles les acomptes doivent être versés.

93.-Règlement pour solde- Le règlement pour solde (RS) au titulaire du marché a pour objet le versement au titulaire du marché des sommes dues au titre de l'exécution normale des prestations, objet du marché après déduction des versements effectués à titre d'acomptes et d'avances ainsi que de toute somme dont le titulaire serait le cas échéant redevable au titre du marché. Le marché donne lieu, tout d'abord, à un règlement pour solde provisoire comprenant les sommes dues au titre de l'exécution normale du marché, après déduction des versements effectués au titre d'acomptes et d'avances puis à un règlement pour solde définitif au titre duquel est libérée la retenue de garantie. Le délai de mandatement doit être précisé dans le marché. Est interdite toute clause de paiement différé ou par annuités sauf dans le cas des marchés à clientèle ou de dérogation accordée par arrêté du ministre chargé des finances. Le paiement d'intérêts moratoires de plein droit pour le titulaire du marché en cas de dépassement du délai de paiement à compter du jour suivant l'expiration du délai, à un taux fixé par le ministre chargé de Finance et qui ne peut être inférieur au taux d'escompte de la BCEAO augmenté d'un point. Les sous-traitants bénéficient d'un paiement direct au prorata de leur participation à l'exécution du marché. Le marché donne au paiement de dommage et intérêt en cas de préjudice causé par l'administration. *« La responsabilité de l'administration peut être engagée sans faute de sa part dès lors qu'elle a causé un dommage à son cocontractant en exerçant les pouvoirs, qui lui sont reconnus, d'intervenir par des mesures unilatérales dans l'exécution du contrat »*[603].

[603] Article 95 de la loi portant code des obligations de l'Administration au Sénégal, ibid.

Ensuite, les obligations incombant au titulaire du marché sont l'exécution correcte et personnelle des marchés publics et les garanties. Le titulaire du marché est tenu d'exécuter ses obligations conformément aux modalités prévues dans le cahier des charges. Cette exécution doit être correcte, de bonne foi et intervenir dans les délais prévus au contrat[604]. Le caractère correct de l'exécution ainsi que la diligence du cocontractant s'apprécient en fonction des règles techniques et des circonstances propres à chaque espèce. L'exécution personnelle consiste en l'interdiction de céder et de sous-traiter. Le titulaire du marché est tenu d'exécuter personnellement le marché et sauf autorisation préalable de l'administration les cessions et sous-traitances sont prohibées[605].

94. – Garanties- Puis, les garanties dont le titulaire est tenu. Le titulaire du marché est tenu de plusieurs garanties notamment la garantie de bonne exécution[606], la garantie de restitution d'avance, les garanties à long terme, les garanties exceptionnelles, les garanties des biens remis par l'autorité contractante[607]. Le titulaire du marché est tenu de fournir une garantie de bonne exécution en garantie de la bonne exécution du marché et du recouvrement des sommes dont il serait reconnu débiteur au titre du marché. Les titulaires de marchés de prestations intellectuelles ne sont pas soumis à cette obligation.

Le montant de la garantie, fixé par l'autorité contractante doit être indiqué dans le cahier des charges. Il ne peut être inférieur à 3%, ni supérieur à 5% du prix de base du marché augmenté ou diminué, le cas échéant, de ses avenants.

La garantie de bonne exécution est constituée dès la notification du marché, et en tout état de cause préalablement à tout mandatement effectué au titre du marché.

La fourniture d'un cautionnement, ou d'une garantie bancaire lorsque le marché comporte un délai de garantie. Lorsque le marché comporte un délai de garantie, une partie de chaque paiement peut être retenue par l'autorité contractante au titre de retenue de garantie pour couvrir l'obligation de parfait achèvement des travaux, fournitures et services.

---

[604] Articles 62 et 63 de la loi portant code des obligations de l'Administration au Sénégal.
[605] Ibid. Articles 64 et 65.
[606] Article 85 du décret N°08-485/P-RM du 11 août 2008 portant nouveau code des marchés publics au Mali.
[607] Ibid, Article 88.

La part des paiements retenue par l'autorité contractante ne peut être supérieure à 5% du montant des paiements. Elle est fixée dans le cahier des charges par l'autorité contractante. La retenue de garantie est restituée, à condition que le titulaire du marché ait rempli ses obligations afférentes à la période de garantie, dans un délai d'un mois suivant l'expiration du délai de garantie ou à la réception définitive. La réception provisoire est faite par le maître d'œuvre et l'entrepreneur conformément aux dispositions des articles 88, 89 et 90 du cahier des clauses administratives générales (CCAG). Cette réception provisoire dresse les constatations relatives à l'achèvement des travaux, les constatations de l'inexécution des prestations prévues au marché, la constatation éventuelle d'imperfections ou de malfaçons. « ***Ces opérations font l'objet d'un procès-verbal dressé sur le champ par le maître d'œuvre et signé par lui et par l'entrepreneur*** » ;

Quant à l'article 38 du marché précité, il affirme : « *Conformément aux dispositions de l'article 91.1 du CCAG, le délai de garantie est fixé à douze (12) mois à compter de la réception provisoire. Pendant ce délai de garantie, l'entrepreneur est tenu à une obligation dite « Obligation de parfait achèvement » et doit exécuter les travaux qui lui incombent au titre de la garantie et selon les dispositions de l'article 91.2 du CCAG. La réception définitive est prononcée à la fin du délai de garantie par un procès-verbal notifié à l'entreprise* » ;

Qu'or, dans tous beaucoup de cas au Mali, il n'y a que des procès-verbaux de réception provisoire avec réserves ; quand bien même le maître d'ouvrage ou le maître d'ouvrage délégué ont visé le procès-verbal de réception provisoire, conformément au droit malien et au cahier des clauses administratives générales, il revient au maître d'œuvre, dans le cas de marchés de travaux de l'Etat, la Direction Régionale du Génie rural ou tel ingénieur de contrôler la conformité de l'exécution des travaux avec l'entrepreneur étant, entendu qu'il est le technicien qualifié à cet effet. Cette affirmation a toujours été une constante au Mali.

Aux termes des dispositions des articles 89 et suivants de l'arrêté n° 97-1595/MF-SG du 08 octobre 1997 portant cahier des clauses administratives générales applicables aux marchés publics de travaux, les travaux font l'objet d'une réception provisoire entre l'entrepreneur et le maître d'œuvre. **Cette réception provisoire peut être prononcée sans réserve ou avec réserves si certains ouvrages ou certaines parties d'ouvrages ne sont pas entièrement conformes aux spécifications du marché.**

95.- Délai de garantie de parfait achèvement – Le délai de garantie de parfait achèvement est d'un an à compter de la réception provisoire des travaux.

Le délai de garantie est prolongé jusqu'à l'exécution complète des travaux.

L'article 5 de l'arrêté n° 09-1970/MEF-SG du 06 août 2009 portant cahier des clauses administratives générales applicables aux marchés publics de travaux au Mali affirme mordicus que le maître d'œuvre est le responsable de l'exécution du contrôle et de la réception des travaux : « ***le maître d'œuvre est la personne physique ou morale qui, pour sa compétence technique, est chargée par le maître de l'ouvrage d'effectuer les études, de diriger et de contrôler l'exécution des travaux et de proposer leur réception et leur règlement*** *;*

Si le ***maître d'œuvre est une personne morale, il désigne une personne physique, appelée « Ingénieur », qui a seule qualité pour la réception****, notamment pour signer les ordres de service qui n'ont pas d'incidence sur le montant initial du marché.* ***Les ordres de service qui*** *modifient des travaux doivent,* ***préalablement à leur notification à l'entrepreneur, être visés par le maître de l'ouvrage***».

En application de l'article 5 précité, l'article 6 dudit arrêté n° 09-1970 affirme sans ambages que l'ingénieur en tant que représentant désigné d'un maître d'œuvre, personne morale est le seul habilité à veiller à l'exécution conforme des travaux au Dossier d'Appel d'Offres (DAO) :
« ***L'ingénieur est le représentant dûment accrédité par le maître d'œuvre pour le contrôle et la surveillance des travaux. L'ingénieur assure les responsabilités du contrôle technique et administratif des travaux. Il est chargé, entre autres, à cet effet*** *:*

- De la ***vérification de l'implantation sur le terrain des voiries, des bâtiments, des ouvrages d'assainissement****, de drainage et des installations diverses ;*
- Du ***visa des notes de calcul et des plans d'exécution dressés*** *par l'entrepreneur ;*
- Du ***contrôle permanent de l'exécution des travaux proprement dits en conformité avec les plans visés comportant****, si nécessaire, des modifications éventuelles apportées par le maître de l'ouvrage au projet de base* ;
- Des ***contrôles géotechniques*** *et autres essais, pour vérifier que la qualité des matériaux et leur mise en œuvre* ***sont conformes aux normes*** *et aux spécifications prescrites dans le marché ;*
- De l'établissement des métrés et des pesages ou des attachements contradictoires, de la vérification des décomptes mensuels provisoires ou du décompte définitif ;
- De la rédaction et de la notification des ordres de service et de toute note écrite à l'entrepreneur, nécessaire à la bonne exécution des travaux et à leur contrôle ;
- Des visites préalables aux réceptions provisoires et définitives des travaux ».
En vertu des dispositions de l'article 88.1 de l'arrêté n° 09-1970/MEF-SG du 06 août 2009 portant CCAG applicables aux marchés publics de travaux, la réception provisoire est l'œuvre de l'entrepreneur et du maître d'œuvre :
« *L'entrepreneur fait connaître,* ***par écrit, quinze*** *jours avant la date présumée d'achèvement des travaux, la date à laquelle, il souhaiterait que soient réceptionnés provisoirement* ***les travaux. Le maître d'œuvre*** *dispose alors* ***d'un délai de quinze jours, à compter*** *de la date mentionnée* ***ci-dessus, pour procéder, en présence*** *de l'entrepreneur dûment* ***convoqué, aux opérations de réception*** *provisoire de l'ouvrage ;*

En cas ***d'absence de l'entrepreneur, il en est fait*** *mention au procès-verbal de* ***réception provisoire, lequel arrête*** *la date d'achèvement des travaux à partir de laquelle court le délai de garantie ;*

Dans le cas où les travaux ne peuvent être réceptionnés, notification est faite à l'entrepreneur, par voie d'ordre de service, des omissions, imperfections ou malfaçons constatées ; cet ordre de service invite également ***l'entrepreneur à terminer les ouvrages incomplets ou à***

remédier aux imperfections et malfaçons dans un délai déterminé… »

L'article 91 dispose que le délai de garantie est sauf stipulations différentes du cahier des clauses administratives particulières d'un an à compter de la date d'achèvement des travaux mentionnés sur le procès-verbal de réception provisoire. L'entrepreneur est tenu, durant le délai de garantie à une obligation dite « ***Obligation de parfait achèvement*** », au titre de laquelle, il doit, à ses frais remédier à tous les désordres signalés et remettre au maître d'œuvre les plans des ouvrages conformes à l'exécution. **Le délai de garantie est prolongé jusqu'à l'exécution complète des travaux et prestations** ;

La doctrine abonde dans le même sens pour dire que le maître d'œuvre dirige les travaux réalisés par les entrepreneurs, vérifie qu'ils sont exécutés conformément aux dispositions du marché, contrôle le paiement des travaux, assiste son client pour la réception des travaux (V. Patrice Gerlier Wyckoff, le mémento des marchés publics, Eyrolles, Edit. 2012. P. 19). Passé le délai d'un an et dès lors que l'entrepreneur a exécuté les travaux qui ont fait l'objet de réserves, un procès-verbal de réception définitive est dressé et la garantie décennale commence à courir.

96.- Garantie d'avance- La fourniture d'une garantie d'avance par le titulaire du marché en garantie du remboursement des avances (cautionnement ou garantie à première demande). Cette garantie est libérée au fur et à mesure que les avances sont effectivement remboursées.

La fourniture d'une garantie à long terme pour certains travaux ou fournitures spécifiques (faculté) : La fourniture de garantie exceptionnelle comme les affectations hypothétiques, dépôts de matières dans les magasins de l'Etat pour assurer l'exécution de leurs engagements ; la fourniture de garantie pour les matériels remis par l'autorité contractante au titulaire du marché sans transfert de propriété. Dans ce cas l'autorité contractante doit exiger : Un cautionnement ou une caution personnelle et solidaire garantissant la représentation des matériels, marchés outillages ou approvisionnement remis ; une assurance contre les dommages subis même en cas de force majeure.

L'autorité contractante peut également prévoir dans le cahier des charges des pénalités pour retard imputable au titulaire pour la restitution ou la représentation des matériels, machines, outillages ou approvisionnement remis. La faculté de prévoir dans le marché qu'en contrepartie du paiement d'acomptes, la propriété des approvisionnements, des travaux et fournitures élémentaires, pris en inventaire est transférée à l'autorité contractante.

Il n'y a pas d'obligations sans droits.

B) Les droits des parties au contrat

97.- Droits- La réglementation des marchés publics confère des droits à l'autorité contractante et des droits au titulaire du marché.

Concernant, les droits de l'autorité contractante, en raison des nécessités du service public, l'administration peut intervenir dans l'exécution du contrat pour exercer un contrôle sur le titulaire ou modifier de façon unilatérale les conditions du contrat [608] . L'administration dispose également d'un pouvoir de sanction. Les marchés publics se particularisent par un régime spécial qui donne à l'administration des pouvoirs exorbitants qui la place dans une position plus favorable par rapport à son cocontractant. Le régime des pouvoirs exorbitants du droit commun a été dégagé par la jurisprudence française d'abord pour les contrats de travaux et de services publics, il a été étendu à tous les contrats administratifs. Ces pouvoirs exorbitants sont les pouvoirs de contrôle, de direction, de modification unilatérale du contrat, de sanction, le pouvoir de résiliation[609] et le pouvoir de réception.

98.- Pouvoirs de l'autorité contractante- Les pouvoirs de contrôle, de direction, de modification unilatérale et de sanction entrent dans le régime administratif de l'exécution des marchés publics : Avenant, ordre de service, ajournement, réception.

Ces pouvoirs impliquent : la prise d'un ordre de service par l'autorité contractante ou la personne responsable du marché lorsqu'en cours d'exécution le changement dans les prestations n'excédant pas 5% du volume total ; la passation obligatoire d'un avenant lorsque la

[608] Article 106 de la loi portant code des obligations de l'administration au Sénégal, op.cit.
[609] MARTINEZ (B.), SERR (F.), exécution des marchés publics, éditions LEMONITEUR, Paris, 2013, p.10.

variation dans la masse des travaux, fournitures ou services est supérieure à 5%, mais inférieure à 30% du montant du marché de base ; la passation d'un nouveau marché conformément à la procédure utilisée pour passer le marché initial lorsque l'augmentation de la masse des travaux, fournitures ou services dépasse 30% du montant du marché calculé sur la base des prix initiaux, la passation d'un nouveau marché lorsque le montant cumulé des avenants est au-delà de 30% du montant du marché.

Par exemple, c'est le cas de l'avenant n° 5 relatif aux travaux de construction de la première tranche et la réalisation des travaux d'achèvement de la cité administrative de Bamako. En vue de réduire les déplacements des usagers de l'administration publique en leur offrant le plus de services possibles sur la même aire géographique et d'autre part de rendre plus efficace la concertation, les échanges, la communication, entre le maximum de structures de l'Etat, le Gouvernement de la République du Mali a entrepris la création d'une cité administrative qui regroupait la majorité des services centraux de l'Etat à Bamako (Primature, Départements ministériels et Directions centrales). A cet effet, un marché initial de réalisation de la première tranche des travaux a été attribué suivant décret n° 02-011 /P-RM du 15 janvier 2002 à l'entreprises Libyenne ''General Company For construction'' pour un montant de 27.410.512.301 FCFA HT et un délai d'exécution de 32 mois. Dans le cadre de l'exécution de ce marché, 4 avenants[610] ont été conclus. Les deux premiers n'ont pas d'incidence financière. Le troisième avenant traite de la compensation à l'entreprise des pertes résultant de la dépréciation du dollar (monnaie de paiement du marché) et le quatrième de la remise totale des pénalités de retard (1.370.525.615 FCFA soit 2.447.367,170 $US) sur la période du 24 mai 2006 au 31 décembre 2007. La conclusion d'un avenant n° 5 d'un montant de 18.818.172.750,802 FCFA et un délai d'exécution de 14 mois est rendu nécessaire car au terme de la prorogation du délai contractuel au 31 décembre 2007 les travaux n'étaient exécutés qu'à hauteur de 50%.

99.- Pénalités- Le titulaire du marché est passible de pénalités après mise en demeure préalable conformément aux dispositions suivantes : Les pénalités ne peuvent excéder le montant fixé dans les CCAG pour chaque catégorie de marché ; la remise des pénalités peut être

[610] Source DGMP

prononcée par l'autorité contractante après avis de la DGMP ; les empêchements découlant de la force majeure peuvent exonérer de pénalités de retard encourues.

L'ajournement de l'exécution du marché par l'autorité contractante. Le titulaire a droit à la résiliation du marché lorsque l'ajournement dépasse plus de 3 mois. L'ajournement du marché sans cause imputable au titulaire lui ouvre droit au paiement d'une indemnité.

L'autorité contractante peut toujours décider de mettre fin au marché, que cela soit prévu ou non dans le contrat. Il convient de distinguer la résiliation pour motif d'intérêt général et la résiliation sanction pour faute du titulaire[611]. La faculté pour l'autorité contractante ou le titulaire du marché de le résilier lorsque l'application de la formule de variation des prix conduit à une variation supérieure à 20% du montant initial du marché ou du montant de la partie du marché restant à exécuter. La résiliation facultative du marché par l'autorité contractante dans les conditions stipulées aux cahiers des charges après avis de la DGMP (en cas de faute grave, fraude ou dol du titulaire, absence de cautionnement définitif, refus d'exécuter un ordre de service, sous-traitance sans autorisation, fausses informations concernant les conditions de participation des candidats ou les capacités juridiques, techniques financières essentielles à la validité de leur candidature ou à l'évaluation de leur offre). La résiliation facultative demandée par le titulaire peut intervenir : en cas de défaillance de l'autorité contractante rendant l'exécution du marché impossible ; en cas de défaut de paiement à la suite d'une mise en demeure restée sans effet pendant 3 mois ou par suite d'ajournement dans les conditions de l'article 91. La résiliation facultative du marché à l'initiative de chacune des parties intervient : En cas de dépassement de variation supérieure à 20% ; l'impossibilité d'exécution liée à la force majeure.

Les travaux de construction de la Direction générale de la Police nationale (DGPN) ont été attribués à l'entreprise NIAMBIA construction suivant marché n° 0464 /DGMP-08 pour un montant de 1.198.000.000 FCFA. L'entreprise n'ayant pu exécuter les travaux, dans le délai requis, l'Etat décida de la résiliation du marché et choisit une nouvelle entreprise pour achever les travaux. Au moment de la résiliation, le coût des travaux effectués était de 605.450.000 FCFA

---

[611] BENJAMIN (M.), op. cit. p.12

alors que des paiements d'un montant de 790.000.000 FCFA ont été faits à l'entreprise[612]. Dans un arrêt n° 124 du 09/06/2011[613], la section administrative de la Cour Suprême du Mali a constaté la résiliation du marché par l'autorité contractante pour non-respect de ses engagements contractuels par le cocontractant de l'Administration.

100.- Résiliation- La résiliation de plein droit du marché par l'autorité contractante peut intervenir dans les cas suivants: En cas de décès ou incapacité civile du titulaire sauf acceptation des ayants droit ou le curateur ; en cas d'incapacité physique manifeste et durable ; en cas de liquidation des biens si le titulaire n'est pas autorisé par le tribunal à continuer son exploitation ; en cas de règlement judiciaire sauf si l'autorité contractante accepte les offres éventuellement faites par la masse des créanciers pour la continuation de l'entreprise ; à défaut par le titulaire de fournir les garanties requises.

101.- Réception- La décision de réception est prononcée par l'autorité contractante lorsque la prestation exécutée par le titulaire du marché est jugée conforme aux spécifications techniques du marché. Lorsque le marché comporte un délai de garanti, la réception provisoire a lieu le jour de l'admission des prestations. La réception définitive s'effectue à la fin de la période de garantie. La réception entraine le transfert de propriété. Les règles relatives aux opérations de réception de chaque type de marché sont fixées par les CCAG y afférentes. La prononciation de la réception par une commission de réception créée par décision de l'autorité contractante dont la composition, les modalités de fonctionnement sont fixées par arrêté du Ministre chargé des Finances.

Les droits de l'autorité contractante impliquent les droits pour le titulaire du marché. Le titulaire du marché a droit au paiement du prix et à l'équilibre financier, éventuellement à une indemnisation et au nantissement et le régime financier de l'exécution. Le marché peut comporter des clauses permettant un ajustement du prix initial en cas de dévalorisation monétaire ou une clause de variation des prix avec des formules de calcul. L'exercice par l'autorité contractante de son pouvoir de modification unilatérale des stipulations du contrat ouvre

---

[612] Source DGMP : dossier de marché n° 0464/DGPP-08

[613] Arrêt n°124 du 09/6/2011 de la section Administrative de la Cour Suprême du Mali aff. Niambia construction c/ Etat du Mali, Ministère de la Sécurité Intérieure et de la Protection (non publié).

au cocontractant droit au paiement d'une indemnité couvrant l'intégralité du préjudice subi[614] .

Dans un arrêt n°047 du 23/02/2012[615], la section administrative pour condamner la Directive administrative et financière (D A F) de la présidence de la République à motiver comme suit : *« Considérant que la Société Générale château d'Eau construction .... Y a été retenue attributaire du marché public... portant sur la construction du bâtiment... Qu'au cours de l'exécution du marché la Direction administrative et financière de la présidence de la République, maître d'ouvrage délégué.... notifia à l'entreprise contractante la résiliation du contrat... Que l'administration contractante a failli à ses engagements par : Le retard dans le paiement de l'avance de démarrage ; le non-paiement des décomptes n°1 et n° 2 ; la résiliation unilatérale du marché, le changement du maître d'ouvrage délégué ».* Que dès lors le retard accusé dans l'exécution du marché est imputable à la Direction administrative et financière de la présidence. A la suite d'un recours en révision introduite par la D A F de la présidence de la République contre l'arrêt ci-dessus, la Section administrative de la Cour Suprême du Mali par un arrêt n° 434 du 11/10/2012 a rejeté le dit recours[616].

Le titulaire a un droit de nantir le marché en vue de garantir les créances résultant des marchés publics. *« En vue de permettre au titulaire de nantir le marché, l'autorité contractante lui remet une copie originale du marché revêtue d'une mention dûment signée par le représentant de l'autorité contractante qui a signé l'original, indiquant que cette pièce est délivrée en unique exemplaire en vue de la notification éventuelle d'un nantissement de créance par le bénéficiaire au comptable assignataire chargé du paiement et désigné dans les pièces constitutives du marché (...) »*[617]. Le nantissement du marché par le titulaire du marché auprès des organismes bancaires ou de crédits agréés au Mali. Pour ce faire, l'autorité contractante remet au titulaire une copie originale du marché revêtue d'une mention

---

[614] Article 114 de la loi portant code des obligations de l'administration au Sénégal.

[615] V. Arrêt n°047 du 23/02/2012, de la section Administrative de la cour suprême du Mali, aff.la société château d'Eau construction C/ Le Secrétaire général de la présidence et la Direction Administrative et Financière de la présidence de la République, (non –publié),

[616] Arrêt n° 434 du 11/10/2012 de la Section Administrative de la Cour Suprême du Mali aff. DAF de la présidence de la République contre arrêt n°47 du 24/02/2012 (non publié).

[617] Article 101 du décret N°08-485/P-RM du 11 août 2008 portant nouveau code des marchés publics au Mali.

dûment signée par le représentant de l'autorité contractante qui a signé l'original indiquant que cette pièce est délivrée en unique exemplaire en vue de la notification éventuelle d'un nantissement de créance par le bénéficiaire au comptable assignataire chargé du paiement et désigné dans les pièces constitutives du marché. Le nantissement n'est opposable à l'autorité contractante que le dixième jour ouvrable suivant celui de la réception du pli recommandé ou de la remise contre récépissé.

La mutation des normes supérieures ayant abouti à celle des normes inférieures, le tout entraîna la transformation du cadre organique relatif aux marchés publics.

Le corpus réglementaire complète le corpus législatif relatif aux marchés publics. La rupture que ce corpus a engendrée s'est traduite par l'adoption d'un nouveau schéma organique qui témoigne de l'approche différente du système mis en place avant 2008.

Chapitre II
La transformation du cadre organique relatif aux marchés publics

102.- Bouleversement du cadre organique- Sur le plan législatif une rupture s'est produite notamment avec l'adoption d'un nouveau dispositif normatif relatif aux organes de la commande publique. Il s'agit notamment des nouvelles dispositions régissant les principaux organes en matière de la commande publique. Ce corpus législatif est issu de la transposition du droit communautaire des marchés publics au sein de l'espace UEMOA. Ce sont notamment la loi N°08-2008-022/ du 23 juillet 2008[618] portant création de la Direction Générale des marchés publics et des délégations de service public[619] abrogeant la loi N° 90-06/AN-RM du 19 février 1990 Portant création de la Direction générale des Marchés Publics[620] ; la loi N°08-023/ du 23 juillet 2008[621] relative à l'Autorité de Régulation des Marchés Publics et des Délégations de Service Publics (ARMDS). Pour la première fois une telle institution est créée au Mali qui emboîtera le pas au Cameroun[622] et au Niger[623]. Des Directions régionales des marchés publics furent créées pour la première fois au Mali en 2009[624]. Plusieurs autres Décrets complémentaires furent adoptés, notamment le Décret N°08-481/P-RM du 11 août 2008 fixant l'organisation et les modalités de fonctionnement de la DGMP[625] ; le Décret N°08-482/P-RM du 11 août 2008 fixant l'organisation et les modalités de fonctionnement de

[618] Modifiée par la loi n° 2011-029 du 24 juin 2011
[619] Loi N° 08-022/ du 23 juillet 2008 portant création de la Direction Générale des Marchés Publics et des Délégations de Service Public au Mali, JORM N°34 du 22 août 2008.
[620] Loi N°90-06/ AN-RM du 19 février 1990 portant création de la Direction Générale des Marchés Publics au Mali.
[621] Modifiée par la loi n° 2011-030 du 24 juin 2011
[622] Décret n° 2001/048 du 23 février 2001 portant organisation et fonctionnement de l'Agence de Régulation des marchés publics au Cameroun.
[623] En 2002.
[624] Article 15 du décret n°08-481P-RM du 11 août 2008 fixant l'organisation et les modalités de fonctionnement de la DGMP-DSP.
[625] Modifié par le décret n° 2011-442/P-RM du 15 juillet 2011

l'Autorité de Régulation des Marchés Publics et des Délégations de Service Public[626] ; le Décret N°09-687/P-RM du 29 décembre 2009 fixant les taux de la redevance de régulation des marchés publics et des délégations de service public, des produits des ventes des dossiers d'appels d'offres versés à l'Autorité de Régulation des Marchés Publics et des Délégations de Service public et des Frais d'enregistrement des Recours non-juridictionnels.

Le bouleversement du cadre normatif des marchés publics entraîna la refonte des organes administratifs de passation, de contrôle et de régulation des marchés (Section I) et le réajustement des organes juridictionnels relatifs aux marchés publics (Section II).

Section I : La refonte des organes administratifs de passation, de contrôle et de régulation des marchés publics

103.- Distinction- Le bouleversement du cadre organique des marchés publics aboutit à une restructuration des fonctions de passation, de contrôle et de régulation des marchés publics. Désormais, les fonctions de contrôle a priori sont séparées des fonctions de contrôle a posteriori et des fonctions de régulation. Ces fonctions sont exercées par des organes distincts. A côté de la restructuration des organes administratifs de passation et de contrôle a priori des marchés publics (Paragraphe I), une Autorité de régulation des marchés publics a été créée pour la première fois au Mali (Paragraphe II).

Paragraphe I : La restructuration des organes administratifs de passation et de contrôle a priori des marchés publics

104.- Restructuration- La transformation du cadre organique des marchés publics implique la restructuration des organes de passation des marchés publics au niveau central, au niveau déconcentré et au niveau des collectivités territoriales (A) et la mutation de la DGMP (B).

[626] Modifié par le décret n° 2011-443/P-RM du 15 juillet 2011.

A) La restructuration des organes de passation des marchés publics au niveau central, au niveau déconcentré et au niveau des Collectivités territoriales

105.- Organes- Au niveau central, plusieurs organes interviennent dans la procédure de passation des marchés publics notamment l'autorité contractante[627], la personne responsable du marché[628], le maître d'ouvrage [629], le maître d'œuvre [630], les Directions administratives et financières (DAF) devenues Direction des Finances et du matériel (DFM) [631], le maître d'ouvrage délégué [632], les commissions de dépouillement et de Jugement des offres[633], la sous-commission technique d'analyse des offres [634] et les organes de conclusion et d'approbation des marchés publics[635].

106. Autorités de conclusion et d'approbation- Ces dispositions du décret n°09-219/ P-RM du 11 mai 2009 ont été abrogées par celles du décret n°2014-0256/P-RM du 10 avril 2014 déterminant les autorités chargées de la conclusion et de l'approbation des marchés et des délégations de service public. Aux termes de ce nouveau décret, les marchés financés sur le budget d'Etat sont conclus et approuvés comme suit[636] :

- Les marchés de travaux de montant égal ou supérieur à 25 millions de FCFA, mais inférieur ou égal à 300 millions de FCFA sont conclus par le DFM, le DAF ou le Directeur régional du budget dans le cas des marchés passés au niveau régional et approuvés par le ministre concerné, le Gouverneur de région ou du District ;

[627] Article 4 du décret n° 08-485/P-RM du 11 août 2008 portant nouveau code des marchés publics au Mali.
[628] Ibid. article 2.
[629] V. DAO type du Mali d'Août 2009.
[630] Ibid.
[631] Ordonnance n°09-010/P-RM du 4 mars 2009 portant création des DFM, JORM n°12 du 20 mars 2009, p.447 et le décret n°09-137/P-RM du 27 mars 2009 fixant l'organisation et les modalités de fonctionnement des DFM, JORM n°17 du 24 août 2009, pp.661-663.
[632] V.CCAG du Mali relatif aux travaux..
[633] Ibid. article 15.
[634] V.CCAG du Mali relatif aux travaux.
[635] Articles 1er à 5 du décret n° 09-219/PM-RM du 11 mai 2009 déterminant les autorités de conclusion et d'approbation des marchés publics et des délégations de service public.
[636] Article 2 du décret n°2014-0256/P-RM du 10 avril 2014 déterminant les autorités chargées de la conclusion et de l'approbation des marchés et des délégations de services publics. ; V. Infra P.304 et S.

- Les marchés de travaux de montant supérieur à 300 millions de FCFA sont conclus par le DAF ou le DFM et approuvés par le ministre concerné ;
- Les marchés de prestations intellectuelles de montant égal ou supérieur à 15 millions de FCFA, mais inférieur ou égal à 100 millions sont conclus par le DFM, le DAF, le Directeur régional du budget de la région et approuvés par le ministre concerné, le Gouverneur de Région ;
- Les marchés de prestations intellectuelles de montant supérieur à 100 millions de FCFA, mais inférieur ou égal à 150 millions de FCFA sont conclus par le DAF ou le DFM et approuvés par le ministre concerné ;
- Les marchés de fournitures et services courants de montant égal ou supérieur à 25 millions de FCFA, mais inférieur ou égal à 150 millions de FCFA sont conclus par le DAF, le DFM, le Directeur Régional du budget et approuvés par le Gouverneur de Région, le ministre concerné ;
- Les marchés de fournitures et services courant d'un montant supérieur à 250 millions de FCFA, mais inférieur ou égal à 400 millions de FCFA sont conclus par le DAF ou le DFM et approuvés par le ministre concerné ;
- Les marchés de travaux d'un montant supérieur à 500 millions de FCFA, mais inférieur ou égal à 2 milliards de FCFA sont conclus par le ministre concerné ou le Gouverneur de Région et approuvés par le ministre chargé des finances ;
- Les marchés de prestations intellectuelles de montant supérieur à 150 millions de FCFA, mais inférieur ou égal à 750 millions de FCFA sont conclus par le ministre concerné ou le Gouverneur de Région et approuvés par le ministre chargé des finances ;
- Les marchés de fournitures et services courants de montant supérieur à 400 millions de FCFA, mais inférieur ou égal à 2 milliards de FCFA sont conclus par le ministre concerné ou le Gouverneur de Région et approuvé par le ministre chargé des finances ;
- Les marchés de travaux, fournitures et services courants de montant supérieur à 2 milliards de FCFA ou les marchés de prestations intellectuelles de montant supérieur à 750 millions de FCFA sont conclus par le ministre concerné ou le Gouverneur de Région et approuvés par le Conseil des ministres. Cependant la

compétence des autorités chargées de la conclusion et de l'approbation sera amplement développée ultérieurement pour mettre l'accent sur la complexité de l'encadrement juridique des marchés publics[637].

Tous ces organes ont été restructurés pour une meilleure définition de leur mission dans le cadre de la conformation aux dispositions nouvelles entrées en vigueur. Il existe une interdépendance de ces organes dans l'accomplissement de leur mission. L'administrateur de crédit élabore un DAO en rapport avec sa DAF ou DFM, conformément au dossier type mis à la disposition par la DGMP-DSP. En cas d'avis favorable, la DGMP invite la DAF de l'autorité contractante ou le service technique spécialisé à procéder à la publication du dossier dans un délai maximum de trois jours ouvrables à compter de la réception de l'avis. En cas d'avis défavorable, de la DGMP, la DAF de l'autorité contractante ou le service technique spécialisé procède aux corrections nécessaires dans un délai maximum de trois jours ouvrables à compter de la réception de l'avis. Dans un délai maximum de deux jours ouvrables à compter de la date de réception de la version corrigée du dossier, la DGMP doit donner son avis sur le projet de DAO. La DAF ou le service technique spécialisé procède au lancement du dossier dans un délai maximum de deux jours ouvrables à compter de la date de réception du dernier avis de la DGMP[638].

107.- Commission de dépouillement- La commission de dépouillement et de jugement des offres dispose d'un délai maximum de 10 jours ouvrables à compter de la date d'ouverture des plis pour procéder au choix de l'attributaire provisoire du marché.

La sous-commission technique dispose d'un délai de cinq jours ouvrables pour procéder à l'analyse technique et financière des offres et soumettre les résultats de ses travaux à la commission. La DAF de l'autorité contractante ou du département technique spécialisé doit adresser sans délai à la DGMP, pour approbation et recommandations éventuelles, le procès-verbal d'ouverture des plis, le rapport d'analyse technique et financière des soumissions ou des offres, ainsi que le procès-verbal faisant état de la proposition du choix du candidat[639].

---

[637] Infra p.302 et s.
[638] Article 18 du CCAG relatif aux travaux.
[639] Article 19 du CCAG, ibid.

Après l'approbation du rapport de dépouillement et de jugement des offres par l'autorité contractante, la DAF ou le service technique spécialisé doit notifier l'attribution du marché au candidat choisi dans un délai maximum d'un (01) jour ouvrable à compter de l'avis de la DGMP-DSP.

La DAF de l'autorité contractante ou du service technique spécialisé doit transmettre à la DGMP-DSP un exemplaire du contrat de marché en même temps que le rapport de dépouillement et de jugement des offres.

La DGMP-DSP se prononce concomitamment sur les deux documents dans les mêmes délais précités[640].

Pour des marchés dont l'approbation relève du ministre chargé des Finances, la décision est prise par le ministre sur la base du rapport circonstancié élaboré par la DGMP-DSP à partir d'une note de présentation produite par les DAF ou les services technique spécialisés. Ces structures pour ce faire disposent d'un délai de quatre jours pour produire les documents concernés. En outre la DAF de l'autorité contractante ou du service technique spécialisé procède à la notification de l'attribution du marché au candidat choisi dans un délai maximum d'un jour ouvrable à compter de la date de réception du rapport approuvé par le ministre chargé des Finances[641].

La décision finale relative à l'attribution du marché intervient sur la base du rapport d'analyse des offres et le cas échéant des recommandations de la DGMP effectuées conformément à l'article 107 du code.

Après expiration du délai de 15 jours[642] et du délai résultant d'un éventuel recours relatif à la passation du marché, l'autorité contractante prépare le dossier de marché en vue de l'approbation du marché[643].

Au moins quinze (15) exemplaires originaux du marché à approuver doivent constituer le dossier de marché. Une fois le dossier de marché préparé, il convient de concrétiser l'acceptation du contrat de marché

---

640 Article 20 CCAG, ibid.

641 Ibid. Article 21.

642 Article 70.2 du décret n°08-485/P-RM du 11 août 2008 portant nouveau code des marchés publics au Mali.

643 Article 16 du CCAG, ibid.

par la signature conjointe du titulaire et de l'autorité contractante. Le marché est ensuite soumis au visa du contrôle financier. L'obtention des trois signatures précitées ne doit pas prendre plus de quatre (04) jours à compter de l'avis juridique favorable de la DGMP sur le projet de marché.

Dans un délai maximum de quatre jours ouvrables à compter de la réception du dossier de marché, le Ministre dépensier, le Ministre de tutelle ou le Gouverneur de Région selon les cas, approuve le marché. Dans un délai maximum de deux jours ouvrables après l'approbation de l'autorité contractante, la DAF de l'Autorité contractante ou du département technique spécialisé transmet le marché pour enregistrement, au Secrétariat général du Gouvernement et au service des impôts, dans un délai de quatre jours ouvrables, à raison de deux jours par structure. Les marchés passés dans les régions sont enregistrés au Gouvernorat de Région ; pour numérotation à la DGMP dans un délai d'un jour ouvrable. Les marchés passés à Bamako sont numérotés à la DGMP quel que soit le mode de financement. Les exemplaires du marché numéroté sont transmis par la DGMP à la DAF de l'autorité contractante pour notification au titulaire et ventilation aux services ci-après dans le délai d'un jour ouvrable : La DGMP ou la DRMP deux exemplaires, la DNCF un exemplaire, la DNTCP un exemplaire, la DGI un exemplaire, la DGD un exemplaire, le SGG ou le Gouvernorat de Région un exemplaire, le Bailleur de fonds concerné un exemplaire, l'ordonnateur national du bailleur de fonds le cas échéant un exemplaire, le titulaire du marché deux exemplaires. La notification du marché au titulaire doit être faite dans le même délai d'un jour ouvrable. Elle consiste en la remise d'une lettre de notification accompagnée des deux exemplaires au destinataire contre récépissé ou un envoi par lettre recommandée avec accusé de réception. Cette date doit figurer sur les exemplaires du marché détenus aussi bien par la DAF de l'autorité contractante que par le titulaire du marché. La lettre de notification doit au moins comporter les mentions suivantes : l'objet du marché. Si un cautionnement est demandé dès la notification du marché, il faut préciser que le cautionnement ou la caution qui s'y substitue doit être constitué dans les 20 jours suivant la date de réception de la lettre de notification ou dans tout autre délai fixé par la réglementation du bailleur de fonds le cas échéant et que le paiement des avances éventuelles et /ou des droits constatés ne peut être effectué qu'après la fourniture du cautionnement ou la caution ; si la date de commencement des prestations n'est pas celle de la notification du fait d'une disposition particulière du marché, la lettre de notification devra, soit indiquer la date de commencement d'exécution de la prestation, soit préciser que cette date sera fixée ultérieurement par ordre de service[644].

La nouvelle réglementation met l'accent sur la responsabilité de l'autorité contractante[645]. Pour les marchés dont l'approbation relève du Chef du département ministériel, du Gouverneur de la Région ou de toute autre autorité d'approbation selon les cas, le dossier d'appel à la concurrence ainsi que le rapport de dépouillement et d'évaluation des offres sont transmis par les services responsables de la passation des marchés à la DGMP-DSP ou aux DRMP-DSP selon le cas.

Pour les marchés dont l'approbation relève de la compétence du ministre chargé des Finances ou du Conseil des ministres, les DAC ainsi que les rapports de dépouillement et d'évaluation des offres sont transmis par le Chef du département concerné, le Gouverneur de Région ou toute autre autorité de conclusion en personne, selon les cas, au ministre chargé des Finances qui les transmet à la DGMP-DSP pour analyse[646].

108.- Commission de réception- Les modalités de réception peuvent varier selon la nature ou l'objet du marché et sont fixés par les documents constitutifs du marché.

La réception a lieu lorsque le titulaire du marché finit d'exécuter les prestations contractuelles. La décision de réception est prononcée par l'autorité contractante [647] sur proposition de la commission de réception visée à l'article 94 du code. Au vu du procès-verbal des opérations préalables de réception, la commission décide si la réception doit ou non être prononcée ou si elle est prononcée avec réserve et fixe, le cas échéant, la date de l'achèvement des prestations. S'il apparaît que certaines prestations prévues au marché et devant encore donner lieu à règlement n'ont pas été exécutées, la commission de réception peut décider de proposer la réception sous réserve que le titulaire s'engage à exécuter ces prestations dans un délai qu'elle fixe

---

644 V. CCAG.
645 Ibid. article 24
646 Ibid.
647 Ibid. article 27.

lorsqu'il n'est pas fixé par les documents constitutifs du marché. La constatation de l'exécution de ces prestations doit donner lieu à un procès-verbal dressé dans les mêmes conditions que le procès-verbal des opérations préalables de réception. La commission de réception est présidée par la personne responsable du marché. Les autres membres sont nommés par décision de l'autorité contractante. Ils sont choisis en priorité parmi les agents du service bénéficiaire dont la compétence en matière d'exécution de marchés publics est avérée ou du service technique spécialisé, extérieur à l'autorité contractante, le cas échéant. Ils ne doivent pas relever des structures chargées du contrôle interne de l'autorité contractante. La DGMP est membre. Une ampliation de tous les avis convoquant les membres de la commission doit être envoyée à ce service suffisamment à temps pour lui permettre de se faire représenter[648]. Les autorités contractantes élaborent des plans prévisionnels annuels de passation des MP sur le fondement de leur programme d'activité. Ces plans doivent être cohérents avec les crédits qui leur sont alloués. Ils sont révisables. Ils doivent être communiqués à la DGMP. Les marchés passés par les autorités contractantes doivent avoir été préalablement inscrits dans ces plans prévisionnels ou dans les plans révisés, à peine de nullité, sous réserve de l'appréciation de la DGMP[649].

Le CCAG définit les obligations du maître de l'ouvrage, du MOD, du maître d'œuvre, de l'entrepreneur.

Concernant, la restructuration des organes chargés de la passation des marchés publics au niveau des Collectivités territoriales et des services déconcentrés, l'arrêté interministériel n°10-0203 MEF/MATCL-SG, fixe les règles particulières à la passation, à l'exécution et au contrôle des marchés publics des collectivités territoriales conformément aux dispositions de l'article 76 du décret n° 08-485/P-RM du 11 août 2008 portant nouveau code des marchés publics[650]. Ledit arrêté est applicable à tous les marchés passés par les collectivités quelle que soit l'origine des fonds sous réserve des dispositions de l'article 7 du code des marchés publics relatif aux marchés sur financement extérieur.

---

[648] Article 27 du CCAG

[649] Article 28 du décret n°08-485/P-RM du 11 août 2008.

[650] Le chapitre V du décret n°08-485 (intitulé passation des marchés publics DSP) est libellé la passation des marchés publics des Collectivités décentralisées

Pour les achats relatifs au seuil des procédures adaptées, l'autorité contractante peut ne pas recourir aux procédures formalisées conformément à l'article 9.2 du nouveau code des marchés publics. Dans ce cas, elle devra procéder à un appel à la concurrence conformément à des procédures qui étaient fixées par l'arrêté n° 09-1969/MEF-SG du 06 août 2009 fixant les modalités d'application du décret n° 08-485 d'une part et par décision du Directeur national des Collectivités territoriales[651] d'autre part[652].

En raison de la complexification de ces procédures qui varient suivant la nature des Collectivités territoriales, et leurs seuils, leur étude fait l'objet d'un développement ultérieur[653].

B) La mutation de la Direction générale des Marchés Publics

109.- Création de la DGMP-DSP- La DGMP est devenue la Direction générale des Marchés publics et des Délégations de Service public (DGMP-DSP) avec un redimensionnement et la création pour la première fois des Directions régionales des Marchés publics avec des missions nouvelles. La DGMP-DSP est un service central du Ministère chargé des Finances créée par la loi n° 08-022 du 23 juillet 2008. Elle a pour mission le contrôle de l'application de la réglementation sur les marchés publics[654]. A ce titre, elle est chargée de : Suivre et contrôler la passation des marchés publics et des délégations de service public ; d'émettre des avis, accorder les autorisations et les dérogations à la demande des autorités contractantes, dans les cas prévus par la réglementation ; d'assurer en relation avec l'autorité de régulation, à la constitution et à la gestion d'une banque de données sur les marchés publics et les délégations de service public ; de donner son avis sur les projets de textes législatifs et réglementaires relatifs aux marchés publics[655].

110.- Contrôle a priori- La DGMP fait un contrôle a priori de la passation des marchés en donnant un avis préalable sur l'utilisation

---

[651] Article 9 du décret n°08-485/P-RM du Mali, ibid.
[652] Infra p.310 et S.
[653] Infra, p.302 et s.
[654] Et délégations de Service Public
[655] Article 2 de la loi n°08-022 du 23 juillet 2008 portant création de la Direction générale des marchés publics et des délégations de service public modifiée par la loi n°2011-029 du 24 juin 2011.

d'une procédure autre que l'appel d'offre ; examine juridiquement et techniquement les dossiers de préqualification d'appel d'offres et de consultation relatifs aux marchés ; émet un avis sur le rapport d'analyse des offres transmis par la commission d'ouverture des plis et d'évaluation des offres concernant les marchés publics ci-après : Les marchés dont la valeur estimée est égale ou supérieure à 25 millions pour les marchés de travaux, de fournitures et de services courants et à 15 millions pour les marchés de prestations intellectuelles tels qu'indiqués à l'article 9 du décret n°08-485 ainsi que les avenants aux dits marchés qui ont pour effet de porter le montant du marché au montant du seuil d'examen du dossier ; les marchés passés par appel d'offres restreint ou par entente directe[656].

La DGMP se prononce dans un délai de 15 jours ouvrables suivant la réception du rapport d'analyse.

Si l'autorité contractante n'accepte pas les recommandations qui, le cas échéant auront été formulées par la DGMP, la décision finale relative à l'attribution du marché est prise : Par le ministre des Finances pour les marchés dont la valeur estimée est égale ou supérieure au seuil des marchés prévus à l'art 9 mais inférieur ou égal à 1 Milliard de F ; si l'autorité contractante n'accepte pas la décision du ministre des Finances, le Conseil des ministres prend la décision finale relative à l'attribution du marché ; par le Conseil des ministres pour les marchés dont la valeur estimée est égale ou supérieure à 1 milliard de FCFA.

Sans préjudice des attributions de la DGMP prévues concernant le contrôle de certains actes postérieurs à l'attribution du marché, tout marché public fait l'objet de supervision de contrôle de suivi et de surveillance de son exécution technique, administrative et financière. Ces missions sont exercées conjointement par l'autorité contractante et la DGMP. Les différents cahiers des charges fixent les conditions et modalités de supervision, de contrôle, de suivi et de surveillance de l'exécution des marchés publics.

Il découle un redimensionnement de la DGMP-DSP par la création de la Sous-Direction Etude et Suivi qui assure le suivi de l'exécution administrative, technique et financière des marchés publics. A ce titre,

---

[656] La DGMP-DSP effectue également un contrôle a priori sur les délégations de service public.

celle-ci doit contrôler tous les chantiers de travaux et participer aux réceptions de travaux, de biens et services.

111.- Déconcentration de la DGMPDSP- Avec le nouveau droit des marchés publics intervient, la déconcentration de la DGMP-DSP à travers la création des Directions régionales des marchés publics[657]. Avant la réforme, la DGMP n'était pas une structure déconcentrée au niveau régional en ce sens que le contrôle a priori des marchés publics étaient assurées au niveau régional et subrégional par les Directions régionales du Contrôle financier (DRCF) tant dis que les Directions régionales du Budget (DRB) assuraient la passation lorsque le seuil ne dépassait pas 50 millions de FCFA. Les compétences techniques et humaines ne permettaient pas aux DRCF d'accomplir ces missions. C'est ainsi qu'avec la réforme, sont créées des Directions régionales des Marchés publics et des délégations de service Public (DRMP-DSP), qui vont prendre le relais des DRCF pour le contrôle a priori des marchés, dont le seuil n'atteignait pas non plus 50 millions, mais 250 millions de FCFA au niveau de la Région ou du District de Bamako, du cercle chef-lieu de Région et ses communes. Par contre, dans les autres cercles et leurs communes, le Délégué du Contrôle financier procède au contrôle jusqu'au seuil de 50 millions pour les marchés de travaux, de fournitures et services courants et 30 millions pour les prestations intellectuelles. Dès que le seuil dépasse ces montants, la DRMP-DSP est compétente. Au niveau du District de Bamako et de ses Communes, la DRMP du District exerce le contrôle a priori lorsque le seuil atteint 250 millions pour les marchés de travaux, de fournitures et de services et 75 millions pour les marchés de prestations intellectuelles et cela même pour l'administration centrale.

112.- Contrôle a priori dans le cadre de la décentralisation- Dans le cadre de la décentralisation, Il convient de distinguer les nouvelles missions des organes de contrôle a priori au niveau de la région, au niveau des cercles, au niveau des communes (hors District de Bamako), et au niveau du District et aux communes du Bamako. Un développement ultérieur sera consacré à ces missions[658].

113.- Règles particulières à la Région- D'abord, les règles particulières applicables à la Région sont les suivantes :

---

[657] Et des délégations de Service public

[658] Infra 302 et S .

Les procès-verbaux de dépouillement de jugement des marchés des marchés de travaux, de fournitures et de services de montant égaux ou supérieur à 25 millions, mais inférieur ou égaux à 250 millions sont approuvés par le DRMP-DSP ; les procès-verbaux de dépouillement et de jugement des offres des marchés de travaux, fournitures, et services de montants supérieur à 250 millions sont approuvés par le Directeur général des marchés publics et délégations des services publics ; les procès-verbaux (PV) de dépouillement et de jugement des offres pour les marchés de prestations intellectuelles de montants égaux ou supérieurs à 15 millions, mais inférieurs ou égaux à 75 millions sont approuvés par le Directeur RMPDSP ; les PV de dépouillement et de jugement des offres pour les marchés de prestations intellectuelles de montants supérieurs à 75 millions sont approuvés par le DGMP-DSP[659].

114.- Règles particulières au cercle- Ensuite, relativement aux règles particulières applicables au cercle, l'approbation des procès-verbaux de dépouillement et de jugement des offres est assurée selon la localisation du cercle, la nature de la prestation et le montant comme suit :
Concernant les marchés publics du cercle, chef-lieu de région : Pour les marchés de travaux de fournitures et de services de montants égaux ou supérieurs à 25 millions, mais inférieurs ou égaux à 250 millions, l'approbation des conclusions des PV de dépouillement des offres est faite par le DRMP-DSP ; de montants supérieurs à 250 millions l'approbation est faite par le DGMPDSP ; pour les marchés de prestations intellectuelles de montants égaux ou supérieurs à 15 millions, mais inférieurs ou égaux à 75 millions, l'approbation est faite par le Directeur Régional des MPDSP ; de montants supérieurs à 75 millions, l'approbation est faite par le DGMP ;

S'agissant des marchés publics des autres cercles :Pour les marchés de travaux, de fournitures ou de services de montants égaux ou supérieurs à 25 millions, mais inférieurs ou égaux à 50 millions l'approbation est faite par le délégué du contrôle financier du cercle ; de montants supérieurs à 50 millions, mais inférieurs ou égaux à 250 millions, l'approbation est faite par le DRMP-DSP ; de montants supérieurs à 250 millions, l'approbation est faite par le DGMP-

[659] Article 8 de l'arrêté interministériel n°10-0203 MEF/MATCL- SG fixant les dispositions particulières relatif à la passation des marchés publics des collectivités territoriales.

DSP ;pour les marchés de prestations intellectuelles de montants égaux ou supérieurs à 15 millions, mais inférieurs ou égaux à 30 millions, l'approbation est faite par le délégué du contrôle financier du cercle ; de montants supérieurs à 30 millions, mais inférieurs ou égaux à 75 millions, l'approbation est faite par le DRMP-DSP ; de montants supérieurs à 75 millions, l'approbation est faite par le DGMP-DSP. Les approbations visées au présent article ne deviennent définitives qu'après approbation des mêmes procès-verbaux par les autorités d'approbations des contrats de marchés telles que précisées à l'article 24 ci-dessous. Les projets de marché sont transmis en même temps que les procès-verbaux de dépouillement des offres pour avis juridique au délégué du contrôle financier, au Directeur Régional ou au Directeur général des MPDSP selon les cas susmentionnés. L'autorité d'approbation des procès-verbaux de dépouillement et de jugement des offres et des projets de marché dispose d'un délai de 15 jours ouvrables après réception du rapport de dépouillement et de jugement des offres accompagné du projet de marché[660].

115.- Règles particulières à la commune hors District- Puis les règles particulières applicables à la commune (hors District de Bamako) :
L'approbation des procès-verbaux de dépouillement et de jugement des offres est assurée selon la localisation de la commune, la nature de la prestation et le montant comme suit :

Au sujet des marchés publics des communes du cercle, chef-lieu de Région :Pour les marchés de travaux, de fournitures et de services de montants égaux ou supérieurs à 25 millions, mais inférieurs ou égaux à 250 millions, l'approbation des conclusions des PV de dépouillement des offres est faite par le Directeur Régional des marchés publics ; de montants supérieurs à 250 millions l'approbation est faite par le DGMP.

Pour les marchés de prestations intellectuelles : De montants égaux ou supérieurs à 15 millions, mais inférieurs ou égaux à 75 millions l'approbation est faite par le DRMP ; de montants supérieurs à 75 millions l'approbation est faite par le DGMP

Par rapport aux marchés publics des autres communes : Pour les marchés de travaux, fourniture services de montants égaux ou

[660] Article 20 de l'arrêté interministériel n°10-0203/MEF/MATCL- SG, op.cit.

supérieurs à 25 millions, mais inférieurs ou égaux 50 millions l'approbation est faite par le délégué du contrôle financier du cercle ; de montants supérieurs à 50 millions, mais inférieurs ou égaux à 250 millions, l'approbation est faite par le DRMP ; de montants supérieurs à 250 millions, l'approbation est faite par le DGMP.

Pour les marchés de prestations intellectuelles de montants égaux ou supérieurs à 15 millions, mais inférieurs ou égaux à 30 millions l'approbation est faite par le DCF du cercle ; de montants égaux ou supérieurs à 30 millions, mais inférieurs ou égaux à 75 millions l'approbation est faite par le DRMP ; de montants supérieurs à 75 millions l'approbation est faite par le DGMP. Les approbations visées ne deviennent définitives qu'après approbation des mêmes procès-verbaux par les autorités d'approbation des contrats de marchés précisées à l'article 35.

Les projets de marché sont transmis en même temps que les procès-verbaux de dépouillement des offres pour avis juridique au DCF, au DRMP ou au DGMP selon les cas susmentionnés. L'autorité d'approbation des PV de dépouillement et de jugement des offres et des projets de marchés dispose d'un délai de 15 jours ouvrables après réception du rapport de dépouillement et de jugement des offres accompagné du projet de marché[661].

116.- Règles particulières au District de Bamako- Enfin, les règles particulières applicables au District et aux communes de Bamako :
L'approbation des PV de dépouillement et de jugement des offres est assurée selon la nature de la prestation et le montant comme suit :

Pour les marchés de travaux de fournitures, et de services de montants égaux ou supérieurs à 25 millions, l'approbation des conclusions des PV de dépouillement des offres est faite par le Directeur des marchés publics du district ; de montants sup à 250 millions, l'approbation est faite par le DGMP. Pour les marchés de prestations intellectuelles de montants égaux ou supérieurs à 15 millions, mais inférieurs ou égaux à 75 millions, l'approbation est faite par le Directeur des marchés publics du district ; de montants supérieurs à 75 millions, l'approbation est faite par le DGMP. Les approbations ne deviennent définitives qu'après approbation des mêmes procès-verbaux par les autorités d'approbation des contrats de marché précisées à l'article 48.

---

[661] Article 32 de l'arrêté interministériel n°10-0203/MEF/MATCL- SG, op.cit

Les projets de marchés sont transmis en même temps que les PV de dépouillement des offres pour avis juridique au Directeur des marchés publics du District ou au DGMP selon les cas. L'autorité d'approbation des procès-verbaux de dépouillement et de jugement des offres et des projets de marchés dispose d'un délai de 15 jours ouvrables après réception du rapport de dépouillement et de jugement des offres accompagné des projets de marché[662].

117.- Création des cellules de passation des marchés publics- La création des cellules de passation des marchés publics récemment rend encore compliquée ce contrôle a priori[663].

L'un des éléments le plus marquant de la transformation du droit des marchés publics est la création de l'ARMDS.

Paragraphe II : La création de l'Autorité de Régulation des marchés publics et des Délégations de Service Public (ARMDS)

118.- Innovation fondamentale- Un paradigme, une innovation fondamentale dont la première est l'Agence de Régulation des marchés publics du Cameroun créée en 2001[664]. Afin de réguler les marchés publics, il a été décidé que chaque Etat membre crée une Autorité de régulation des marchés publics ayant le statut d'une Autorité administrative indépendante (A) et des missions déterminées (B).

A) L'ARMDS : Une Autorité administrative indépendante

119.- Autorité administrative indépendante- L'organe de régulation est supposé être indépendant. Dans le cadre administratif, l'indépendance renvoie moins à une conception souveraine de l'autorité, mais beaucoup plus à une véritable autonomie de ladite autorité vis-à-vis du pouvoir. « Les régulateurs ne sont jamais totalement indépendants du pouvoir exécutif. Ce qui est important pour l'équité du traitement du secteur, c'est qu'ils puissent être

---

[662] Article 44 de l'arrêté interministériel n°10-0203/MEF/MATCL- SG, op.cit

[663] Infra p.312 et S..

[664] Décret n°2001/04 du 23 février 2001 portant création, organisation et fonctionnement de l'Agence de Régulation des Marchés publics au Cameroun, op.cit.

impartiaux »[665]. L'ARMDS dispose d'une autonomie organique et d'une autonomie fonctionnelle.

L'autonomie organique est relative à tout ce qui est susceptible de garantir la neutralité et l'objectivité du régulateur. L'autorité de régulation est un organe tripartite de 9 membres représentant sur une base paritaire, l'administration publique, le secteur privé et la société civile. L'absence d'un droit de révocation discrétionnaire constitue la véritable garantie statutaire de l'impartialité des membres de l'ARMDS.

L'autonomie de gestion s'analyse suivant la marge de liberté dont dispose l'ARMDS dans la fixation de ses règles de fonctionnement interne et dans l'utilisation des biens matériels et financiers. A ce titre, le Conseil de Régulation (CR) en tant qu'organe délibérant de l'ARMDS prend toutes décisions en matière de régulation à l'exception de celles confiées au CRD. Le CR définit les orientations de la politique de l'ARMDS, arrête le programme annuel d'activités dont il veille sur l'exécution, adopte le budget annuel de l'ARMDS, se prononce sur les rapports d'évaluation et d'audit, propose au Gouvernement les mesures susceptibles d'améliorer le système de régulation, fixe les règles de fonctionnement et d'administration de l'ARMDS, autorise l'acquisition et l'aliénation des biens meubles et immeubles, délibère sur l'acceptation des dons et legs, détermine l'organigramme du Secrétariat Exécutif, fixe les conditions et modalités d'octroi d'indemnités ou d'avantages spécifiques au personnel administratif et technique de l'ARMDS, adopte le rapport annuel de l'ARMDS préparé par le Secrétariat exécutif et adopte le règlement intérieur de l'ARMDS[666].

C'est en application de cette disposition que la décision n°10-002/ARMDS-CR du 3 mars 2010 portant modalités de fonctionnement du CRD de l'ARMDS a été adopté[667]. L'ARMDS du Mali dispose d'une plus grande autonomie par rapport aux Autorités administratives indépendantes françaises qui ne disposent pas de la

[665] GUEDON (M.J.), les Autorités administratives indépendantes, LGDJ, coll. syst.1991, p.159.

[666] Article 5 du décret n°08-482/P-RM du 11 août 2008 fixant l'organisation et les modalités de fonctionnement de l'ARMDS, JORM n°38 du 19 septembre 2008, pp.1484-1487.

[667] V. Recueil des principaux textes régissant les marchés publics en République du Mali, édition, 2013 ARMDS, p.185.

personnalité juridique[668]. Or, au Mali, l'ARMDS est dotée de la personnalité morale et de l'autonomie financière[669]. Au Cameroun, la fonction de régulation est confiée à l'Agence de Régulation des Marchés Publics créée par le décret n°2001/048/du 23 février 2001[670]. Celle-ci est à distinguer au Cameroun de l'Autorité chargée des Marchés publics qui est le premier ministre[671]. Au Cameroun, l'Autorité de Régulation ou l'Agence de Régulation des Marchés publics est un établissement public administratif doté de la personnalité juridique et de l'autonomie financière, placée sous la tutelle de la Présidence de la République[672]. Dans ce pays, il est question d'établissement administratif au lieu d'Autorité administrative indépendante.

120.- Organes de l'ARMDS- Les organes de l'autorité de régulation sont : Le conseil de régulation, organe d'orientation et délibérant. Il est composé comme suit : 3 membres représentant l'administration, désignés par le premier ministre ; 3 membres représentant le secteur privé désigné par les organisations professionnelles représentatives des opérations économiques des secteurs de bâtiments et travaux publics, du commence et des services ; 3 membres représentant la société civile désignés par les organisations associatives œuvrant dans le domaine de la bonne gouvernance, de l'éthique et de la lutte contre la corruption.

121.- CRD- Le CRD, est l'organe chargé du règlement non juridictionnel des litiges. Le secrétariat exécutif est l'organe administratif chargé d'assister l'autorité. Le conseil de régulation définit la politique de l'ARMDS, arrête le programme d'activités. S'agissant de l'autonomie fonctionnelle, dans le cadre de l'accomplissement de sa mission l'ARMDS doit disposer d'une

---

[668] VINCENT (J.-Y), CRUCIS (H.-M.), EVEILLARD (G.), MONDIELLI (E.), LE GALL (Y.), BACHELIER (G.), CADEAU (E.), EUDE-GUIAS (C.), GRABOY-GROBESCO (A.), DE VILLEIRS (M.), DE BERRANGER (T.) (...Sous la direction de), droit public général, institutions politiques, administratives et communautaires, droit administratif-finances publiques, 4ème édition, Lexis Nexis Litec, Paris, pp.197-203 ; LOMBARD (M.), DUMONT (G.), droit administratif, Dalloz, 5e édition, 2003, Paris, pp. 116-128.

[669] Article 1er de la loi n°08-023/ du 23 juillet 2008 relative à l'ARMDS, op.cit.

[670] Décret n° 2001/048/du 23 février 2001 portant création, organisation et fonctionnement de l'Agence de Régulation des Marchés publics au Cameroun.

[671] Article 160 du décret n°2004/275/ du 24 septembre 2004 portant Code des marchés publics du Cameroun.

[672] Article 2 du décret n°2001/048/du 23 février 2001 portant création, organisation et fonctionnement de l'Agence de Régulation des Marchés Publics, ibid.

grande marge de manœuvre. Ceci est à la base de la soumission à une tutelle allégée de l'organe de régulation. L'autonomie fonctionnelle consiste en la soumission de l'ARMDS à une tutelle allégée, mais également en lui accordant l'autonomie de gestion. La tutelle se décline en une tutelle technique et en une tutelle financière. S'agissant de la tutelle technique, elle consiste en la fixation des objectifs assignés à cette autorité. C'est ce que la loi créant l'ARMDS a fait.

122.- Conseil de Régulation- Le Conseil de Régulation délibère sur ses attributions et les exerce en toute indépendance. Dans l'accomplissement de ses attributions techniques, l'ARMDS ne peut recevoir d'instruction d'aucune autorité et n'est soumise à aucune tutelle[673]. Ceci implique que la tutelle technique n'existe pas dans le cadre de l'ARMDS. C'est plutôt la tutelle financière qui est prévue qui consiste à s'assurer de la régularité des opérations financières au regard du droit comptable et budgétaire. C'est cette tutelle financière qui est consacrée par le Décret du 11 août 2008 qui édicte que l'ARMDS est placée sous l'autorité du premier ministre[674].

123.- Secrétariat exécutif- A ce titre, ce Décret précise que le projet de budget annuel de l'ARMDS préparé par le Secrétariat exécutif, adopté par le Conseil de Régulation est transmis pour approbation au premier ministre après avis du ministre chargé des Finances avant le début de l'exercice budgétaire[675].

L'autonomie de gestion s'apprécie en fonction de la liberté dont jouit l'ARMDS dans la fixation de ses règles de fonctionnement interne et dans l'usage de ses biens matériels et financiers. A ce titre le Conseil de Régulation fixe l'organisation interne et les règles particulières relatives au fonctionnement et à l'administration de l'ARMDS, adopte le règlement intérieur, détermine l'organigramme du Secrétariat exécutif, etc.[676].

---

[673] Article 27 de la loi n°08-023 du 23 juillet 2008 relative à l'ARMDS.

[674] Article 2 du Décret n°08-482/P-RM du 11 août 2008 fixant l'organisation et les modalités de fonctionnement de l'ARMDS

[675] Ibid. article 32.

[676] Article 5, du décret n°08-481-482/PRM du 11 août 2008 fixant l'organisation et les modalités de fonctionnement de l'ARMDS.

B) Les missions de l'ARMDS

124.- Missions- L'ARMDS a pour mission d'assurer la régulation du système de passation des marchés publics et des conventions de délégation de service public en vue d'en accroître la transparence et l'efficacité.

A ce titre, elle est chargée de : Définir les éléments de la politique nationale en matière de MPDSP ; élaborer les projets de texte et même des études relatives aux MPDSP ; contribuer à la formation des acteurs de la commande publique ; dans ce cadre elle assure la publication d'une revue périodique ayant pour objet de promouvoir la transparence sur le système des MPDSP, assure en relation avec la DGMP la constitution et la gestion d'une banque de données sur les MPDSP ; auditer les marchés publics, initier des enquêtes relatives à des irrégularités ou des violations de la réglementation communautaire ou nationale, commises en matière de MPDSP et de saisir les autorités communautaires ou nationales compétentes de toute infraction constatée.

125.- Audit- Elle fait réaliser les audits techniques et/ou financiers en vue d'évaluer le coût et l'efficacité des MPDSP ; assurer le règlement non juridictionnel des litiges en statuant en qualité d'autorité de recours non juridictionnel. Dans ce cadre elle reçoit les réclamations et statue sur les irrégularités, fautes et infractions constatées en matière de passation ou d'exécution des MPDSP. L'ARMDS entretient des relations de coopération avec les institutions similaires d'autres pays et les organismes dans le domaine des MPDSP. Elle est l'organe de liaison des institutions communautaires dans le cadre de la surveillance multilatérale en matière de MPDSP.

126. Contrôle a posteriori- L'autorité de Régulation des marchés publics(ARMDS) exerce un contrôle a posteriori du respect des règles nationales et de l'UEMOA relatives à la passation et à l'exécution des MPDSP. L'autorité de Régulation commande à la fin de chaque exercice budgétaire un audit indépendant sur un échantillon aléatoire de marchés, peut aussi procéder à des enquêtes portant sur la transparence et les conditions d'exécution des MP, rend compte à l'autorité contractante concernée et au ministre des Finances des anomalies, saisit les autorités compétentes au niveau national ou de l'UEMOA de toutes infractions ou irrégularités constatées, tient la liste des personnes exclues des procédures de passation et rend compte des contrôles effectués dans un rapport annuel transmis au Président de la République, au premier ministre et au Président de l'assemblé nationale qui donne ensuite lieu à publication.

127.- Contentieux non juridictionnel- Par la mission de règlement non juridictionnel, le CRD est chargé de : Recevoir les dénonciations des irrégularités constatées par les parties intéressées ou celles connues de toute autre personne avant, pendant et après la passation ou l'exécution des MPDSP ; recevoir et statuer sur les recours exercés par les candidats et soumissionnaires aux MPDSP relatifs à la procédure de passation des MPDSP ainsi qu'à leur exécution[677]. Le CRD peut décider : de concilier les parties concernées ; de statuer sur les irrégularités et violations des réglementations communautaires et nationales qu'elle constate et dans ce cadre d'ordonner toute mesure conservatoire corrective, ou suspensive de l'exécution de la procédure de passation ; d'émettre des avis dans le cadre de la procédure de règlement de l'ensemble des litiges[678]. Les décisions du CRD sont exécutoires, ont force contraignante sur les parties, elles sont définitives. Elles ne peuvent faire l'objet de recours que devant la section administrative.

L'autorité de régulation agissant en qualité d'autorité de recours non juridictionnel peut être saisie par les institutions, organes et organismes intervenant dans la passation et l'exécution des MPDSP. L'ARMDS, en qualité d'autorité de recours non juridictionnel peut également être saisie par les soumissionnaires s'estimant lésés par des procédures ou des décisions rendues à l'occasion de la passation de MPDSP. Le recours doit porter sur la décision d'attribuer ou de ne pas attribuer le marché, sur les conditions de publication des avis, les règles relatives à la participation des candidats et aux capacités et garanties exigées, le mode de passation et la procédure de sélection retenus, la conformité des documents d'appel, d'offres à la réglementation des marchés publics, les spécifications techniques retenues, les critères d'évaluations.

Le requérant doit invoquer une violation caractérisée de la réglementation des MPDSP. L'Autorité de Régulation est saisie dans les 2 jours ouvrables à compter de la notification de la décision rendue

---

[677]Article 11 du décret n°08-485/P-RM du 11 août 2008 portant nouveau code des marchés publics au Mali.

[678] Ibid. Article 18.

par l'autorité contractante ou l'autorité hiérarchique préalablement saisie ou, en l'absence de décision rendue dans les 3 jours ouvrables de la saisie de ces autorités.

L'attribution définitive du marché est suspendue jusqu'au prononcé de la décision de l'autorité. L'Autorité de Régulation peut entendre les partis et rechercher avec elles une solution amiable et en cas de succès, constater soit l'abandon des prétentions de l'une ou l'autre partie, soit la conclusion d'une transaction mettant fin au litige. Elle rend sa décision dans un délai de 7 jours ouvrables à compter de sa saisine. Les décisions de l'Autorité de Régulation ne peuvent avoir pour effet que de corriger la violation alléguée ou d'empêcher que d'autres dommages soient causés aux intérêts concernés ou de suspendre ou faire suspendre la décision litigieuse ou la procédure de passation.

Tout candidat s'estimant lésé au titre d'une procédure de passation d'un marché public est habilité à saisir l'autorité contractante ou l'autorité délégante d'un recours gracieux à l'encontre des procédures lui causant préjudice. Il doit être exercé dans les 5 jours ouvrables de la publication de la décision d'attribution du marché ou de la DSP, de l'avis d'appel d'offres, ou de la communication du DAO. Il a pour effet de suspendre la procédure d'attribution jusqu'à la décision définitive de l'autorité contractante hiérarchique ou de l'autorité de recours non juridictionnel.

En cas de différends relatifs à l'exécution des marchés publics, l'autorité contractante ou le titulaire du marché peut recourir au CRD. L'autorité peut demander à toute personne des informations qu'elle juge utiles pour ses enquêtes. L'autorité peut prononcer des sanctions lorsqu'il est établi que l'entrepreneur, le fournisseur ou le prestataire de services : a procédé à des pratiques de collusion entre soumissionnaires afin d'établir les prix des offres à des niveaux artificiels et non concurrentiels, a bénéficié de pratiques de fractionnement ou de toute autre pratique visant sur le contenu du DAO, a eu recours à la surfacturation et/ou à la fausse facturation, a tenté d'influer sur l'évaluation des offres ou sur les décisions d'attribution, y compris en proposant tout paiement ou avantage indu, a été reconnu coupable d'un manquement à ses obligations contractuelles lors de l'exécution de contrats antérieurs à la suite d'une décision d'une juridiction nationale devenue définitive ;a fourni des informations ou des déclarations fausses ou mensongères ou a fait usage d'informations confidentielles dans le cadre de la procédure d'appel d'offres[679].

128.- Sanctions- Ces sanctions suivantes peuvent être prononcées, seules ou cumulativement : La confiscation des garanties constituées par le contrevenant dans le cadre des procédures d'appel d'offres incriminées, l'exclusion de la concurrence pour une durée déterminée en fonction de la gravité de la faute, y compris, en cas de collusion, de toute entreprise qui possède la majorité du capital de l'entreprise accusée, ou dont l'entreprise accusée possède la majorité du capital. Au Sénégal, par décision du 11 février 2009, le CRD statuant en formation disciplinaire a exclu le groupe ESA des marchés publics, délégations de service public et contrats de partenariat pour une période de dix ans pour dépôt de caution irrégulière et perception d'avance de démarrage correspondante en violation de la réglementation sur les marchés publics par ledit groupe[680].

L'autorité de régulation a l'obligation de transmettre aux autorités administratives concernées les informations qu'elle a en sa possession concernant les agents des personnes morales droit public qui sont intervenus, à quelque titre que ce soit, dans la chaîne de passation des MPDSP et qui ont directement ou indirectement, participé aux actes prohibés et infractions visées par la réglementation des MPDSP. L'autorité administrative concernée a l'obligation d'engager les poursuites disciplinaires contre le ou les agents incriminés dans le respect des garanties accordées aux agents par leur statut[681].

L'ARMDS a dans tous les cas, l'obligation de saisir directement les autorités judiciaires des informations qu'elle a recueillies lors d'enquêtes lorsque les faits constatés sont susceptibles de poursuites pénales.

Les actes et sanctions prononcées par l'ARMDS ont le caractère d'actes administratifs et sont susceptibles de recours juridictionnels.

Lorsque les violations commises sont établies après l'attribution d'un marché, la sanction prononcée peut être assortie de la résiliation du

---

[679] Article 18 de la loi n°08-023 du 23 juillet 2008 portant création de l'ARMDS.
[680] Décisions CRD Sénégal 2009 : Décision n° 012/09/ARMP/CRD du 11 février 2009.
[681] Article 19 de la loi n°08-023 du 2 3 juillet 2008 portant création de l'ARMDS.

contrat en cours ou de la substitution d'une autre entreprise aux risques et périls du contrevenant sanctionné[682].

Le contrevenant saisit la juridiction administrative compétente, dans un délai maximum préfixé de 60 jours à compter de la notification de la décision du CRD.

Cette transformation du cadre juridique a entraîné également une refonte des organes juridictionnels chargés du contentieux des marchés publics.

Section II : La refonte des organes juridictionnels chargés du contentieux des marchés publics au Mali

129.- Distinction- La transposition des Directives communautaires UEMOA ou des actes de la CEDEAO et de l'OHADA a conduit à la restructuration des juridictions de droit interne (Paragraphe I) et à la création des juridictions de droit communautaire et autres juridictions arbitrales ou internationales (Paragraphe II).

Paragraphe I : La restructuration des juridictions de droit interne

130.- Juridictions internes- Le contentieux des marchés publics au Mali devant les juridictions internes est réparti entre les juridictions de l'ordre administratif et de l'ordre judiciaire (A) et la Haute Cour de Justice (B).

A) Les Juridictions de l'ordre administratif et de l'ordre judiciaire

131.- Ordres de juridiction- La compétence du Tribunal Administratif a été supprimée au profit de la Section Administrative pour connaître des recours contre les décisions du Comité de Règlement des Différends (CRD) de l'ARMP-DSP et du plein contentieux des marchés publics et le contrôle de légalité des actes détachables des marchés publics. Il convient de distinguer les juridictions à compétence générale comme la Section Administrative

[682] Article 120.3 du décret n°08-485 /P-RM du 11 août 2008 portant nouveau code des marchés publics au Mali.

de la Cour Suprême du Mali et les juridictions administratives spécialisées comme la Section des comptes de la Cour Suprême[683].

132.- Recours devant la section administrative- La décision du CRD peut être attaquée devant la section administrative de la cour suprême du Mali. Le recours devant le CRD n'a pas d'effet suspensif de l'exécution du marché.

La section administrative comprend un président de section et des conseillers, dont 2 commissaires du gouvernement. La section se divise en 2 chambres : une chambre contentieuse et une chambre consultative. Initialement le nombre de conseillers était limité. La chambre contentieuse ne peut statuer valablement que lorsque 3 membres sont présents en présence du commissaire du gouvernement. Elle est assistée d'un greffier. La section administrative est le juge d'appel de droit commun de toutes les décisions rendues en 1er ressort par les tribunaux administratifs de la République exception faite en matière de marchés publics. La section administrative est compétente pour connaître en 1er et dernier ressort : Des recours pour excès de pouvoir dirigés contre les décrets, arrêtés ministériels ou interministériels ;des litiges relatifs aux avantages pécuniaires ou statutaires des fonctionnaires de l'Etat ; des recours dirigés contre les décisions rendues par les organismes administratifs à caractère juridictionnel ;des recours en interprétation et de recours en appréciation de la légalité des actes dans les contentieux administratifs. En dehors des sanctions pénales et disciplinaires, les agents publics peuvent être tenus à la réparation des dommages résultant de leurs actes lorsqu'ils sont les auteurs de fautes graves commises dans le cadre de la procédure des marchés publics.

Toutes les Constitutions du Mali du 22 septembre 1960 à celle actuellement en vigueur ont prévu une juridiction chargée du jugement des comptes des comptables publics de deniers. La Constitution du 22 septembre 1960[684] avait prévu quatre institutions à savoir : Le Gouvernement, le Parlement, la Cour d'Etat et la Haute

---

683 VINCENT (J.Y.), CRUCIS (H.M.), EVEILLARD (G.), MONDIELLI (E.), LE GALL (Y.), BACHELIER (G.), CADEAU (E.), EUDE-GUIAS (C.), CRABOY-GROBESCO (A.), DE VILLIERS (M.), et DE BERRANGER (T.) (sous la direction de …), droit public général, 4e édition, Litec, 2009, p. 1166.

684 Constitution du 22 septembre 1960, Journal officiel de la République du Mali, numéro spécial, deuxième année n°65 du 29 septembre 1960.

Cour de Justice[685]. La Cour d'Etat comprenait trois sections : Une Section constitutionnelle, une Section du Contentieux et une Section des Comptes[686]. Cette Constitution n'a défini que les missions de la Section Constitutionnelle et ne dit rien en ce qui concerne les missions des deux autres sections. Cependant, elle renvoie à une simple loi pour la détermination et le fonctionnement de la Cour ainsi que la procédure suivie devant elle[687]. A la suite du coup d'Etat de 1968, le Comité Militaire de Libération Nationale (CMLN) adopta l'ordonnance n°1 du 19 novembre 1968portant organisation provisoire des pouvoirs publics en République du Mali[688]. Curieusement, cette ordonnance tout en suspendant la constitution du 22 septembre 1960[689], laissait en vigueur les dispositions des Titres V, VI, VII, VIII et X[690]. Aux termes des dispositions de cette ordonnance n°1, les institutions provisoires de la République sont : Le CMLN, le Gouvernement provisoire et la Cour Suprême[691]. Cette ordonnance restait muette sur la Cour Suprême. Cependant, l'ordonnance n°2 portant nomination des membres du Gouvernement provisoire[692] nommait Maître Ibrahima SALL, ministre de la Justice, Garde des Sceaux. Aux termes des dispositions de cette ordonnance n°2, le ministre de la Justice, Maître SYLLA cumulait ses fonctions avec celles de Président de la Cour Suprême en dérogation de la loi du 13 mars 1965[693]. Avec le retour à une vie constitutionnelle normale est adoptée la Constitution du 2 juin 1974[694]. En vertu des dispositions de cette constitution, les institutions de la République du Mali sont : Le Parti, le Président de la République, le Gouvernement, l'Assemblée Nationale, la Cour Suprême et la Haute Cour de Justice[695]. C'est cette

---

[685] Ibid. article 5.
[686] Ibid. article 43.
[687] Ibid. Article 44.
[688] Ordonnance n°1 portant Gouvernement provisoire des pouvoirs publics en République du Mali, JORM, numéro spécial, dixième année n°285 du 28 novembre 1968.
[689] Voir le préambule de l'ordonnance N°1 du 19 novembre 1968 qui suspend la constitution du 22 Septembre 1960 ;
[690]Ibid. Article 19.
[691] Ibid. Article 5.
[692] Ordonnance n°2 portant nomination des membres du Gouvernement provisoire du 28 novembre 1968, JORM, numéro spécial, dixième année n°285 du 28 novembre 1968.
[693] Article 3 de l'ordonnance n°2 portant nomination des membres du Gouvernement provisoire du 28 novembre 1968, JORM, numéro spécial, dixième année n°285 du 28 novembre 1968.
[694] Constitution du 2 juin 1974, JORM, numéro spécial, seizième année n°440 du 25 juillet 1974.
[695] Ibid. Article Premier.

constitution qui créa la Cour suprême composée de quatre Sections : La Section constitutionnelle, la Section judiciaire, la Section administrative et la Section des Comptes[696]. Cette Constitution non plus ne dit mot sur les missions de la Section des Comptes. La Constitution du 25 février 1992[697] crée la Cour Suprême composée de trois Sections : La Section judiciaire, la Section administrative et la Section des Comptes [698]. Ce qui fait que cette juridiction n'a fonctionné qu'en 2012.

133.- Section des comptes- La section des comptes de la Cour Suprême du Mali doit être érigée en Institution Supérieure de Contrôle des Finances Publiques (ISC) et en Juridiction autonome suivant la Directive n°09 UEMOA portant loi de Finances[699]. Elle comprend 1 président de section et des conseillers. La section des comptes comprend 3 chambres : Une chambre de jugement de comptes comprenant le président de la chambre et les conseillers ; une chambre de vérification des comptes et de contrôle des services personnalisés comprenant outre le président de la chambre, des conseillers ; une chambre de discipline budgétaire présidée par le président de la section des comptes assisté des deux présidents de chambre. La chambre de jugement ne peut délibérer valablement qu'en présence de 3 membres président y compris. Elle siège en présence d'un représentant du Ministère Public et avec l'assistance d'un greffier. La chambre de discipline budgétaire ne peut délibérer valablement qu'en présence de 3 membres.

La section des comptes peut également siéger en chambre réunie. Le procureur général ou l'un des avocats généraux y porte la parole.

La section des comptes juge les comptes des comptables publics de deniers ; vérifie la gestion financière des agents de l'ordre administratif chargés de l'exécution du budget national et des autres budgets assujettis aux mêmes règles ;contrôle les comptes de matière des comptables publics de matières; examine la gestion financière et comptable de toute entité bénéficiant du concours financier de l'Etat ; peut à tout moment, exercer tout contrôle soit de sa propre initiative soit à la demande du président de la république, du premier ministre ;

---

[696] Ibid. Article 66.

[697] Constitution du Mali du 25 février 1992, JORM n°4 du 30 février 1992, pp.117-126.

[698] Ibid. Article 83.

[699] Article 75 de la Directive n°06/UEMOA portant loi de Finances du 26 Juin 2009.

du président de l'Assemblée nationale[700]. Elle se réunit en formation de jugement ou en formation de contrôle. La procédure est écrite[701]. Les formations de jugement sont : La chambre de jugement des comptes avec un président et 2 conseillers ; la chambre de discipline financière et budgétaire. Elle se compose du président de la section des comptes (président de la dite chambre) du président de la chambre de jugement des comptes, du président de la chambre de vérification et de contrôle des services personnalisés.

134.- Section judiciaire- Les juridictions de l'ordre judiciaire et politique peuvent connaître du contentieux des marchés publics.

Au Mali, au sommet de la pyramide judiciaire se situe la Cour Suprême. C'est la Section judiciaire qui est juge de cassation des arrêts et jugements rendus en dernier ressort respectivement par les Cours d'appel, les Tribunaux de grande instance, les Tribunaux de première instance, les tribunaux de Commerce et les justices de paix à compétence étendue. Les formations de la Cour suprême sont : les sections, les sections réunies, les chambres et les chambres réunies.

La section judiciaire de la Cour Suprême se divise en 5 chambres : 2 chambres civiles ; 1 chambre criminelle ; 1 chambre sociale ; 1 chambre commerciale. Chaque chambre siège en présence d'un représentant du Ministère public avec l'assistance d'un greffier. La section judiciaire est le juge suprême de toutes les décisions rendues en matière civile, commerciale, sociale et criminelle par les juridictions de la République. Elle contrôle la légalité des décisions rendues contre lesquelles il n'existe pas d'autres voies de recours ordinaire. Les arrêts de la section judiciaire ne sont susceptibles de recours que dans les cas ci-après : Un recours en rectification peut être exercé contre les décisions entachées d'une erreur matérielle susceptible d'avoir exercé une influence sur le jugement de l'affaire, un recours en interprétation peut être exercé contre les décisions obscures ou ambiguës, une requête en rabat d'arrêt attaqué est exercée lorsqu'une erreur de procédure non imputable à la partie intéressée et qui a affecté la solution donnée à l'affaire par la cour. Les requêtes en rabat d'arrêt sont jugées en chambres réunies, les magistrats ayant eu à

[700] Article 82 de la loi n° 96-071 du 16 décembre 1996 portant loi organique fixant l'organisation, les règles de fonctionnement de la Cour Suprême et la procédure suivie devant elle, JORM n°1 du 15 Janvier 1997, pp.5-19.
[701] Ibid. article 83.

se prononcer antérieurement dans l'affaire ne prennent pas part au délibéré.

B) La Haute Cour de Justice

135.- Haute Cour de justice- La Haute Cour de Justice a été créée par la Constituée du 22 septembre 1960 en tant qu'institution[702]. Après la suspension de la Constitution du 22 septembre 1960 par le CMLN, l'ordonnance n°1 portant organisation provisoire des pouvoirs en République du Mali n'a pas retenu, la Haute Cour de Justice. La Constitution du 2 juin 1974 rétablit la Haute Cour de Justice en tant qu'institution[703]. La Constitution 25 février 1992 maintient la Haute Cour de Justice. *« La Haute Cour de Justice est compétente pour juger le Président de la République et les ministres mis en accusation devant elle par l'Assemblée nationale pour haute trahison ou à raison des faits qualifiés de crimes ou délits commis dans l'exercice de leurs fonctions ainsi que leurs complices en cas de complot contre la sûreté de l'Etat »*[704]. Il faut au moins que les 2/3 des députés composant l'Assemblée nationale votent par scrutin public la mise en accusation[705]. A chaque renouvellement général, l'Assemblée nationale désigne les membres de la Haute Cour de Justice[706]. Aux termes des dispositions de la Constitution, la Haute Cour de Justice est liée par la définition des crimes et délits ainsi que par la détermination des peines découlant des lois pénales en vigueur à l'époque des faits de poursuite. Prévue par toutes les Constitutions maliennes des trois Républiques[707], les membres n'ont été désignés qu'en 2013.

Paragraphe II : La création des Juridictions communautaires et autres juridictions arbitrales ou internationales

136.- Juridictions communautaire et arbitrale- Pour le Professeur Luc SINDJOUN de l'Université de Yaoundé II *« (...), dès lors qu'on admet que l'intégration régionale est un processus de renforcement des interdépendances et d'intégration sociale transcendant les Etats, apparaît comme étant incontournable la prise en compte de la surveillance des normes permettant de vivre ensemble dans le*

[702] Article 5, 45 et 46 de la constitution du Mali du 22 septembre 1960.
[703] Articles premier, 68 et 69 de la Constitution du 2 juin 1974.
[704] Article 95 de la Constitution du Mali du 25 février 1992.
[705] Ibid.
[706] Ibid. article 96.
[707] Ibid.

nouveau cadre créé. D'où la figure du juge et toute la pertinence de l'intégration régionale par les juges. Prendre au sérieux l'intégration régionale revient alors à accorder une attention soutenue à l'exercice de la faculté de juger au plan régional, car ce qui se profile en Afrique de l'Ouest, c'est la formation d'une société internationale régionale : Les institutions judiciaires de la CEDEAO et de l'UEMOA attestent de la formation d'une autorité supranationale revendiquant avec succès l'exercice de la sanction légitime des manquements par rapport aux normes »[708]. Au niveau communautaire, le contentieux est confié à des nouvelles juridictions qui n'ont pas en principe les mêmes missions à savoir les cours de l'UEMOA (A) et les cours de la CCJA, de la CEDEAO et autres juridictions arbitrales et internationales (B).

A) Les cours de l'UEMOA

137.- Cours de l'UEMOA- L'UEMOA a créé deux cours à savoir la Cour de Justice de l'UEMOA et la Cour des comptes de l'UEMOA. Ce sont des organes de contrôle juridictionnel dont le statut, les compétences et les règles de procédures et de fonctionnement sont énoncés dans le protocole additionnel n° I [709].

138.- Cour de Justice de l'UEMOA- La Cour de Justice a été créée par le Traité constitutif de 1994[710]. Les règles relatives au statut et au fonctionnement de la Cour se trouvent dans l'acte additionnel n°1 relatif aux organes de contrôle. Les arrêts rendus par la Cour sont publiés au Bulletin officiel de l'Union et ont force obligatoire[711]. La cour de Justice de l'UEMOA est compétence : En matière de droit de la concurrence, en cas de recours en manquement, en matière de question préjudicielle et en cas d'interprétation du droit communautaire.

139.- Fonction de la Cour- Sa fonction est d'assurer une interprétation et une application uniforme du droit issu de l'Union ainsi que d'arbitrer les conflits d'interprétation entre les Etats membres. Il convient particulièrement de noter que la cour de Justice ne connaît que des recours de la commission ou de tout Etat membre

---

[708] (SINDJOUN (L.), préface de SALL (A.), la justice de l'intégration, réflexions sur les institutions judiciaires de la CEDEAO et de l'EMOA, éditions CREDILA, mai 2011, P.7.
[709] Article 38 du traité modifié de l'UEMOA.
[710] Ibid. article 16.
[711] Article 20 de l'acte additionnel n°1

relatifs aux manquements des Etats membres aux obligations qui leur incombent en vertu du traité de l'union[712].
La cour de Justice ne peut connaître, en conséquence, d'un recours d'un particulier contre un manquement d'un Etat découlant de l'application d'un acte dérivé ni d'un recours d'une juridiction nationale en interprétation du droit communautaire. Cet état de fait est particulièrement dommageable à l'efficacité du droit issu de l'UEMOA. En effet, il n'est pas possible à un ressortissant de la zone UEMOA de faire respecter par exemple la liberté d'établissement.

140.- Recours en manquement- Le recours en manquement permet à la Cour de Justice de contrôler le respect, par les Etats membres, des obligations qui leur incombent en vertu du Traité. C'est une procédure qui peut être engagée soit par la Commission, soit par un Etat membre après saisine préalable de la Commission. Dès que la Cour constate le manquement, l'Etat est tenu d'y mettre fin sans délai. En cas d'abstention de l'Etat membre, la Commission a la faculté de saisir la Conférence des Chefs d'Etat et de Gouvernement afin qu'elle invite l'Etat membre défaillant à s'exécuter[713]. Dans le cas où le recours en manquement est formé par un Etat membre, la Cour, avant de statuer, invite la Commission à lui communiquer ses observations[714].

141.- Recours en appréciation de légalité- Le recours en appréciation de légalité est dirigé contre les actes communautaires obligatoires : les règlements, les directives et les décisions ainsi que les décisions individuelles faisant grief. Sur recours formé par un Etat membre, par le Conseil ou la Commission, la Cour apprécie la légalité des règlements, directives et décisions. Ce recours en appréciation de légalité est ouvert, de même, à toute personne physique ou morale, contre tout acte d'un organe de l'UEMOA lui faisant grief. Ce recours doit être formé dans un délai de deux mois à compter de la publication de l'acte, de sa notification au requérant ou, à défaut, du jour où celui-ci en a eu connaissance. Une amende de folle action peut être prononcée par la Cour de l'UEMOA à l'égard du requérant, en cas de recours manifestement abusif ou dilatoire[715]. Dans le cas du recours en appréciation de légalité, la Cour prononce la nullité totale ou partielle

[712] Article 5 du protocole additionnel n°1 relatif aux organes de contrôle de l'UEMOA Traité de l'UEMOA du 10 janvier 1994.
[713] Article 6 du Protocole additionnel n°I relatif aux organes de de contrôle de l'UEMOA.
[714] Ibid. Article 7.
[715] Ibid. Article 8.

des actes entachés de vice de forme, d'incompétence, de détournement de pouvoir, de violation du Traité de l'Union ou des actes pris en application de celui-ci[716]. L'exception d'illégalité peut être soulevée même après l'expiration du délai de deux mois[717].

142.- Recours préjudiciel- S'agissant du recours préjudiciel, lorsqu'un problème d'interprétation du Traité, de la légalité et de l'interprétation des actes communautaires dérivés, se pose devant une juridiction nationale, celle-ci sursoit à statuer et interroge la Cour sur l'interprétation à donner par le renvoi préjudiciel. La raison est que la Cour de Justice est seule habilitée à interpréter les dispositions du droit communautaire et qu'elle est la gardienne suprême de la légalité communautaire. Les juridictions nationales statuant en dernier ressort sont tenues de saisir la Cour de Justice. La saisine de la Cour par les autres juridictions nationales ou les autorités à fonction juridictionnelle est facultative[718]. Les interprétations données par la Cour dans le cas du recours préjudiciel s'imposent à toutes les autorités administratives et juridictionnelles dans l'ensemble des Etats membres. L'inobservation de celles-ci peut donner lieu à un recours en manquement[719]. Si à la requête de la Commission, la Cour de Justice juge la mise en œuvre d'interprétation erronée du Traité et des actes dérivés, elle notifie à la juridiction supérieure de l'Etat membre un arrêt donnant les interprétations exactes qui s'imposent à toutes les autorités administratives et juridictionnelles dans l'Etat concerné[720].

143.- Recours en interprétation- La Cour de Justice statue sur tout litige entre les organes de l'Union et leurs agents[721]. Elle connaît des différends entre les Etats membres relatifs à l'interprétation du Traité en vertu d'une clause d'arbitrage ou d'un compromis[722].

144.- Plein contentieux- Relativement au plein contentieux de la concurrence, la Cour se prononce sur les décisions et sanctions que la Commission a prises contre les entreprises qui n'ont pas respecté le principe de la libre concurrence ou qui ont abusé de leur position

---

[716] Ibid. article 9.
[717] Ibid. article 11.
[718] Article 12 alinéa 2 du protocole additionnel n°I relatif aux organes de contrôle de l'UEMOA.
[719] Ibid. article 13.
[720] Ibid. article 14.
[721] Ibid. article 16.
[722] Ibid. article 17.

dominante sur le marché de l'Union. Au sujet du recours en responsabilité, c'est une action en responsabilité non contractuelle, qui permet à la Cour de déterminer la responsabilité pour les dommages causés par les institutions ou les agents dans l'exercice de leurs fonctions[723].

145.- Cour des Comptes de l'UEMOA- La Cour des Comptes de l'UEMOA, contrôle les comptes de l'ensemble des organes de l'union. Le contrôle porte notamment sur la régularité et l'efficacité de l'utilisation de leurs ressources[724]. La Cour des Comptes peut se faire assister de collaborateurs. Elle peut recourir dans l'exercice de ses fonctions à un système d'audit externe[725]. Dans les Etats membres, la Cour effectue ses contrôles en liaison avec les Cours des Comptes nationales[726].

Les Cours de l'OHADA, de la CEDEAO et d'autres juridictions arbitrales et internationales peuvent aussi statuer en matière de marchés publics.

B) Les Cours communes de Justice et d'Arbitrage OHADA (CCJA), de Justice de la CEDEAO et autres juridictions arbitrales ou internationales

146.- Distinction- Les missions des Cours OHADA et CEDEAO sont à distinguer de celles des autres juridictions arbitrales et internationales.

147.- Cour de justice de la CEDEAO- La CEDEAO a été créée en 1975, le Traité constitutif a été révisé en 1993 et en 2006. Le Traité de 1975 a prévu un Tribunal, mais qui ne verra jamais le jour. C'est avec la révision du Traité en 1993, que la Cour de Justice a été instituée. L'organisation de la Cour de la CEDEAO découle du Protocole A/P/91 adopté le 6 juillet 1991, par la Conférence des Chefs d'Etat et de gouvernement. Avec ce protocole, la Cour d'Abuja était compétente pour les litiges relatifs à l'interprétation et à l'application du droit originaire découlant du Traité et du droit dérivé de la communauté. Ce protocole sera modifié par un protocole additionnel

[723] Ibid. article 15.
[724] Ibid., article 23.
[725] Ibid., article 25.
[726] Article 3 du Règlement n°01/2000/CM/UEMOA portant modalités de contrôle de la Cour des Comptes.

portant amendement de celui de 1991, adopté le 19 janvier 2005 qui étendit le champ de compétence de la Cour de la CEDEAO aux violations des droits de l'homme[727]. Aux termes des dispositions dudit Protocole additionnel, la Cour de la CEDEAO peut être saisie par *« (...) toute personne victime de violations des droits l'homme ; la demande soumise à cet effet (...) ne sera pas anonyme (...), ne sera pas portée devant la Cour de Justice de la Communauté lorsqu'elle a déjà été portée devant une autre Cour internationale compétente ».*

148.- Inquiétude- Le Professeur SALL s'inquiète de l'absence d'encadrement juridique du champ de compétence de la Cour en ce sens qu'il n'a pas été expressément prévu les textes ou instruments juridiques dont les violations sont susceptibles d'être portées devant la Cour : *« (...) en lui confiant le contentieux de la violation des droits de l'homme, les autorités de la Communauté font planer une menace sur l'autonomie et la singularité du droit communautaire. La cour, les faits l'attestent cruellement, pourrait devenir, si l'on n'y prend garde, une juridiction préposée à la surveillance du respect des droits de l'homme, au lieu d'être simplement l'organe judiciaire d'une organisation d'intégration sous régionale, chargée de veiller au respect des normes dégagées par celle-ci. Le risque de confusion est d'autant plus grand que les textes susceptibles d'être invoqués par les requérants ne sont pas des textes de la CEDEAO, n'ont pas été élaborés dans le cadre de celle-ci, mais peuvent, par exemple, être des instruments aussi généraux que la Déclaration universelle des droits de l'Homme de 1948, les Pactes de 1966, conçus dans le cadre des Nations Unies, ou encore la Charte africaine des droits de l'Homme et des Peuples, tous instruments pourtant déjà assortis de mécanismes propres de sanction »*[728]. La Cour est également compétente pour toutes les questions prévues dans tout accord que les Etats membres pourraient conclure entre eux[729]. Le Traité révisé de 1993 pose en principe que *« les arrêts de la Cour de Justice ont force obligatoire à l'égard des Etats membres, des institutions de la communauté et des personnes physiques et morales ». Il dispose également que les arrêts rendus sont « immédiatement exécutoires et ne sont pas susceptibles*

[727] La Conférence des Chefs d'Etat et de Gouvernement a adopté le 19 janvier 2005, le « Protocole additionnel A/SP.I/0I/05, portant amendement du Préambule, des articles 1er, 2, 9, 22 et 30 du Protocole A/PI/7/91, relatif à la Cour de Justice de la Communauté… ».

[728] SALL (A.), la justice de l'intégration, réflexions sur les institutions judiciaires de la CEDEAO et de l'UEMOA, éditions CREDILA, 2011, pp. 25-26.

[729] Article 9 du protocole relatif à la Cour.

d'appel »[730]. Les Etats membres et les institutions de la communauté sont tenus de prendre sans délai toutes les mesures nécessaires de nature à assurer l'exécution de la décision de la Cour de Justice[731]. Il n'est pas exclu que la Cour de la CEDEAO, soit saisi en matière de contentieux des marchés publics à l'instar de la Cour européenne des droits de l'homme qui en se fondant sur la convention de sauvegarde des droits de l'homme et des libertés fondamentales, a affirmé dans un arrêt du 9 décembre 1994, que le cocontractant de l'administration a droit à une juste indemnisation[732].

149.- Cour commune de justice et d'arbitrage (CCJA OHADA). La Cour Commune de Justice et d'Arbitrage de l'OHADA, a été instituée par l'article 3 du Traité du 17 octobre 1993 relatif à l'harmonisation du droit des affaires en Afrique révisé à Québec le 17 octobre 2008. La CCJA assure l'interprétation et l'application commune du Traité ainsi que des règlements pris pour son application, des actes uniformes et des décisions[733]. L'acte uniforme OHADA du 11 mars 1999 relatif au droit de l'arbitrage[734] a vocation à s'appliquer à tout arbitrage lorsque le siège du tribunal arbitral se trouve dans l'un des Etats Parties [735]. L'arbitrage OHADA s'applique tant aux arbitrages civils que commerciaux de droit interne ou de droit international privé. Tout arbitrage recouvre bien l'arbitrage ad hoc qu'institutionnel [736]. Les arbitres tranchent le fonds du litige conformément aux règles de droit désignées par les parties ou à défaut choisies par eux comme les plus appropriées compte tenu le cas échéant des usages du commerce international. Ils peuvent également statuer en amiable compositeur lorsque les parties leur ont conféré ce pouvoir[737]. Toute personne physique ou morale y compris les Etats et les autres collectivités publiques territoriales peuvent recourir à un arbitrage[738].

---

[730] Article 19 paragraphe 2 du protocole de 1991.
[731] Ibid. article 23 paragraphe 3.
[732] Cour EDH, 9 décembre 1994, Raffineries grecques Stran et StratisAndreadis, Dr. Adm., 1995, comm. n° 200.
[733] Article 14 du Traité OHADA.
[734] Acte uniforme du 11 mars 1999 relatif au droit de l'arbitrage, JO OHADA, 15/05/99, p.2.
[735] Article 1er de l'acte uniforme relatif au droit de l'arbitrage
[736] V. OHADA, Traité et actes uniformes commentés et annotés, 4ème édition, Juriscope, 2012, pp.164-165, commentaire sous article 14.
[737] Article 15 de l'acte uniforme du 11 mars 1999 relatif au droit de l'arbitrage.
[738] Ibid. article 2.

150.- juridictions arbitrales et internationales- D'autres juridictions arbitrales et internationales sont également compétentes en matière de marchés publics.

151.- CIRDI- Le Comité internationale de Règlement des différends relatifs aux investissements entre Etats et ressortissants d'autres Etats (CIRDI) de la Banque mondiale est destiné à sauvegarder les investissements privés étrangers. C'est une juridiction qui contrôle l'arbitrage. Dans les accords de financements, il est généralement stipulé qu'en cas de contentieux, le différend sera porté devant le CIRDI. Dans le cadre du CIRDI, la sentence signée par les arbitres est certifiée par le Secrétaire Général du CIRDI. Le pays désigne le Tribunal qui va reconnaître la sentence arbitrale du CIRDI. Ce tribunal du lieu dressera un acte pour reconnaître que la sentence du CIRDI a le même effet qu'une décision nationale. En vertu des dispositions de la loi du 26 février 1991 portant Code des investissements au Mali [739], les différends opposant un ou des investisseurs à l'Etat relatif à une clause d'agrément font d'abord l'objet d'un règlement amiable entre les parties. En cas d'échec de la procédure amiable, les parties auront recours à la procédure d'arbitrage dès lors que l'investisseur est un ressortissant étranger. Cette procédure d'arbitrage est prévue par la Convention du 18 mars 1965 créant le CIRDI établie sous l'égide de la Banque mondiale et ratifié par la République du Mali le 3 janvier 1978 à moins qu'il n'existe un accord bilatéral de protection des investissements conclus avec l'Etat dont l'investisseur est ressortissant. L'agrément au Code des investissements vaut également agrément de l'investissement pour l'octroi de toute garantie au regard de l'article 15 du Traité instituant l'Agence multilatérale de garantie des investissements (AMGI) signé par le Mali en octobre 1990[740].

152.- Arbitrage de la Chambre de commerce Internationale (CCI)- La compétence de Juridiction peut être attribuée à une Juridiction étrangère dans le cadre des accords de financements bilatéraux ou multilatéraux. Dans un marché attribué à des opérateurs économiques indiens, la compétence a été donnée au Tribunal arbitral pour trancher d'éventuels litiges[741]. L'arbitrage de la Chambre de

---

[739] Loi n° 91-048/AN-RM du 26 février 1991, portant code des investissements au Mali.

[740] Article 21 de l'ancienne loi n°91-048/AN-RM du 26 février 1991 portant Code des investissements.

[741] V. Infra, p.262.

Commerce Internationale (CCI), celui du Centre international islamique de Réconciliation et d'Arbitrage sis à Doubaï aux Emirats Arabes Unis[742] sont également prévus.

153-154. – Différends La Chambre de Commerce internationale représente mondialement les entreprises de plus 130 pays. Elle a été créée e 1919 à Paris ou se trouve son Secrétariat Permanent. Son objectif est de favoriser les échanges et éventuellement l'ouverture des marchés aux biens et aux services, et la libre circulation des capitaux. Le sigle anglais est ICC[743]. La Cour internationale d'arbitrage de la CCI a été créée en 1923. Cette Cour est responsable du déroulement de l'arbitrage et assiste les arbitres si nécessaire. Elle a été créée pour résoudre des litiges commerciaux internationaux. La CCI recommande à toute partie désirant faire appel à son arbitrage d'insérer dans le contrat la clause type : *« Tous différends découlant du présent contrat ou en relation avec celui-ci seront tranchés définitivement suivant le règlement d'arbitrage de la CCI par un ou plusieurs arbitres nommés conformément à ce règlement »*[744].

---

[742] V. Infra p. 262.

[743] International chamber of commerce.

[744] http://www.google.fr arbitrage de la Chambre de Commerce internationale (page consultée le 2 septembre 2015).

DEUXIEME PARTIE
L'ANALYSE CRITIQUE DU NOUVEAU DROIT DES MARCHES PUBLICS AU MALI : LA QUASI INEFFICACITE DU NOUVEAU DROIT DES MARCHES PUBLICS AU MALI

155.- PTF avec des intérêts opposés- Un droit issu de plusieurs traditions juridiques différentes élaboré sous l'influence d'institutions financières internationales et PTF ayant des intérêts opposés comporte nécessairement des insuffisances qui peuvent compromettre l'atteinte de ses objectifs. Entre autres objectifs du nouveau droit des marchés demeurent la lutte contre la fraude et la corruption dans les marchés publics, le respect des principes fondamentaux de la commande publique. Or, le phénomène de la corruption touche la quasi-totalité des pays industrialisés occidentaux et des pays en développement. La fraude ou la corruption dans les marchés publics n'est pas l'apanage des seuls pays africains. Un chiffre particulièrement spectaculaire a été divulgué par l'un des juges de l'opération Mani Pulite (mains propres), en Italie, qui a relevé des différences étonnantes dans les coûts de plusieurs projets d'investissement à Milan avant et après les mesures anticorruption du début des années 90 : *''La construction du métro coûtait 227 millions de dollars par kilomètre en 1991, en 1995, le coût réel s'est élevé à 97 millions de dollars. Pour une liaison ferroviaire, les coûts sont passés de 54 millions de dollars le kilomètre en 1991 à 26 millions au milieu des années 90. La nouvelle aérogare devait coûter en 1991, 3,2 milliards de dollars ; la dernière estimation ne s'élève qu'à 1,3 milliard de dollars. Même si une partie de ses économies s'explique par la suppression des pots-de-vin, les résultats sont très significatifs. L'étude milanaise laisse penser que les économies réalisées dans les dépenses d'infrastructure depuis le début du mouvement anticorruption se situent entre 35 et 40%. La ville de Milan a ainsi pu augmenter notamment ses budgets d'entretien pour* *les écoles, les routes, l'éclairage public ou les services sociaux''*[745] ; un autre témoignage du coût élevé de la corruption vient du médiateur des philippines qui, lors d'une conférence publique à Manille en 1995 a annoncé que le coût de la corruption pour les Philippines au cours des vingt dernières années s'était élevé à environ 48 milliards de dollars. Mais la corruption coûte cher également aux grands pays industriels. En 1995, le professeur Udo Mueller, président de la commission générale de vérification des comptes de l'Etat de Hesse en Allemagne, déclarait que dans le seul secteur du bâtiment, le préjudice causé au Land de Hesse par la corruption pouvait être estimé au bas mot à 120 ou 170 millions de DM par an. Le procureur général Schaupensteiner, dans le même land estime que les coûts de construction en Hesse se situent entre 20 et 30% au- dessus du prix normal de la concurrence. En 1996, le professeur Mueller évaluait le coût de la corruption dans le secteur allemand des BTP autour de 5 milliards de DM par an. La situation du Mali n'est pas non plus réjouissante. Le Professeur Salif YONABA disait « qu'un peu partout sur notre planète, le thème marché public rime parfaitement avec d'autres thèmes fort peu honorables comme les pots-de-vin, les dessous de table ou tout simplement la corruption »[746].

Un examen approfondi de la nouvelle réglementation des marchés publics au Mali montre certaines de ses insuffisances d'ordre textuel qui ont pour corollaires des insuffisances organiques (Titre I). C'est également à l'aune de la pratique que se révèlent d'autres insuffisances de ce nouveau droit des marchés publics (Titre II).

[745] Conseil de l'Europe, la corruption dans les marchés publics op.cit. p. 35.

[746] YONABA (S.) : « La nouvelle réglementation des marchés publics au Burkina-Faso », revue Burkinabé de droit n° 31, 1998, p. 55.

TITRE I : LES INSUFFISANCES D'ORDRE TEXTUEL ET ORGANIQUE DU NOUVEAU DROIT DES MARCHES PUBLICS AU MALI

156.- Combinaison de plusieurs droits- Tout droit a pour objet la réglementation effective du domaine qu'il régit. Le droit des marchés publics a pour objectif principal la réglementation du cadre normatif et organique des marchés publics à travers des principes fondamentaux édictés qui doivent être suivis sous peine de sanctions. Le droit des marchés publics au Mali est la combinaison d'une profusion de textes de droit communautaire, de droit conventionnel et de droit interne. Sans doute certains de ses textes sont-ils inadaptés au contexte national. Selon, le docteur Archambaud, dans sa thèse de doctorat soutenue à la Faculté des Sciences juridiques et économiques de Dakar en 1977, le « propre d'un pays dont la volonté des gouvernants est tendue vers la réalisation à brève échéance de la société industrielle est de connaître des structures en perpétuel état de mutation. Une certaine fixité de la loi est donc susceptible de créer un contre-courant au mouvement d'expansion »[747]. Dès lors, une analyse critique s'impose afin de dégager certaines de ses insuffisances de la réglementation de marchés publics au Mali. En effet, les cadres normatif et organique des marchés publics au Mali sont confrontés à des contraintes et limites qui sont aussi à la base de sa quasi-inefficacité : Les incohérences du cadre normatif du nouveau droit des marchés publics (Chapitre I) ainsi que l'inachèvement du nouveau droit des marchés publics (chapitre II).

[747] ARCHAMBAUD (J.) contribution à l'étude de problèmes spécifiques du droit sénégalais des marchés de travaux publics, thèse pour le droit, présenté et soutenue devant la faculté des Sciences juridiques et politiques de Dakar, 1977, p.254.

Chapitre I
Les incohérences du cadre normatif

157.- Formulation inappropriée- Des insuffisances se manifestent à travers certaines incohérences dans la formulation de certains principes directeurs (Section I), mais également à travers d'autres incohérences de la réglementation des marchés publics nées de la coexistence et de l'application au Mali des procédures différentes de divers bailleurs de fonds (Section II).

Section I : Les incohérences dans la formulation de certains principes directeurs

158.- Incohérences- Le dispositif législatif et réglementaire relatif aux marchés publics comporte des incohérences dans la formulation de certaines règles relatives aux procédures (paragraphe I), mais également des contradictions relatives au droit des marchés publics au sein des espaces UEMOA et OHADA (paragraphe II).

Paragraphe I : Les incohérences au niveau des procédures

159.- Notions imprécises- Il apparaît certaines notions imprécises au stade de la passation (A). Il apparaît tout de même certaines incohérences dans la formulation de certaines règles au stade de l'exécution (B).

A) Les notions imprécises au stade de la passation

160.- Stade analyse des offres- L'analyse des dispositions générales fait apparaître non seulement des incohérences au stade de l'analyse des offres, dans le libellé des principes fondamentaux ainsi que des confusions nées de la rencontre du droit interne et du droit communautaire.

161.- Ouverture des plis- Les incohérences au stade de l'analyse des offres sont celles de la réglementation relative à l'ouverture des plis et à l'évaluation des offres et celles relatives à l'appréciation des critères d'évaluation des offres.

Les incohérences de la réglementation relative à l'ouverture des plis et à l'évaluation des offres sont les contradictions des Instructions au soumissionnaire du DAO type et des dispositions du Décret n°08-485. En effet, suivant les instructions aux soumissionnaires contenues dans le dossier type d'appel d'offres pour les marchés publics de travaux et de fournitures de août 2009, le processus d'ouverture des plis et d'évaluation des offres en vue de la désignation de l'attributaire provisoire du marché comporte quatre phases[748] dont l'examen des offres à travers la vérification de l'éligibilité des soumissionnaires[749], la vérification de la fourniture et de la conformité des documents exigés et des Données particulières de l'appel d'offres[750]. Aux termes de cet examen, les offres jugées non qualifiées seront rejetées et écartées de toute évaluation ultérieure. Aux termes des dispositions du DAO Type, pour l'attribution du marché, la sous-commission technique proposera au maître d'ouvrage, le soumissionnaire dont elle a jugé l'offre éligible, conforme pour l'essentiel au DAO qui a satisfait aux critères de qualification et qui a offert le prix évalué le plus bas[751].

Le DAO type du Mali, en parlant d'examen des offres dès le début de la procédure de dépouillement et de jugement des offres, a confondu l'analyse des candidatures et celle des offres. Les notions d'analyse des candidatures et de celle des offres ne doivent pas être confondues. La candidature est distincte de l'offre. La candidature est l'acte par lequel le candidat manifeste un intérêt à participer, sans que cet acte ne l'engage ni ne lui impose d'obligations vis-à-vis de l'autorité contractante tandis que l'offre est l'ensemble des éléments techniques et financiers inclus dans le dossier de soumission[752]. Le DAO type précité confond l'analyse de l'offre et celle de la candidature, contrairement au décret n°08-485 qui ne fait pas la confusion entre l'analyse de la candidature de celle des offres. Il découle une contradiction entre le DAO type et le décret n°08-485. Le décret n°08-

[748] V. Dossiers type d'appel d'offres relatif aux marchés de travaux, de fournitures, de prestations intellectuelles, de mai 2009, publié par la DGMP

[749] Dossier type d'Appel d'offres. clause 3 des IS.

[750]Ibid. clause 5.1.des IS.

[751] Ibid. clause 35 des IS.

[752] Article 2 du décret N°08-485/P-RM du 11 août 2008 portant nouveau code des marchés publics au Mali.

485 du Mali fait une distinction entre la candidature et l'offre en édictant que sous réserve des dispositions spécifiques applicables aux marchés de prestations intellectuelles régis par l'article 48 du Décret n°08-485, les offres des soumissionnaires doivent être contenues dans une seule enveloppe comprenant les renseignements relatifs à la candidature, et, séparément, l'offre technique et l'offre financière [753].

Le DAO type du Mali des marchés publics relatif au dépouillement et au jugement des offres n'est pas non plus conforme au droit communautaire UEMOA notamment la Directive communautaire N°04. Celle-ci fait expressément la distinction entre analyse des candidatures et analyse des offres contrairement à la doctrine malienne précitée qui ne fait pas cette distinction de façon expresse. En effet, l'article 48 du Décret malien précité n'est que la reprise de l'article 56 de la Directive N°04. Cette disposition n'est pas applicable aux marchés de prestations intellectuelles pour lesquelles la soumission des propositions s'effectue sous la forme d'une enveloppe unique contenant deux enveloppes distinctes et cachetées comportant respectivement l'offre technique et l'offre financière. Cependant pour les autres types de marchés, cet article pose le principe de la grande enveloppe unique contenant trois enveloppes [754] : La première enveloppe est relative aux pièces justificatives relatives aux conditions de participation au marché, à savoir les documents justificatifs de la capacité technique et financière du candidat et les documents justifiant de la régularité de la situation fiscale et sociale ou tout autre document administratif exigé ; la seconde enveloppe contient l'offre technique ; et la troisième enveloppe contient l'offre financière.

162.- Appréciation des critères- Relativement aux incohérences relatives à l'appréciation des critères d'évaluation des offres, il convient de préciser que tous les critères ne sont pas objectifs.

Il apparaît une subjectivité des techniques de choix de l'offre le moins-disant. En vertu des dispositions du Décret n°08-485 portant procédures de passation, d'exécution et de règlement des marchés publics et des délégations de service public, l'appel d'offres se conclue sans négociations, sur la base de critères objectifs d'évaluation préalablement portés à la connaissance des candidats

[753] Ibid. article 61.
[754] Guide communautaire UEMOA, ibid. p.108.

dans le dossier d'appel d'offres et exprimés en termes monétaires[755]. Suivant les dispositions du Décret précité, ces critères d'évaluation tels que les coûts d'utilisation, le prix, la rentabilité, la qualité, la valeur technique, le service après-vente et l'assistance technique, le délai d'exécution, le calendrier de paiement, sont objectifs, en rapport avec l'objet du marché, quantifiables et exprimés en termes monétaires. Si compte tenu de l'objet du marché, l'autorité contractante ne retient qu'un seul critère, celui-ci doit être le prix[756]. Contrairement à l'affirmation faite par la réglementation tous les critères ne sont pas objectifs. Ce qui impose la nécessité de recourir aux sous-critères pour les critères subjectifs : Certains critères ont une définition extrêmement large et donc subjectifs et sont très souvent des sujets de contestation au regard des principes d'égalité de traitement des candidats et de transparence des procédures. C'est notamment le cas des critères « valeur technique », « caractéristiques esthétiques et fonctionnelles » ou « performance en matière de protection de l'environnement » ou le juge a sanctionné le fait de ne pas avoir indiqué dans le règlement de la consultation les éléments permettant d'apprécier ce critère. Le critère « valeur technique » se retrouve d'ailleurs dans la quasi-totalité des marchés. Afin de pouvoir plus facilement choisir la meilleure offre, mais également de limiter les risques de contentieux, il est indispensable de bien préciser ce que l'acheteur attend de ces critères en les décomposant en sous-critères plus explicites et/ou en définissant le plus possible son besoin dans le cahier des charges.

163.- Contradiction- Il existe des incohérences dans le libellé des principes fondamentaux de la commande publique, qui se manifestent de même par une contradiction au sein du Titre Premier intitulé dispositions générales[757].

En effet, le nouveau code des marchés publics du Mali édicte en son article 1 que le Décret n°08-485 fixe les règles applicables à la passation, l'approbation, l'exécution, le règlement et le contrôle des marchés publics, a contrario, l'article 3 dispose que les principes fondamentaux s'appliquent aux seules procédures de passation des

---

755 Article 43 du décret n°08-485/P-RM du 11 août 2008 portant nouveau code des marchés publics au Mali.

756 Ibid. article 66.

757 Titre Premier : dispositions générales du décret n°08-485/P-RM du 11 août 2008 portant nouveau code des marchés publics au Mali.

marchés publics[758]. L'incohérence dans le libellé des principes fondamentaux qui laissent croire que ces principes concernent uniquement le stade de la passation, de même l'emploi du titre dispositions générales est en contradiction avec l'article 3 qui parle de procédure de passation. Or, l'emploi de l'expression dispositions générales signifie que ces principes concernent les deux stades de la passation et de l'exécution. En outre, certains principes concernent uniquement la passation tandis que d'autres concernent uniquement l'exécution. Le principe de transparence concerne toutes les étapes de la procédure à la fois la passation et l'exécution. C'est pourquoi l'article A-2-1-2-2 du code de transparence ledit expressément[759]. Cependant, il convient de préciser clairement que certains principes fondamentaux sont à la fois valables pour les deux phases en supprimant la contradiction entre le titre I libellé dispositions générales et l'article 3 qui parlent de principes fondamentaux relatifs aux procédures de passation. L'incohérence dans le libellé des principes fondamentaux a eu pour effet l'ineffectivité de la transposition desdits principes au Mali. Ce non-respect des principes se manifeste à travers la contradiction manifeste entre l'article 3.1. et9.2. du décret n° 08-485 du Mali[760] ainsi que par la réglementation des marchés sur facture ou mémoire, de sollicitation de prix et des contrats simplifiés qui peuvent être passés sans publicité préalable. S'agissant de la contradiction interne au Décret n°08-485 du 11août 2008 du Mali, l'article 3.1. dudit Décret prévoit que les procédures de passation des marchés publics, quel qu'en soit le montant sont soumises aux principes fondamentaux de la commande publique suivants : l'économie et l'efficacité du processus d'acquisition, le libre accès à la commande publique, l'égalité de traitement des candidats, la transparence des procédures, etc. A contrario, l'article 9.2. du même décret n°08-485 du Mali dispose que l'autorité contractante peut ne pas recourir aux procédures de passation prévues au titre du présent décret pour ce qui concerne les dépenses afférentes aux travaux, fournitures ou services dont les montants sont inférieurs au seuil de passation des marchés.

C'est une contradiction manifeste qui apparaît lorsque le même texte affirme à la fois que les principes fondamentaux s'appliquent quel

[758] V. les articles 1 et 3 du titre premier libellé dispositions générales du décret n°0-485.
[759] V. Guide communautaire UEMOA, op. cit. p.18
[760] Article 3.1 et 9.2 du décret n°08-485/PRM/ du 11 août 2008 du Mali.

qu'en soit le montant du marché d'une part et d'autre part ces principes ne s'appliquent pas aux marchés d'un montant inférieur ou de faible montant en dessous des seuils des marchés de procédures formalisées.

Une autre contradiction apparaît entre le décret n°08-485/P-RM du 11 août[761] et l'arrêté n° 2014-1323/MEF-SG du 25 avril 2008[762]. En effet, si les dispositions des articles 42 et suivants du Décret n°08-485 du 11 août 2008, modifié prévoient les procédures formalisées de passation des marchés publics[763] celle de l'article 9.2 du même décret prévoit les marchés à procédure adaptées. Aux termes des dispositions de l'article 9.2. du décret n° 08-485, en dessous des seuils prévus à l'article 9.1. l'autorité contractante choisit librement les modalités de publicité adaptées au montant et à la nature du marché, procède à une consultation de trois fournisseurs au moins et s'assure de la capacité des candidats[764]. Cependant les rédacteurs de l'arrêté n° 2014 du 25 avril 2014 fixant les modalités d'application du décret n° 08-485/P-RM du 11 août 2008, modifié ont omis de faire cas de la publicité adaptée pour les marchés d'un montant inférieur au seuil des procédures formalisées. Ils ont simplement fait cas de la mise en concurrence ou de la sollicitation de prix auprès de trois fournisseurs au moins pour les contrats simplifiés[765] et de trois fournisseurs au moins pour les bons de commande[766]. Ces contradictions sont à la base de la prolifération des contrats simplifiés et des bons de commande sans publicité adaptée au Mali qui violent et ne respectent pas les principes fondamentaux de la commande publique.

164.- Opacité- La violation des principes fondamentaux de la commande publique est renforcée par le nouveau décret n°2015-

[761] Décret n°08-485/P-RM du 11 août 2008, modifié, op.cit.

[762] Arrêté n°2014-1323/MEF-SG du 25 avril 2014 fixant les modalités d'application du Décret n°08-485/P-RM du 11 août 2008, modifié, op.cit.

[763] L'appel d'offre ouvert, l'appel d'offres restreint, l'appel d'offre précédé de pré qualification, l'appel d'offres en deux étapes, les procédures spécifiques aux marchés de prestations intellectuelles et le marché par entente directe.

[764] Article 9.2. du décret n° 08-485/P-RM du 11 août 2008 op.cit.

[765] Articles 28 à 29 qui prescrivent que les contrats simplifiés concernent les achats publics dont les montants sont supérieurs ou égaux à 500.000 FCFA mais inférieur à 25.000.000 FCFA pour les travaux, fournitures et services courants et 15.000.000 FCFA pour les prestations intellectuelles.

[766] V. Article 30 de l'arrêté n° 2014 d'application qui dispose que les achats publics de montant inférieur à 500.000 FCFA font l'objet de bons de commande conformément aux règles de la comptabilité publique.

0604/p-RM du 25 septembre 2015 portant code des marchés publics et des délégations de service public qui a supprimé la publicité adaptée pour les achats en dessous des seuils des procédures formalisées. L'opacité des contrats simplifiés est renforcée par l'absence de publicité adaptée et de transparence découlant du code de 2015 et de l'arrêté n°2014-1323 du 25 Avril 2014[767].

Dans la plupart des autres pays de l'UEMOA, il est de même procédé à une demande de cotation des prix ou de sollicitation de prix qui ne respectent pas les principes fondamentaux de la commande publique qui exigent une publicité dès le premier Franc CFA. Il en est ainsi du Burkina Faso[768], du Sénégal,[769] du Bénin[770] et du Niger[771].

Cette obligation de transparence reconnue tant en droit communautaire qu'en droit interne des marchés publics a été dégagée pour la première fois par la CJCE dans l'arrêt Telaustria et Telefonadress du 7 décembre 2000[772]. Cet arrêt a précisé que les pouvoirs adjudicateurs doivent respecter les principes fondamentaux du Traité à savoir la non-discrimination en raison de la nationalité, l'égalité de traitement, l'obligation de transparence qui implique une obligation de publicité et une obligation de mise en concurrence, le contrôle et l'impartialité des procédures. La CJCE s'est basée sur le

---

[767] Arrêté n°2014-1323/MEF-SG du 25 Avril 2014 fixant les modalités d'applications du décret n°08-485/P-RM du 11 Août 2008, modifié.

[768] V. les articles 12, 67 et 68 du Décret n° 2012-123/PRES/PM/MEF modifiant le décret n° 2008-173/PRES/PM/MEF du 16 avril 2008 portant réglementation générale des marchés publics et des délégations de service publics au Burkina Faso qui définissent la demande de cotation comme la procédure simplifiée pouvant être utilisée pour les marchés publics d'un montant strictement inférieur à 5.000.000 FCFA TTC qui revêt la forme écrite et sous pli fermé mais sans publicité.

[769] V. article 78 du code des marchés publics du Sénégal qui prévoit la demande de sollicitation de prix sans mise en concurrence pour certains marchés en dessous des seuils des procédures formalisés et des contrats écrits de forme libre qui par arrêté du Ministre des Finances peuvent être dispensés de forme écrite et donner lieu à règlement sur mémoire ou factures.

[770] V. Article 30 de la loi n° 2009-02 du 7 août 2009 portant code des marchés publics et des délégations de Service public en République du Bénin qui dispose que l'autorité contractante peut recourir au-dessous des seuils de passations formalisées à des demandes de cotation.

[771] V. Article premier de l'arrêté n°0143/CAB/PM/ARMP du 29 juin 2012 fixant les seuils dans le code de la passation et de l'exécution des marchés publics et des délégations de service public au Niger, qui prescrit : tout achat public d'un montant inférieur à 10 millions de FCFA HT réalisé par l'Etat, les collectivités.... s'effectue sur simple facture et ne donne pas lieu à la passation d'un marché public. Tout achat d'un montant inférieur à 5.000.000 FCFA HT réalisé par les communes rurales s'effectue sur simple facture et ne donne pas lieu à la passation d'un marché public.

[772] CJCE, 7 déc. 2000 Telaustria Verlago Gmbh et Téléfonadress Gmbh, affaire c-324/98.

considérant de la directive n°2004/18/CE du parlement européen et du conseil du 31 mars 2004 portant coordination des procédures de passation des marchés publics de travaux de fournitures et de services. La Jurisprudence de la CJCE en vertu du respect des principes fondamentaux de la commande publique impose aux marchés publics quel que soit leur montant un *« degré de publicité suffisante »*[773]. Pour la commission européenne, les Etats membres doivent soumettre les marchés publics de faible montant à *« un degré de publicité adéquat »*. C'est ce qui a poussé la France dans son code de 2004[774] à supprimer les marchés passés sans formalités préalables pour les remplacer par ceux passés selon une procédure adaptée[775]. Pour la doctrine française majoritaire le respect des principes fondamentaux de la commande publique dès le premier euro posé par la commission européenne a eu pour effet, l'intégration dans le droit interne français de l'exigence de publicité et de mise en concurrence dès le premier euro, la suppression des achats sur factures ou mémoires ou des marchés qualifiés dans le code français de 2001 de marchés sans formalités préalables ainsi que le remplacement des marchés sans formalités préalables par l'expression de marchés à procédures adoptées (MAPA)[776].

165.- MAPA- La procédure adaptée est une procédure simplifiée de passation des marchés publics de faible montant dans laquelle les modalités de publicité et de mise en concurrence sont librement déterminées par les pouvoirs adjudicateurs. Cette procédure s'oppose à la procédure formalisée dont les modalités de procédure sont fixées avec précision par le code. Dans les MAPA, une grande liberté est laissée à la personne compétente pour déterminer les modalités de publicité et de mise en concurrence. Cette liberté non seulement n'est pas absolue, mais également encadrée. « *C'est une liberté encadrée sous le contrôle du Juge dont la violation peut être sanctionnée pour délit de favoritisme quel que soit le montant du marché* ».

Les candidats potentiels doivent avoir connaissance des différentes phases de sélection, des critères qui vont prévaloir, de l'objet du marché et de la possibilité qu'ils ont ou non de négocier avec la

---

[773] CJCE, 3 déc. 2001, Best Mousten Vestergaard, aff. C-59/00

[774] Code français abrogé par celui de 2006.

[775] LAJOYE (C.), droit des marchés publics, ibid. p.216.

[776] MICHON (J.), la nouvelle réglementation des marchés publics op.cit. P.102 ; LAJOYE (C.), ibid. pp.219 -226.

personne responsable du marché. La procédure doit être définie et rendue publique, c'est-à-dire accessible à tout candidat potentiel à un marché d'où une obligation de publicité et de mise en concurrence dès le premier euro[777] ; les principes fondamentaux de la commande publique s'imposent à tous les marchés quel que soit leur montant[778].

Pour la doctrine, le terme publicité peut signifier publication dans un support de presse écrite, d'un affichage ou d'une publicité mise en ligne sur un site internet. Le non-respect des principes fondamentaux entraîne la nullité du marché par le juge compétent, outre la poursuite pour délit de favoritisme.

Dans le cas de la procédure adaptée ou allégée, l'autorité contractante choisit librement les modalités de publicité adaptées au montant et à la nature du marché ; sollicite par écrit des prix auprès des soumissionnaires potentiels, s'assure que les candidats ont la capacité d'exécuter le marché et attribue le marché au candidat qui a présenté l'offre la moins-disante et rédige un procès-verbal d'attribution tout en informant les candidats dont les offres n'auront pas été retenues.

Les candidats ou soumissionnaires dont les offres n'ont pas été retenues en MAPA doivent être informés et cela aux fins d'exercer les voies de recours et cela conformément aux dispositions de l'arrêté n°2014-1323/MEF du 25 avril 2014 fixant les modalités d'application du décret n° 08-485/PRM du 11 août 2008, modifié, qui dispose : *« les différends ou litiges ou toute revendication formulée par une partie (...) découlant de la conclusion, de l'exécution, de l'interprétation ou de la résiliation des marchés publics, contrats simplifiés ou bons de commande sont réglés à l'amiable, par voie d'arbitrage ou de recours devant l'Autorité régulation des marchés publics ou par voie de recours juridictionnel »*[779].

La doctrine communautaire de l'UEMOA précise que la notion de transparence se traduit essentiellement par le terme de publicité qui, se dédouble en une publicité de l'information destinée aux candidats en amont et en aval de la procédure de passation en publicité concomitante à leur sélection tout au long de la procédure[780].

---

[777] MICHON (J.), la nouvelle réglementation des marchés publics, ibid. PP. 105-110.
[778] V. code des marchés publics et autres contrats, 6ème édition Dalloz. 2013, P.22
[779] Article 31 de l'arrêté n° 2014-1323/MEF-SG du 25 avril 2014 fixant les modalités d'application du décret n° 08-485/P-RM du 11août 2008, modifié, op. cit.
[780] Guide communautaire UEMOA, op.cit. p.18.

166.- Rencontre entre plusieurs droits- Il existe des confusions nées de la rencontre du droit interne et du droit communautaire des marchés publics.

Le droit communautaire UEMOA rend applicables au sein de l'espace UEMOA le droit interne et celui des bailleurs de fonds. Ceci est à la base de la confusion du droit des marchés publics au Mali et au sein de chaque Etat-membre de l'UEMOA. C'est la confusion entretenue dans le domaine des marchés de service de télécommunication et la variation dans la préférence des critères qualité et prix pour le même objet de marché public.

La confusion entretenue dans le domaine des marchés de service de télécommunication découle de la rencontre du droit interne et du droit communautaire relatif aux marchés de service de télécommunication. Plusieurs textes internes et communautaires régissent les marchés publics et les délégations de service public au Mali notamment : Le décret n°08-485[781], les Directives n°04[782] et 05[783] de l'UEMOA sur les marchés publics et les délégations de service public, la Directive n°01/2006/CM/UEMOA relative à l'harmonisation des politiques de contrôle et de régulation du secteur des Télécommunications[784] ; les actes additionnels de la CEDEAO sur les Télécommunications[785] et l'ordonnance n° 2011-024/P-RM du 28 septembre 2011 portant régulation du secteur des télécommunications et des postes et ses Décrets d'application au Mali[786]. Ces dispositions ne font pas une distinction claire entre marchés publics de services et délégation de service public. La multiplication de ces textes ne permet pas de cerner si ce sont les règles de la délégation de service public ou ce sont celles du code des marchés publics qui régissent les services de télécommunication. D'ailleurs, ce sont les services techniques de la

---

[781] Décret n°08-485/P-RM du 11 août 2008 portant nouveau code des marchés publics au Mali, op.cit.

[782] Directive n°04 UEMOA, op. cit.

[783] Directive n°05 UEMOA, op. cit.

[784] Directive n°01/2006/CM/UEMOA relative à l'harmonisation des politiques de contrôle et de régulation du secteur des télécommunications.

[785] Ce sont : Acte additionnel A/SA 1/07 relatif à l'harmonisation des politiques et du cadre réglementaire du secteur des technologies de l'information et de la communication du 19 janvier 2007 ; acte additionnel A/SA/07 relatif à l'accès et à l'interconnexion des réseaux et services du secteur des TIC ; acte additionnel A/SA/3/07 relatif au régime juridique applicable aux opérateurs et fournisseurs de services.

[786] Ordonnance n° 2011-024/P-RM du 28 septembre 2011 portant Régulation du secteur des télécommunications.

DGMP qui ont été les premiers à ne pas pouvoir faire la distinction[787]. C'est pourquoi, il y a eu une confusion dans la distinction entre marchés publics et délégations de service public dans l'attribution de la 3ème licence de téléphonie mobile dans lequel tantôt il est question de marchés publics tantôt de délégation de service public, pour aboutir à une infraction de délit de favoritisme alors qu'en réalité dans le cas d'espèce, il s'agit d'une délégation de service public[788] qui ne saurait tomber sous cette infraction qui concerne uniquement les marchés publics[789].

167.- Variation de préférence- S'agissant de la variation dans la préférence des critères qualité et prix pour le même objet de marché public, l'utilisation des critères d'évaluation des offres pour la désignation de l'attributaire du marché varient au Mali.
Ceux du Mali sont différents de ceux de la BM ou de la BAD et de ceux des Directives européennes[790]. Dans les pays de l'UE, le principe en matière de critère d'évaluation des offres est le rapport qualité-prix et l'exception est le prix quel que soit l'objet du marché. En France, ce rapport qualité-prix selon la jurisprudence devient obligatoire pour les marchés de travaux. Cependant, tantôt dans le rapport qualité-prix, l'accent est surtout mis sur la qualité, tantôt sur le prix.

-168.- Différence procédures BM et UE- Une différence entre les procédures de la BM et celle de l'UE est que les premières mettent plus l'accent en principe sur le critère prix en matière de marchés de travaux, de fournitures et de services tandis que pour les marchés de prestations intellectuelles, elles donnent à la qualité une influence prépondérante sur le critère prix. L'UE met l'accent sur le rapport qualité/prix qui devient le principe pour tous les marchés quel que soit leurs objets et le critère prix devient une exception.

---

[787] V. Rapport du Bureau du Vérificateur général sur l'attribution de la 3ème licence de téléphonie mobile au Mali

[788] V. sur la concession de service public au sujet de la 3ème licence de téléphonie mobile au Mali à la DGMP.

[789] Les articles de la loi n°0-79/P-RM du 20 août 2001 portant Code pénal du Mali, ne punissent que les infractions relatives aux marchés publics. Les délégations de service public ne sont apparues expressément qu'avec les Directives UEMOA relatives aux marchés publics et délégations de service public du 9 décembre 2005 transposées au Mali en 2008.

[790] V. Directives de la Banque mondiale de janvier 2011 ; Directives 2004 de l'Union européenne.

B) Les incohérences dans la formulation de certaines règles au stade de l'exécution

169.- Fonction- Il apparaît la fusion des fonctions de contrôle et d'évaluation dans celle de régulation et la confusion des fonctions de régulation et de contrôle.

170.- Fusion des fonctions d'audit et d'évaluation- La loi du 23 juillet 2008 relative à l'Autorité de Régulation des Marchés Publics et des Délégations de Service public, fusionne la fonction d'audit qui est synonyme de contrôle ou de vérification[791] et la fonction d'évaluation dans la fonction de régulation : *« L'Autorité de Régulation des Marchés Public et des Délégations de service public a pour mission d'assurer la régulation du système de passation des marchés publics et des conventions de délégation de service public en vue d'en accroître la transparence et l'efficacité. A ce titre l'Autorité de Régulation est chargée... Dans le domaine de l'audit des marchés publics d'initier des enquêtes relatives à des irrégularités ou des violations de la réglementation communautaire ou nationale, commises en matière de marchés publics... et de saisir les autorités communautaires ou nationales, compétentes de toute infraction constatée. Elle peut faire réaliser des audits techniques et/ou financiers en vue d'évaluer le coût et l'efficacité des marchés publics (...) »*[792].

171.- Confusion des fonctions de régulation et de contrôle- La confusion dans la distinction des fonctions de régulation et de contrôle apparaît également dans la réglementation malienne. Il existe des incohérences de la réglementation entre les fonctions de régulation et de contrôle qui se manifeste par la confusion dans la distinction entre ces deux fonctions.

D'abord la Directive N°05 fait la distinction entre le contrôle et la régulation. Cette Directive est intitulée : *« Directive N°05/2005/CM/UEMOA portant contrôle et régulation des marchés publics et des délégations de service public dans l'Union Economique*

[791] Suivant la norme 1.0.38 de l'INTOSAI, « Au niveau des finances publiques, le champ d'action de l'ISC comprend la vérification des comptes, le contrôle de la régularité et le contrôle des résultats ». La vérification des comptes est identifiée à l'audit financier, le contrôle de la régularité au contrôle de conformité ou contrôle juridictionnel et le contrôle des résultats à l'audit de performance

[792] Article 2 de la loi du 23 juillet 2008 relative à l'ARMDS.

et Monétaire Ouest Africaine (UEMOA) ». Ce libellé fait la distinction entre les fonctions de contrôle et de régulation.

Ensuite cette Directive N°05 pose le principe de la séparation des fonctions de contrôle et de régulation des marchés publics. Ces fonctions et mécanismes de contrôle des marchés publics sont confiés à des entités administratives centrales, déconcentrées ainsi que décentralisées de contrôle qui ont pour mission de contrôler l'application de la réglementation sur les marchés publics, d'émettre des avis, d'accorder des autorisations et dérogations nécessaires à la demande des autorités contractantes, d'assurer en relation avec l'organe de régulation la formation des acteurs de la commande publique et de contribuer en relation avec l'organe de régulation à la collecte d'information et de documents en vue de la constitution d'une banque de données [793]. Quant aux fonctions et mécanismes de régulation, ils sont confiés à des institutions disposant d'une réelle garantie d'indépendance dans la régulation des marchés publics avec une représentation tripartite et paritaire de l'Administration, du secteur privé et de la société civile. Ces autorités de régulation ont pour mission la définition des politiques en matière de marchés publics, la formation, le maintien d'un système d'information des marchés publics et la conduite des audits[794].

Or, à la suite de la transposition au Mali des deux Directives UEMOA, les fonctions de contrôle et de régulation des marchés publics sont confondues. En effet, le Titre VII du Décret N°08-485 du Mali est libellé *« contrôle des marchés publics et des délégations de service public »*[795]. Ainsi, aux termes des dispositions de l'article 104 dudit Décret, la régulation et le contrôle des marchés publics sont assurés par la Direction générale des Marchés Publics, les organes de contrôle interne existant au sein de l'autorité contractante et l'ARMDS. Les organes de contrôle interne existant au sein de l'autorité contractante effectuent un contrôle a posteriori.

---

[793] Article 4 de la Directive N°05 portant contrôle et régulation des marchés publics et des délégations de service public.

[794] Article 5 de la Directive N°05 portant contrôle et régulation des marchés publics et des délégations de service public..

[795] Articles 104 à 109 du décret n°08-485 du Mali, op. cit.

La DGMP effectue à la fois un contrôle a priori[796] de la passation des marchés publics et un contrôle de l'exécution [797] des marchés publics.

Le contrôle a priori de la DGMP consiste à émettre un avis préalable sur les modes de passation utilisés par l'autorité contractante, un avis juridique et technique sur les dossiers d'appel à la concurrence avant tout lancement de l'avis d'appel à la concurrence, et contrôle l'analyse des offres et le choix de l'attributaire provisoire en émettant un avis sur le rapport d'analyse des offres transmis par la commission d'ouverture des plis et d'évaluation des offres[798]. C'est surtout le libellé de l'article 108 du Décret N°08-485 qui marque la confusion totale entre le contrôle et la régulation des marchés publics lorsqu'il prévoit : *« sans préjudice des attribution de la Direction générale des Marchés Publics prévues par le présent Décret concernant le contrôle de certains actes postérieurs à l'attribution du marché, tout marché public fait l'objet de supervision, de contrôle, de suivi et de surveillance de son exécution technique, administrative et financière. Ces missions sont exercées conjointement par l'autorité contractante et la Direction Générale des Marchés Publics »*.

En outre le chapitre 3 du Titre VII du Décret N°08-485 est libellé *« contrôle externe et a posteriori »*. Au regard des dispositions de l'article 109 du Décret N°08-485, l'Autorité de Régulation assure un contrôle a posteriori du respect des règles nationales et de l'UEMOA relatives à la passation et à l'exécution des marchés publics. A ce titre, l'Autorité de Régulation commande à la fin de chaque exercice budgétaire un audit indépendant sur un échantillon aléatoire de marchés, peut initier et procéder avec ses moyens propres à tout moment à des contrôles externes ou enquêtes portant sur la transparence et les conditions de régularité des procédures d'élaboration et de passation ainsi que des conditions d'exécution des marchés publics, rend compte à l'autorité contractante concernée, au ministre du secteur concerné et au ministre chargé des Finances… des anomalies relevées, et propose le cas échéant des améliorations, saisit les autorité compétentes au niveau national ou de l'UEMOA de toutes infractions ou irrégularités constatées au cours des enquêtes et des contrôles, tient la liste des personnes exclues des procédures de

[796] Chapitre 1 du titre VII du décret n°08 -485 du Mali, op.cit.
[797] Ibid. Chapitre 2 du titre VII
[798] Ibid. articles 105 à 107.

passation[799]. Par conséquent le décret N°08-485 fait la confusion entre les fonctions de contrôle et de régulation.

Au sein des espaces UEMOA se manifestent de même des contradictions.

Paragraphe II : Les contradictions relatives au droit des marchés publics au sein des espaces UEMOA et OHADA

172.- Contradictions- L'application sur un même espace territorial de plusieurs droits communautaires régissant souvent la même matière entraîne des contradictions dans l'application ou l'interprétation dudit droit. Le droit des marchés publics s'appliquant dans l'espace communautaire UEMOA mais aussi peut s'appliquer dans l'espace OHADA. Pour Pierre MEYER, des relations conflictuelles sont susceptibles de naître entre les juridictions OHADA, UEMOA et CEDEAO[800]. MEYER affirme pour qu'un tel *« conflit de normes se produisent, il faut donc que des normes produites par des institutions différentes réglementent la même situation. Tel serait, par exemple, le cas si les règlements de l'UEMOA et les décisions de la CEDEAO organisaient tous deux le schéma de libéralisation des échanges entre les Etats membres. Tel serait aussi le cas si des règlements de l'UEMOA organisaient les règles de la concurrence sur les marchés ou les normes comptables des entreprises alors que ces mêmes questions feraient l'objet d'actes uniformes de l'OHADA »*[801]. De cette situation peut découler les contradictions entre le droit interne du Mali et le droit communautaire (A) et par ricochet entre droit communautaire UEMOA et le droit OHADA (B).

A) Les contradictions entre le droit interne du Mali et le droit communautaire

173.- Conflit droit OHADA et droit UEMOA- L'application du droit OHADA et du droit UEMOA au Mali entraîne un conflit entre le droit interne et le droit OHADA d'une part et d'autre part entre le droit interne et le droit UEMOA.

---

[799] Article 109 du décret N°08-485 du Mali, op.cit.

[800] MEYER (P) : « Afrique de l'Ouest- séminaire sous régional de sensibilisation sur le droit communautaire. Les conflits de juridictions dans les espaces OHADA, UEMOA, CEDAO » source : UEMOA/Ref/ZNAD 2003.

[801] Ibid.

Un conflit peut être lié à la rencontre du droit interne et du droit communautaire OHADA. Il existe une insuffisance liée à la rencontre du droit communautaire OHADA et du droit interne. En effet, le Décret n°08-485 du Mali contredit le droit OHADA ou est en conflit avec ce dernier. Le Décret n°08-485 du Mali prévoit : *« Les différends ou litiges nés de l'exécution et de l'interprétation des marchés qui n'ont pas été réglés à l'amiable entre les parties peuvent également être soumis à un tribunal arbitral dans les conditions prévues par l'Acte Uniforme de l'OHADA relatif à l'arbitrage, à condition qu'une clause compromissoire conforme audit acte soit expressément prévue par les cahiers des charges »*[802]. Cette disposition laisse entendre que c'est uniquement en cas de clause compromissoire que la CCJA OHADA est compétente pour arbitrer ou trancher les litiges relatifs aux marchés publics. Or, le droit communautaire OHADA, régit les marchés publics des sociétés d'Etat ou des sociétés d'économie mixte étant entendu que celles-ci sont considérées en droit communautaire OHADA comme des personnes morales de droit privé régies par ledit droit OHADA. Ce qui signifie que sans clause compromissoire lorsqu'il s'agit de marchés publics entre sociétés d'Etat et une société privée la CCJA est compétente. De même, les litiges relatifs aux marchés des sociétés nationales, sociétés anonymes à participation publique majoritaire et autres personnes morales de droits privés visés à l'article 4 du décret[803] sont soumis aux tribunaux de droit commun. Les juridictions de droit commun peuvent donner une interprétation différente de celle de l'OHADA dans ces cas.

Il peut aussi exister un conflit lié à la rencontre du droit interne et du droit communautaire UEMOA. Les litiges relatifs à l'interprétation du décret n°08-485 et de ces textes d'application sont à défaut de règlement amiable de la compétence de la section administrative de la Cour suprême[804]. La partie la plus diligente saisit la juridiction compétente dans un délai maximum préfixé de 60 jours à compter de la notification de la décision de l'autorité contractante. Seuls pourront être portés devant cette juridiction les chefs de demande et motifs énoncés dans les demandes écrites visées par les cahiers des clauses administration générales.

---

[802] Article 116 du décret n°08-485/P-RM du 11 août 2008 portant procédures de passation, d'exécution et de règlement des marchés publics et des délégations de service public au Mali.
[803] Sociétés d'Etat, sociétés à participation publique majoritaire
[804] Article 114 du décret n°08-485 du Mali, Ibid.

Les litiges relatifs à la passation, à l'exécution ou à l'interprétation des marchés publics, les différends ne peuvent en aucun cas être portés devant les tribunaux avant épuisement des voies de recours amiables. Si, à l'expiration du délai de 60 jours visés à l'article ci-dessus, le titulaire du marché n'a pas porté ses réclamations devant la juridiction malienne compétente, il est réputé avoir accepté la décision de l'autorité contractante et toute réclamation devient irrecevable. Les différends ou litiges nés de l'exécution et de l'interprétation des marchés qui n'ont pas été réglés à l'amiable entre les parties peuvent être réglés selon l'un des modes suivants de règlements des différends : Les litiges relatifs aux marchés constituant des contrats administratifs sont soumis aux juridictions compétentes pour connaître du contentieux des contrats administratifs tandis que ceux concernant les personnes morales de droit privé sont soumis aux juridictions de droit commun[805]. Deux interprétations différentes peuvent découler de cette situation. L'absence d'une juridiction régionale engendre et aggrave ce conflit.

B) Le conflit entre les droits communautaires UEMOA et OHADA

174.- Compétence commune des deux Cours UEMOA et OHADA- Les deux Cours UEMOA et OHADA sont susceptibles de connaître du contentieux des marchés publics. En appliquant la réglementation des marchés publics chacun de ces cours donnent également une interprétation de ce droit. Ce conflit peut découler du fait que le contentieux des marchés publics peut relever de la Cour de Justice de l'UEMOA ou de la CCJA OHADA.

La Cour de Justice de l'UEMOA est juge de droit pour interpréter le Traité UEMOA et les actes dérivés du Traité notamment les Directives et les règlements UEMOA [806] . A ce titre, elle est compétente pour interpréter les Directives UEMOA n°04 et n° 05 relatives aux marchés publics. Elle peut être saisie par le biais de question préjudicielle soit par une juridiction nationale, soit par un organe à caractère juridictionnel comme l'ARMDS. Dans ce cas, elle peut donner, une interprétation différente de celle de la CCJA OHADA.

805 Article 115 du décret n°08-485 du Mali, op.cit.
806 Supra 167.

Le conflit pouvant découler du contentieux des marchés publics porté devant la CCJA OHADA. Le problème de conflit entre le droit interne et le droit communautaire UEMOA et le droit communautaire OHADA demeure sur certains points liés à la rencontre des deux droits. Il est invraisemblable de dire qu'à défaut de clause compromissoire, la CCJA OHADA n'est pas compétente en matière de marchés publics. C'est oublier que le droit des marchés publics régit à la fois les marchés publics des personnes morales de droit public et ceux des personnes morales de droit privé. Or, les marchés publics conclus entre deux personnes morales de droit privé commerçants sont des actes de commerce et des actes de droit privé même s'il existe une clause exorbitante de droit commun. Le droit des affaires est soumis au droit OHADA. Ceci peut être à la base d'un conflit entre le droit communautaire UEMOA et le droit communautaire OHADA.

175.- Clause compromissoire- L'insertion uniquement de la clause compromissoire pour donner compétence à la CCJA, est insensée et invraisemblable en ce sens que le droit OHADA, régit les marchés publics de droit privé et singulièrement ceux des sociétés d'Etat et des EPIC qui sont considérés au regard du droit OHADA comme des personnes morales privées commerçantes. Or, le droit OHADA ne distingue plus la clause compromissoire du compromis arbitrage et utilise l'expression de convention d'arbitrage qui englobe les deux notions[807]. En application des dispositions de l'article 21 du Traité relatif à l'harmonisation du droit des affaires en Afrique[808], la CCJA peut être saisie par une clause compromissoire ou un compromis d'arbitrage par toute partie à un contrat domicilié ou résident dans l'un des Etats parties ou lorsque le contrat exécuté ou à exécuter se situe sur le territoire d'un ou plusieurs Etats parties. De même aux termes des dispositions du code des marchés publics du Sénégal, les litiges relatifs aux marchés publics peuvent être soumis à un tribunal arbitral dans les conditions prévues par l'acte uniforme de l'OHADA relatif à l'arbitrage[809]. L'arbitrage OHADA s'applique non seulement aux

[807] Voir commentaire sous article 2 de l'acte uniforme relatif au droit de l'arbitrage, p.120 du code vert OHADA

[808] Traité du 17 octobre 1993 relatif à l'harmonisation du droit des affaires en Afrique, J.O. OHADA, N°4, 01/ 11/97, p.1et s.

[809] Article 139.1. du décret n° 2014-1212 du 22 septembre 2014 portant code des marchés publics au Sénégal, op.cit.

Etats, aux collectivités publiques, mais à toute personne physique ou morale.

En vertu des dispositions de l'article 1er de l'AUDCG, les personnes physiques ou morales commerçantes y compris toutes les sociétés commerciales dans lesquelles un Etat ou une personne morale de droit public est associé dont le siège social ou l'établissement est situé sur le territoire de l'un des Etats-parties au Traité relatif à l'harmonisation du droit des affaires en Afrique sont soumis aux dispositions dudit acte uniforme. Sont commerçants ceux qui accomplissent des actes de commerce et en font leur profession habituelle[810]. Au regard des dispositions de l'article 3 de cet acte uniforme, ont le caractère d'actes de commerce notamment l'achat de biens, meubles ou immeubles en vue de leur revente, les contrats entre commerçants pour les besoins de leur commerce, les actes effectués par les sociétés commerciales.

Les sociétés commerciales, y compris celles dans lesquelles un Etat ou une personne morale de droit public est associé dont le siège social est situé sur le territoire de l'un des Etats parties au Traité sont soumises aux dispositions de l'AUDSC[811]. Aux termes des dispositions de l'article 2 dudit acte, celles-ci sont d'ordre public. Ce qui implique que les dispositions sont impératives et toute substitution non autorisée par l'acte uniforme lui-même est soit frappé de nullité absolue, soit réputée non écrite[812].

Ceci signifie que les sociétés à capital public ayant l'Etat comme unique actionnaire ou avec d'autres personnes publiques et les sociétés d'économie mixte dont le capital est détenu partiellement par l'Etat, les collectivités publiques sont régis par ledit acte uniforme. Si les EPA en sont exclus, il n'en est pas de même des EPIC étant donné qu'ils exercent des activités commerciales ils sont commerçants et sont régis par la législation OHADA[813].

Selon un avis de la CCJA, le régime de droit commun est le droit uniforme, le droit national a un caractère résiduel ou supplétif et toute législation contraire est sans effet[814].

---

810 Article 2 de l'AUDCG.

811 Article 1 er de l'AUDSC

812 Voir commentaire sous article 2 de l'AUDSC, p. 332

813 Voir commentaire sous article 1er de l'AUDSC

814 CCJA, avis N°001/2001/EP, 30 avril 2001, points 1, 2, 3, 4a, 4b, et 4c, juriscope.Org ; ohada.com/ohadata J-02-04.

Un conflit entre le droit interne et le droit communautaire UEMOA ou OHADA peut intervenir au sujet de la clause compromissoire et de la connaissance par OHADA d'un contentieux ou d'une interprétation. Il serait souhaitable d'adopter une réglementation particulière pour les marchés des personnes morales de droit privé à l'instar de la France.

Les intérêts des bailleurs de fonds et PTF sont différents de ceux des pays en développement. Ces intérêts divergents laissent des traces indélébiles à ce droit. Il s'agit de préserver des intérêts contradictoires : ceux des bailleurs de fonds et PTF d'une part et d'autre part ceux des pays en développement.

Les bailleurs de fonds et les PTF appartiennent à plusieurs systèmes juridiques et politiques différents. Il existe des incohérences de la réglementation des marchés publics nées de la coexistence et de l'application au Mali des procédures de divers bailleurs de fonds.

Section II : Les incohérences de la réglementation des marchés publics nées de la coexistence et de l'application au Mali des procédures différentes de divers bailleurs de fonds

176.- Coexistence- Au Mali, coexistent les procédures différentes de divers bailleurs de fonds régissant les marchés publics (paragraphe I), ceci débouche sur des conséquences (paragraphe II).

Paragraphe I : La coexistence des procédures différentes des bailleurs de fonds régissant les marchés publics au Mali

177.- Procédures des bailleurs de fonds- Les bailleurs de fonds bilatéraux empruntant généralement les procédures des bailleurs de fonds multilatéraux. Les procédures de certains bailleurs de fonds sont plus ouvertes (A) que les autres (B).

A) Les procédures des bailleurs fonds multilatéraux prônant le principe de la concurrence ouverte : (Banque Mondiale)

178.- Critère d'éligibilité étendu- S'agissant du critère d'éligibilité, en vue d'encourager la concurrence, la banque (BM, IDA, FAD) autorise les entreprises et les ressortissants de tous les pays à offrir des fournitures, des travaux et des services dans le cadre des projets qu'elle finance. Les Directives de la Banque mondiale qui ont été harmonisées en 2010 avec celles de la BAD sont en principe plus ouvertes que celles de l'Union européenne. Ces institutions distinguent les modes de passation des marchés publics de travaux et de fournitures et le processus de consultation pour les marchés de prestations intellectuelles.

179.- Modes de passation des marchés de travaux et de fournitures- Les modes de passation des marchés publics de travaux et de fournitures de la BM et de la BAD.

Ces modes sont l'appel d'offres international ouvert, l'appel d'offres international restreint, l'appel d'offre national ou régional, le marché négocié (anciennement appelé de gré à gré), la consultation de fournisseurs et les travaux en régie. L'Appel d'offres international ouvert est le mode normal d'appel d'offres. Il doit être diffusé le plus large possible pour toucher tous les candidats potentiels. Il implique : La publication dans au moins : Un journal d'obédience internationale, un journal local, le site du bailleur de fonds qui est Développement GatewMarket (digMarket) pour la BM et www.afdb.org pour la BAD, le site des marchés publics du pays et éventuellement dans le journal Développement Business des Nations Unies. Le délai de soumission de 45 jours calendaires pouvant être étendu jusqu'à 90 jours ou exceptionnellement à 120 jours pour les prestations compliquées ou trop importantes[815]. L'Appel d'offres international restreint suppose une demande d'offres adressée à un nombre limité de candidats internationaux sur la base d'une liste restreinte établie soit à la suite d'une présélection soit directement par le responsable du projet au vu des références dont il dispose[816]. Le marché négocié (anciennement appelé de gré à gré) consiste à s'adresser à un seul candidat pour négocier le marché avec lui[817]. La consultation peut être nationale, régionale internationale, mais, il faut au moins 3 candidats. Aucun candidat inscrit sur la liste ne peut être éliminé pour incompétence[818]. Dans le cas des Travaux en régie, l'entité responsable du projet

---

[815] Paragraphe 2.1 au paragraphe 2.65 des Directives passation des marchés de travaux et de fournitures de la BM.
[816] Ibid., paragraphe 3.2
[817] Ibid. paragraphe 3.7.
[818] Ibid. paragraphes 3.5 et 3.6.

exécute elle-même le projet par ses propres moyens avec ou sans l'assistance de tiers[819].

La soumission en 2 étapes consiste pour les marchés d'une complexité ou les travaux d'un type particulier ou d'une technologie complexe de l'information et de la communication, il n'est pas toujours souhaitable ou pratique de mettre au point à l'avance les spécifications techniques définitives. En pareil cas, il est possible de procéder en 2 étapes : Inviter d'abord les candidats à remettre des propositions techniques sans indication de prix sur la base de principes généraux de conception ou de normes de performance et sous réserve de précisions et d'ajustements ultérieurs d'ordre technique aussi bien que commercial ; lors de la seconde étape, inviter les candidats à présenter sur la base d'un dossier d'appel d'offres révisé des propositions techniques définitives et les prix demandés[820].

Quant à la notification et à la publicité, l'emprunteur est tenu de préparer et de communiquer à la banque un projet d'avis général de passation de marchés. La Banque se charge de faire publier cet avis général dans développement business online (UNDB online) et sur le portail électronique de la Banque.

Chaque marché doit donner lieu à la publication d'un avis particulier de pré-qualification ou d'appel d'offres[821]. Il est généralement nécessaire de procéder à une pré-qualification des candidats pour les travaux complexes ou d'une grande envergure. La pré-qualification se base sur l'aptitude des candidats éventuels à exécuter de façon satisfaisante le marché visé, compte tenu de leur expérience et de leurs références en ce qui concerne l'exécution de marchés analogues, de leur capacité en termes de personnel, de matériels et d'équipements de construction ou de fabrication et de leur situation financière[822].

L'emprunteur peut avoir recours à un système électronique pour distribuer les DAO, sous réserve que la banque le juge adéquat[823]. Si les DAO sont distribués électroniquement le système électronique doit être protégé pour éviter les modifications au DAO et ne pas limiter

---

[819] Ibid. paragraphe 3.8.
[820] Ibid. paragraphe 2.6.
[821] Directives passation des marchés de travaux et de fournitures de la BM., ibid. paragraphes 2.8 et 2.9.
[822] Ibid.
[823] Ibid., paragraphe 2.8.

l'accès des soumissionnaires au DAO[824]. Les emprunteurs doivent utiliser les dossiers types d'appel d'offres (DAO) publiés par la Banque et ne leur apportent qu'avec l'accord de la Banque les changements strictement indispensables pour les adopter aux conditions particulières du projet. Les changements seront introduits exclusivement par le canal des données particulières de l'appel d'offres ou du marché ou bien du CCAP du marché et non par le canal de modification aux dispositions à caractère général des dossiers types[825].

Concernant la validité des offres des candidats, ils devront rester valides pendant une période suffisante pour permettre à l'emprunteur de comparer et d'évaluer les offres, d'examiner avec la banque si le plan de passation des marchés l'exige, les propositions d'attribution du marché et d'obtenir tous les avis de non-objection (ANO) nécessaires à l'attribution du marché[826].

Dans le cas de la révision des prix, le DAO doit indiquer si l'offre doit être présentée sur la base de prix révisables ; la révision s'applique en cas de variation (à la hausse ou à la baisse des principaux éléments du prix du marché : main d'œuvre, matériel, matériaux et combustibles, etc.). Les prix peuvent être révisés à l'aide de formule ou sur la base de pièces justificatives par le fournisseur ou l'entrepreneur[827].

Le DAO doit définir clairement la formule choisie et la date retenue pour les calculs.

Le droit applicable au règlement des litiges est l'arbitrage commercial international et la conciliation ou la médiation[828].

La procédure de jugement, d'analyse des offres et d'attribution des marchés des Travaux et fournitures est proche de celle du droit interne malien[829]. L'évaluation des offres relatives aux marchés de travaux doit être effectuée en termes strictement monétaires. Toute procédure en vertu de laquelle seraient automatiquement rejetées les offres supérieures ou inferieures à une valeur préalablement fixée est

[824] Ibid.
[825] Ibid. paragraphe 2.12.
[826] Ibid. paragraphes 2.13 et 2.14.
[827] Directives passation des marchés de travaux et de fournitures de la BM., paragraphes 2.24 et 2.25.
[828] Ibid. paragraphe 2.42.
[829] Supra, p.111.

inacceptable. L'emprunteur doit établir un rapport détaillé sur l'évaluation et la comparaison des offres indiquant les éléments précis sur lesquels il s'est fondé pour recommander l'attribution du marché[830].

180.- Consultation pour les marchés de prestations intellectuelles- Le processus de consultation pour les marchés de prestations intellectuelles de la BM et de la BAD s'applique aux services de consultants à caractère intellectuel.

Elles ne s'appliquent pas à d'autres types de services ou prédominent les aspects matériels. Le recrutement de consultant se fait suivant les modes suivants : La sélection basée sur la qualité et le coût, la sélection basée sur la qualité technique, la sélection dans le cadre d'un budget déterminé, la sélection au moindre coût, la sélection basée sur les qualifications des consultants et la sélection par entente directe.

181.- Sélection basée sur la qualité et le coût- La Sélection fondée sur la qualité et le coût (SBQC)[831] consiste pour sélectionner le consultant retenu, à mettre en concurrence les figurants sur une liste restreinte en prenant en compte : La qualité de la proposition et les coûts des services[832].

La pondération relative des critères de qualité et de coût est fixée au cas par cas selon la nature de la mission. Le processus de sélection comprend les étapes suivantes : La rédaction des TDR, l'estimation des coûts et établissements du budget, la publicité, l'établissement de la liste restreinte de consultants, la préparation et l'émission de la demande de proposition (DDP) qui doit inclure : la lettre d'invitation les instructions aux consultants (IC), les TDR et le projet de contrat proposé, la réception des propositions, l'évaluation des propositions techniques : prise en compte de la qualité, l'ouverture publique des propositions financières, l'évaluation finale consolidée de la qualité et du coût et la négociation et l'attribution du contrat au consultant retenu. Il convient de définir clairement dans les TDR les responsabilités respectives de l'emprunteur et des consultants. Dans la mesure du possible, utiliser l'un des modèles de DDP publiés par la Banque.

---

[830] Paragraphes 2.52 et 2.53 des directives passations des marchés et fournitures de la BM.
[831] Section II. Des Directives sélection et emploi de consultants par les emprunteurs de la Banque mondiale, mise à jour 2002.
[832] Ibid. paragraphe 2.1.

L'emprunteur peut avoir recours à un système électronique pour diffuser la DDP à condition que la Banque estime qu'il est adéquat. Si la DDP est diffusée électroniquement le système électronique sera protégé afin d'éviter les modifications à la DDP.

La lettre d'invitation (LI) indique l'intention de l'emprunteur de conclure un contrat en vue d'obtenir des services de consultants. Elle donne des informations sur : L'origine des fonds, le client, la date et l'heure et l'adresse auxquels doivent être remises les propositions[833]. Les Instructions aux consultants (IC) doivent comporter tous les renseignements susceptibles d'aider les consultants à établir des propositions conformes. Il doit conduire à une sélection aussi transparente que possible : en donnant des informations sur le processus d'évaluation, et en indiquant les critères d'évaluation et leurs poids respectifs ainsi que la note minimum de qualification requise. Les IC indiqueront une estimation du volume de travail requis du personnel clé des consultants (en personnes/mois) ou le budget total, mais pas les deux. Les IC spécifieront la période de validité de la proposition qui doit être suffisante pour : permettre l'évaluation des propositions, la décision d'attribution, l'examen par la banque, la finalisation des négociations du contrat.

Pour tous les projets, l'emprunteur est tenu de préparer et de soumettre à la Banque un projet d'avis général de passation des marchés. La Banque se charge de le faire publier dans un développement business online (UNDB online) et sur le site internet de la Banque[834].

Pour obtenir des manifestations d'intérêt l'emprunteur insérera la liste des missions de consultants prévus dans l'avis général de passation des marchés, et publiera un avis à manifestation d'intérêt pour chaque contrat à l'intention des bureaux de consultants dans le J.O. ou un journal de diffusion nationale ou sur un portail électronique dont l'accès est libre.

La liste restreinte ne sera publiée qu'à l'issue d'un délai minimum de 14 jours à compter de la date de publication dans UNDB online pour obtenir des manifestations d'intérêt.

Aucune modification à la proposition technique ou financière ne sera acceptée après la date limite de remise des propositions. L'évaluation

833 Paragraphe 2.9. des Directives de la BM, ibid.
834 Directives BM et BAD.

des propositions doit prendre en compte la qualité et le coût. Elle se fera en 2 étapes : D'abord du point de vue de la qualité technique, puis du point de vue du coût[835]. Les personnes chargées d'évaluer les propositions techniques n'auront accès aux propositions financières qu'à l'issue de l'évaluation technique et après examen et avis de non-objection éventuel de la Banque, alors seulement les propositions financières seront ouvertes. L'évaluation sera effectuée en conformité totale avec les dispositions de la DDP[836].

L'emprunteur évaluera chaque proposition technique (en faisant appel à un comité d'évaluation d'au moins 3 spécialistes du secteur) sur la base de plusieurs critères : l'expérience du consultant applicable à la mission concernée, la qualité de la méthodologie proposée, les qualifications du personnel clé proposée, le transfert des connaissances, s'il est exigé par les TDR, et le niveau de participation de nationaux parmi le personnel-clé proposé pour l'exécution de la mission. On attribuera à chaque critère des points compris entre 1 et 100 puis les points seront ensuite pondérés pour aboutir à une note[837].

Les pondérations applicables seront indiquées dans chaque DDP : Expérience du consultant applicable à la mission : 0 à 10 points, méthodologie : 20 à 50 points, personnel-clé 30 à 60 points, transfert de connaissance : 0 à 10 points, participation des nationaux (ne peut excéder 10 pts) : 0 à 10 points ; Total = 100 points.

Seul le personnel-clé doit être évalué. Les personnes seront jugées en fonction des 3 sous-critères : qualifications générales (niveau d'instruction générale et formation, année d'expérience, postes occupés, durée d'emploi auprès de la firme candidate, expérience dans les pays en développement, etc.), adéquation pour la mission : (études, formation et expérience dans le secteur, le domaine, le sujet concerné, etc., pertinentes pour ladite mission) et expérience de la région : (connaissance de la langue du pays de sa culture, de son système administratif de son organisation gouvernementale, etc.)[838]. Chaque proposition est évaluée sur la base de sa conformité aux TDR. Toute proposition qui ne satisfait pas à des éléments importants des TDR ou n'atteint pas la note technique minimum spécifiée dans la DDP sera

---

[835] Ibid. paragraphe 2.13.

[836] Ibid.

[837] Paragraphe 2.14 des Directives BM, ibid.

[838] Ibid. paragraphe 2.16.

jugée inacceptable et rejetée à ce stade. Il convient de préparer un rapport d'évaluation technique sur la qualité des propositions et justifier les résultats de l'évaluation en décrivant les points forts et les points faibles respectifs des propositions, soumettre ce rapport à la banque pour examen et avis de non-objection (ANO), conserver tous les documents relatifs à l'évaluation tels que les copies des notes individuelles jusqu'à l'achèvement du projet et de son audit, après réception de l'ANO de la banque sur le rapport d'évaluation technique [839]. A l'issue de l'évaluation de la qualité technique, l'emprunteur informera les consultants qui ont soumis une proposition des notes techniques attribuées à chaque consultant et avertir ceux dont les propositions n'auront pas obtenu la note minimum de qualification ou ont été jugés non-conformes à la DDP et aux TDR que leurs propositions financières leur seront retournées sans avoir été ouvertes après la signature du contrat, aviser les consultants qui ont obtenu la note de qualification minimum de la date, l'heure et le lieu d'ouverture des propositions financières. Cette date sera fixée de manière à permettre aux consultants de prendre les dispositions nécessaires pour assister à l'ouverture de la proposition financière. Les propositions financières seront ouvertes en public en présence des représentants des consultants qui désirent assister (en personne ou en ligne). Le nom du consultant, le nombre de points techniques et les prix proposés seront lus à haute voix (et affichés en ligne) et consignés par écrit lors de l'ouverture des propositions financières, ensuite préparer le procès-verbal de cette ouverture publique et envoyer une copie à la Banque et à tous les consultants qui ont soumis des propositions dans les meilleurs délais puis examiner alors les propositions financières, si elles contiennent des erreurs de calcul, les corriger. La proposition la moins chère peut se voir attribuer une note financière de 100. Les notes financières peuvent également être déterminées à l'aide d'autres méthodes. La méthode à utiliser sera décrite dans la DDP. La note totale sera obtenue par l'addition des notes techniques et financières, après introduction d'une pondération. La firme ayant obtenu la note totale la plus élevée sera invitée pour des négociations. Les négociations porteront sur les TDR, la méthodologie proposée pour exécuter la mission, le personnel, les

[839] Ibid. paragraphes 2.17 et 2.18.

moyens mis à la disposition du consultant par l'emprunteur et les conditions particulières du contrat[840].

182.- Sélection basée sur la qualité technique- La sélection fondée sur la qualité technique (SBQ) concerne les missions complexes ou très spécialisées pour lesquelles il est difficile de définir les TDR des consultants[841].

Dans le cadre de la méthode SBQ, la DDP peut n'exiger que la remise d'une proposition technique (sans proposition financière) ou la remise simultanée de proposition technique et financière, mais sous plis séparés (système de la double enveloppe). La DDP fournira soit le budget estimatif, soit les estimations du temps de travail du personnel clé (par exemple en personnes/mois). Si la DDP n'exige que la remise de proposition technique, l'emprunteur évalue ces propositions techniques selon la même méthodologie que celle de le SBQC, puis demande au consultant qui a remis la proposition technique ayant obtenu la note la plus élevée de remettre une proposition financière détaillée. L'emprunteur et le consultant négocient alors la proposition financière et le contrat. Tous les autres aspects du processus de sélection sont identiques à ceux de la méthode SBQC, mais dans ce cas seul le prix offert par la firme retenue est publié. Si les consultants ont été initialement invités à remettre simultanément une proposition technique et financière, seule la proposition financière correspondant à la firme retenue sera ouverte, les autres étant renvoyées cachetées à l'issue des négociations[842].

183.- Sélection dans le cadre d'un budget déterminé- La sélection dans le cadre d'un budget déterminé (SCBD) convient uniquement pour une mission simple qui peut être définie de manière précise et dont le budget est prédéterminé[843].

La DDP doit indiquer le budget disponible en invitant les consultants à soumettre sous plis séparés leurs meilleures propositions technique et financière dans les limites de ce budget. Les propositions techniques sont évaluées d'abord comme dans la méthode SBQC, puis les propositions de prix sont ouvertes en séance publique et les prix sont lus à haute voix. Les propositions financières d'un montant supérieur au budget indiqué sont rejetées. Le consultant ayant soumis

---

840 Paragraphe 2.19 au paragraphe 2.23. des Directives BM, ibid.
841 Ibid. paragraphe 3.2.
842 Paragraphes 3.3 et 3.4 des Directives BM, ibid.
843 Ibid. paragraphe 3.5.

la proposition technique la mieux classée parmi ceux qui restent est retenu, est invité à négocier un contrat. La publication de l'attribution du contrat se fera telle que décrite dans la SBQC.

184.- Sélection au moindre coût- La Sélection au ''moindre coût'' (SMC) ne s'applique qu'à la sélection de consultants pour des missions standards ou courantes (audit, préparation de dossiers techniques de travaux non complexes, etc.) pour lesquelles il existe des pratiques et des normes bien établies.

Elle consiste à fixer une note technique minimum de qualification et inviter les consultants figurant sur une liste restreinte à remettre des propositions sous 2 enveloppes séparées. Les propositions techniques sont ouvertes en 1er lieu et sont évaluées. Celles qui n'atteignent pas la note minimum de qualification sont éliminées et les propositions financières des consultants restants sont alors ouvertes en séance publique. La firme ayant proposé le prix le plus bas est retenue. Il convient de déterminer la note technique minimum de qualification en gardant à l'esprit que seules les propositions obtenant une note technique supérieure à ce minimum concourent selon le seul critère ''coût''. Cette note technique minimum de qualification doit être spécifiée dans la DDP[844].

185.- Sélection basée sur les qualifications des consultants- La sélection basée sur les qualifications des consultants (SQC) est utilisée pour des contrats d'un montant faible pour lesquels il n'est pas justifié de faire établir et d'évaluer des propositions concurrentes.

La procédure consiste : Etablir les TDR, inviter les consultants intéressés à se faire connaître et à fournir des informations sur leurs expériences et compétences en rapport avec la nature de leur mission, établir une liste restreinte et choisir le consultant ayant les qualifications et références les plus adaptées pour la mission. Le consultant retenu doit être invité à remettre une proposition technique et financière ; puis à négocier le contrat[845].

186.- Sélection par entente directe- La sélection par entente directe (SED) n'est utilisée qu'exceptionnellement.

Elle ne fait pas d'appel à la concurrence en termes de qualité technique et de coût. Elle manque de transparence et risque d'encourager des pratiques inacceptables. Cette méthode n'est

---

[844] Directives BM, paragraphe 3.6., ibid.
[845] Ibid. paragraphe 3.7.

acceptable que si elle présente un net avantage par rapport à l'appel à la concurrence : Pour le prolongement naturel d'une mission en cours menée par le consultant concerné, dans les cas d'urgence, pour les contrats d'un montant faible où la firme est la seule à posséder les qualifications et l'expérience pour la mission. Une procédure d'appel à la concurrence dans des conditions jugées acceptables par la Banque doit normalement être suivie si le contrat relatif à la mission initiale n'a pas été attribué par appel à la concurrence ou si le contrat initial a été attribué dans le cadre d'un financement lié ou si la mission de suivi donne lieu à un contrat d'un montant substantiellement plus élevé que le montant du contrat initial. Le consultant chargé de l'exécution du contrat initial ne doit pas être exclu de la compétition s'il se déclare intéressé[846].

Les Directives de l'UE sont moins ouvertes.

B) Les Directives à concurrence moins ouverte : L'Union européenne

187.- Personnes éligibles- La participation à des procédures de marchés est en principe ouverte à toutes les personnes physiques ressortissantes et aux personnes morales établies dans un Etat membre de l'UE, un Etat membre de l'espace économique européenne, un pays officiellement ou potentiellement candidat, un pays directement bénéficiaire d'une assistance en vertu de l'acte de base applicable ; dans le cas où un contrat de marché ou un contrat de subvention est financé par le budget de l'UE au titre d'un programme thématique, un pays en développement, tel que défini par le comité d'aide au Développement de l'OCDE et annexé au budget en question ; dans le cadre du FED, tous les pays moins développés tel que définis par les Nations unies, le cas échéant, un autre pays tiers, les pays bénéficiaires d'une décision établissant un accès réciproque à l'aide extérieure[847]. L'accès réciproque dans les pays les moins avancés est accordé automatiquement aux membres du CAD/OCDE[848]. Le but poursuivi est d'éviter d'attribuer des contrats à des sociétés inéligibles de par leur nationalité, mais qui ont créé des sociétés ''boites aux lettres'' dans un pays éligible dans l'unique but de contourner la règle de la nationalité. La règle d'origine s'applique aux biens dans la

[846] Ibid. paragraphe 3.8. au paragraphe 3.11.
[847] Directives UE et Guide pratique de l'UE
[848] Ibid.

mesure où ils ont été achetés. Le pays d'origine est le pays dans lequel les biens ont subi leur dernière transformation substantielle, économiquement justifiée.

188.- Distinction- L'UE ne distingue pas les modes de passation des marchés publics comme le fait la BM ou la BAD selon qu'il s'agisse de marchés publics de travaux et de fournitures d'une part et d'autre part des marchés de prestations intellectuelles.
Elle prévoit 7 modes de passation des marchés publics : La procédure d'appel d'offres ouvert, la procédure d'appel d'offres restreint, la procédure négociée concurrentielle, le contrat-cadre, le système d'acquisition dynamique, le dialogue compétitif et la procédure avec clause suspensive. Les particularités par rapport au droit de la BM et le droit interne malien ne concernent que les cinq derniers[849]. Le principe est l'appel à la concurrence. Cet appel à la concurrence poursuit un double objectif : Assurer la transparence des opérations, obtenir la qualité souhaitée de services, fournitures ou travaux au meilleur prix.

189.- Procédure négociée concurrentielle- la procédure négociée concurrentielle ou procédure sur la base d'une seule offre
Un marché peut faire l'objet d'une attribution directe dans les cas suivants : Lorsque la valeur du marché n'excède pas 10.000 euros, procédure sur la base d'une seule offre, dans des cas exceptionnels et dûment justifiés lorsque les circonstances factuelles et juridiques décrites aux articles 242, 244 et 246 de modalités d'exécution du règlement financier sont réunies. Dans de pareils cas, il n'y a pas de seuil spécifique[850]. Le pouvoir adjudicateur doit vérifier que les conditions d'une concurrence loyale sont bien respectées. Des mesures propres à favoriser une participation aussi étendue que possible des personnes physiques et morales des Etats ACP à l'exécution des marchés financés par le FED sont prises afin de permettre une utilisation optimale des ressources physiques et humaines des Etats. A cette fin : Dans le cas des marchés de travaux d'une valeur inférieure à 5 millions E, les soumissionnaires des Etats ACP bénéficient pour autant qu'un quart au moins du capital et des cadres soit originaire d'un ou de plusieurs Etats ACP d'une préférence de prix de 10% dans la comparaison des offres de qualité économique,

---

[849] Supra, p.113.
[850] Article 1er et 30 des Directives 2004/18/CE passations des marchés publics du 31 mars 2004.

technique et administrative dans le cas des marchés de fournitures ; Quel qu'en soit le montant, les soumissionnaires des Etats ACP qui proposent des fournitures originaires des Etats ACP pour 50% au moins de la valeur du marché bénéficient d'une préférence de prix de 15% dans la comparaison des offres de qualité économique, technique et administrative équivalente ; aux experts, institution, bureaux d'études ou entreprises de conseils ressortissants des Etats ACP ; aux offres soumises pour les entreprises ACP individuellement ou en consortium avec des partenaires européens ; aux offres présentées par des soumissionnaires européens ayant recours à des sous-traitants ou des experts ACP.

Les marchés sont attribués sur la base des critères d'attribution établis pour l'appel d'offres selon l'une des deux modalités suivantes : par adjudication auquel cas le marché est attribué à l'offre présentant le prix le plus bas parmi les offres régulières et conformes, par attribution à l'offre économiquement la plus avantageuse (c'est-à-dire présentant le meilleur rapport qualité/prix)[851]. Ces critères doivent être précis, non discriminatoires et ne doivent pas nuire à une concurrence loyale. La procédure d'évaluation des offres (y compris l'utilisation d'un comité d'évaluation) et d'attribution du contrat est identique à celle de la procédure restreinte.

190.- Contrat-cadre- Il est un marché conclu entre un ou plusieurs pouvoirs adjudicateurs et un ou plusieurs opérateurs économiques pour établir les termes essentiels régissant un seuil de contrat spécifique à passer au cours d'une période donnée notamment en ce qui concerne la durée, l'objet, les prix et les conditions d'exécution du marché ainsi que les quantités envisagées[852]. Les contrats-cadres passés avec plusieurs opérateurs sont appelés contrats-cadres multiples et sont établis sous forme de contrats séparés, mais passés en termes identiques. Les instructions aux soumissionnaires précisent le nombre maximal et minimal d'opérateurs avec lesquels le pouvoir adjudicateur entend contracter. Le nombre minimal ne peut être inférieur à trois. La durée des contrats ne peut excéder 4 ans, sauf dans les cas exceptionnels dûment justifiés notamment par l'objet.

---

[851] Article 53 des Directives 2004/18/CE, ibid.

[852] Directives 2004/18/CE, articles 1er et 32, ibid..

191.- Système d'acquisition dynamique (SAD)- Le SAD est un processus d'acquisition entièrement électronique pour des achats d'usage courant qui est limité dans le temps, et est ouvert pendant toute sa durée à tout opérateur économique satisfaisant aux critères de sélection et ayant présenté une offre indicative réputée conforme. Il n'y a pas de seuil spécifique. Pour chaque contrat individuel, le pouvoir adjudicateur publie un avis de marché et invite les contractants admis dans le cadre de ce système en accord avec le paragraphe ci-dessus. Le marché sera attribué à l'offre techniquement conforme qui est économiquement la plus avantageuse. Le meilleur rapport qualité/prix est donc le seul critère d'attribution[853]. Le cadre juridique de cette procédure est défini pour une utilisation future, mais les moyens informatiques (confidentialité, sécurité) ne sont pas encore disponibles à la commission européenne.

192.-Dialogue compétitif - Il concerne en principe les marchés complexes. Lorsqu'un marché est complexe, le pouvoir adjudicateur peut dans la mesure où il estime que le recours direct à la procédure ouverte ou que les modalités de la procédure restreinte ne permettront pas d'attribuer le marché à l'offre économiquement la plus avantageuse, recourir au dialogue compétitif[854]. Un marché est particulièrement complexe lorsque le pouvoir adjudicateur n'est objectivement pas en mesure de définir les moyens techniques pouvant répondre à ses besoins ou ses objectifs ou bien d'établir le montage juridique ou financier du projet. Il n'y a pas de seuil spécifique. Le pouvoir adjudicateur publie un avis de marché dans lequel il fait connaître leurs besoins et exigences qu'ils définissent dans ce même avis et/ou dans un document descriptif.

Les pouvoirs adjudicateurs ouvrent un dialogue avec les candidats satisfaisant aux critères de sélection annoncés dans l'avis de marché. Au cours du dialogue tous les aspects de l'offre peuvent être abordés ; néanmoins le dialogue a lieu individuellement avec chaque candidat sur la base des solutions et des idées proposées par chacun d'entre eux. Les pouvoirs adjudicateurs peuvent prévoir que la procédure se déroule en phases successives de manière à réduire le nombre de solutions à discuter.

---

[853] Ibid. article 33.
[854] Ibid., article 29.

Le pouvoir adjudicateur doit préparer un rapport justifiant la manière dont les dialogues ont été menés. Après avoir informé les participants de la conclusion du dialogue les pouvoirs adjudicateurs les invitent à remettre leur offre finale sur la base de la solution ou des solutions présentées et spécifiées au cours du dialogue. Ces offres comprennent tous les éléments requis et nécessaires pour la réalisation du projet. Les pouvoirs adjudicateurs peuvent prévoir des prix ou des paiements aux participants au dialogue. Le marché est attribué à l'offre techniquement conforme qui est économiquement la plus avantageuse. Le meilleur rapport qualité/prix est donc le seul critère d'attribution[855].

193.- Procédure avec clause suspensive- Quant à la procédure avec clause suspensive dans des cas dûment justifiés et après autorisation préalable, les appels d'offres peuvent être lancés avec une ‘‘clause suspensive'' avant la signature de la convention de financement entre la Commission européenne et l'Etat bénéficiaire. L'attribution effective et la signature du contrat suite à l'appel lancé avec clause suspensive sont dès lors conditionnées par l'adoption de la décision de financement et/ou le cas échéant, la signature de la convention de financement. Compte tenu des conséquences qu'elle peut entraîner, l'existence d'une clause suspensive doit être explicitement mentionnée dans l'avis de marché ou dans les lignes directrices à l'intention des demandes de subvention[856].

194.- Modes de gestion des marchés publics de l'UE- L'Union européenne prévoit de même des modes de gestion des marchés publics.

Le Guide pratique de l'UE (PRAG) explique les procédures contractuelles qui s'appliquent à tous les contrats d'aide extérieure de l'UE financés par le budget général de l'UE et le 10ème FED. Depuis l'adoption de la révision de l'annexe IV de l'accord de Cotonou en 2008, les contrats de marché et les subventions financés dans le cadre du 10ème FED seront attribués et mis en œuvre conformément aux règles de l'UE et, sauf dans les cas prévus par lesdites règles, conformément aux documents et procédures standards établis et publiés par la commission pour la mise en œuvre des opérations de coopération avec les pays tiers, tels qu'en vigueur au moment du lancement de la procédure en question.

---

855 Guide pratique de l'UE et Directive CE.
856 Ibid.

En outre, l'UE emploie 4 modes de gestion des marchés publics : La gestion directe (supprimée dans le 11ème FED), la gestion indirecte avec contrôle ex-ante, la gestion indirecte avec contrôle ex-post, la gestion partagée : la commission de l'Union Européenne délègue des tâches d'exécution à des Etats membres de l'UE, la gestion conjointe : Certaines tâches d'exécution sont confiées par la Commission de l'UE à une organisation internationale (ONU ou BM).

195.- Gestion centralisée directe- Dans la Gestion centralisée directe, la Commission européenne est le pouvoir adjudicateur et prend les décisions pour le compte du bénéficiaire.

196.- Gestion centralisée indirecte- Dans le cas de la Gestion centralisée indirecte certaines tâches d'exécution sont déléguées par la commission européenne à un organisme national qui dès lors devient le pouvoir adjudicateur. En général cet organisme national est l'agence de développement (ou équivalent) d'un Etat membre de l'UE.

Dans la plupart des cas, les règles et procédures de l'organisme national sont utilisées et le présent guide ne s'applique pas. Excepté lorsque l'entité déléguée octroie des subventions financées par le budget de l'UE : le guide pratique est alors d'application[857].

197.- Gestion décentralisée- Dans le cas de la gestion décentralisée le pays bénéficiaire est le pouvoir adjudicateur. Ce pays bénéficiaire utilise les procédures en fonction du degré de décentralisation (partielle ou substantielle). En règle générale, le pays bénéficiaire utilise les procédures contractuelles de l'UE décrites dans le guide et les procédures financières (les paiements du guide pratique des procédures applicables aux devis programmes)[858].

198.- Gestion conjointe- Dans la gestion conjointe, certaines tâches d'exécution sont confiées par la Commission de l'UE à une organisation internationale (ONU ou BM)[859].

199.- Gestion partagée- Quant à la gestion partagée, lorsque la Commission européenne exécute le budget en gestion partagée, des tâches d'exécution du budget sont déléguées à des Etats membres

---

[857] Guide pratique de l'UE.
[858] Guide pratique de l'UE et Directives, ibid.
[859] Ibid.

conformément aux dispositions de l'article 53 b du règlement financier[860].

Les exclusions sont la faillite, la liquidation, le non- paiement des impôts.

La coexistence des procédures des bailleurs de fonds au Mali entraîne des conséquences.

Paragraphe II : Les conséquences nées de la coexistence des procédures des bailleurs de fonds au Mali

200.- Conséquences- Un certain nombre de conséquences prévues par la réglementation découle de la coexistence des procédures des bailleurs de fonds au Mali à savoir la consécration de la suprématie des procédures des bailleurs de fonds (A). L'existence des procédures de divers bailleurs de fonds implique des règles relatives aux marchés publics qui découlent de plusieurs systèmes juridiques, soit d'un système juridique dualiste, soit d'un système juridique unitaire. Ceci entraîne une influence réciproque des deux systèmes juridiques afin d'harmoniser le droit des marchés publics desdits systèmes. L'une des conséquences les plus manifestes de cette pluralité de systèmes juridiques est que le droit des marchés publics peut être considéré comme le droit le plus marqué par la mondialisation libérale, qui transcende la distinction droit public-droit privé (B).

A) La consécration de la suprématie des procédures des bailleurs de fonds

201.- Suprématie des procédures des bailleurs de fonds- Le droit des marchés publics au Mali consacre la suprématie des procédures des bailleurs de fonds multilatéraux et bilatéraux non seulement sur le droit interne, mais aussi sur le droit communautaire des marchés publics au sein de l'espace UEMOA.

Le droit interne et communautaire est supplanté par le droit conventionnel des marchés issu des accords de financements en application des dispositions de la Directive UEMOA[861] repris par le décret malien n°0485-08 du 11 août 2008 portant procédures de passation, d'exécution et de règlement des marchés publics et des

860 Ibid.
861 Article 8 de la Directive n°04/CM/UEMOA.

délégations de service public ainsi libellé : « Les marchés financés par des ressources extérieures sont soumis aux dispositions de la présente Directive dans la mesure où elles ne sont pas contraires aux dispositions des accords de financement »[862].

Cette disposition a été transposée comme telle dans tous les pays de l'UEMOA. Au Mali l'article 7 du Décret n°08-485 du 11 août 2008 portant procédures de passation, d'exécution et de règlement des marchés publics et des délégations de service public dispose : « Les marchés financés par des ressources extérieures sont soumis aux dispositions du présent Décret dans la mesure où elles ne sont pas contraires aux dispositions des accords de financement ».

Un développement ultérieur est consacré à ces marchés avec l'avènement du nouveau code du 25 septembre 2015[863].

Il découle de cette disposition que les procédures des bailleurs de fonds multilatéraux ou bilatéraux régissent les marchés publics au Mali. Il s'agit entre autres des Directives de la Banque mondiale sur les marchés publics, de la BAD, du FED, des Accords sur les marchés publics de l'OMC, des accords de financement bilatéraux avec des pays ou organismes internationaux de financement.

La supplantation du droit interne des marchés publics par le droit conventionnel des bailleurs de fonds est une réalité manifeste tout comme la supplantation du droit communautaire UEMOA. Les règles relatives aux marchés publics ont été élaborées par et pour les grandes puissances : OMC, FMI, BM, etc. C'est un instrument aux mains des politiques néolibérales. Au moment de l'élaboration de la réglementation communautaire, ces institutions financières internationales qui ont financé le projet de réforme des marchés publics dans l'espace UEMOA ont introduit une astuce qui met à nue toute cette réglementation à travers l'insertion du seul article 8 de la Directive n°04/CM/UEMOA du 9 /12/2005.

Cette disposition a été transposée comme telle dans tous les pays de l'UEMOA. Les accords de financement conclus avec les bailleurs de fonds consacrent la suprématie des procédures de ces bailleurs de fonds sur le droit interne et même communautaire en application de l'article 7 du Décret malien n°08-485 précité et de l'article 8 de la

[862] Article 7 du décret n°08-485/P-RM du Mali.
[863] Infra P. 318

Directive n°04. Or, en droit communautaire européen, les traités communautaires prévalent sur les traités conclus entre Etats membres. De même les traités communautaires l'emportent-ils sur les traités qui seraient éventuellement conclus par les Etats membres avec des Etats-tiers postérieurement à leur entrée en vigueur[864]. Conformément aux règles du droit international, les traités communautaires de l'UE ne cèdent qu'aux traités conclus par les Etats membres avec des Etats-tiers antérieurement à leur entrée en vigueur[865]. Mais, les Etats membres de la communauté doivent se délier de leurs engagements antérieurs contraires aux traités par les négociations appropriées, soit par une révision ou une dénonciation[866].

Le principe de la primauté du droit communautaire a été affirmé par l'arrêt Costa du 15 juillet 1964, la cour conclut : *« Issu d'une source autonome, le droit né du traité ne pourrait donc, en raison de sa nature spécifique originale, se voir judiciairement opposer un texte interne quel qu'il soit, sans perdre son caractère communautaire et sans que soit mise en cause la base juridique de la communauté elle-même »*[867].

202.- Obstacle- Le droit constitutionnel d'un Etat membre ne saurait constituer un obstacle à la primauté du droit communautaire[868]. Le droit communautaire s'impose aux juridictions nationales[869].

Monsieur Abdoulaye Gounou Salifou dans sa thèse de doctorat soutenue en 2008 à l'université de Lomé parle de substitution des règles fixées par les mécanismes internationaux aux procédures nationales[870]. Il s'agit plutôt d'une négation, d'une supplantation du droit interne et communautaire par le droit international ou conventionnel en violation du principe issu de la jurisprudence Costa qui consacre la primauté d'une Directive communautaire. C'est ce qu'il convient d'appeler l'astuce des institutions financières pour contourner le fait que les pays africains ont refusé de ratifier l'accord de l'OMC sur les marchés publics. Or dans le cadre des Directives de

---

[864] ISSAAC (G.) BLANQUET (M.), droit communautaire général, 8ème édition, Armand Colin, 2001, p.139 et suivants.
[865] Articles 307 et 105 du Traité CEE.
[866] CJCE, 14 septembre 1999, Commission c/Belgique, aff. C-170/98, Rec. 1-5493.
[867] Aff. 6/64, Rec.1141, B. de Guitte « Retour à » Costa, RTDE, 1984.425. ; ISSAAC (G.), op.cit. p.203.
[868] 13 juillet 1972, Commission c/Italie, aff.48/71, Rec. 533, ISSAAC (G.), op. cit., p.204.
[869] Apport, arrêt Costa.
[870] SALIFOU (A.G.), op. cit. p. 133.

l'Union européenne des principes clairs ont été adoptés pour ne pas porter atteinte à leur droit communautaire. En vertu des dispositions de l'article 15 de la Directive/18/CE du 31 mars 2004,*« la présente directive ne s'applique pas aux marchés publics régis par des règles de procédures différentes et passés en vertu : D'un accord international conclu en conformité avec le traité, entre un Etat membre et un ou plusieurs pays tiers et portant sur des fournitures ou des travaux destinés à la réalisation ou à l'exploitation en commun d'un ouvrage par les Etats signataires ou sur des services destinés à la réalisation ou à l'exploitation en commun d'un projet par les Etats signataires ; tout accord sera communiqué à la commission qui peut procéder à une consultation au sein du comité consultatif pour les marchés publics visés à l'article 77 ; d'un accord international conclu en relation avec le stationnement de troupes et concernant des entreprises d'un Etat membre ou d'un pays tiers ; de la procédure spécifique d'une organisation internationale »*[871]. Cette disposition est reprise par l'article 22 de la directive 2004/17/CE du 31 mars 2004.

Au sein de la CNUDCI qui a beaucoup influencé le nouveau droit des marchés publics, il n'est pas tenu compte de la distinction traditionnelle droit public-droit privé. Ceci fait que le droit des marchés publics transcende la distinction droit-public-droit privé.

B) La réglementation des marchés publics au Mali, un droit qui transcende la distinction droit public-droit privé

203.-Remise en cause de la distinction droit public-droit privé- Le professeur Laurent Richer parle de la *« remise en cause du contrat administratif tel qu'il est connu par sa spécificité en droit français »*[872]. Selon le professeur Richer, les critiques doctrinales et l'avènement du droit européen ont entraîné une évolution au moins partielle. Déjà, sous la III République française, le projet de loi VIVIANI [873] a voulu confier le contentieux des contrats de l'administration à la juridiction judiciaire. Il démontre qu'un rapprochement entre le contrat de droit privé et le contrat de droit public s'opère inéluctablement sous l'influence du droit de l'Union Européenne qui ne se préoccupe pas des conceptions nationales

[871] Article intitulé marchés passés en vertu de règles internationales de la Directive /18/CE du 31 mars 2004, op. cit.
[872] RICHER (L.), Ibid. p.44.
[873] Projet de loi cité dans son ensemble par le Professeur RICHER dans son ouvrage précité.

relatives à la distinction du droit public et du droit privé[874]. Cette transcendance marquée du sceau de la mondialisation fait que le droit des marchés publics au Mali est un droit au carrefour du droit public et du droit privé qui remet en cause la distinction contrat administratif et contrat de droit privé.

204.- Constitutionnalisation du droit des marchés publics- La constitutionnalisation du droit des marchés publics est très récente et n'a commencé qu'avec la décision du Conseil Constitutionnel français du 23 juin 2003. Par contre les marchés publics peuvent être aussi des contrats de droit privé soumis aux règles du droit privé notamment du droit civil et du droit commercial[875]. C'est un droit qui transcende la distinction droit public-droit privé et se traduit suivant Laurent Richer par une remise en cause de la distinction contrat administratif – contrat de droit privé. C'est un droit multidisciplinaire, partagé entre les règles du droit public et celles du droit privé. *« Les Directives de l'Union européenne sur les marchés publics transcendent la distinction entre droit public et droit privé et la remettent en cause »* [876]. Ainsi, ces Directives s'appliquent aux marchés des « organismes » de droit public parmi lesquels, il faut compter des organismes qui en droit français sont des personnes morales de droit privé.

Ces critiques valent pour le droit des marchés publics des Etats membres de l'UEMOA et singulièrement le Mali ou le Sénégal qui ont transposé les deux Directives n°04 et 05 du 19 décembre 2005 sur les marchés publics qui ont élargi leur champ d'application aux personnes morales de droit privé[877].

Ceci, peut être l'une des raisons pour lesquelles, Olivier FROT affirme que l'achat public se trouve à la croisée de plusieurs logiques juridiques nationales : Droit public et droit privé[878]. D'après certains auteurs, le droit des marchés publics « relève en effet, pour partie du droit des obligations civiles »[879]. A la question de savoir si le droit des

---

[874] RICHER (L.), ibid. pp. 48-48.

[875] V. MARTINEZ (B.) et SERR (F.) exécution des marchés publics, édition Le Moniteur, paris 2013, P.9 ; DEVILLER (J.M.) droit administratif cours thèmes de réflexion commentaire Montchrétien, 12ème édition, 2011 p.385

[876] RICHER (L.), ibid.

[877] Infra p. 217.

[878] FROT (O.), op.cit. p. 34

[879] LINDITCH (F.), le droit des marchés publics, 5ème édition, Dalloz, 2009, p.8.

marchés publics relève-t-il du droit public ou du droit privé, il convient de dire simplement qu'aucun droit n'est autonome. Cette répartition de la matière du droit des marchés publics entre les droits varie suivant les systèmes de droit : A la question de savoir si un contrat soumis au code des marchés publics peut-il être de droit privé, une partie de la doctrine minoritaire européenne avait considéré que les marchés publics étaient nécessairement des contrats administratifs. Mais selon la majorité des auteurs, il n'existait pas d'incompatibilité entre le code des marchés publics et le droit privé. La Cour de Cassation française et le Tribunal des Conflits avaient jugé que la soumission d'un contrat au code des marchés publics n'en faisait pas un contrat administratif[880].

Dans le système unitaire de droit comme les USA, les contrats de l'Etat Fédéral sont soumis au droit commun. Cependant le contentieux de ces contrats est attribué à une juridiction particulière qui a développé un véritable droit des contrats administratifs dérogatoire au droit commun[881].

En droit anglais les contrats sont soumis au droit commun au droit privé, mais il existe des particularités pour les contrats de l'administration avec le pouvoir de modification unilatérale ou de résiliation qui existe[882].

Dans les systèmes dualistes, il y a autant de particularités que de pays. En Allemagne, les marchés publics de travaux, de fournitures et de services sont des contrats de droit privé, mais les juridictions administratives sont compétentes en matière de litiges nés de l'exécution du contrat ainsi que sur la réparation des dommages causés par l'inexécution. En Belgique, la juridiction judiciaire est compétente en matière de contrats malgré l'existence de contrats administratifs[883]. En droit italien les contrats de l'administration sont en principe régis par le Code civil et le juge judiciaire est compétent. Cependant, le juge administratif connait de la légalité. En Espagne comme en France les contrats de l'Administration sont tantôt de droit public tantôt de droit privé. En Espagne, la loi de 1956 sur le contentieux administratif donne compétence aux juridictions

[880] RICHER (L.), ibid. pp44 et S.
[881] Ibid. pp.41-42
[882] Ibid.
[883] RICHER (L.), ibid.

administratives pour connaître du contentieux qui ont pour objet des travaux et services publics[884].

Avec, la décision du Conseil Constitutionnel français du 23 juin 2003 qui a conféré valeur constitutionnelle aux principes fondamentaux de la commande publique, plusieurs auteurs ont parlé d'un droit constitutionnel des marchés publics[885]. Pour ces auteurs les autres branches du droit administratif et le droit constitutionnel sont soumis aux marchés publics. Il apparaît une constitutionnalisation du droit des marchés publics par le Conseil constitutionnel à partir de sa décision du 23 juin 2003.

La jurisprudence française a précisé que le recours à la loi n'était pas nécessaire pour réglementer un marché public[886].

Il existe un droit public interne des marchés de constitution moins récente : Le droit financier, budgétaire des marchés publics[887]. Le marché public entraîne une dépense publique et applique donc les règles de la comptabilité publique. Il existe un droit international public des marchés publics au Mali : Les accords de financement entre Etat et institutions financières, ou entre le Mali et un autre Etat.

En principe les contrats conclus entre deux personnes privées sont des contrats de droit privé même s'ils contiennent des clauses exorbitantes de droit commun ou s'ils ont pour objet l'exécution d'un service public[888]. A ce principe la jurisprudence « Peyrot » a apporté des limites à travers l'objet du contrat, critère matériel, exécution des travaux publics concernant la construction d'une autoroute. Les contrats conclus entre les SPIC et les usagers sont toujours des contrats de droit privé dont le contentieux appartient au juge judiciaire même s'ils contiennent des clauses exorbitantes de droit commun ;même si les contractants sont deux personnes publiques[889].

L'architecte et l'ingénieriste doivent être obligatoirement assurés. L'obligation d'assurance pèse sur toute personne physique ou morale

---

[884] Ibid.

[885] BLOC (B.M.), code des marchés publics commentés, 2012 ; BRACONNIER (S.), op.cit. p.14.

[886] CC, 22 août 2002, marchés de l'Etat et CE.ASS. 5mars 2003, ordre des avocats à la Cour de Paris, marchés des Collectivités territoriales.

[887] DE VILLIERS (M.) et DE BERRANGER (T.), op.cit. p.662 ; DUVAL (J.C.), l'essentiel du droit des marchés publics, p.99

[888] MARAUD DE VILLIERS (J.), op. cit p.388 ; TC 26 mars 1980 AFPA.

[889] MARAUD DE VILLIERS (J.), op. cit p.391 ; TC 26 mars 1980 AFPA.

dont la responsabilité peut être engagée sur le fondement des articles du Code civil français[890]. Pour la doctrine française majoritaire le contentieux du contrat peut concerner trois types de responsabilité qui sont toutes d'origine civiliste[891] : la garantie annuelle de parfait achèvement[892], la garantie biennale de bon fonctionnement des constructions[893], la garantie décennale des vices de construction[894].

Il existe également un droit international privé des marchés publics au Mali. Les marchés publics des personnes morales de droit privé : société d'Etat, société à participation publique majoritaire. La vente internationale de marchandises c'est-à-dire des contrats de marchandises entre sociétés d'Etat et sociétés de droit privé étranger ou avec des Etats pour lesquels les marchés publics sont des contrats de droit privé : Allemagne, Italie. En outre pour l'OMC, les systèmes de passation des marchés publics sont des activités commerciales[895].

Le droit des marchés publics au Mali est un droit qui remet en cause la distinction contrat administratif et contrat de droit privé. Les marchés publics peuvent être qualifiés de contrats administratifs ou de contrats de droit privé. Dans certaines législations ou réglementations, tous les contrats régis par le code des marchés publics sont des contrats administratifs. Il en est ainsi du droit français des marchés publics. En effet, la loi MURCEF du 11 décembre 2001 unifie la compétence juridictionnelle au profit du juge administratif en précisant que les marchés passés en application du code des marchés publics ont le caractère de contrats administratifs[896]. Il en est de même du droit des marchés publics du Burkina-Faso contrairement au droit des autres pays de l'UEMOA[897]. Mais cette réglementation du droit des marchés publics Burkinabé contredit le droit communautaire UEMOA et en déphasage avec le droit des marchés publics sénégalais et maliens qui

[890] HUET (M.), BLANDIN (A.), marchés publics d'architecture et d'ingénierie, Litec, 2010, p.307 et suivants.
[891] CROS (N.) et BOISSY (X.), les litiges des marchés publics, édition B. Levrault, 2010, pp. 77-80 ; De VILLIERS (M.), DE BERANGER (T.), droit public général, p.666 et suivants ; HUET (M.) et BLANDIN (A.), ibid.
[892] Article 1792-6 du code civil français
[893] Ibid. article 1792-3.
[894] Ibid. article 1792.
[895] Accord de l'OMC sur les Marchés publics
[896] Loi n°2001-1168 du 11 décembre 2001 modifiée, portant mesures urgentes de réformes à caractère économique et financier (Loi MURCEF)
[897] Articles 1er -22, 168 et 170 du décret n° 2008-173/PRES/PM//MEF portant règlementation des marchés publics et des délégations de service public au Burkina-Faso, op.cit.

distinguent les marchés publics considérés comme des contrats administratifs et les marchés publics considérés comme des contrats de droit privé. La doctrine UEMOA selon laquelle les marchés publics prévus par la directive UEMOA doivent être regardés comme des contrats administratifs est inopérante et contredit la directive UEMOA n°05.

205.- Identification des contrats administratifs- Le droit sénégalais distingue les contrats administratifs par détermination de la loi ou du règlement et les contrats administratifs par leur nature. La loi ou le règlement peut attribuer à tout moment la qualité de contrats administratifs à une catégorie de contrats auxquels une personne morale de droit public est partie[898]. En droit sénégalais, sont des contrats administratifs par leur nature, les contrats auxquels une personne morale de droit public est partie, ceux comportant participation du cocontractant de l'Administration à l'exécution d'un service public et les contrats comportant des clauses exorbitantes du droit commun[899]. Le critère organique est permanent tandis que les deux autres critères sont alternatifs à savoir la clause exorbitante du droit commun et le critère du service public. Cependant les contrats entre des personnes privées peuvent être des contrats administratifs si l'un des cocontractants agit pour le compte d'une personne morale de droit public [900]. La réglementation malienne parle de contras administratifs et de contrat de droit privé sans déterminer le contenu de cette distinction. Par contre la législation sénégalaise distingue les marchés publics qui sont des contrats administratifs et ceux qui sont des contrats de droit privé. Sont également des marchés publics ceux des personnes morales de droit privé comme les sociétés d'Etat, les sociétés anonymes à participation publique majoritaire qui demeurent des contrats de droit privé. C'est à ce titre que le Décret portant code des marchés publics au Sénégal dispose que les marchés publics sont des contrats administratifs à l'exception de ceux passés par les sociétés nationales et les sociétés anonymes à participation publique majoritaire qui demeurent des contrats de droit privé[901].

---

[898] Article 7 de la loi N°65-51 du 19 juillet 1965 portant code des obligations de l'Administration au Sénégal, ibid.

[899] Ibid, articles 8 à 15.

[900] Ibid.

[901] Article 4.21 du décret n° 2014 portant code des marchés publics au Sénégal.

Le droit communautaire UEMOA des marchés publics transcende également cette distinction à travers son champ d'application. En droit communautaire UEMOA sont des marchés publics à la fois les marchés publics des personnes morales de droit public et ceux de certaines personnes morales de droit privé comme les sociétés d'Etat et les sociétés à participation financière publique majoritaire[902]. Cette disposition est reprise par le droit des marchés publics du Mali qui distingue les marchés publics des personnes morales de droit public et ceux des personnes morales de droit privé à savoir les marchés des EPIC, des sociétés d'Etat, des sociétés d'économie mixte à participation financière publique majoritaire et des personnes morales de droit privé bénéficiant du concours ou de la garantie de l'Etat[903].

Outre les incohérences de ce nouveau droit des marchés publics, il demeure inachevé.

[902] Article 4 et 5 de la Directive N°04/2005/CM/UEMOA, op.cit.

[903] Article 4 du décret N°08-485/P-RM du Mali et article 4 du décret N°09-219/P-RM du 11 mai 2009 déterminant les autorités chargées de la conclusion et de l'approbation des marchés publics et des délégations de service public.

Chapitre II
L'inachevement du nouveau droit

206.- Insuffisances du nouveau droit des marchés publics- Tout droit comporte des insuffisances. Le droit des marchés publics n'en fait pas exception. Entre autres insuffisances se trouve l'inachèvement du droit des marchés publics. L'analyse de la réglementation malienne relative aux marchés publics montre que ce droit demeure inachevé sur plusieurs aspects non seulement sur le plan du cadre normatif (Section I), mais aussi sur le plan du cadre organique (Section II).

Section I : L'inachèvement du cadre normatif

207.- Distinction- L'inachèvement du cadre normatif se manifeste au stade des procédures de passation et d'exécution (paragraphe I) et au stade de la fonction de régulation (paragraphe II).

Paragraphe I : Au stade des procédures de passation et d'exécution

208.- Procédures inachevées- La réglementation relative aux procédures de passation et d'exécution demeure inachevée. Cet inachèvement concerne certains principes directeurs (A), mais aussi certaines branches du droit des marchés publics (B).

A) L'inachèvement de la réglementation relative à certains principes directeurs

209.- Principes directeurs inachevés- La réglementation relative à la plupart des principes directeurs examinés plus haut est inachevée. Il s'agit notamment de l'inachèvement de la réglementation relative à la définition des besoins, à la dématérialisation, aux conditions de validité des marchés publics, à la technique d'évaluation des offres, à l'absence détermination exhaustive de certaines catégories de marchés publics et de l'ineffectivité de la transposition des principes fondamentaux de la commande publique[904].

210.- Inachèvement de la définition des besoins- D'abord, l'inachèvement de la réglementation relative à la définition des besoins au Mali.
Il découle que le décret n° 08-485 du 11 août 2008 portant nouveau code des marchés publics qui impose aux autorités publiques de prévoir des spécifications techniques demeure inachevé en ce sens qu'ailleurs les spécifications techniques sont définies : Soit eu égard à des normes ou documents équivalents accessibles aux candidats (agréments ou référentiels techniques), Soit en termes de performances ou d'exigences fonctionnelles et environnementales.

Dans certains pays, le Gouvernement a précisé qu'une spécification technique peut inclure notamment : Les niveaux de la performance environnementale, les niveaux de qualité; toutes les autres conditions de caractère technique que le pouvoir adjudicateur ou l'entité adjudicatrice est à même de prescrire, par voie de réglementation générale ou particulière, en ce qui concerne les ouvrages terminés et en ce qui concerne les matériaux ou les éléments constituant ces ouvrages[905]. Le décret n°08-485 du Mali a prévu un Cahier des Clauses administratives générales applicables aux marchés publics industriels[906], qui n'a pas encore été élaboré. Au Mali, le code n'insiste pas sur l'analyse du besoin qualitativement et financièrement. A contrario, certaines législations étrangères insistent sur ces aspects.

Parce qu'un marché public a pour finalité première d'apporter une réponse au besoin de la personne publique et parce que le code conditionne l'application de certaines règles à des seuils financiers, le pouvoir adjudicateur doit, avant tout lancement de procédure, analyser qualitativement et financièrement son besoin. L'analyse qualitative du besoin consiste à définir et à décrire clairement les prestations attendues. Elle doit permettre, à l'issue de la consultation, d'obtenir des offres qui répondront efficacement au besoin de la personne publique. Une analyse qualitative insuffisante en amont aura

---

904 Supra, p.183 étant entendu qu'il est une conséquence de l'incohérence de la réglementation malienne sur les marchés publics.

905 Arrêté du 28 août 2006 relatif aux spécifications techniques des marchés et accords-cadres en France.

906 Article 38.2 du décret n°08-485/P-RM du Mali, op.cit.

généralement pour conséquence une absence d'offre ou un nombre important d'offres inappropriées, inacceptables ou irrégulières[907]. C'est aussi en phase d'analyse des besoins que se déterminent le découpage en lots et leur consistance. Lorsque des prestations distinctes peuvent être identifiées, le code français des marchés publics français impose l'allotissement[908].

Chaque lot donne lieu à un marché distinct. Il n'y a que lorsque l'allotissement porte atteinte à la libre concurrence ou que la gestion de plusieurs lots est techniquement difficile ou financièrement onéreuse, que la personne publique peut conclure un marché global avec un seul titulaire. Le découpage et la consistance des lots sont déterminés, pour l'essentiel, à partir des caractéristiques techniques de la prestation et du secteur économique en cause. Les lots peuvent être ainsi découpés sur une base technique ou géographique.

Cette réflexion sur la consistance des lots est importante, dans la mesure où elle détermine la capacité des candidats à répondre ou non à la consultation et conditionne le respect du principe de libre accès à la commande publique. Par exemple, lancer une consultation en vue de conclure un marché de conseil et de représentation juridique avec un lot unique couvrant tous les domaines du droit, aurait pour conséquence d'avantager les cabinets les plus importants.

Pour la réalisation des études préalables et l'établissement des projets de marchés, il peut être fait appel à la collaboration des services techniques dépendant d'autres administrations ou d'homme de l'art[909]. La personne compétente pour définir les besoins dépend de la nature de ces derniers.

Au Mali c'est l'autorité contractante qui définit les besoins[910]. Or celle-ci au Mali est la personne publique[911].

L'inachèvement de la réglementation relative à la définition des besoins est aussi dû à l'absence d'un manuel d'application du code des marchés publics dont disposent certains pays comme Madagascar[912] et la France[913].

---

[907] V. supra. P. 115.
[908] Article 10 du code français des obligations.
[909] Article 5 du Code des marchés publics du Sénégal.
[910] Article 29.1 du décret n°08-485/P-RM du Mali, ibid.
[911] Ibid. article 4.
[912] V. manuel d'application du code des marchés publics français, Dalloz 2013.

211.- Inachèvement de la réglementation relative à la dématérialisation- Il découle de ce qu'au Mali, un arrêté du ministre chargé des Finances fixe les conditions d'application de la dématérialisation[914]. Or, cet arrêté n'a pas encore été adopté. Les documents d'appel d'offres et de consultation peuvent être communiqués par moyen électronique. Il en est de même des candidatures et des offres. C'est le procédé de la dématérialisation, qui est définie comme la création, l'échange, l'envoi, la réception ou la conservation d'information ou de documents par des moyens électroniques ou optiques notamment l'échange de données informatisées ou la messagerie électronique[915]. La lourdeur des procédures de passation est due en partie à l'inachèvement de la réglementation relative à la dématérialisation au Mali.

212.- Inachèvement de la réglementation relative aux conditions de validité des marchés publics- Il provient de ce que le droit des marchés publics au Mali n'énumère pas certaines conditions de validité des marchés publics. En effet, les marchés publics comme tout contrat de l'administration sont soumis à certaines conditions de validité qui sont reconnues par la doctrine ou la réglementation étrangère comme des principes généraux de droit. Or, au Mali, la réglementation tout comme la jurisprudence et la doctrine restent muettes sur ces principes généraux.

Certains pays comme le Sénégal ont réglementé ces conditions de validité des contrats et singulièrement des marchés publics. Le chapitre III du code des obligations de l'Administration au Sénégal est intitulé « des conditions de validité des contrats administratifs » et les articles 46 à 54 sont consacrés à ces conditions[916] que sont le consentement, la capacité, l'objet et la cause. De même en vertu des dispositions de l'article 47 seule l'autorité administrative qui a qualité pour engager la personne publique peut valablement signer le contrat à peine de nullité absolue tandis que l'article 51 prévoit que le contrat conclu en violation des règles de forme imposées par la loi est nul de

---

913 V. manuel d'application des marchés publics de Madagascar, sur le site http://www.manuel.marchépublic Madagascar (page consulté le 20 décembre 2014).

914 Article 56.2, du décret n°08/485.

915 Ibid, article 56.1.

916 Loi N° 65-51 du 19 juillet 1965 portant code des obligations de l'Administration au Sénégal, op.cit.

nullité absolue[917]. Au Cameroun, le premier ministre peut invalider un marché irrégulièrement passé ou entaché d'un vice[918].

La doctrine abonde dans le même sens que la réglementation sénégalaise relativement aux conditions de validité des contrats administratifs ou des contrats publics. Pour Christophe GUETTIER, le contrat administratif comme tout contrat doit réunir certaines conditions faute desquelles il est frappé d'invalidité[919]. Pour cet auteur, les conditions de validité de tout contrat administratif sont celles prévues par le droit des obligations à savoir, le consentement, la capacité, l'objet et la cause. Le consentement ne doit pas être atteint par un vice de consentement comme l'erreur, le dol, la violence.

Pour la jurisprudence française, ces conditions de validité sont valables aussi pour les marchés publics ou contrats administratifs dans les mêmes conditions qu'en droit civil et ont été érigé au rang de principes généraux[920].

213.- Inachèvement de la réglementation relative à la technique d'évaluation des offres provient-il de l'absence au Mali d'une réglementation instituant la pondération-

L'absence de la technique d'évaluation des offres pour le choix de l'attributaire en matière de marchés de prestations intellectuelles, de travaux et de fournitures à partir de la pondération est une réalité au Mali. Si le décret n° 08-485 portant PPERMDSP au Mali précise la possibilité de recourir à plusieurs critères, il ne donne pas pour autant des indications précises sur la démarche à suivre.

Mais selon olivier FROT *''dès lors que le marché présente certaines spécificités, ce qui recouvre la plus grande partie des marchés de travaux, le choix sur la base du seul critère prix doit être exclu, sous peine de fragilité juridique de la procédure''*[921].

''Dans la définition des critères du marché dans le cahier des charges, l'autorité contractante doit savoir qu'il ne suffit pas de les énumérer.

---

[917] Ibid.
[918] Article 151 du Décret N°2004/275 du 24 septembre 2004 portant code des marchés publics au Cameroun.
[919] GUETTIER (C.), ibid. p.340.
[920] CE, arrêt Péchin du 23 mars 1917, S. 1923, 3, 38. GUETTIER, ibid. p.301.
[921] FROT (O.), les marchés publics, op.cit. p 254.

Elle devra préciser comment elle compte utiliser cette multitude de critères dans l'attribution du marché. Deux procédés sont généralement utilisés en droit français des marchés publics : la hiérarchisation des critères ou leur pondération'' [922] . La hiérarchisation consiste à classer les critères selon leur importance par un ordre décroissant. Pour déterminer la meilleure des offres, celles-ci devront être analysées successivement sur chaque critère.

Dans une autre affaire, le tribunal administratif de Paris[923] *''avait contesté le choix de la commission qui n'avait pas retenu le candidat arrivé en tête sur le premier critère à savoir la valeur technique (le second critère étant le prix). La pondération des critères ''consiste à donner un poids relatif entre les différents critères arrêtés. Cette opération se concrétise par des coefficients ou des pourcentages. Elle est généralement utilisée pour les prestations complexes... le critère unique du prix est très mal adapté pour les marchés de travaux. Ceux-ci doivent faire appel à plusieurs critères et le cas échéant, il semblerait que la pondération de ces critères est le choix le plus approprié''* [924] . La pondération représente l'importance relative accordée à chaque critère par rapport à l'ensemble des critères. Elle peut donc s'exprimer sous forme de coefficient (par exemple 0,7), pourcentage (par exemple 70%), nombre de points (par exemple 70 points sur 100) ou par tout système équivalent à condition que cela aboutisse à une pondération des notes, critère par critère. Les modèles prévoient d'exprimer la pondération en pourcentage. Exemples de pondération : Valeur technique = 60% ou 60 points ; prix des prestations = 30% ou 30 points ; performances environnementales des produits proposés = 10% ou 10 points ; chaque critère peut être noté sur 5 ou sur 10. Le coefficient de pondération est ensuite appliqué à cette note afin d'obtenir une note finale sur 5 ou sur 10 selon le cas de figure. En reprenant le système de pondération par l'attribution de points, une note est attribuée sur chaque critère dans la limite du nombre de points correspondants. Par exemple le candidat x reçoit une note de 50 points sur 60 pour la valeur technique, 20 points sur 30 pour le prix et 6 points sur 10 pour la performance environnementale. Sa note totale sera de : 50+20+6 = 76 points sur 100.

---

922 N'DIAYE (I.), guide de la passation des marchés publics au Sénégal, ibid. p. 125.
N TA paris 1er juillet 2003, société SEDES CP-ACCP n° 39 p 45
924 Ibid. p. 127.

La pondération nécessite de la part de l'acheteur d'avoir préalablement établi une méthode de notation. La formule la plus courante est celle de la règle de trois au regard de l'offre la plus basse (sous réserve de vérification de l'offre anormalement basse) : A partir de l'exemple d'un critère qualité pondéré à 60%, les membres de la sous-commission technique d'évaluation ont noté 10 le soumissionnaire A et 7 le soumissionnaire B. La Note A = 10 x 60%. B=7. 60%

Dans le cadre des procédures formalisées, les critères doivent être pondérés et la pondération de ceux-ci doit être annoncée dans le règlement de consultation ou dans l'avis de publicité. Si la pondération s'avère impossible (ce qui est particulièrement difficile à démontrer) les critères ne pourront qu'être hiérarchisés.

En revanche la pondération n'est pas obligatoire dans le cadre des procédures adaptées, elle est toutefois vivement recommandée. Pour tous les achats que l'on pourrait qualifier de « courants » (comme l'achat de véhicules, d'outillages, de matériels informatiques, de travaux courants d'entretien, de mobilier, etc.), le fait d'attribuer une pondération importante à la valeur technique ne représente que très peu d'intérêt puisque les produits ou les prestations proposés par les candidats sont dans les faits très proches. Au contraire dans ce cas de figure, le prix a toute son importance, tout comme les performances environnementales. Ces deux critères pourraient légitimement se voir attribuer les pondérations les plus importantes.

En revanche pour les prestations plus techniques et complexes ou celles répondant à un objectif politique fort, attribuer un coefficient de pondération plus important à la technicité au détriment du prix est essentiel afin de ne pas se retrouver dans le cas de figure présenté précédemment.

Pour la doctrine majoritaire française, le recours au choix de plusieurs critères est obligatoire et le recours au critère unique du prix est l'exception[925]. En outre une analyse multicritère impose ou oblige au recours à la technique de pondération pour départager les soumissionnaires[926]. Aux termes des dispositions du code français des

[925] V. CROS (N.) et BOISSY (X.), les litiges des marchés publics, ibid. pp.43-44 ; FROT (O.), Marchés publics, op.cit., PP 133-135.
[926] CROS (N.) et BOISSY (X), ibid. pp. 46-47

marchés publics, la pondération des critères est obligatoire pour les marchés à procédure formalisée et facultative pour les marchés à procédure adoptée[927]. Pour la doctrine c'est de manière exceptionnelle que le code des marchés publics permet le recours au seul critère prix[928]. La pondération consiste à donner un poids à chaque critère les uns par rapport aux autres, et cela à travers l'attribution d'une note ou d'un pourcentage[929].

La jurisprudence française abonde dans le même sens que la doctrine, en jugeant que le fait de ne retenir que le critère du prix dans un marché de voirie ne se justifiait pas, compte tenu de la complexité des travaux[930].

L'analyse des dispositions du code des marchés publics du Mali relatif à l'appel d'offres permet de dire que dans ce mode de passation des marchés, l'utilisation du seul critère prix n'est pas possible. En effet, l'article 43 al 2. dudit code dispose que l'appel d'offres *« se conclue sans négociation, sur la base de critères objectifs d'évaluation préalablement portés à la connaissance des candidats dans le dossier d'appel d'offres et exprimés en termes monétaires »*[931]. Cependant l'article 66 dudit décret prévoit la désignation de l'attributaire sur la base soit de plusieurs critères, soit compte tenu de l'objet du marché sur la base du seul critère prix[932].

D'ailleurs, pour certains auteurs, l'utilisation du seul critère prix n'est pas possible en appel d'offres[933]. Il existe une divergence sur la notion d'OEA entre la réglementation européenne des marchés publics et celle française. Pour celle-ci l'attributaire est choisi soit sur la base de l'OEA qui est basé sur plusieurs critères, soit uniquement sur le prix le plus bas[934]. Pour cela l'OEA se fonde soit sur une pluralité de critère, soit compte tenu de l'objet du marché, sur un seul critère, qui est celui du prix[935]. Pour la doctrine, le choix du mieux-disant est basé sur une

---

927 Article 53-II du code des marchés publics français et autres contrats, Dalloz, 2013, op.cit. qui dispose : « pour les marchés passés selon une procédure formalisée autre que le concours et lorsque plusieurs critères sont prévus, le pouvoir adjudicateur précise leur pondération»

928 CROS (N.), ibid. p.47.

929 Rép. min. à la question n°21 226, JO Sénat 1er mars 2007.

930 CE 6 avril 2007 Département de l'ISERE, n° 298587 AJDA, n° 16/2007.

931 Article 43 al. 2 du décret n°08-485/PRM/ du 11 août 2008, ibid.

932 Ibid. article 66 al.2.

933 Cyrille Emery, AJDA 2003 P.636 ; A. Ruelhan, CP-ACCP n° 39, P.37

934 Article 53, directive 2004/18/CE, op.cit.

935 Article 53 du code des marchés publics français, op.cit.

analyse multicritère. Par contre celui du moins-disant est basé sur le seul critère prix[936].

L'inachèvement du droit communautaire des marchés publics relatif à l'absence de la technique d'évaluation des offres rendant difficilement applicable la réglementation issue de la transposition au sein des Etats membres de l'UEMOA singulièrement au Mali. Les critères d'évaluation des offres ne sont pas encore effectifs. Or, sans cette effectivité de la technique d'évaluation des desdits critères, il ne peut y avoir concurrence communautaire sur les marchés publics des Etats membres entre les opérateurs économiques de la communauté. Il existe une difficulté dans l'application des critères d'évaluation des offres en ce sens que chaque Etat membre de l'Union applique sa propre démarche ou méthodologie d'évaluation des critères. Le Burkina-Faso parle de l'évaluation des offres sur la base de l'offre économiquement avantageuse que critique l'UEMOA sans proposer une méthodologie claire d'évaluation. Le Mali ainsi que le Sénégal parlent de moins-disant en s'inspirant du droit UEMOA.

Il faut reconnaître que les critères d'évaluation des offres dégagés par le droit communautaire trouvent difficilement à s'appliquer lorsqu'ils sont libellés en ces termes : « sous réserve des dispositions spécifiques aux marchés de prestations intellectuelles, l'attribution du marché se fait sur la base de critères économiques, financiers et techniques, mentionnés dans le dossier d'appel d'offres, afin de déterminer l'offre évaluée la moins-disante. Ces critères d'évaluation, tels que les coûts d'utilisation, le prix, la rentabilité, la qualité, la valeur technique, le service après-vente et l'assistance technique, le délai d'exécution, le calendrier de paiement, sont objectifs, en rapport avec l'objet du marché, quantifiables et exprimés en termes monétaires. Si compte tenu de l'objet du marché, l'autorité contractante ne retient qu'un seul critère, celui-ci doit être le prix. L'évaluation est effectuée conformément à un rapport-type communautaire d'évaluation et de comparaison des offres ». Il est étonnant de mettre le prix parmi les critères d'évaluation tout en affirmant que ces critères y compris le prix sont évalués en termes monétaires. Le guide communautaire UEMOA donne une explication qui n'est pas satisfaisante en parlant

---

[936] V. la circulaire Bérrégovoy – Marchand du 25 septembre 1995 rapportée par FROT (O) P.136 ;
Olivier Frot, ibid. P141.
Catherine RIBOT, E. MARC et P.IDOUX, op.cit. P. 429.

de pourcentage de prix tout en rejetant la technique de la pondération utilisée par l'Union européenne ou la France[937]. Le fait que l'UEMOA rejette l'attribution à l'offre économiquement la plus avantageuse (OEA)[938] et invite les Etats qui l'ont consacrés à y renoncer ne s'explique pas étant entendu que l'UEMOA se contredit en ce sens que la quasi-totalité de la jurisprudence à laquelle elle renvoie tout au long de son Guide communautaire est celle de la CJCE et de la jurisprudence française du Conseil d'Etat[939]. L'UEMOA, se contredit en voulant une chose et son contraire, en ce sens qu'elle ne peut interpréter les dispositions communautaires qu'en se fondant sur le droit communautaire européen dont le principe est l'OEA tout en rejetant celle-ci qui est l'essence de ce droit. Dans le Guide communautaire UEMOA, plus de 50 arrêts de la CJCE et plus du Conseil d'Etat français ont été cités et commentés avec plus d'une dizaine d'auteurs français ayant écrit sur les marchés publics européens ou français. En effet, l'UEMOA affirme que les termes critères d'évaluation quantifiables et exprimés en termes monétaires se traduisent *« par l'expression de l'ensemble des critères spécifiés au DAO en vue d'évaluer les offres sous forme de pourcentage des prix »*[940]. Tout cela est dû au fait que le droit communautaire UEMOA et le droit national des marchés publics distinguent l'offre technique et l'offre financière et aucune disposition ne dit comment l'offre technique et l'offre financière doivent être évaluées séparément pour les marchés de travaux et de fournitures alors que pour les marchés de prestations intellectuelles la démarcation a été faite en s'inspirant des procédures de la Banque mondiale et de la BAD.

En outre, l'un des facteurs qui empêchent le plus l'avènement et l'effectivité du marché communautaire est l'absence d'un rapport-type communautaire d'évaluation et de comparaison des offres qui devra être élaboré par la Commission de l'UEMOA[941] et qui ne l'a pas été encore après plus de quinze ans d'existence d'un droit communautaire des marchés publics.

---

[937] Guide communautaire UEMOA, p.63.
[938] Ibid.
[939] Ibid.pp.15 -163.
[940] Ibid. p.114
[941] Ibid.

214.- Absence d'une détermination exhaustive de certaines catégories de marchés publics- Une autre insuffisance de la réglementation des marchés publics au Mali est liée à l'absence d'une détermination exhaustive de certaines catégories de marchés publics.

Le Décret malien N°08-485 en son article 2 a donné une définition sommaire du marché public de travaux en le définissant comme étant le marché qui a pour objet, soit l'exécution, soit conjointement, la conception et l'exécution de travaux ou d'un ouvrage. La même définition a été reprise par l'article 2 du Décret n°2015-0604/P-RM du 25 septembre 2015 portant code des marchés publics et des délégations de service public abrogeant le Décret n°08-485.

Seule l'énumération de la catégorie des marchés de fournitures semble suffisante[942]. Les catégories de marchés de travaux, de prestation de services demeurent inachevées au Mali.

215.- Catégories de marchés de travaux- La situation du Mali se caractérise par l'absence d'une détermination exhaustive des catégories de marchés de travaux.
L'annexe I de la Directive européenne N°2004/18/CE du parlement européen et du Conseil du 31 mars 2004 relative à la coordination des procédures de passation des marchés publics de travaux, fournitures et services[943] donne une liste d'activités de travaux plus étendue que le Décret N°08-485 du Mali, en édictant que la liste des prestations relevant d'un marché public de travaux est la suivante : La construction de bâtiments et d'ouvrages neufs, la restauration et les réparations courantes ; la préparation des sites ; la démolition et les terrassements à savoir : la démolition d'immeubles et d'autres constructions ; le déblayage des chantiers ; les conduites de transport, lignes de communication et de transport d'énergie électrique à longue distance ; les conduites de transport, lignes de communication et de transport d'énergie électrique pour réseaux urbains ; travaux annexes d'aménagement urbain ; l'assemblage et la construction d'ouvrages préfabriqués sur les chantiers[944] ;la construction de chaussées ; le

[942] Article 2 du décret N°08-485/P-RM du Mali, op.cit.
[943] Voir JOUE, 30 avril 2004, L.134, p.114
[944] D'après Jerôme Michon dans les marchés publics, ibid. p.42. ne sont pas visés, les services liés à l'extraction du pétrole et du gaz ; la construction d'ouvrages entièrement préfabriqués au moyen d'éléments, autres qu'en béton, fabriqués par l'unité qui exécute les travaux ; la construction d'équipements (autres que les bâtiments) pour stades, piscines, gymnases, courts de tennis, parcours de golf et autres installations sportives ; les travaux d'installation ; les

marquage à la peinture des chaussées et des aires ou des parcs de stationnement [945] ; la construction de cheminées et de fours industriels[946] ; les travaux d'installation électrique; les installations de chauffage électrique, à savoir ; les antennes d'immeubles ;les systèmes d'alarme incendie ; les travaux d'isolation, à savoir : la mise en œuvre dans des bâtiments ou d'autres projets de construction de matériaux d'isolation thermique, acoustique et antivibratile[947] ; les autres travaux d'achèvement et de finition des bâtiments [948] ; la location avec opérateur de matériel de construction, à savoir : la location de machines et de matériels de construction ou de démolition sans opérateur[949].

216.- Catégories des marchés de service- Il existe également au Mali, une absence d'une détermination exhaustive des catégories de marchés de prestation de service[950].
Or la notion de prestation de services est de plus en plus étendue. C'est pourquoi la Directive européenne N°2004/18/CE du Parlement européen et du Conseil du 31 mars 2004 relative à la coordination des procédures de passation des marchés publics de travaux, fournitures et services[951] en donne une liste étendue en distinguant les prestations de services soumises au droit commun des marchés publics et les prestations de services soumises à un régime juridique allégé.

217.- Régime de droit commun des prestations de services- Les prestations de services soumises au droit commun des marchés publics sont notamment les services suivants :
La Catégorie n° 1 relatif aux services d'entretien et de réparation; la catégorie n° 5 relatif aux services de télécommunications ; la catégorie n° 6 relatif aux services financiers, à savoir les services d'assurances,

---

travaux de finition ; les activités d'architecture et d'ingénierie ; la gestion de projets de construction.

945 D'après Jerôme Michon, ibid. p. 43 ne sont pas concernés ici les terrassements préalables

946 D'après Jerôme Michon, n'est pas concernée la location d'échafaudages sans montage ni démontage.

947 Ibid. ne sont pas concernés ici les travaux d'étanchéitification

948 D'après Jerôme Michon, ibid, p.44, ne sont pas concernés ici la pose de parquets et d'autres revêtements de sols en bois et le nettoyage des parties intérieures de bâtiments et d'autres constructions

949 Annexe I de la directive n° 2004/18/CE du Parlement européen et du Conseil du 31 mars 2004. L'énumération de cet annexe I est reprise dans le code des marchés publics et autres contrats, Dalloz, 2013, p. 1055 et suivants

950 Ibid.

951 JOUE, 30 avril 2004, L.134, p. 114.

er services bancaires et d'investissement[952]; la catégorie n° 11 relatif aux services de conseil en gestion[953] et services connexes[954].

218.- Régime allégé des prestations de services- Quant aux prestations de services soumises à un régime juridique allégé, ce sont notamment :

La catégorie n° 17 relatif aux services d'hôtellerie et de restauration ; la catégorie n° 21 relatif aux services juridiques ; la catégorie n° 26 relatif aux services récréatifs, culturels[955] et sportifs et la catégorie n° 27 relatif aux autres services[956].

219.- Ineffectivité des principes fondamentaux- Au Mali, la transposition des principes fondamentaux de la commande publique n'est pas effective.

En effet, les principes fondamentaux de la commande sont des règles essentielles qui ont une valeur constitutionnelle. Le respect de ces principes s'impose à tous les acteurs et intervenants dans les procédures de la commande publique.

En droit des marchés publics UEMOA, les procédures de passation des marchés publics quel qu'en soit le montant sont soumises aux principes suivants à savoir le libre accès à la commande publique, l'égalité de traitement des candidats, la transparence des procédures, etc.[957].L'article 28 al.4 de la directive n°04 précitée édicte : *« [...] Les autorités contractantes peuvent avoir recours, en dessous des seuils nationaux de passation de marchés à des procédures de consultation d'entrepreneurs, de fournisseurs, de prestataires de services, ou de sollicitation de prix à condition que les procédures mises en œuvre respectent les principes posés à l'article 2 de la présente Directive »*[958]. Or le Mali à l'instar de la plupart des pays de l'UEMOA ne respectent pas dans la réglementation ces principes

---

952 D'après Jerôme Michon, en sont exclus les services financiers relatifs aux titres et les services fournis par les banques centrales, p 49.

953 A l'exclusion des services d'arbitrage et de conciliation

954 Annexe II de la Directive n° 2004/18/CE du Parlement européen et du Conseil du 21 mars 2004 ; Ces catégories sont énumérées intégralement dans le code des marchés publics français et autres contrats, Dalloz, 6e édition 2013, p. 1065.

955 A l'exclusion des contrats de production de programmes par les organismes de radiodiffusion et des contrats concernant les temps de diffusion

956 Annexe II de la Directive n° 2004/18/CE du parlement européen et du Conseil du 21 mars 2004, ibid. ; ces catégories vont de la catégorie n° 17 à la catégorie n° 27.

957 Article 2 de la Directive n°04/2005/CM/UEMOA du 9 décembre 2005, op.cit.

958 Ibid. article 28 al.4.

fondamentaux de la commande publique notamment le principe de transparence alors qu'ils les ont repris dans leur réglementation[959]. Ce principe de transparence implique une obligation de publicité et de mise en concurrence quel qu'en soit le montant du marché c'est-à-dire dès le premier Franc CFA.

220.- Mécanisme de recours direct- L'absence d'un mécanisme de recours direct pour les concurrents évincés au niveau régional pour les marchés publics est aussi une insuffisance tant du droit interne que du droit communautaire.
L'existence de marchés publics communautaires suppose la mise en place d'un mécanisme de recours supranational, gage de sécurité pour les sous-missionnaires régionaux. C'est pourquoi au niveau de l'UEMOA, *''il est prévu la mise en place d'un mécanisme régional comme voie de recours supranational et avec l'organe en charge de cette voie de recours fonctionnel. Le processus d'adoption de ce mécanisme est en cours''*[960]. Des limites à l'harmonisation de la réglementation des marchés publics en l'absence d'une cour de justice communautaire compétente en cas de recours contre les procédures de marchés communautaires à l'instar des pays de la CEMAC qui ont donné compétence à leur juridiction communautaire qui peut être saisie même par les citoyens et non pas seulement par les Etats.

221.- Budget de fonctionnement des CDJO- L'absence d'un budget de fonctionnement pour les commissions de passation et les organes de contrôle a priori des marchés publics.
L'absence au Mali d'un budget de fonctionnement des commissions de passation et de contrôle a priori des marchés publics alors que certains pays, dont le Cameroun ont prévu un budget de fonctionnement ou des indemnités de session pour les membres desdites commissions dont le montant est fixé par le premier ministre[961].

---

[959] Article 3 du décret n°08-458 du Mali, op.cit.
Article 4 de la loi n° 2009-02 du 7 août 2009 portant code des marchés publics et des délégations de service public au Bénin op.cit. ; article 3 du décret 2013 – 569/PRN/PM du 20 décembre 2013 portant code des marchés publics et des délégations de public au Niger, JORN, n° spécial 3 bis du 21 janvier 2014.
Article 2 du décret n° 2008-173/PRES/PM/MEF portant réglementation générale des marchés publics et des délégations de service public au Burkina-Faso du 16 avril 2008, op.cit.
[960] http://www.marchéspublicsUEMOA.net (page consultée le 9 Décembre 2012)
[961] Articles 120 et 139. (4) du décret n° 2004/275 du 24 septembre portant code des marchés publics au Cameroun.

222.- Marchés secret défense- L'inachèvement de la réglementation relative aux marchés classés secret défense.
A la suite de l'affaire de l'achat de l'avion présidentiel et des équipements militaires au Mali, les bailleurs lièrent la reprise de leur coopération avec le Mali à la transparence des marchés classés secret défense par le code des marchés publics[962]. C'est ainsi qu'au Mali, un Conseil des ministres extraordinaires fut tenu qui révisa les dispositions dudit code en spécifiant les marchés de la défense classés secret défense qui ne sont pas soumis aux dispositions du code des marchés publics. Ainsi, désormais les marchés de la défense font l'objet d'un audit par le Contrôle Général des Services Publics (CGSP). Malgré, l'apport des nouvelles dispositions, cette réglementation demeure inachevée en ce sens que dans certains pays, il existe une véritable réglementation sur ces marchés. En France une réglementation détaillée relative aux procédures régissant les marchés de défense a été adoptée et exige la transparence dans la passation desdits marchés[963]. Ces marchés classés secret défense font l'objet d'un développement au niveau de la complexité de cette réglementation[964].

L'inachèvement concerne de même d'autres branches du droit des marchés publics.

B) L'inachèvement de la réglementation relative à d'autres branches du droit des marchés publics

223.- Application du droit pénal des marchés publics- Le droit pénal des marchés publics trouve difficilement à s'appliquer. Au niveau de l'UEMOA, le constat a été fait que sans une charte des PME-PMI ce droit serait incomplet[965].

224.- Inachèvement du droit pénal des marchés publics- Le droit pénal des marchés publics demeure inachevé en raison de l'absence au Mali d'une responsabilité pénale des personnes morales et de l'absence au Mali d'une réglementation d'une série d'infractions liées

---

[962] Article 8 du décret n° 08-485/P-RM du 11 août 2008 portant nouveau code des marchés publics au Mali, op.cit.
[963] V. Troisième partie du code des marchés publics français, Dalloz 2013 intitulée : « dispositions applicables aux marchés de défense et de sécurité ».
[964] Infra, p.311.
[965] Le projet de charte de l'UEMOA sera prochainement soumis au conseil des Ministres

aux marchés publics et de l'inachèvement de la notion de fractionnement.

D'abord, l'absence au Mali d'une responsabilité pénale des personnes morales est un frein à la répression des infractions pénales relatives aux marchés publics. En France le nouveau code pénal[966] a retenu la responsabilité pénale des personnes morales. Ainsi l'article 121-2 du code pénal modifié par la loi n°2004-204 du 9 mars 2004 prévoit que *« les personnes morales, à l'exclusion de l'Etat, sont responsables pénalement(...) des infractions commises, pour leur compte, par les organes ou représentants »*. Au Mali, la responsabilité pénale des personnes morales n'existe qu'en matière de blanchiment d'argents ou de capitaux. En raison de l'inexistence de cette responsabilité pénale des personnes morales au Mali, beaucoup de délinquants échappent à la sanction pénale.

Ensuite, l'absence au Mali d'une réglementation d'une série d'infractions liées aux marchés publics est également un handicap à la répression des infractions. La définition des faits et violations de la réglementation susceptibles d'être sanctionnés est insuffisante en raison de l'inapplication au Mali d'une série d'infractions liées aux marchés publics qui dans certains pays sont prévues et punies. Les infractions prévues et punies en matière de marchés publics au Mali sont notamment la prise illégale d'intérêt[967], le délit de favoritisme, la corruption, le fractionnement. Le délit de favoritisme est puni d'un emprisonnement de 2 mois à 18 mois et amende de 5.000.000 à 100.000.000 de francs ou l'une de ces deux peines seulement d'interdiction des fonctions pendant une durée égale ou inférieure à 3 ans[968].

L'article 113 punit les auteurs ou complices d'infractions relatives aux modes de passation des marchés publics et au seuil légal de passation des marchés publics d'une peine d'emprisonnement de 6 mois à 5 ans et d'une amende de 5000.000 à 5 millions de francs sans préjudice de la réparation des dommages subis par l'autorité contractante[969].

---

[966] Loi n° 2000-647 du 10 juillet 2000 instituant la responsabilité pénale des personnes morales de droit français.

[967] Articles 110 et 111 de la loi n°079/P-RM du 20 août 2001 portant code pénal au Mali, JORM spécial du 1er février 2002, pp.1-133.

[968] Ibid. articles 112 à 119.

[969] Ibid. article 114.

La réglementation pénale punit toute personne physique dépositaire de l'autorité publique, qui en l'absence de toute dérogation, aura passé des marchés publics avec des entrepreneurs, fournisseurs ou prestataires de services exclus de la passation des marchés publics[970].

Sont puni de 6 mois à 3 ans d'emprisonnement et d'une amende de 300.000 à 2 millions de francs, tout agent public chargé du contrôle de l'exécution d'un marché public qui par négligence ou fraude se sera abstenu volontairement d'adresser à l'autorité contractante des rapports périodiques sur le respect du planning d'exécution des prestations et sur les éventuelles défaillances du titulaire du marché en cas de préjudice égal à 50% du montant initial du marché causé à l'autorité contractante. Si le préjudice est inférieur à 50% il sera puni d'une amende au moins égale au montant du préjudice[971]. Il en est de même des auteurs ou complices d'inexactitudes délibérées commises dans les justifications d'admissibilité aux marchés publics[972].

Le code punit toutes autres espèces de fraude ayant pour objet de procurer ou tenter de procurer à autrui un avantage injustifié par un acte contraire aux règles du code des marchés publics visant à garantir la liberté d'accès et l'égalité des candidats dans les marchés publics[973].

225.- Sanction de la corruption- La corruption est réprimée dans les marchés publics conformément aux dispositions de l'article 120 dudit code qui prévoit 5 à 10 années de réclusion et une amende double de la valeur des promesses ou des choses reçues sans que ladite amende soit inférieure à 100.000 francs[974].

L'article 18 de l'ordonnance n° 92-021/P-CTSP instituant la liberté des prix et de la concurrence abrogée par l'ordonnance n°7-025/P-RM du 18 juillet 2007, interdit les ententes et les abus de position dominante[975].

226.- Série d'infractions non prévues- L'absence d'une réglementation d'une série d'infractions liées aux marchés publics.
En dehors des cas d'infractions énumérées dans le code pénal du Mali, de nombreuses infractions susceptibles d'être commises dans le cadre

[970] Ibid. article 115.
[971] Ibid. article 116.
[972] Ibid. Article 117.
[973] Article 118 du code pénal du Mali.
[974] Ibid. Article 119.
[975] Supra, p. 5.

des marchés publics n'ont pas été réglementées comme étant susceptibles d'être commises dans le cadre des marchés publics. Sans être exhaustif, quelques infractions au Mali ne sont pas applicables aux marchés publics faute d'une législation les étendant aux marchés publics. L'examen des divers textes au Mali en matière pénale montre que les infractions suivantes qui sont susceptibles d'être commises dans le domaine des marchés publics n'ont pas été rendues applicables. Les infractions ci-après en France sont liées aux marchés publics alors qu'il n'en est pas le cas au Mali[976].

Les infractions commises par des personnes physiques dans le cadre de leur fonction non réglementées au Mali sont notamment : Les conditions de travail ou d'hébergement contraire à la dignité humaine [977], l'escroquerie [978] ; la falsification des marques de l'autorité[979] ; le faux et usage de faux[980] ; les fraudes aux enchères[981]; les fraudes informatiques : protection des systèmes[982]; le recel et autre infractions assimilées[983] ; la recherche biomédicale illégale [984]; la vente d'objets mobiliers illégale, fraude, de registres[985].
Les infractions commises par des personnes morales punissables ailleurs et non au Mali sont les mêmes infractions que pour les personnes physiques[986] auxquels il faut ajouter : L'abus d'ignorance ou de faiblesse[987] ; les atteintes à la défense nationale[988] ; les atteintes aux intérêts fondamentaux de la Nation [989] ; l'attentat [990] ; le chantage [991] ; le complot [992] ; le crime contre l'humanité [993] ; l'espionnage[994] ; l'extorsion[995] régie par les articles 312-1 et 312-15,

---

976. V. code pénal français et code pénal malien précités
977 Article 225-1 et 225-19, 4e du code pénal français.
978 Ibid., articles 313-1, 313-2 et 313-8.
979 Ibid, article 444-1 et 444-7, 3e.
980 Ibid. article 441-1 et 441-10, 3°.
981 Ibid. article 313-6 et 313-8.
982 Ibid. article 323-1 et 323-5, 5°.
983 Article 321-1 et 323-5, 5°du code pénal français.
984 Ibid. article 223-8 et 223-17, al.2
985 Ibid. article 321-7 et 321-9, 4°
986 Michon (M.), les marchés publics en 100 questions 9ème édition Moniteur paris 2009 p. 373
987 Article 313-4 et 313-9, 2e du code pénal français.
988 Ibid. article 412-7, 413-1 et 414-7, 2°
989 Ibid. article 410-1 et 414-7, 2°
990 Ibid. article 421-1 et 414-7, 2°
991 Ibid. articles 312-10 et 312-15, 2°
992 Ibid. articles 412-2 et 414-7, 2°
993 Ibid. articles 412-2 et 414-7, 2°
994 Ibid. articles 411-1 et 414-7, 2°

2° ; la falsification des effets et valeurs fiduciaires publics[996] ; la fausse monnaie[997] ; les fraudes informatiques : protection de la personne[998] ; les groupes de combat et mouvements dissous[999] ; l'insurrection[1000] ; l'opposition à l'exécution de travaux publics[1001] ; la récidive[1002] ; la suppression ou la lacération d'affichages judiciaires[1003] ; le terrorisme[1004] ; le trafic d'influence[1005] ; la trahison[1006] ; l'usage irrégulier de qualité[1007] ; l'usurpation de fonctions[1008] ; l'usurpation de titres[1009].

Le Mali peut de même s'inspirer des infractions prévues en droit camerounais des marchés publics pour parachever sa réglementation. En effet, au Cameroun, les violations des dispositions du code des marchés publics sont considérées comme constitutives d'atteinte à la fortune publique et sont passibles des sanctions prévues par la réglementation en vigueur[1010] : La passation d'un marché sans avoir qualité pour le faire ou sans avoir délégation à cet effet ; le fractionnement d'un marché en marchés de moindre envergure, en lettre-commandes ou en bon de commande, dans le but de le soustraire à la compétence d'un autre organe. C'est que la doctrine française appelle la pratique du *« saucissonnage »* ;la passation d'un marché sans crédits disponibles ou délégués ; la passation d'un marché en dépassement des crédits ouverts, hormis les marchés comportant des tranches conditionnelles ou ceux exécutables sur plusieurs années, l'adjudication d'un marché au profit d'un prestataire sans existence légale ; la certification et la liquidation des dépenses sans exécution des travaux, de la prestation des services ou de la fourniture des

---

995 Ibid. articles 312-1 et 312-15, 2°
996 Ibid. articles 443-1 et 443-8, 2°
997 Ibid. articles 442-1 et 442-14, 2°
998 Ibid. articles 226-16 à 21, et 226-22, 226-23 et 226-24, 2°
999 Ibid. articles 413-13 et 413-20, 2°
1000 Ibid. articles 412-3 et 413-7, 2°
1001 Ibid. articles 443-11 et 433-25, 2°
1002 Ibid. article 132-12
1003 Ibid. articles 434-39 et 434-47, 2°
1004 Ibid. articles 421-1 et 422-5, 2°
1005 Ibid. articles 433-1 et 433-25, 2°
1006 Ibid. articles 411-1 et 414-7, 2°
1007 Ibid. articles 433-18 et 433-25, 2°
1008 Ibid. articles 433-12 et 433-25, 2°
1009 Ibid. articles 433-17 et 433-25, 2°
1010 Article 105 du décret n° 2004/275 du 24 septembre 2004 portant Code des marchés publics au Cameroun.

biens ; la passation d'un marché à des prix unitaires non conformes aux mercuriales officielles ou n'entrant pas dans la fourchette des prix généralement admis ; la passation d'un marché avec des entreprises en déconfiture, avec des tiers ou sociétés en période suspecte de faillite ou de liquidation judiciaire ; le non-respect de la procédure de passation des marchés de gré à gré ; la passation de marchés avec les entreprises ne présentant pas la garantie financière, économique et technique suffisante[1011].

La loi camerounaise n°74/18 du 05 décembre 1974 modifié par la loi n°76/4 du 08 juillet 1976 relative au contrôle des ordonnateurs et gestionnaires des crédits publics et entreprises d'Etat. Cette loi prévoit des sanctions pénales, en cas d'atteinte à l'intérêt général dans l'exécution d'un marché public [1012]. Le Conseil de Discipline budgétaire et comptable peut infliger outre une amende spéciale qui varie de 200000 à 2 000 000 FCFA, mettre l'agent public fautif en débet[1013] et faire jouer contre lui les déchéances de la loi que sont : l'interdiction d'assumer pendant un délai de cinq ans les fonctions d'ordonnateur, de gestionnaire de crédits ou de comptables dans un service, organisme public ou parapublic ou dans les entreprises d'Etat ; l'interdiction d'être responsable à quelque titre que ce soit pendant un délai de cinq à dix ans, de l'administration ou de la gestion des services et entreprises visés[1014].

227.- Inachèvement de la notion de fractionnement de la dépense publique- L'inachèvement de la notion de fractionnement découle de ce que l'appréciation de cette notion en fonction de l'unité fonctionnelle à savoir service ou projet, ne permet pas d'accroître la masse budgétaire consacrée aux marchés publics à procédures formalisées. C'est plutôt la masse budgétaire consacrée aux contrats simplifiés et aux bons de commande qui prend une augmentation exponentielle au détriment de la transparence des procédures. Il découle de cet état de fait que les lignes budgétaires consacrées aux marchés à procédures formalisées sont moindres par rapport aux contrats simplifiés et bons de commande. A titre d'illustration, en

[1011] Ibid. article 106
[1012] Paiement d'un marché fictif ou d'un marché mal exécuté.
[1013] Article 13 de de la loi n° 74/18 du 05 décembre 1974 du Cameroun, modifié par la loi n°76/4 du 08 juillet 1976 relative au contrôle des ordonnateurs et gestionnaires des crédits publics et entreprises d'Etat.
[1014] Ibid. article 14.

2010, au Ministère chargé des Transports, pour une masse budgétaire hors salaires d'un montant de 128.622.332.000 FCFA, le montant des dépenses exécutées par le biais des marchés publics à procédures formalisées s'élève à 27.067.870.074 FCFA, tandis que le montant des dépenses exécutées par le biais des contrats simplifiés s'élève à 100.554.461.326 FCFA[1015]. Sur la même période en 2010, à la Direction régionale du Budget du District de Bamako, pour une masse budgétaire hors salaires d'un montant de 7.491.694.252 FCFA, le montant des dépenses exécutées par le biais des marchés publics à procédures formalisées s'élève à 568.318.734 FCFA, tandis que le montant des dépenses exécutées par le biais des contrats simplifiés s'élève à 1.685.174.447 FCFA[1016]. Concernant le délit de fractionnement des marchés publics, il est indiqué souvent dans les rapports des structures de contrôle que des achats de carburants et des services d'assurances sont fractionnés. En effet au Mali, dans la pratique qui est une source du droit, le carburant tout comme les contrats d'assurance ne sont pas soumis au Code des Marchés Publics.

Sur les notions de fractionnement de marchés publics et de la soumission éventuelle du carburant et des contrats d'assurance au Code des Marchés Publics, il est difficile de soumettre ses produits au code des marchés publics. Le produit carburant arrive sur le marché grevé de plusieurs taxes qui laissent peu de marge bénéficiaire aux différents fournisseurs. Cette situation est défavorable pour la grande partie des autorités contractantes qui peinent à avoir le nombre requis des soumissionnaires dans les appels d'offres relatifs à la fourniture du carburant.

D'où, le recours aux procédures d'exception (entente directe), notamment dans la procédure d'acquisition du carburant. A titre d'exemple, le Sénégal pour pallier cette situation a sorti l'acquisition de carburant de l'appel à concurrence. Par nature, les contrats d'assurance maladie ou autres contrats d'assurance sont des contrats qui lient des particuliers à des compagnies d'assurance agréées par l'Etat. Ces contrats ne sont pas en principe soumis au Code des Marchés Publics.

[1015] V. Rapport d'évaluation du système national de passation des marchés publics à partir des indicateurs de l'OCDE/CAD, pp. 25-26.

[1016] Ibid.

La notion de fractionnement est impossible à réaliser conformément au Code des Marchés Publics. Tous les marchés susceptibles d'être passés au cours de l'année doivent figurer dans un plan de passation qui fait ressortir : la section du marché, l'unité fonctionnelle (UF), le chapitre pour chaque type de marchés (fournitures, travaux, prestations intellectuelles). Ce plan de passation est soumis à l'approbation de la Direction générale des Marchés Publics. Après validation, le plan qui regroupe alors tous les marchés à exécuter au cours de l'année ne peut faire l'objet de fractionnement. Chaque type de marché correspond à une section, une unité fonctionnelle et un chapitre ;

Il ne faut pas confondre la notion de fractionnement, qui est impossible à réaliser avec le nouveau Code qui parle de section, d'unité fonctionnelle et de chapitre pour chaque type de marchés, avec la notion d'allotissement ou marchés fractionnés comme c'est le cas dans certaines réglementations comme la France ;

La notion d'allotissement consiste pour les autorités contractantes à repartir le marché en plusieurs lots donnant lieu chacun à un marché distinct. Cette division en plusieurs lots est envisagée si elle présente des avantages économiques, techniques ou financiers en vue de faciliter la candidature des petites et moyennes entreprises ;

La notion de fractionnement qui n'est pas à confondre avec celle d'allotissement n'est pas identifiable à l'aide d'éléments, car elle est pratiquement impossible à réaliser à l'état actuel de la réglementation du Code des Marchés Publics. Cette allégation est valable pour le Décret n° 08-485/P-RM du 11 août 2008 portant procédures de passation, d'exécution et de règlement des marchés et des délégations de service public au Mali.

De même dans la quasi-totalité des payés membres de l'UEMOA qui ont transposé les Directives n° 04 et 05 relatives aux Marchés Publics du 09 décembre 2005, le carburant et les prestations de service juridique ne sont pas soumis au code des marchés publics, ni soumis à une mise en concurrence.

L'article 7 du décret 2013-569/PRN/PM du 20 décembre 2013, portant code des marchés publics et des délégations de service public au Niger, l'article 4 de l'arrêté n° 143 du 29 juin 2012, fixant les seuils de passation des marchés publics au Niger, les articles 71 à 73 nouveaux du décret n° 2013-1148/PRES/PM/MEF du 12 décembre 2008, portant réglementation des marchés publics et des délégations de service public au Burkina-Faso et son modificatif, le décret n° 2012-123/PRES/PM/MEF du 02 mars 2012 et l'article 3.3 du décret n° 2014-1212 du 22 septembre 2014, portant code des marchés publics au Sénégal affirment mordicus que le carburant et les services juridiques, ne sont pas soumis au code des marchés publics au titre de l'appel d'offres, sont soient soumis à l'entente directe, soient facultativement à la concurrence. Aucune autorité contractante, aucun membre de commission de passation des marchés publics, aucune autorité chargée de la conclusion ou de l'approbation des marchés ne sera épargné si à l'heure actuelle est sanctionnée la pratique en cours au Mali qui ne soumet pas le carburant au code des marchés publics.

En outre, l'article 114 du Code Pénal du Mali s'est contenté de dire : « *Le fractionnement des marchés publics est un délit* » sans le définir.

Le texte ne dit pas ce qu'on entend par fractionnement des marchés publics. Or en matière pénale, les textes sont d'interprétation stricte. Il ne faut pas confondre le fractionnement des marchés publics avec le fractionnement des dépenses publiques, c'est cette dernière que le Code Pénal doit punir et définir et qui consiste à passer plusieurs marchés publics en deçà des seuils au cours d'un même exercice budgétaire et qui est apprécié en fonction de l'unité, de la section, du code fonctionnel et de la nomenclature de la comptabilité-matières. Par contre, le fractionnement des marchés publics est légal et consiste à diviser un marché public en plusieurs lots en raison d'avantages économiques, techniques et financiers pour l'autorité contractante. Le fractionnement des marchés publics n'est autre chose que l'allotissement prévu par l'article 31 du code des marchés publics du Mali de 2008.

L'article 47 de la Directive n° 04/2005/CM/UEMOA portant procédures de passation, d'exécution et de règlement des marchés publics et des délégations de service public dans l'Union Economique et Monétaire Ouest Africaine du 09 décembre 2005 est ainsi libellé : « *Lorsque l'allotissement est susceptible de présenter des avantages financiers et techniques, les travaux, fournitures ou service sont repartis en lots pouvant donner lieu chacun à un marché distinct.*

Le dossier d'appel d'offres fixe le nombre, la nature et l'importance des lots, ainsi que les conditions imposées aux candidats pour souscrire à un ou plusieurs lots et les modalités de leur attribution et indique que la commission d'évaluation des offres attribuera les marchés sur la base de la combinaison des lots évalués la moins-disante par l'autorité contractante. Si dans le cadre d'un appel d'offres, un ou plusieurs lots ne sont pas attribués, l'autorité contractante a la faculté d'entamer de nouvelles procédures d'appel à la concurrence pour les lots non attribués en modifiant s'il y a lieu, la consistance de ces lots ». Cette disposition a été transposée comme telle au Mali à travers l'article 31 du Décret n° 08-485/P-RM du 11 août 2008 portant procédures de passation, d'exécution et de règlement des Marchés Publics et des Délégations de Service Public ainsi que par le Décret n°2015-0604/P-RM du 25 septembre 2015 portant code des marchés publics et des délégations de service public ayant abrogé le précédent Décret n°08-485.

Le Code Pénal doit définir et punir le fractionnement des dépenses publiques, ce qui n'est pas le cas du Mali à l'heure actuelle créant ainsi au Mali un « paradis pénal ». Le Code Pénal s'est contenté de dire que le fractionnement des marchés publics est un délit, sans dire en quoi, consiste-t-il. Les rédacteurs du Code Pénal du Mali ont créé une confusion énorme entre le fractionnement des dépenses publiques qui doit être punit et définit expressément par le Code pénal et le fractionnement des marchés publics qui est légal et n'est autre chose que l'allotissement. Mais, il est vrai que le problème découle du fait que le Code Pénal du Mali date du 20 août 2001, tandis que le nouveau droit des marchés publics au Mali date de 2008. Ce qui implique la relecture du Code Pénal pour pallier à ces lacunes.

D'ailleurs au Mali, l'article 28 du Décret n° 08-485/P-RM du 11 août 2008 portant procédures de passation, d'exécution et de règlement des marchés publics et des délégations de service public est intitulé : « *des plans prévisionnels, du fractionnement des dépenses publiques* ». Cet article dispose : « …. *Tout morcellement de commandes, en violation du plan annuel de passation des marchés publics caractérise un fractionnement de dépenses, constitutif d'une pratique frauduleuse.*

En outre, constitue un fractionnement des dépenses tout procédé par lequel les dépenses relatives aux prestations de biens, de services ou de travaux de même nature ou de même objet sont engagées par un ordonnateur pour un même service ou une même unité fonctionnelle et dont les montants cumulés au cours de l'année budgétaire atteignent ou dépassent, les seuils de passation des marchés publics ;

La nature de la dépense s'apprécie par rapport à la classification faite dans la nomenclature de comptabilité matières. Dans ce cadre, les prestations de même nature désignent les acquisitions de biens, services ou de travaux appartenant à la même classe ».

Le Décret n°2015-0604/P-RM du 25 septembre 2015 portant code des marchés publics et des délégations de service public ayant abrogé le précédent Décret n°08-485. La même problématique demeure avec ce nouveau code.

Aux termes des dispositions de l'article 70 de la constitution, seule la loi doit fixer les règles concernant les crimes et délits ainsi que les peines qui leur sont applicables. Il ne revient pas à une disposition réglementaire de définir les crimes ou délits, ni les peines qui leurs sont applicables. Ces lacunes figurant dans le Code Pénal malien méritent d'être comblées pour parachever le droit pénal des marchés publics pour rendre efficace, la lutte contre la corruption et la délinquance économique et financière.

228.-Inachèvement de la réglementation relative à la promotion des PME-PMI- Cet inachèvement est peut-être dû à la sous-estimation de leur importance dans l'économie : *« (...) la réalité en Afrique Subsaharienne est que le secteur des micro-entreprises, plus ou moins formelles, demeure le débouché quasi unique pour l'immense majorité des travailleurs, la norme en quelque sorte. Leur développement, comme base de la croissance, de la création de richesse et d'emplois décents et de lutte contre la pauvreté, apparaît comme une alternative crédible de développement économique et social. En développant ces activités qui représentent pas moins de 80 % du secteur privé, il se crée une dynamique de croissance économique susceptible de tirer l'ensemble des économies nationales. Cela nécessite... la mise en œuvre d'un ensemble de mesures complètes, cohérentes et volontaristes, et d'une stratégie globale permettant la consécration (...) du secteur privé réel comme moteur de la croissance et du développement économique et social (...) »*[1017].

[1017] HAIDARA (H), les micros – entreprises en Afrique de l'ouest ou le développement par la petite porte, l'Harmattan, paris 2015, p.15

La micro-entreprise et le secteur informel sont les piliers économiques de l'Afrique de l'Ouest et des alternatives crédibles de développement[1018].

Les PAS des années 1980 et la crise économique et financière persistante des décennies suivantes ont accentué le phénomène de paupérisation urbaine, laissant des millions de personnes sans ressources. Le secteur informel est donc apparu comme seul capable de leur assurer un emploi, même précaire ou faiblement rémunéré[1019].

L'absence d'une charte des PME[1020] au Mali, demeure un frein à l'achèvement du droit des marchés publics.

Considéré comme moteur de développement économique, la définition de la PME/PMI à l'échelle mondiale demeure toujours une problématique.

Jusqu'au 14 septembre 2006, il n'y a pas de définition de PME/PMI au Mali ni par l'UEMOA, ni par la CEDEAO[1021].

Les PME/PMI au Mali, se caractérisent par un certain nombre de spécificités : La petite taille, la centralisation et personnalisation de la gestion autour du propriétaire dirigeant ; la faible spécialisation de travail ; la forte proximité des travailleurs ; un système d'information interne simple et peu formalisé[1022].

Pour la BCEAO, une PME est une entreprise qui bénéficiait d'un encours de crédit en dessous de 30 millions de FCFA (100000 dollars)

Pour d'autres Banques qui utilisent des critères matériels, la PME est une entreprise d'un effectif limité à 50 employés, pour d'autres à 40 et un chiffre d'affaires supérieur à 20 millions[1023]. Une définition de la PME pour l'ensemble de l'UEMOA est toute récente. De ce fait il n'existe pas de statistique sur les PME. La commission de l'UEMOA a proposé récemment un projet de charte de la PME/PMI. Ce projet de charte doit être validé par le Conseil des ministres de l'UEMOA. Pour l'UEMOA[1024] la notion de PME inclut celle de PMI. Au titre du

[1018] Ibid. p.19
[1019] Ibid. p.16
[1020] Petites et moyennes entreprises
[1021] V. http :// www.boad.org (page consultée le 10 août 2013)
[1022] V. http : // www.primature,gov.ml (page consultée le 20 décembre 2012)
[1023] V. http://www.lamicrofinance.org(page consultée le 10 septembre 2012)
[1024] V. http://wwwboad.org Id (page consultée le 10 août 2013)

présent projet de charte, il convient d'entendre par petite et moyenne entreprise, toute personne physique ou morale, productrice de biens et/ou de services marchands, immatriculée au registre du commerce ou des métiers selon les pays qui est autonome et dont l'effectif ne dépasse pas 200 employés permanents et le chiffre d'affaires hors taxe annuel n'excède pas 1milliards de FCFA avec un niveau d'investissement inférieur ou égal à 250 millions de FCFA. L'entreprise doit être légalement déclarée et doit tenir une comptabilité régulière. La PME comprend la micro entreprise, la petite entreprise et la moyenne entreprise.

La micro entreprise est une entreprise qui emploie en permanence, moins de 10 personnes et qui réalise un chiffre d'affaires hors taxe inférieur ou égal à 5 millions de FCFA. Elle tient une comptabilité allégée de trésorerie.

La petite entreprise emploie en permanence moins de 50 personnes et réalise un chiffre d'affaires hors taxe supérieur à 30 millions de FCFA et inférieur ou égal à 150 millions de FCFA avec un niveau d'investissement supérieur à 5 millions et ne dépasse pas 10 millions. Elle tient une comptabilité en interne ou par un centre de gestion agrée ou toute autre structure similaire reconnue, dans l'Etat membre concerné.

La moyenne entreprise est une entreprise qui emploie en permanence moins de 200 personnes et qui réalise un chiffre d'affaires hors taxe supérieur à 150 millions et inférieur ou égal à 1 milliard avec un niveau d'investissement supérieur à 20 millions et ne dépassant pas de 250 millions. Elle tient une comptabilité selon le système normal en vigueur dans l'espace UEMOA. Au titre du présent projet de charte, lorsqu'une entreprise réalise un chiffre d'affaires supérieur à 1 milliard de FCFA indépendamment du nombre d'emplois, elle n'est plus considérée comme une PME. Les critères de la charte de l'UEMOA sont cumulatifs. Un observatoire de la PME est aussi prévu.

Relativement à l'importance des PME, un renversement de tendance s'est produit au début de la décennie 1980-1990, tant dans les esprits que dans les faits. En effet, l'avenir économique ne passe systématiquement plus par la taille. Cette remise en cause est liée aux difficultés économiques et aux problèmes d'emploi. Dès 1981,

Birch[1025] démontre que les grandes entreprises ne sont plus les fournisseurs principaux d'emplois et d'activités. Ce renversement de tendance affecte toutes les nations industrialisées, libérales, quel que soit leur niveau de maturité industrielle. En France, pendant la période 1972-1979, les grandes entreprises de l'industrie manufacturière voient leur emploi diminué de 7,5%. Or dans la même période, la proposition des salariés employés dans les entreprises de moins de cent salariés est passée de 39% à 43,5%[1026]

L'idée selon laquelle les PME/PMI ne constitueraient qu'une partie négligeable de l'économie n'est plus admise compte tenu de leur efficacité en matière de croissance économique notamment dans la création d'emploi et la production, la promotion des PME/PMI prend désormais une place importante dans les politiques de développement des pays développés.

En revanche, la plupart des pays en développement (PED) ne sont pas restés à la marge de cette évolution. C'est ainsi qu'on remarque ces dernières années, la mise en place des cellules de promotion des PME/PMI dans certains pays. Dans d'autres pays, c'est tout un ministère qui leur sont consacrés comme c'est le cas en Algérie et au Mali.

Au Mali un intérêt particulier est porté par le gouvernement à l'initiative des PME/PMI. Conscient de leur capacité de créer un tissu économique de base comme le soutiennent plusieurs économistes tels BIRCH , Julien, Greffe, Bolton (en créant de l'emploi plus les produits de débouchés qui font partie du rôle des PME), le Mali oriente de plus en plus sa politique de développement vers la promotion de la PME/PMI. Comparativement à ses pays voisins comme l'Algérie, la cote d'Ivoire et le Sénégal, le Mali tire ses revenus essentiellement de l'exploitation des matières premières. Par ailleurs l'influence des grandes puissances sur les prix de ces matières (détérioration des termes de l'échange) et l'instabilité sous régional font que les exportations deviennent de moins en moins rentables.

Ainsi, pour la bonne rentabilité de ces matières, la possibilité de transformer celles-ci en produits finis ou semi-finis dans un contexte de valorisation de la ressource locale se montre plus que nécessaire.

[1025] BIRCH : économiste américain, il réalisa une étude sur la création d'emploi en Amérique sur la période 1969-1976

[1026] GREFFE (X) : « les PME créent elles des emplois » p. 3.

Le Mali envisage alors de construire un tissu économique dense qui se focalisera sur un noyau dur, à savoir le secteur primaire notamment l'agriculture, l'élevage et la pêche. L'accent est ainsi mis sur les PME/PMI. Les statistiques concordent pour estimer à près de 25000 le nombre d'entreprises enregistrées au Mali en 2005 dont environ 7500 en activité plus des deux tiers des entreprises enregistrées et actives sont en fait des personnes physiques pour la plupart des commerçants, plus des deux tiers des entreprises du pays sont concentrés dans le District de Bamako, le nombre d'entreprises ayant la personnalité morale se situe autour de 2000 en 2005. La grande majorité de ces entreprises sont de petites tailles. Une enquête sur les 100 plus grandes entreprises maliennes révèle que près de la moitié d'entre elles utilisent moins de 100 employés et que seul le quart d'entre elles ont un chiffre d'affaires annuel de plus de 10 milliards de FCFA. Près des deux tiers des 100 plus grandes entreprises sont dans le tertiaire (commerce, distribution et autres services), un peu moins de 20% dans l'industrie et dans les mines, un peu plus de 10% dans le BTP[1027]. Selon le recensement réalisé en 2006 par le Ministère de l'Industrie et du Commerce, le Mali compte 343 unités industrielles (dont 106 nouvelles PMI entre 2003 et 2006) qui ont généré 17.593 emplois permanents (dont 400 entre 2003 et 2006)[1028].

La croissance du secteur secondaire est essentiellement due à l'essor de la production de l'or.

Sans l'élaboration de règles précises permettant aux PME-PMI d'accéder aux marchés publics, le droit des marchés publics au Mali va demeurer inachevé. Les difficultés rencontrées par les PME au Mali demeurent liées à l'absence de règles précises leur permettant d'accéder aux financements bancaires et aux marchés publics. Or la promotion des PME demeure une réalité incontournable.

Malgré les avantages comparatifs dont dispose le pays pour les filières textiles, fruits et légumes, cuirs et peaux, artisanat… le sous-secteur de l'agro- industrie qui représente l'essentiel de l'industrie malienne (hors mine) ne décolle que lentement à cause des facteurs élevés et du difficile accès au financement de l'investissement productif.

[1027] V. http://www.apimali.gov.ml ibid. (page consultée le 10 août 2013)
[1028] V. Source gouvernement

Les chefs d'entreprise pointent du doigt la politique de prêts des banques jugées trop conservatrices, voire timorées. De son côté, le réseau bancaire qui compte 13 banques et 5 établissements financiers justifie cette faible participation au financement des entreprises par le manque de projets viables, la faiblesse du cadre légal pour le recouvrement des dettes, le taux élevé de prêts non remboursés. Il apparaît au Mali qu'il n'existe pas de structure d'appui performant permettant d'accompagner les PME – PMI (entre 50000 à 500000 euros d'investissements) dans la conception de leur projet industriel. Le crédit initiative est le 1er établissement financier créé au Mali dans le but de financer les projets de création et de développement des PME avec des financements de 3 à 50 millions de FCFA. Une première évaluation effectuée en 1998 – 1990 révèle que 60% des projets financés sont tombés en faillite.

L'accès au crédit bancaire classique n'est pas à la portée des PME qui ne sont pas toujours en mesure de faire face aux critères d'éligibilité.

Ce développement ne pourra s'effectuer sans soutien cohérent et structuré des pouvoirs publics incluant la notion de mise à niveau des PME par rapport à la concurrence internationale. Il est apparu au regard de tels enjeux d'envisager un certain nombre de règles et principes consensuels permettant aux PME de jouer pleinement leur rôle et aux autorités de fédérer le soutien à leur apporter en matière d'organisation interne de financement, de sous-traitance de formation professionnelle, de fiscalité, d'accès aux marchés et aux terrains aménagés.

La mise en œuvre des mesures pour l'accélération de la croissance avec comme levier, l'amélioration de la production primaire et le renforcement de la sécurité alimentaire permettra de réduire significativement la pauvreté en milieu rural et d'entamer le décollage socioéconomique du pays.

Le document présente la synthèse des principales mesures contenues dans le CSCRP. Dans le domaine de la lutte contre la pauvreté la situation en 2006, avec 56% des personnes vivant en dessous du seuil de pauvreté (153.310 FCFA par an) [1029]. Le Mali ambitionne d'atteindre un taux moyen de croissance économique de 7%, s'appuie sur l'amélioration de la gouvernance, le développement du secteur

[1029] V. Cadre stratégique de croissance et de réduction de la pauvreté 2009-2011

productif notamment l'agriculture, la poursuite du programme d'expansion des infrastructures de base, le développement du secteur privé et l'accroissement de l'investissement dans les ressources humaines.

Le secteur privé sera le principal vecteur de croissance.

Les actions du gouvernement visent une amélioration du cadre des affaires[1030] ; la mise en œuvre d'une charte des PME et d'une stratégie de leur promotion facilitera la création des entreprises

Le cadre stratégique pour la croissance et la réduction de la pauvreté (CSLP 2ème génération 2007 – 2011) [1031] décrit les politiques et programmes que le pays entend mettre en œuvre sur le plan macroéconomique, structurel et social afin de promouvoir la croissance et de réduire la pauvreté au cours de la période 2007 – 2011. Il expose également le plan de financement et les besoins de financement extérieur qui en découlent pour cette période.

En l'absence d'une charte, les PME au Mali connaissent des difficultés pour accéder aux marchés publics de l'Etat et des collectivités ou autres organismes publics. Cependant, le premier ministre du Mali, face à la réalité incontournable de la promotion des PME/PMI a par lettre n° 1956 de 2014 adressée aux ordonnateurs à attirer leur attention sur la promotion de celles-ci[1032]. C'est pourquoi les pays comme le Sénégal ont élaboré une charte pour les PME pour faciliter leurs accès aux marchés publics[1033].

En s'inspirant de la charte des PME au Sénégal, plusieurs avantages en découlent : Au titre de la passation des marchés publics, les services concernés de l'Etat et de ses démembrements doivent veiller à soumettre une proposition de ces marchés à une concurrence entre les PME reconnues par la charte selon des conditions et modalités définies par voie réglementaire.

A ce titre ils s'engagent à mettre en place des mesures relatives à l'accès aux marchés publics nationaux dont une part sera réservée aux PME reconnues par la charte, qui devront cependant privilégier leur

---

1030 V. Relecture du code du travail, fonctionnement des tribunaux de commerce et de la chambre d'arbitrage, simplification et harmonisation des documents de transit pour le commerce international, réduction des frais de mutation de la propriété

1031 V. http://www.pcdamali.org/MG/PDFCSCRP (page consultée le 10 août 2013)

1032 V. Annexe IX : Lettre N° 1956 du Premier Ministre du Mali, p.355.

1033 V. Charte des PME du Sénégal.

association et partenariat, afin d'accéder aux marchés ouverts aux entreprises internationales.

Au titre de la réglementation relative à l'octroi des marchés publics aux PME en conformité avec les dispositions du code des marchés publics[1034],

la réglementation imposera que soient exclusivement réservées aux PME reconnues par la charte, en totalité ou en partie, certains marchés publics sans pour autant influer sur les lois du marché en règle générale. L'Etat s'engage à encourager le développement du partenariat public/privé et à élargir le champ de la concession de service public au profit des PME. A cet effet, il sera fixé annuellement par voie réglementaire pour chaque ministère, collectivité locale, administration ou entreprise du secteur parapublic les modalités de sous-traitance obligatoire suivantes au profit des PME reconnues par la charte [1035] : Petites entreprises, 10% des budgets ; moyennes entreprises, 20% des budgets ; grandes entreprises, 30% des budgets.

A la fin de l'année, les administrations concernées effectueront un rapport détaillé faisant ressortir les critères de choix des PME titulaires des marchés. Dans chaque administration, un comité spécifique sera créé chargé de définir les marchés devant être octroyés aux PME. L'ensemble des marchés sera régulièrement porté à la connaissance des PME par l'organe prévu à cet effet qui veillera à l'accès à l'information de toutes les entreprises susceptibles de soumissionner.

229.-Nécessité de la Promotion des PME- La promotion des PME demeure une réalité incontournable.
En vertu du principe communautaire de non-discrimination posé par l'UEOMA il y a une tendance réservée à la préférence nationale au Mali. C'est pourquoi, dans l'ancien code[1036] le Mali avait consacré la préférence nationale en son article 19[1037]qui prescrit qu'une préférence pouvant être accordée à une entreprise malienne ou à une société coopérative malienne de production industrielle.

[1034] Décret 2002-550 du 30 mai 202 portant code des marchés publics au Sénégal, op.cit.
[1035] V. charte des PME du Sénégal
[1036] Décret n° 95-401/P-RM du 10 novembre 1995 portant code des marchés publics au Mali, modifié, op.cit.
[1037] Ibid. article 19.

L'offre présentée par l'entité malienne doit être conforme aux spécifications techniques du DAO, être d'un montant supérieur à plus de dix pour cent de l'offre évaluée la moins-disante présentée par un entrepreneur ou bureau d'étude étranger, et d'être d'un montant supérieur à plus de quinze pour cent de l'offre évaluée la moins-disante présentée par un fournisseur étranger[1038].

Avec la transposition de la Directrice UEMOA n° 04 consacrant la préférence communautaire dans les Etats membres,[1039] le Mali a abrogé la préférence nationale sur insistance des PTF[1040]. Le décret malien n° 08-485 du 11 août 2008[1041], transposant la Directive UEMOA n°04, dispose qu'une préférence communautaire ne pouvant excéder quinze (15) pour cent est attribuée à l'offre présentée par une entreprise Communautaire[1042]. Dans ce même article, a été repris les dispositions de l'article 62 de la Directive n°04/2005/CM/UEMOA qui dispose que la commission de l'UEMOA est chargée de prendre les mesures visant à déterminer les conditions et les modalités d'application de la préférence communautaire. Or le libellé de l'article 62 de la Directive précitée qui emploie expressément tantôt ''la'' préférence communautaire, tantôt ''une'' préférence communautaire, montre que rien n'interdit aux Etats – membres de l'UEMOA d'opter pour une préférence nationale étant entendu qu'il existe dans une telle formulation communautaire une confusion ou une erreur grammaticale pour ne pas dire une faute grammaticale. En effet, si ''la'' est un article défini, qui au même titre que ''le'' et ''les'', déterminent un être ou une chose déjà connu[1043], ''une'' est un article indéfini, qui au même titre que ''un'' marque que l'être ou l'objet désigné est présenté comme un individu distinct des autres de l'espèce[1044]. C'est cette erreur grammaticale commise au niveau communautaire UEMOA qui a poussé la plupart des Etats des Etats – membres de l'UEMOA à l'exception du Mali a adopté dans leur réglementation une préférence nationale à côté d'une préférence communautaire.

[1038] Ibid. article 19.1°).
[1039] Article 62 de la Directive n° 04/2005/CM/UEMOA, op.cit.
[1040] V. Rapport GEMCO, op.cit.
[1041] Décret n° 08-485/P-RM du 11 août 2011 portant procédure de passation, d'exécution et de règlement des marchés publics et des délégations de service public au Mali.
[1042] Ibid. article 67.
[1043] Dictionnaire petit Hachette, édition 2010, p.915
[1044] Id. p.1660

Le Sénégal a adopté des régimes préférentiels aux entreprises sénégalaises et communautaires [1045]. Le Burkina Faso a adopté également des règles de préférence aux entreprises locales et communautaires[1046]. Dans la quasi-totalité des pays membres de la zone CEMAC, le droit de préférence est accordé aux entreprises nationales. Il en est ainsi du Cameroun [1047], du Tchad [1048], du Gabon[1049]. C'est le cas aussi des pays membres du COMESA[1050]. Les USA qui ont ratifié l'accord de l'OMC ont adopté la préférence nationale à travers le Small business act[1051].

L'UEMOA peut réglementer en permettant aux autorités contractantes de chaque Etat – membre d'adopter une préférence nationale en dessous des seuils communautaires ou des seuils nationaux. Dans cette optique l'UEMOA peut veiller à ce que un pourcentage de marchés non communautaire soit attribués aux PME de chaque Etat – membre. C'est ce que semble dire l'UEMOA dans son Mémento d'accès des PME à la commande publique. Dans ledit acte il y est précisé qu'en dessous du seuil communautaire les autorités contractantes peuvent avoir recours à des procédures de consultation de PME à condition que les procédures respectent les principes fondamentaux de la commande publique[1052].

La mise en concurrence exclusive des PME – PMI dans l'attribution de certains marchés publics doit être instituée.

L'inachèvement de la réglementation se manifeste aussi au stade de la régulation.

[1045] Articles 50 à 52 du décret n° 2014-1212 du 22 septembre 2014 portant code des marchés publics au Sénégal, op.cit.

[1046] Articles 103 à 106 du décret n° 2008-173/PRES/PM/MEF portant réglementation générale des marchés publics et des délégations de service public au Burkina Faso, op.cit.

[1047] Article 32 du décret n°2004/275 du 24 septembre 2004 portant code des marchés publics au Cameroun op.cit.

[1048] Article 13 au décret n° 503/PM/566/2003 du 5 décembre 2003 portant code des marchés publics au Tchad V. www.Droit-Afrique.comtchad.

[1049] Articles 9 à 93 du décret portant code des marchés publics au Gabon, op.cit.

[1050] Article 37 de la loi n° 10/010 du 27 avril 2010 relative aux marchés publics en RD Congo.

[1051] RICHER (L.), l'Europe des marchés publics, et concessions en droit communautaire, LGDJ, 2009 p. 54

[1052] UEMOA, Memento d'accès des PME à la commande publique, achevé d'imprimer en décembre 2012 par la Manufacture des Arts graphiques Ouagadougou, p.21.

Paragraphe II : Au stade de la régulation

230.- Insuffisances au niveau de l'ARMDS- L'avènement de l'ARMDS au Mali aboutit à une répartition des fonctions entre les organes chargés des marchés publics. Pour la première fois, la fonction évaluation est instituée comme étant une mission de l'ARMDS sans que le sens de cette notion soit clarifié (A). De même d'autres missions sont confiées à l'ARMDS comme les techniques de l'audit qui non plus n'ont pas été clarifiées (B).

A) L'absence d'une clarification de la notion d'évaluation

231.- Évaluation non clarifiée- La fonction d'évaluation n'est pas apparue au Mali qu'avec l'avènement du nouveau droit des marchés publics. C'est de façon laconique que cette expression est employée dans la loi du 23 juillet 2008 portant création de l'ARMDS[1053]. Il convient d'examiner l'absence de la définition de l'évaluation et l'objet de l'évaluation.

La notion d'évaluation mérite d'être davantage explicitée en droit des marchés publics et ne doit pas être considérée comme une faculté plutôt une obligation qui s'impose à l'ARMDS. A ce titre la réglementation camerounaise, peut être une source d'inspiration en ce sens que celle-ci parle de l'évaluation des systèmes de passation, de contrôle et d'exécution des marchés publics [1054]. La mission d'évaluation n'a pas été définie. Il convient de préciser les contours de cette notion. Les marchés publics entrent dans le cadre d'une politique publique. Si l'achat public entre dans le cadre d'une politique publique, il convient de préciser la notion d'évaluation de la commande publique. Une politique publique est une séquence cohérente de décisions et d'activités mise en œuvre par les acteurs publics et privés visant à orienter le comportement d'une population cible, de sorte qu'un problème que la société n'est pas en mesure de gérer puisse être résolu par un effort collectif, au nom de l'intérêt général [1055]. Les politiques publiques, c'est tout ce que le Gouvernement décide de faire ou de ne pas faire. Le processus des politiques publiques selon l'analyse séquentielle, commence par l'identification du problème, la formulation d'une solution ou d'une

---

[1053] Infra, p.285 et s.
[1054] V. décret camerounais portant code des marchés publics, op.cit.
[1055] Source OCDE

action pour résoudre le problème, la prise de décision, l'application de l'action ou sa mise en œuvre et l'évaluation des résultats ou un jugement sur les effets. Une politique publique est une action publique (politique, programme, mesure) qui se caractérise par des objectifs, des réalisations, des impacts, un environnement socio-économique et institutionnel, des moyens, des résultats et une mise en œuvre. L'évaluation est une appréciation systématique et objective d'un projet, d'un programme ou d'une politique, en cours ou terminé, de sa conception, de sa mise en œuvre et de ses résultats. C'est un processus de construction d'un jugement sur la valeur d'une intervention publique, à partir de critères, sur la base d'une collecte sélective de données pour améliorer cette intervention, ou les futures interventions publiques ; une appréciation systématique, sur la base de méthodes scientifiques, de l'efficacité et des effets réels, prévus ou non, recherchés ou non, des politiques publiques. Une évaluation peut juger l'efficacité de l'action, soit le rapport entre ses objectifs et ses résultats, son efficience, ou le rapport entre les moyens mis en œuvre et les résultats, son impact, ses effets à moyen terme sur la société, la pertinence de ses objectifs et moyens par rapport au problème social qu'elle cherche à résoudre et la cohérence entre ses objectifs, ses moyens, ses mesures. L'évaluation pour les politiques publiques est un outil d'observation, d'analyse et d'aide à la décision. Evaluer une politique signifie officiellement : *« apprécier son efficacité en comparant ses résultats aux objectifs assignés et aux moyens mis en œuvre »* [1056]. Le but est de déterminer la pertinence et l'accomplissement des objectifs, l'efficience en matière de développement, l'efficacité, l'impact et la durabilité[1057]. Ces notions sont examinées ultérieurement[1058]. L'évaluation concerne un projet, un programme ou une intervention complexe. Un projet est une opération non divisible, délimitée en termes de calendrier et de budget et placée, le plus souvent, sous la responsabilité d'un seul opérateur. Un programme est un ensemble d'interventions homogènes, regroupées pour atteindre des objectifs globaux. Délimité en termes de calendrier et de budget et placé le plus souvent sous la responsabilité d'un comité de pilotage.

[1056] Décret du 18 novembre 1998 en France
[1057] Selon l'OCDE
[1058] Infra, p. 292 et S.

La réglementation des marchés publics ne définit pas non plus les techniques d'audit.

B) L'absence d'une détermination des techniques d'audit

232.- Technique d'audit indéterminée- Le décret n°08-485 portant nouveau code des marchés publics du Mali, s'est limité de façon sommaire à dire que l'ARMDS procède à l'audit des marchés publics sans déterminer en quoi consiste cette notion. Il convient de distinguer l'audit financier, l'audit de performance et l'audit environnemental.

233.- Vérification financière- La vérification financière consiste à donner un avis sur des états financiers établis par la Direction générale de l'entité contrôlée.
A travers la vérification financière, le vérificateur donne l'assurance que les états financiers représentent fidèlement la situation financière de l'entité et les résultats de ses activités et de l'évolution de sa situation financière. La vérification financière vise à donner une assurance raisonnable aux utilisateurs des états financiers quant à leur représentation fidèle de la situation financière de l'entité et des résultats de ses activités conformément aux normes comptables généralement admises. Cette assurance est matérialisée par l'attestation résultant de l'opération de vérification.

234.- Audit de performance- Relativement à l'absence de la définition de l'audit de performance, les normes de contrôle de l'INTOSAI précisent que *« dans sa plénitude, le contrôle des finances publiques comprend le contrôle de la régularité et la vérification de résultats »* et que la vérification de résultats englobe l'examen des aspects d'économie, d'efficience et d'efficacité et s'étend aux aspects suivants : Examen des économies réalisées dans la gestion des administrations, conformément à des pratiques et des principes administratifs sains et une bonne politique de gestion ; vérification de l'efficience de l'utilisation des ressources humaines, financières ou autres et examen des systèmes d'information, de mesure des résultats et de suivi ; analyser les procédures utilisées par les unités contrôlées pour remédier aux insuffisances décelées ; vérifications de l'efficacité des résultats au regard des objectifs poursuivi par l'unité contrôlée ; et examen de l'impact effectif des activités par rapport à l'impact souhaité[1059]. L'évaluation est aussi différente de la vérification de performance, même si ces deux approches se rejoignent à plusieurs points de vue. La vérification de performance se concentre sur l'examen des critères d'économie, d'efficience, d'efficacité ou d'environnement, pendant que l'évaluation va au-delà en examinant en plus des critères comme la pertinence, l'impact ou la viabilité. De façon caricaturale, il pourrait être dit que la vérification de performance a une tendance plutôt rétrospective, contrairement à l'évaluation qui est surtout prospective.

235.- Aspects du contrôle de performance- Le contrôle est l'une des attributions de la Direction. De ce fait, la Direction est tenue de mettre en place un système permettant de s'assurer de l'économie, de l'efficience et de l'efficacité. Dans cette nouvelle conception du contrôle, le vérificateur de performance a pour objectif de se prononcer sur la qualité de la gestion en s'assurant de l'économie, de l'efficience et de l'efficacité, il est aidé dans cette tâche par l'existence d'un système de contrôle. En pratique, son rôle consiste à vérifier que la Direction a mis en place un système de contrôle, que ce système fonctionne convenablement et à proposer éventuellement des améliorations. Le vérificateur de performance s'assure que les gestionnaires dans leurs pratiques quotidiennes ont mis en place des systèmes qui garantissent : L'acquisition de ressources d'une qualité et d'une quantité suffisante au coût le moins élevé possible (ou l'acquisition de ressources au moment propice, à un prix avantageux, en quantité appropriée et de qualité adéquate (économie) ;l'utilisation de ressources au coût minimal ou l'utilisation d'une quantité minimale de ressource pour l'optimisation des extrants (efficience) ; l'atteinte des buts et des objectifs fixés pour une activité ou un programme quelconque (efficacité). La seconde approche : il s'agit de mesurer les résultats de l'organisation et d'en faire état. Dans cette approche, le vérificateur de performance s'assure que les extrants sont analysés par les gestionnaires, les extrants correspondent aux résultats escomptés, les coûts unitaires sont acceptables, les services prévus sont délivrés, les services fournis correspondent au mandat de l'entité.

[1059] Normes de contrôle de l'organisation des institutions supérieures de contrôle des finances publiques (INTOSAI), 1.0.38 et 1.0.40.

236.- Audit environnemental- L'audit environnemental n'est pas reconnu expressément par la réglementation des marchés publics au Mali.

L'environnement au Mali est *« un ensemble perçu comme une entité et un temps donné, des facteurs physiques, chimiques, biologiques et sociaux susceptibles d'avoir un effet direct ou indirect, immédiat ou à terme, sur l'espèce humaine et ses activités et sur les espèces animales et végétales »*[1060]. En effet, au Sénégal la capacité environnementale est reconnue comme condition de participation aux procédures de passation des marchés publics au même titre que les capacités juridiques, techniques et financières[1061]. Il en est de même en France ou, outre la capacité environnementale qui est retenue comme condition de participation aux marchés publics, le critère environnemental est retenu comme critère d'évaluation des offres au même titre que les autres critères comme le prix, la qualité, le délai d'exécution, le service après-vente[1062], etc. La jurisprudence de la Cour de Justice des Communautés européennes admet pour un achat d'autobus des critères environnementaux tels que le niveau d'émissions d'oxyde azotique ou le niveau sonore des autobus[1063]. Au Mali, le code des marchés publics ne fait pas expressément du critère environnemental, un critère d'évaluation des offres, ni de la capacité environnementale une condition de participation des candidats aux procédures de passation des marchés publics. Cependant, au Mali, nul ne peut entreprendre l'exécution des projets A et B sans, au préalable obtenir un permis environnemental ou l'approbation de la notice d'impact environnemental et social[1064]. Aux termes des dispositions de l'article 2 du décret précité, l'étude d'impact environnemental et social est l'identification, la description et l'évaluation des effets des projets sur l'homme, la faune et la flore, le sol, l'eau, l'air, le climat et le paysage, y compris les interactions entre ces facteurs , le patrimoine culturel, socioéconomique et d'autres biens matériels. Les projets de catégorie A soumis à l'étude d'impact environnemental et social

[1060] Article 2 de la loi n°01-020/du 30 mai 2001 relative aux pollutions et aux nuisances.

[1061] Article 59 du décret n° 2014-1212 du 22 décembre 2014 portant code des marchés publics au Sénégal.

[1062] Article 53 du Code des marchés publics français et autres contrats, Dalloz, 6ème édition, 2013.

[1063] CJCE, 17 septembre 2002, Concordia Bus Finland, aff. C-513/99, BJCP 2003.

[1064] Article 10 du décret n°08/346/P-RM du 26 juin 2008 relatif à l'étude d'impact environnemental et social, modifié par le décret n°09-138/P-RM du 26 juin 2009.

(EIES) sont notamment : La construction de nouvelles routes, la construction de chemin de fer, la construction d'aéroport, la construction de gares routières, la construction de gares ferroviaires[1065]. Les projets de catégorie B soumis à Etude d'impact environnemental et social sont : Les travaux d'entretien périodiques des routes bitumées, l'ouverture des pistes rurales, la réhabilitation de chemins de fer, la réhabilitation d'aéroports[1066]. La technique de l'audit environnemental doit être maîtrisée par les acteurs impliqués dans l'évaluation des politiques publiques. Aucun projet, aucune activité ne doit être effectuée sans une étude d'impact environnemental. A la fin ou en cours d'exécution des projets, il convient de procéder à l'étude d'impact environnemental. Le Mali a ratifié plusieurs instruments juridiques internationaux par lesquels, il s'est engagé à préserver la nature, le cadre de vie propice à tout développement. La plupart de ses instruments internationaux adoptés par le Mali mettent l'accent sur l'importance pour l'homme de vivre dans un environnement et sain et d'assurer la protection de l'environnement. Les exemples de dommages, de destruction et de dévastation provoqués par l'homme se multiplient en de nombreuses régions du globe à travers les niveaux dangereux de pollution de l'eau, de l'air, de la terre et des êtres vivants, de graves déficiences qui sont nuisibles pour la santé physique, mentale et sociale de l'homme[1067].

Les insuffisances du cadre normatif débouchent sur celles du cadre organique.

Section II : L'inachèvement du cadre organique des marchés publics au Mali

237.- Insuffisance dans le fonctionnement- Les organes administratifs relatifs aux marchés publics (Paragraphe I) et les organes Juridictionnels (Paragraphe II) présentent des insuffisances qui entravent leur fonctionnement.

[1065] Annexe du décret n°08/345.

[1066] Ibid.

[1067] V. Préambule de la Déclaration de la Conférence des Nations Unies sur l'environnement de Stockholm de juin 1972.

Paragraphe I : Les insuffisances des organes administratifs relatifs aux marchés publics

238.- Distinction-Il peut être distingué les insuffisances des organes administratifs de passation et de contrôle a priori des marchés publics (A) d'une part et d'autre part celles des organes administratifs de régulation des marchés publics (B).

A) Les insuffisances des organes administratifs de passation et de contrôle a priori des marchés publics

239.- Faiblesses- Les organes chargés de la passation des marchés publics et ceux chargés du contrôle a priori des marchés publics présentent des faiblesses.

240.- Faiblesses des organes chargés de la passation des marchés publics- Elles sont relatives à la désignation des membres des commissions par le ministre ordonnateur ou l'autorité contractante et la responsabilisation des personnes responsables des marchés publics au détriment des commissions. Les membres des commissions d'analyse et de jugement des offres sont désignés uniquement par le ministre dépensier. Les membres des commissions sont désignés par décision de l'autorité contractante. Le ministre désigne des personnes ou des agents publics à sa solde. La non-séparation des commissions générales et des sous-commissions techniques d'évaluation en violation du principe de transparence. D'ailleurs dans le guide communautaire UEMOA, cette séparation est une exigence sinon il y a violation de ce principe de transparence[1068].

Au sujet de la responsabilisation des Personnes Responsables des Marchés (PRM) au détriment des commissions de passation, les autorités contractantes sont représentées par les PRM qui agissent en leur lieu et place. La conduite de tout le processus de passation des marchés publics est effectuée sous leur direction par des organes qu'elles disposent à cet effet ou qu'elles mettent en place. Les DAF et les services techniques du département procèdent à l'élaboration des DAO et procèdent à leur lancement sous le contrôle de la PRM. Pour l'analyse des candidatures, le dépouillement et le jugement des offres, les PRM nomment par décision les membres des commissions de dépouillement et de jugement des offres conformément à la

[1068] Guide communautaire UEMOA, op.cit.

réglementation. Les membres de ces commissions sont dévoués aux autorités contractantes. Ce qui entache la transparence et l'impartialité des procédures. Dans certains pays pour donner une certaine impartialité aux commissions, celles-ci sont présidées en fonction d'un certain seuil de passation par des présidents désignés par le premier ministre pour un mandat de deux ans. Il en est ainsi du Cameroun [1069] . Au Bénin, et au Cameroun, des observateurs indépendants siègent au sein des Commissions qui élaborent des rapports et alertent les autorités compétentes de toute tentative ou cas de fraudes[1070]. Les rapports des commissions de jugement et d'analyse des offres sont approuvés par les autorités contractantes. Ce qui signifie que les procès- verbaux des commissions n'ont aucune force probante sans approbation par l'autorité d'approbation.

241.- principaux handicaps des organes chargés du contrôle a priori- Ces principaux handicaps sont aussi la faiblesse de leurs moyens humains et matériels et le rattachement de ces organes au ministre des Finances qui fait d'eux des organes au service du pouvoir exécutif. La faiblesse des moyens financiers et des moyens matériels des acteurs de la commande publique est un handicap pour le bon fonctionnement des organes chargés du contrôle a priori.
L'insuffisance des moyens financiers des acteurs de la commande publique est une réalité. Il manque au Mali des unités compétentes spécialistes en passation de marché dans les principaux secteurs de l'économie. Ceux-ci n'ont pas de statut particulier et des prestations dignes d'un plan de carrière. Ceci permet d'affirmer qu'il n'existe aucune politique de rétention des agents. Les acteurs de la commande publique ne sont pas dans les conditions idoines pour accomplir leur mission en toute impartialité et indépendance.

Dans certains cas, ce sont les entreprises attributaires du marché qui mettent les moyens de déplacement à la disposition des agents qui doivent aller faire un contrôle. Il apparaît que dans ces conditions, la mission de contrôle ne sera pas effectuée dans les règles de standards internationalement admis.

Le rattachement des principaux organes du contrôle a priori notamment la Direction générale des Marchés publics et la Direction

---

[1069] Article 115 du décret n° 2004/275 du 24 septembre 2004 portant code des marchés publics au Cameroun.
[1070] Articles 148 à 151 du code des marchés publics du Cameroun, op.cit.

nationale du Contrôle financier à une même structure de rattachement font que ces organes sont au service du pouvoir exécutif.

La DGMP est un service central placé sous l'autorité directe du ministre de l'Economie et des Finances. Cette structure exécute les instructions données par sa hiérarchie. Il peut être considéré comme une structure d'entérinement des désidératas du pouvoir exécutif. Ce qui explique que les procédures d'exception ou dérogatoires à l'appel d'offre ouvert sont légions. C'est le cas des marchés par entente dans lesquelles l'urgence est invoquée à tout bout de champ lorsque les pouvoirs publics décident de donner le marché à un opérateur économique. C'est le cas du marché des cartes NINA ou malgré le fait que l'ARMDS a réfuté l'urgence invoquée, il a été passé outre à la décision de celle-ci[1071]. La DGMP dispose d'un véritable pouvoir sur les organes de passation en ce sens c'est toujours sa décision qui prévaut sur celles des organes de passation. Tout DAO, procès-verbal de dépouillement, rapport d'attribution est soumis à son approbation. De sorte, qu'elle devient le véritable gendarme des procédures de passation des marchés publics. Au Cameroun, les organes chargés du contrôle a priori sont placés sous l'autorité du premier ministre[1072].

L'insuffisance du cadre organique de la DGMP-DSP : Le cadre organique issu de la réforme ne permet pas à la DGMP-DSP d'exercer de façon systématique ses missions de suivi de l'exécution des marchés et de contrôle des services en raison du nombre croissant de marchés publics, d'un personnel insuffisant et ne disposant pas de toutes les compétences. Au Cameroun quatre Commissions spécialisées de contrôle a priori ont été créées : La Commission spécialisée de contrôle des Marchés de Routes et autres infrastructures, la Commission spécialisée de Contrôle des Marchés de Bâtiments et des équipements Collectifs, la Commission Spécialisée de Contrôle des Marchés des Approvisionnements Généraux et la Commission spécialisée de Contrôle des Marchés de Services et de Prestations intellectuelles[1073].

[1071] V. recueil des décisions CRD-ARMDS de 2012.

[1072] Article 129. (1) du décret n° 2004/275 du 24 septembre 2004 portant code des marchés publics au Cameroun.

[1073] Ibid. articles 129. (3) à 147. (2).

La DNCF du Mali est aussi un service central placé sous l'autorité du MEF[1074]. Elle exerce un contrôle a priori sur les procédures de passation à travers son visa. Cet organe également détient un pouvoir redoutable à travers ce visa, en ce sens qu'il arrive souvent qu'il n'appose pas son visa au marché. Cet organe est entre les mains des pouvoirs publics qui décident, influence ces actions.

L'ARMP-DSP présente tout aussi des faiblesses.

B) Les faiblesses de l'organe administratif de régulation des marchés publics (ARMDS)

242.-Influence du pouvoir exécutif- L'ARMDS est une structure centralisée et non déconcentrée sur laquelle le pouvoir exécutif exerce une certaine influence.

L'ARMDS est une structure de nature décentralisée étant entendue que c'est une personne morale de droit public qui au même titre que l'Etat peut se mouvoir sur l'ensemble du territoire national. En outre l'ARMDS est une autorité administrative indépendante qui dispose de la personnalité juridique contrairement aux autorités administratives indépendantes françaises qui ne disposent pas de cette personnalité juridique[1075].

Le siège de l'ARMDS est fixé à Bamako et des Antennes régionales peuvent en tant que de besoins, être créées[1076]. Cette disposition s'inspire de l'Agence de Régulation des marchés publics du Cameroun qui conformément au décret du 2 février 2001 peut créer des antennes régionales sur délibération du Conseil d'Administration[1077]. Cette organisation déconcentrée de l'Autorité de Régulation répond à une exigence dans le cas où l'activité à réguler se déroule au niveau local, il est nécessaire d'avoir des relais locaux ou régionaux du régulateur. Dans le contexte actuel de la décentralisation, l'ARMDS doit suivre le rythme de celle-ci. Ce qui

---

[1074] Ordonnance n° 85-30/P-RM du 19 décembre 1985 portant création de la Direction nationale du Contrôle financier et le décret n° 04-546/P-RM du 23 novembre 2004 fixant les modalités de fonctionnement de la DNCF.

[1075] LOMBARD (M.), DUMONT (G.), droit administratif, Dalloz 2003, pp.115-120.

[1076] Article 3 du Décret n°08-482/P-RM du 11 août 2008 fixant l'organisation et les modalités de fonctionnement de l'Autorité de Régulation des Marchés publics et des délégations de service public, JORM n°38 du 19 septembre 2008, pp.1484-1487.

[1077] Article 2 du décret 2001/048 du 23 février 2001 portant création, organisation et fonctionnement de l'Agence de Régulation des Marchés publics du Cameroun.

n'est pas le cas actuellement au Mali. Dans le contexte de la décentralisation, la création d'antennes régionales de l'ARMDS est une nécessité impérieuse en raison de l'immensité du territoire national composé de collectivités territoriales. Beaucoup de concurrents évincés injustement à l'intérieur du Mali, hésiteront à plusieurs reprises pour exercer un recours non juridictionnel devant l'ARMDS ayant son siège à Bamako. En raison de l'inachèvement de la réglementation relative à la dématérialisation[1078], les autorités publiques doivent accompagner l'ARMDS dans le cadre de sa déconcentration effective.

243.- Non-harmonisation- La non-harmonisation des textes régissant l'ARMDS du Mali [1079] avec les directives n°04 et n°05/2005/CM/UEMOA[1080] est une réalité.

Les directives prescrivent l'harmonisation des textes régissant les différents organes de régulation des pays membres de l'UEMOA. Les Directives précitées prévoient la « nécessaire convergence des législations et des réglementations nationales en matière de marchés publics et de délégations de service public », et cela grâce à la mise en place d'un mécanisme de surveillance multilatérale visant à la réalisation des objectifs communautaires. Or sur les points ci-après l'ARMDS du Mali se singularise par rapport aux autres organes des autres pays membres de l'UEMOA : Dans la plupart des pays membres de l'UEMOA, les membres du Conseil sont motivés par l'octroi de jeton de présence par session ou indemnité de sessions[1081]. Or au Mali les membres du conseil sont motivés par le paiement d'un salaire mensuel malgré que le conseil n'a tenu que 6 sessions ordinaires de 15 jours au total en 2010 tout comme en 2011 ; dans la plupart des pays membres, le Secrétaire Exécutif ou le Secrétaire

---

[1078] Supra, p.222.

[1079] Loi n° 08-023 du 23 juillet 2008 portant création de l'ARMDS et le décret n° 08-482/P-RM du 11 août 2008 fixant l'organisation et les modalités de fonctionnement de l'ARMDS.

[1080] Directive n°04 du 9 décembre 2005 portant respectivement procédures de passation, d'exécution et de règlement des marchés publics et des délégations de service public et Directive n°05 du 9 décembre 2005 portant contrôle et régulation des marchés publics et des délégations de service public.

[1081] Article 17 du décret n° 2007-243/PRES/PM/MFB du 9 mai 2007 Portant création, attribution, organisation et fonctionnement de l'Autorité de régulation des marchés publics du Burkina-Faso ; article 17 du décret n° 2007-546 du 25 avril 2007 portant organisation et fonctionnement de l'ARMP du Sénégal ; article 19 du décret n° 2011 du 28 décembre 2011 portant attribution, composition, organisation et modalités de fonctionnement de l'Agence de Régulation des Marchés publics du Niger.

Permanent ou le Directeur est l'ordonnateur du budget et est responsable devant le Conseil de Régulation[1082]. Or au Mali, le Président du Conseil qui est membre de l'organe délibérant est à la fois l'organe d'exécution et l'ordonnateur du budget ; dans la plupart des pays membres, la durée du mandat du président est fixée et correspond à celle de ses fonctions de conseiller[1083]. Or au Mali aucun texte n'a fixé la durée du mandat du Président du Conseil ; les dispositions de l'article 8 du règlement intérieur de l'ARMDS relatives à la destitution du Président à la majorité des 2/3 des membres du conseil ne sont pas conformes à la loi portant création de l'ARMDS et à son décret d'application qui d'une part n'ont pas prévu cette destitution du président, et d'autre part l'article 8 du décret n° 08-482 P-RM du 11 août 2008 précité n'a prévu que la fin du mandat des membres du conseil en cas d'empêchement définitif ou à la suite d'une faute grave ou d'agissement incompatible avec leur fonction, sur proposition du conseil de régulation ou de leur administration ou organisation d'origine. Les modalités de révocation du Président de l'ARMDS doivent être précisées dans une disposition réglementaire comme cela est le cas dans certains pays de l'UEMOA.

Les dispositions de l'article 25 du règlement intérieur de l'ARMDS qui prévoit la révocation du Secrétaire Exécutif à la majorité des 2/3 des membres du conseil ne sont pas conformes à l'article 27 du décret n°08-482 P-RM du 11 août 2008 précité qui précise que le Conseil peut proposer la révocation du Secrétaire Exécutif en cas de faute grave ou de comportement susceptible de nuire à la bonne marche ou au crédit de l'Autorité. En effet le règlement intérieur qui est une disposition interne prévoyant cette révocation du Secrétaire Exécutif est contraire au Décret précité qui précise que le Conseil peut proposer la révocation de ce dernier. Le Secrétaire Exécutif ayant été nommé par Décret, le parallélisme des formes exige que seul un Décret puisse le révoquer.

Les textes régissant l'ARMDS du Mali ne sont pas conformes à la loi n°96-061 du 4 novembre 1996 portant principes fondamentaux de la

[1082] Article 31 du décret n° 2007-243/PRES/PM/MFB portant création, attribution, organisation et fonctionnement de l'ARMP du Burkina-Faso, ibid. ; Article 25 du décret n° 2007-546 du 25 avril 2007 portant organisation et fonctionnement de l'ARMP du Sénégal, ibid.

[1083] Article 8 du décret n° 2007-546 du 25 avril 2007 portant organisation et fonctionnement de l'ARMP du Sénégal ; article 8 du décret n° 2007-243/PRES/PM/MFB du 9 mai 2007 portant création, attribution, organisation et fonctionnement de l'ARMP du Burkina-Faso.

comptabilité publique et le Décret n°97-192/P-RM du 9 juin 1997 portant règlement général de la comptabilité publique auxquels lesdits textes renvoient en matière de désignation de l'ordonnateur et de ses pouvoirs.

En effet, suivant les dispositions de l'article 31du Décret n°08-482/P-RM du 11 août 2008 fixant l'organisation et les modalités de fonctionnement de l'ARMDS, les ressources de celle-ci sont des deniers publics et doivent être gérées en tant que tels d'une part, et d'autre part la gestion comptable et financière de l'Autorité obéit aux règles de la comptabilité publique. Or l'un des principes fondamentaux de la comptabilité publique prévu dans la loi sur la comptabilité publique et son Décret précité est la séparation des fonctions entre l'organe délibérant et l'organe exécutif. En effet les articles 132 et suivants du Décret n°97-192 P-RM ci-dessus précisent que le Directeur d'un établissement public est l'ordonnateur du budget qu'il prépare et soumet à l'organe délibérant pour approbation. Cependant dans le cas de l'ARMDS, le Président du Conseil est à la fois membre du Conseil, organe délibérant, également organe d'Exécution et ordonnateur du budget. Le pouvoir exécutif exerce une certaine influence sur l'ARMP dû à son rattachement à la tutelle du premier ministre et à la désignation de certains membres par l'administration. L'ARMDS est une autorité indépendante placée sous la tutelle du premier ministre. Cette tutelle ne met pas l'ARMDS à l'abri de l'influence du pouvoir exécutif même si elle dispose d'une autonomie financière et fonctionnelle. Les trois représentants de l'Administration et le président de l'ARMP qui est obligatoirement désigné parmi les représentants de l'administration qui sont minoritaires [1084]. Les organes juridictionnels présentent aussi des insuffisances.

Paragraphe II : Les insuffisances des organes juridictionnels

244.- Pléthore- Il existe une pléthore de Juridictions compétentes en matière de marchés publics (A) qui est à la base de la complexification des procédures (B).

[1084] Article 9 du décret n° 08-482/P-RM du 11 août 2008 fixant l'organisation et les modalités de fonctionnement de l'ARMDS du Mali.

A) La pléthore de juridictions

245.- Difficulté- Sans l'attribution de la compétence à une juridiction compétente par la loi ou le règlement, il existe la difficulté pour identifier la juridiction compétente et la complexification des procédures en cas de litige.

La difficile identification de la juridiction compétente au plan interne au Mali, découle de la pléthore de juridictions compétentes pour connaître du contentieux des marchés publics. Des réformes très récentes sont venues bouleversées l'organisation des juridictions au Mali et cela par l'adoption de certains textes comme : La loi n°2011-03/du 15 juillet 2011 portant Organisation Judiciaire qui dispose en son article 1er que la justice est rendue sur le territoire de la République du Mali par : Une Cour Suprême, une Cour Constitutionnelle, une Haute cour de Justice, des Cours d'Appel, des Cours d'Assises, des Cours Administratives d'Appel, des Tribunaux de Grande Instance, des Tribunaux d'Instance, des Tribunaux du Travail, des Tribunaux de Commerce, des Tribunaux Administratifs, des Tribunaux pour Enfants, des Tribunaux militaires ; la loi n°2011-038/du 15 juillet 2011 portant création des juridictions a créé des Cour d'Appel dans certaines régions, des Cours d'Appel administratives des Tribunaux de Grande Instance, des Tribunaux d'Instance, des Tribunaux Administratifs, des Tribunaux du Travail dans certaines localités. Il est créé une Cour Administrative d'Appel dans les régions de Kayes, Sikasso, Ségou, Sikasso, Ségou, Mopti, Gao et dans le District de Bamako. Il est créé un tribunal Administratif dans les régions de Kayes, Sikasso, Ségou, Mopti, Gao et dans le District de Bamako ; la loi n° 2011-047/du 28 juillet 2011 fixe la compétence, l'organisation et le fonctionnement des Cours Administratives d'Appel. En attendant la mise en place des nouvelles créations, les juridictions actuelles continueront à exercer la plénitude de leurs attributions dans les ressorts actuels.

Il est difficile même pour les spécialistes du droit d'identifier la juridiction compétente pour connaître du contentieux des marchés publics étant entendu qu'au plan interne plusieurs juridictions sont susceptibles de connaître de ce contentieux à savoir les Juridictions de l'ordre administratif et les Juridictions de l'ordre Judiciaire. Dans les systèmes de dualité parfaite ou imparfaite de juridictions comme le cas du Mali, il arrive souvent que la détermination du juge compétent devient un véritable parcours de combattant pour les plaideurs. C'est pourquoi certains pays comme le Sénégal ont unifié le plein contentieux en le confiant aux juridictions de droit commun tandis que le recours pour excès de pouvoir contre les actes détachables du contrat relève de la compétence de la Chambre administrative de la Cour Suprême. Mais, l'exemple français semble être le mieux approprié avec la loi MURCEF[1085] qui a unifié le contentieux des marchés publics.

Au plan externe, l'identification du juge compétent peut être encore plus difficile. Cette difficulté provient du fait que plusieurs juridictions peuvent connaître du contentieux des marchés publics. Il en est des juridictions communautaires comme la Cour de Justice de l'UEMOA, la Cour de l'OHADA, la cour de la CEDEAO. Au plan international également plusieurs juridictions sont susceptibles de connaître du contentieux des marchés publics notamment le CIRDI de la Banque mondiale, la CCI, les juridictions du pays du contractant étranger. A cette pléthore de juridictions correspond une complexification des procédures.

B) La complexification des procédures

246.- Réalité de la complexification des procédures- Dès qu'il y a pléthore de juridictions, la complexification de la procédure devient une réalité au plan interne et externe. La complexification des procédures en droit interne dérive de ce que la conduite des procédures varie suivant les juridictions. Celle des juridictions de l'ordre administratif est distincte de celle des juridictions de l'ordre judiciaire.

Concernant, la procédure devant les Juridictions de l'ordre administratif, il convient de distinguer la procédure devant la section administrative et la procédure devant la section des comptes de la Cour Suprême.

La section administrative ne peut être saisie que par voie de recours formé contre une décision, et ce dans les 2 mois à partir de la notification ou de la publication de la décision attaquée, sauf en matière de travaux publics. Le silence gardé pendant plus de 4 mois sur une réclamation par l'autorité compétence vaut décision de rejet.

[1085] V. code des marchés publics français, Dalloz, 2013, op.cit.

Les intéressés disposent pour se pourvoir contre cette décision implicite d'un délai de 2 mois à compter du jour de l'expiration de la période de 4 mois susmentionnée. Néanmoins lorsqu'une décision explicite de rejet intervient dans ce délai de 2 mois, elle fait à nouveau courir le délai de recours[1086].

Toutefois l'intéressé n'est forclos qu'après un délai de 2 mois à compter du jour de la notification expresse de rejet dans les cas suivants : en matière de plein contentieux ; dans les contentieux de l'excès de pouvoir si la mesure sollicitée ne peut être prise que par décision ou sur avis des assemblées locales ou de tous organismes collégiaux. La date de dépôt de la réclamation à l'administration constatée par tous moyens, doit être établie à l'appui de la requête. Dans tous les cas d'urgence et à moins que l'intérêt de l'ordre public ne s'y oppose, le président de la section administrative ou le magistrat qu'il a délégué peut sur simple requête : Désigner un expert pour constater sans délai des faits qui seraient susceptibles de donner lieu à un litige devant les juridictions administratives. Avis en est donné directement aux défendeurs éventuels ; ordonner toutes mesures utiles sans porter préjudice au principal, ni faire obstacle à l'exécution d'aucune décision administrative. Notification de la requête est immédiatement faite aux défendeurs éventuels avec fixation d'un délai de réponse. Le recours devant la section administrative n'est pas suspensif. Toutefois, la section peut prescrire qu'il soit sursis à l'exécution d'une décision lorsqu'elle n'intéresse ni le maintien de l'ordre public, ni la tranquillité publique et si une requête aux fins de sursis lui est présentée. L'instruction de la demande de sursis est poursuivie d'extrême urgence. Dans tous les cas il est statué sur la requête aux fins de recours de sursis par arrêt motivé. L'arrêt prescrivant le sursis à l'exécution d'une décision administrative ou d'une décision des juridictions administratives est, dans les 24 h notifié aux parties en cause. Les effets de ladite décision courent du jour où son auteur reçoit cette notification. L'intervention est admise de la part de ceux qui ont intérêt au règlement du litige engagé devant la section. Elle est formée dans les mêmes conditions que la requête introductive d'instance. Après le rapport fait sur chaque affaire par un conseiller rapporteur, les parties ou les conseils peuvent faire des

---

[1086] Article 45 de la loi n° 96-071 du 16 décembre 1996 portant loi organique fixant l'organisation, les règles de fonctionnement de la Cour suprême du Mali et la procédure suivie devant elle, JORM n° 1 du 15 janvier 1997, PP.5-19.

observations orales à l'appui de leurs conclusions. La procédure suivie en appel est celle prévue par le code de procédure civile[1087].

Les voies de recours sont l'opposition, la tierce opposition, le recours en révision, en rectification d'erreur matérielle ou en interprétation.

Le recours en révision est dirigé contre les arrêts contradictoires de la section administrative dans les cas suivants : Si la décision a été rendue sur pièces fausses, si la partie a été condamnée faute de présenter une pièce décisive retenue par l'adversaire, s'il y a eu non application de la loi, fausse application ou fausse interprétation de la loi, si la décision rendue est entachée d'une erreur de procédure non imputable à la partie et qui a affecté la solution donnée à l'affaire. Le recours en révision est suspensif. Il doit être introduit dans le délai d'un mois à compter du jour du prononcé de la décision dont la révision est demandée. La section administrative doit statuer dans le délai de 2 mois.

La section des comptes juge en dernier ressort. La seule voie de recours ouverte contre ses décisions est le recours en révision porté devant la section. Le recours en révision peut être formé par le comptable avec production des pièces justificatives retrouvées depuis l'arrêt sur réquisition du Ministère public, pour erreur, omission, faux ou double emplois reconnus par la vérification d'autres comptes. Dès que l'affaire est complètement instruite la section rend un arrêt définitif si le compte est reconnu exact, la section rend un arrêt de décharge à l'égard du comptable demeuré en fonction.

A l'égard d'un comptable sorti de fonction elle rend un arrêt de quitus qui donne mainlevée de toutes les sûretés et garanties grevant les biens personnels du comptable au profit du trésor. Si le compte est excédentaire, l'arrêt le déclare en avance, si le compte est irrégulier, l'arrêt le déclare en débet. Au vu de l'arrêt de débet, le ministre des Finances met en jeu la responsabilité du comptable.

247. Variété de procédures juridictionnelles- La procédure varie suivant qu'elle est portée devant les juridictions de droit civiles ou commerciales et les juridictions pénales. Souvent, se pose le problème du juge judiciaire compétent.

[1087] Article 53 de la loi n° 96-071 du 16 décembre 1996 portant loi organique fixant l'organisation, les règles de fonctionnement de la Cour Suprême du Mali et la procédure suivie devant elle, op.cit.

En droit externe, la procédure devient plus complexe. La procédure varie suivant les juridictions communautaires d'une part et d'autre part suivant les juridictions internationales ou arbitrales.

Les procédures suivies varient suivant les juridictions communautaires. La procédure suivie devant la Cour de Justice de l'UEMOA est différente de celle suivie devant la Cour de l'OHADA ou devant celle de la CEDEAO.

248- Procédures Les procédures suivies varient également suivant les juridictions internationales. La procédure suivie devant la CCI est différente de celle suivie devant la CIRDI de la Banque mondiale ou devant le tribunal arbitral de la BID. Le problème devient plus compliqué lorsque la compétence découle d'une clause du contrat ou de l'accord de financement qui donne compétence à la juridiction étrangère d'un pays. C'est le cas dans le marché relatif à l'interconnexion entre le Mali et la Côte d'Ivoire où la compétence a été donnée tantôt au tribunal arbitral pour un « contrat gouverné par les lois de l'Inde »[1088] tantôt au tribunal arbitral qui applique les règles d'UNICTRAL pour un Contrat régi par les lois du Mali[1089]. Il arrive souvent dans certains cas que l'accord de financement conclu entre le Mali et la Banque islamique de Développement (BID) donne compétence au Tribunal arbitral qui rendra une sentence conformément aux règles et procédures du Centre islamique de Réconciliation et d'Arbitrage sis à DUBAÏ aux Emirats Arabes unis pour les marchés financés par la BID qui doit arbitrer conformément aux principes de la Charia islamique ou de l'organisation de la Conférence Islamique (OCI)[1090]. Non seulement des problèmes de conflits de lois et de conflits de Juridictions peuvent se poser tout comme des problèmes d'exéquatur et de difficulté d'interprétation et d'application de la charia.

[1088] V. Annexe X : Extrait d'un marché public exécuté au Mali dans le cadre de l'interconnexion Mali-Côte d'Ivoire donnant compétence au Tribunal arbitral pour arbitrer selon les règles d'UNICTRAL en cas de litiges pour un contrat régi par les lois de l'Inde, p.356.

[1089] V. Annexe XI : Extrait d'un marché public exécuté au Mali dans le cadre de l'interconnexion Mali-Côte d'Ivoire donnant compétence au Tribunal arbitral qui arbitre selon les règles d'UNICTRAL en cas de litiges pour un contrat régi par les lois du Mali, p. 357.

[1090] V. Extrait d'une convention de financement conclue entre le Mali et la BID donnant compétence au Tribunal arbitral qui rendra une sentence conformément aux règles et procédures du Centre islamique de Réconciliation et d'arbitrage sis à DUBAÏ aux Emirats arabes unis pour les marchés financés par la BID qui doit arbitrer conformément aux principes de la charia islamique ou des règles de l'OCI, .

TITRE II : LES INSUFFISANCES D'ORDRE PRATIQUE

249.- Fragilité pratique de la réglementation- Le nouveau droit des marchés publics tout comme le système contractuel de l'Etat, des collectivités et des organismes personnalisés s'inscrit dans une politique publique constante : la recherche de l'efficacité administrative et économique de la commande publique, la satisfaction des besoins des populations. Cependant cette efficacité est fragilisée par la pratique en déphasage avec la réglementation et par la corruption et la fraude dans les marchés publics[1091]. Dans la pratique le choix de l'offre le moins-disant devient difficile et la réglementation des marchés publics est contrariée. Les insuffisances pratiques se manifestent à travers la difficile mise en pratique du choix du moins-disant (chapitre I) et le contournement de la réglementation des marchés publics (chapitre II).

[1091] Infra, p.304.

Chapitre I
La difficile mise en pratique du choix du moins-disant

250.- Difficulté- Les organes de passation des marchés publics rencontrent d'énormes difficultés dans l'application de la réglementation afin de désigner l'attributaire le moins-disant. La pratique du choix de l'offre le moins-disant mettant d'avantage l'accent sur le prix (section I). Ceci est dû à la non-maîtrise de la réglementation des marchés publics par les acteurs administratifs chargés de la passation des marchés publics (section II).

Section I : La pratique du choix de l'offre le moins-disant mettant d'avantage l'accent sur le prix

251. Déphasage- La pratique du choix de l'offre le moins-disant étant en déphasage avec la réglementation en vigueur au Mali (paragraphe I) engendrant l'inefficacité économique de la commande publique (paragraphe II).

Paragraphe I : La pratique du choix de l'offre le moins-disant en déphasage avec la réglementation en vigueur au Mali

252.- Epreuves- Dans le choix de l'attributaire provisoire, la conscience des membres des commissions de dépouillement, de jugement et d'analyse des offres est soumise à de rudes épreuves (A) avec pour corollaire la pratique continue de l'adjudication au Mali (B).

A) La conscience des membres des commissions de dépouillement, de jugement et d'analyse des offres soumise à de rudes épreuves

253.- Choix de l'offre le moins-disant- La conscience des membres des commissions de passation des marchés est soumise à de rudes épreuves en raison de l'absence d'une définition précise au Mali du choix de l'offre le moins-disant d'une part et d'autre part de la confusion que laisse entretenir la réglementation de certains pays de l'UEMOA entre la notion de moins-disant et de celle de mieux-disant.

Au Mali, le décret n°08-485 portant procédures de passation, d'exécution et de règlement des marchés publics utilise l'expression de moins-disant pour désigner l'attributaire provisoire. Tout au long de la réglementation malienne, cette expression est employée sans que celle-ci soit expressément définie. Déjà, dans l'ancien code des marchés publics du Mali de 1995, les termes sont employés sans qu'ils ne soient définis. Le Mali en transposant les Directives n°04 et 05 a repris la même expression. L'UEMOA non plus ne donne aucune définition de l'expression. Cependant, dans le rapport d'évaluation des offres de la BM pour les marchés de travaux et de fournitures de 1996, la notion de moins-disant est assimilée au prix le plus bas. Le soumissionnaire le moins-disant après évaluation est celui dont l'offre évaluée présente le plus bas prix pour les marchés de travaux et pour la plupart des marchés de fournitures[1092].

254.- Moins-disant et mieux-disant- Ainsi une confusion est-elle entretenue autour des notions de moins-disant et de mieux –disant dans la réglementation applicable dans les pays de l'UEMOA. La réglementation des marchés publics dans les pays de l'UEMOA utilise tantôt le choix de l'offre le moins-disant, tantôt le choix de l'offre le mieux-disant. La directive UEMOA n° 04/2005/CM emploie l'expression de moins-disant pour tous les marchés publics quel que soit leur objet[1093]. L'UEMOA, s'est inspirée des directives de la BM et de la BAD qui ont été les premières institutions financières multilatérales à employer l'expression de moins-disant[1094]. Ces deux institutions ainsi que l'UEMOA n'ont pas défini cette expression. Ils se sont bornés à dire que l'attributaire sera désigné en fonction du choix de l'offre le moins-disant[1095]. Certains pays de l'UEMOA, comme le Mali, [1096] le Niger [1097] et le Sénégal [1098] ont repris

[1092] Paragraphe 7 du rapport d'évaluation des offres Guide, passation des marchés de fournitures ou de travaux, Banque mondiale, Washington, D.C. 20433, avril 1996, disponible auprès de World Bank Publication Distribution Unit.

[1093] Article 61 de la directive n°04/2005/CM/UEMOA du 9 décembre 2005, op.cit.

[1094] Paragraphes 2.49 et 2.52 de la Directive passation des marchés de fournitures de travaux et des services (autres que les consultants) les emprunteurs de la Banque Mondiale, dans le cadre des prêts de la BIRD et des crédits de Dons de l'AID, Janvier 2011, Copyright © 2011, Banque internationale pour la reconstruction et le développement / Banque mondiale 1818 H Street, N... Washington, D.C. 20433, USA.

[1095] Ibid. paragraphe 2.49.

[1096] Article 37 du décret n° 08-485 du 11 août 2008, op.cit.

[1097] Article 38 du décret n° 2013-569/PRN/PM/ du 20 décembre 2013 portant code des marchés publics et des délégations de service public du Niger.

l'expression de moins-disant en transposant les Directives UEMOA. Cependant d'autres Etats – membres de l'UEMOA comme le Bénin, le Burkina Faso, à la suite de la transposition des directives, utilisent plutôt l'expression de l'offre économiquement la plus avantageuse[1099] et de mieux-disant[1100].

En zone CEMAC, le Cameroun utilise les deux expressions c'est à-dire, celle de moins-disant pour les marchés de travaux[1101] et de celle de mieux – disant pour les marchés de prestations intellectuelles[1102]. En zone COMESA[1103], l'expression utilisée est le mieux-disant. Au sens des dispositions de l'article 21 du règlement régional COMESA en matière de passation des marchés publics, *« le marché est attribué au soumissionnaire le mieux-disant »*[1104].

255.- Offre économique avantageuse- En droit communautaire européen des marchés publics, c'est l'expression d'offre économiquement la plus avantageuse qui est utilisé [1105]. Cette

---

[1098] Article 59 du décret n°2014-1212 du 22 septembre 2014 portant code des marchés publics au Sénégal op.cit.

[1099] Les articles 44 et 79 de la loi 2009-02 du 07 août 2009 portant code des marchés publics et des délégations de service public en République du Bénin utilisent respectivement l'expression de l'offre la mieux disante pour les marchés de prestations intellectuelles et d'offre la moins-disante pour les marchés de travaux, de fournitures et de services courants.

[1100] Article 102 nouveau du décret n° 2012-123/PRES/PM/MEF modifiant le décret 2008-173/PRES/PM/MEF du 16 avril 2008 portant réglementation générale des marchés publics et des délégation des services publics au Burkina Faso qui dispose que l'attribution du marché se fait sur la base de critères économiques, financiers et techniques mentionnés dans le dossier d'appel à la concurrence, afin de déterminer l'offre conforme évaluée économiquement la plus avantageuses.

[1101] Article 33 al 1 du décret n° 2004/275 du 24 septembre 2004 portant code des marchés publics au Cameroun.

[1102] Ibid. article 33 al.2.

[1103] Le COMESA est le marché commun de l'Afrique orientale et australe (en Anglais, il signifie common Market for eastern and southernafrica). Le traité instituant le COMESA fut signé en Ouganda par 20 Etats – membres en novembre 1993 ratifié en décembre 1994. C'est une zone de libre-échange. Les pays arabes membres du COMESA sont l'Egypte, le Soudan, Djibouti, les Comores. Les autres pays sont l'Ouganda, l'Angola, le Burundi, la RDC, l'Erythrée, Kenya, Madagascar, Malawi, Île Maurice, Namibie, Rwanda, Seychelles, Swaziland, Zambie, Zimbabwe, avec 340 millions d'habitants, un PIB de 170 millions de dollars US (htp :wwwP//wwwgoogle , COMESA (page consultée le 16 avril 2015)

[1104] Règlement COMESA

[1105] Article53 de la directive n° 2004/18/CE du Parlement européen et du Cons. du 31 mars 2004 relative à la coordination des procédures de passation des marchés publics de travaux de fournitures et Services (Joue L 134/114 du 30 avril 2004, rect. Joue L 351/44 du 26 novembre 2004).

expression a été transposée par le code français des marchés publics[1106].

La doctrine française majoritaire utilise l'expression de mieux-disant[1107]. Pour ces auteurs, la réglementation française d'inspiration européenne, donne le choix entre l'offre économique la plus avantageuse autrement dit le mieux-disant en fonction de critères décidés et annoncés dès le départ et le choix du moins-disant évalué sur le seul critère du prix.

Non seulement l'expression de moins-disant doit être distinguée de celle de mieux-disant, mais aussi leur définition est à distinguer tout comme du choix de l'attributaire en fonction de l'expression employée dans le DAO.

Pour la réglementation qui définit l'expression de moins-disant, celle-ci signifie le prix le plus bas. Le code des marchés publics des délégations de service public du Bénin, définit l'offre la moins-disante comme était l'offre conforme aux spécifications techniques et administratives dont le prix est parmi toutes les offres présentées le plus bas[1108]. Le code des marchés publics du Gabon abonde dans le même sens que celle du Bénin lorsqu'il définit l'offre évaluée la moins-disante comme étant l'offre conforme aux spécifications Juridiques et techniques dont le prix, est parmi toutes les offres présentées, le plus bas, sous réserve que ce prix ne soit pas anormalement bas[1109].

Cependant, une doctrine minoritaire identifie l'offre la moins-disante à l'OEA[1110]. Suivant cette doctrine, l'offre la mieux-disante n'est pas la moins-chère, mais celle qui présente le meilleur rapport qualité-prix (encore économiquement la plus avantageuse)[1111].

[1106] Article 53.1. du code des marchés publics et autres contrats, commenté 6ème édition Dalloz 2013.

[1107] FROT (O.), marchés publics : comment choisir le mieux-disant ? op.cit. PX ; RIBOUX (C.), MARC (E.) et IDOUX (P.), op.cit., p.429.

[1108] Article 3 de la loi n° 2009-02 du 7 août 2009 portant code des marchés publics et des délégations de service public au Benin.

[1109] Articles 8 ou 2 du décret n° 0254/PR/MEEDD portant code des marchés publics Gabon.

[1110] Offre économiquement la plus avantageuse

[1111] V. http : //Jean-mathis. pagesprero-orange.fr (page consultée le 18/4/2015)

Pour la doctrine majoritaire, l'offre la moins-disante est basée en principe sur le rapport qualité-prix[1112], et le critère prix n'est retenu que pour les achats courants de fournitures[1113]. Dans les procédures de la BM ou de la BAD, le principe est la qualité pour les marchés de prestations intellectuelles et le prix est relégué au second plan. Par contre pour les marchés de travaux et fournitures services, les critères d'évaluation sont soit le prix, soit la qualité. Mais ces critères ne sont pas en principe pondérés. Le Mali et l'UEMOA ont opté pour les procédures de la BM et de la BAD qui ont largement influencé la réglementation, cependant sans admettre expressément l'exception relative à la pondération de ces institutions.

Dans les procédures de la BM concernant les marchés de travaux, de fournitures et de service, l'accent est moins mis sur la qualité qu'au contraire de celles de l'Union européenne. Le choix du mieux-disant en droit européen revient à déterminer le meilleur rapport qualité-prix. La qualité d'un produit est son aptitude à satisfaire les besoins des utilisateurs. L'UE parle de l'offre économiquement la plus avantageuse (OEA). Pour déterminer l'OEA, l'acheteur doit être en mesure d'évaluer ces offres en fonction de critères auxquels il doit donner un poids relatif, reflétant le plus précisément possible le besoin et les résultats attendus. L'évaluation passe par la pondération des critères, c'est-à-dire en les affectant de coefficients traduisant l'importance donnée à chacun, ou bien leur hiérarchisation. La pondération des critères est maintenant la règle, concernant l'ensemble des marchés à partir des seuils européens [1114]. La hiérarchisation n'étant possible que lorsque le pouvoir adjudicateur estime pouvoir démontrer que la pondération n'est pas possible. Quelle que soit la méthode utilisée, il convient de déterminer le rapport qualité-prix d'une offre, à l'intérieur d'un cadre normatif contraignant qui impose, le cas échéant, de motiver précisément le choix devant le juge.

Pour attribuer le marché au candidat qui a présenté l'OEA, le pouvoir adjudicateur se fonde soit sur une pluralité de critères non discriminatoires et liés à l'objet du marché, soit compte tenu de l'objet

[1112] V. LAJOYE (C.), op.cit., p216 ; JOURDAIN (F.), leçons de droit des marchés publics, Ellipses éditions Marketing SA, 2014 p21 ; FROT (O.).
[1113] V. CROS (N.), choisir la meilleure offre, P.62.
[1114] La Directive 2004/18/UE du 31 mars 2004 imposant la pondération sauf impossibilité motivée.

du marché, sur un seul critère, qui est celui du prix. Si le code français intègre l'attribution sur la base du seul critère prix, à la notion de l'offre économiquement la plus avantageuse, la directive européenne distingue le choix de l'OEA fondée sur une pluralité de critères et l'attribution au prix le plus bas[1115].

Olivier FROT distingue le critère du mieux-disant du critère du moins-disant [1116]. Pour cet auteur, l'attribution au moins-disant contesté par Vauban est toujours prévue par la réglementation française et européenne[1117].

Les Directives de la BM attribuent le marché sur la base du moins-disant qui selon elle ne signifie pas le prix le plus bas. L'offre retenue au stade de l'évaluation et de la comparaison des offres est celle dont le coût est évalué le moins-disant, et non nécessairement celle dont le prix est le plus bas[1118]. *« L'emprunteur attribue le marché, pendant la période de validité des offres, au soumissionnaire qui satisfait aux critères appropriés de capacité et de ressources et dont l'offre a été (...) jugée substantiellement conforme aux dispositions du dossier d'appel d'offres (...) évaluée la moins-disante[1119]. Il ne peut être demandé au soumissionnaire d'accepter, comme condition d'obtention du marché, de fournir des prestations ne figurant pas dans le dossier d'appel d'offres ou de modifier de quelque autre manière son offre initiale »*[1120]. Les mêmes dispositions sont reprises dans les Dossiers types d'appel d'offres, passation des marchés de fourniture de la BM. En l'absence de présélection, l'acheteur déterminera si le soumissionnaire choisi pour avoir soumis l'offre évaluée la moins-disante a la capacité d'exécuter le marché de manière satisfaisante, selon les critères définis à la clause 13.3 des IS. Cette détermination tiendra compte des capacités financières, techniques et de production du soumissionnaire. Elle sera fondée sur un examen de preuves des qualifications du soumissionnaire que

---

1115 FROT (O.), marchés publics, ibid. p.253.

1116 Ibid. PP.251-254.

1117 Voir introduction FROT (O.), P .253, ibid.

1118 Paragraphe 2.49 des directives passation des marchés de fournitures, de travaux et de services (autres que les services de consultant) par les emprunteurs de la Banque mondiale dans le cadres des prêts de la BIRD et des crédits et Dons de l'AID, janvier 2011.

1119 Les termes utilisés sont alors « candidat ayant remis l'offre évaluée la moins disante » et « offre évaluée la moins-disante » voir commentaire sous article 2.59 des Directives passation des marchés financés par les prêts de la BIRD et les crédits de l'IDA, mai 2004.

1120 Paragraphe 2.59 des Directives passation des marchés financés par les prêts de la BIRD et les crédits de l'IDA, mai 2004.

celui-ci aura fournies en application de la clause 13.3 des IS, et sur toute information que l'acheteur jugera nécessaire et adéquate. En vertu des dispositions de la clause 30.1, l'acheteur attribuera le marché au soumissionnaire retenu, dont il aura déterminé que l'offre est conforme pour l'essentiel aux dispositions du DAO et qu'elle est l'offre évaluée la moins-disante, à condition que le soumissionnaire soit en outre considéré comme qualifié, sans changement de prix unitaires ou d'autres termes et conditions[1121].

La réglementation française attribue le marché sur la base de l'OEA mais en incluant dans l'OEA, l'attribution sur la base de plusieurs critères et sur celle du seul critère prix. Pour attribuer le marché au candidat qui a présenté l'OEA, le pouvoir adjudicateur se base soit sur une pluralité de critères non discriminatoires et liés à l'objet du marché, soit compte tenu de l'objet du marché, sur un seul critère, qui est celui du prix[1122].

La réglementation nationale malienne issue de l'UEMOA a adopté les directives de la BM en utilisant l'attribution du marché sur la base du moins-disant. Elle distingue l'attribution sur la base de plusieurs critères et celle basée sur le critère unique du prix ;

La doctrine française majoritaire[1123] distingue l'attribution du marché sur la base du mieux-disant de celle basée sur le moins-disant qui correspond pour elle au prix le plus bas. Le mieux-disant signifie l'attribution basée sur une analyse multicritères, tandis que le moins-disant correspond au prix le plus bas. La règle du choix du mieux-disant plutôt que du moins-disant se traduit par le fait que le critère prix n'est qu'un critère parmi les autres critères de choix. *« C'est l'offre qui sera jugée la mieux-disante, économiquement la plus avantageuse, qui sera choisie, plaçant ainsi les notions d'efficacité et de performance au cœur du droit de la commande publique »*[1124].

La jurisprudence française distingue l'OEA et le critère prix. Cependant, la doctrine et la jurisprudence française sont unanimes pour dire que le principe est l'attribution du marché sur la base de plusieurs critères et l'exception est l'attribution basée sur le seul

[1121] Clause 29 et 30 du dossier types d'appel d'offres, passation des marchés de fournitures, Banque mondiale de janvier 1995, édition mise à jour-mars 2000.
[1122] Article 53 du code des marchés publics français.
[1123] FROT (O.), op.cit. p.251 ; RIBOT (C.), MARC (E.), IDOUX (P.), ibid., p. 429.
[1124] RIBOT (C.), MARC (E.), IDOUX (P.), ibid, p.429.

critère prix. Le pouvoir adjudicateur doit justifier le choix de ces critères sous peine d'être sanctionné.

Dans l'arrêt Département de l'Isère[1125], le juge a sanctionné le recours au critère unique du prix dans le cas d'un marché de travaux publics passé par le département. Il a jugé *« qu'il ressort des pièces du dossier soumis au juge des référés que les travaux de réalisation d'un itinéraire alternatif à la route départementale RD 1075 sur la commune de Morestel comprenaient la construction d'un barreau de liaison, d'un carrefour giratoire et d'un ouvrage d'assainissement ; que, compte tenu de la complexité de ces travaux, souverainement appréciée par le juge des référés, celui-ci a pu en déduire, sans commettre d'erreur de droit, que le département avait méconnu les dispositions de l'article 53 du code des marchés publics, et ainsi ses obligations de mise en concurrence, en retenant le seul critère du prix pour apprécier l'offre économiquement la plus avantageuse »*. Il peut être déduit de cette jurisprudence que dès lors que le marché présente certaines spécificités (ce qui recouvre la plus grande partie des marchés de travaux), le choix sur la base du seul critère prix doit être exclu, sous peine de fragilité juridique de la procédure.

La principale difficulté dans l'application de la réglementation communautaire singulièrement celle du Mali découle d'un mélange de genre fait consciemment ou inconsciemment par l'UEMOA dans les critères de choix de l'attributaire du marché. Tantôt, l'UEMOA utilise le terme moins-disant emprunté à la BM[1126], tantôt les critères d'évaluation des offres empruntés à l'UE[1127]. La Directive N°04 UEMOA, précise qu'à l'exception des marchés de prestations intellectuelles, l'attribution du marché se fait sur la base de critères économiques, financiers et techniques mentionnés dans le DAO, afin de déterminer l'offre conforme évaluée la moins-disante. Ces critères d'évaluation, tels que les coûts d'utilisation, le prix, la rentabilité, la qualité, la valeur technique, le service après-vente et l'assistance technique, le délai d'exécution, le calendrier de paiement, sont objectifs, en rapport avec l'objet du marché, quantifiables et exprimés en termes monétaires. Si compte tenu de l'objet du marché, l'autorité contractante ne retient qu'un seul critère, celui-ci doit être le prix.

[1125] CE du 6 avril 2007, Département de l'Isère, n°298584.
[1126] Article 61 de la Directive n°04/CM/UEMOA.
[1127] Ibid.

Les pays de l'UEMOA à l'instar du Mali sont tombés dans cette confusion en reprenant textuellement ces dispositions dans leur réglementation [1128]. Cette confusion rend difficile le choix d'un attributaire. D'ailleurs l'UEMOA n'est pas encore en mesure d'élaborer un rapport type communautaire d'évaluation et de comparaison des offres en application de l'article 61 alinéa 3 de la directive n°04.

En effet, les critères d'évaluation des offres empruntées à la BM, à la BAD ou à l'UE sont plus compréhensibles et facilement applicables que celles du droit UEMOA transposés dans son intégralité par les pouvoirs publics maliens. Contrairement au droit communautaire UEMOA et malien, les directives de la Banque mondiale, affirment que tous les critères d'évaluation des offres ne peuvent être évalués en termes monétaires d'une part et d'autre part ce sont les autres critères autres que le prix qui devront dans la mesure du possible être exprimés en termes monétaires. Or l'UEMOA et le Mali affirment que tous les critères y compris le prix doivent être exprimés en termes monétaires. Ce qui est du non-sens étant entendu que tous les critères d'évaluation des offres ne peuvent être exprimés en termes monétaires. En effet, dans la directive BM de janvier 2011, il est précisé ceci : « *Exceptionnellement, un coefficient de pondération peut être prévu lorsque les spécifications ne peuvent pas être précisément définies ou que des éléments autres que le prix ne peuvent pas être exprimés en termes monétaires, tels que pour la passation de marchés relatifs à des technologies complexes de l'information et de manuels scolaires* »[1129]. D'ailleurs les Directives de la BM de 2004 ont même prévu la pondération. Pour les fournitures et le matériel le DAO doit indiquer les critères autres que les prix qui seront pris en compte dans l'évaluation des offres et préciser la façon dont ils seront appliqués pour déterminer l'offre évaluée la moins-disante. Ces critères peuvent être notamment le calendrier de paiement, le délai de livraison, les coûts d'exploitation, le rendement et la compatibilité du matériel, le service après-vente et la possibilité de se procurer des pièces de rechange, et les avantages au plan de la formation offerte, de la

[1128] Article 66 du décret n°08-485 du Mali.
[1129] Voir commentaire du paragraphe 2.53 des directives passation des marchés de fournitures, de travaux et de services (autres que les services de consultant) par les emprunteurs de la Banque mondiale dans la cadre des prêts de la BIRD et des crédits et dons de l'AID, janvier 2011, Washington ,D.C. 20433, p. 25

sécurité et de l'environnement. Les éléments, autres que le prix qui serviront à déterminer l'offre évaluée la moins-disante devront dans la mesure du possible, être exprimés en termes monétaires, ou affectés d'un coefficient de pondération, suivant les critères définis dans le DAO relative à l'évaluation[1130]. L'évaluation des offres relatives aux marchés de travaux doit être effectuée en termes *strictement* monétaires[1131].

La difficile application par l'UEMOA des dispositions de l'article 61 de la Directive n°04 relative aux critères d'évaluation qui correspondent aux dispositions de l'article 66 du Décret malien n°08-485, trouvent son fondement dans l'énumération limitative des critères alors que les directives de la BM[1132], ainsi que celles de l'UE[1133] ont employé l'adverbe « notamment » pour affirmer que cette liste des critères n'est pas limitative. Il en est de même du code des marchés publics français[1134]. Une autre difficulté est de préciser de façon invraisemblable que tous les critères y compris le prix doivent être exprimés en termes monétaires d'une part et d'autre part d'ignorer la technique de la pondération en phase d'évaluation multicritères.

L'absence d'une définition des termes de moins-disant et de mieux-disant est à la base de la pratique continue de l'adjudication au Mali.

B) La pratique continue de l'adjudication au Mali

256.- Survivance de l'adjudication- Malgré l'abrogation de l'adjudication elle a survécu au Mali. L'adjudication a vécu dans les colonies et au Mali pendant un siècle de 1898 à 2008 tandis qu'en France, elle a vécu pendant deux siècles de l'ancien régime à 2001[1135]. Le premier texte applicable dans les colonies en matière de marché public était *''le décret du 26 octobre 1898 portant promulgation dans les colonies de divers articles du décret (français) du 18 novembre 1882 et les textes portant promulgation dans les colonies des*

[1130] Paragraphe 2.52 des Directives passation des marchés financés par les prêts BIRD et les crédits IDA, mai 2004

[1131] Ibid. Paragraphe 2.53.

[1132] Paragraphe 2.53 des Directives BM, op.cit.

[1133] Article 53 de la Directive 2004/18/CE 31 mars 2004.

[1134] Article 53 du code des marchés publics français commentés par Bernard-Michel Bloch, Berger-Levrault, 12ème édition, 2012, p. 97.

[1135] Date d'entrée en vigueur du code des marchés publics français de 2001 ayant abrogé l'adjudication.

différents textes modificatifs du décret français 18 novembre 1882''[1136].

A la suite de l'entrée en vigueur de la constitution française du 27 octobre1946 qui fit des colonies des TOM, un nouveau décret du 11 avril 1949 qui s'inspire du décret mère français du 18 novembre 1882 relatif aux adjudications et aux marchés passés au nom de l'Etat et du décret du 26 octobre 1898 précité est promulgué. Il s'agit du décret n° 49-500 du 11 avril 1949 portant application pour les territoires relevant du Ministère de la France d'outre-mer du décret du 6 avril 1942 relatif aux marchés passés au nom de l'Etat[1137].

Tous les textes postérieurs à l'indépendance ont repris le principe de l'adjudication au Mali et cela jusqu'à son abrogation en 2008 avec la transposition des Directives UEMOA relatives aux marchés publics.

Cependant l'adjudication a survécu. A la suite de l'abrogation du code français de 1965 par celui du 7 mars 2001, la notion de moins-disante est supprimée et remplacée par celle d'OEA[1138]. Pour cette doctrine française, avec l'entrée en vigueur de l'OEA, il n'est plus question d'attribuer un marché automatiquement au « moins-disant » qui suppose l'adjudication ancienne. Dans la procédure d'adjudication, à la suite d'une ouverture à la concurrence entre les candidats, le marché est attribué automatiquement au candidat le moins-disant c'est-à-dire le moins cher, *« le prix le plus bas »*. L'adjudication n'est autre chose que l'attribution automatique au moins-disant.

L'offre le moins-disant tel qu'il a été adopté par le droit communautaire UEMOA et CEMAC peut signifier ou être compris dans le sens du prix le plus bas du moins pour les marchés de travaux de fournitures et de services courants c'est-à-dire l'adjudication qui a été supprimée au Mali avec l'entrée en vigueur du nouveau droit des marchés publics. Cette assimilation découle du fait que le droit communautaire UEMOA tel qu'il a été transposé au Mali a omis un élément important qui est la pondération prévue dans le droit d'inspiration des procédures de la BM et de la BAD.

[1136] http://issuu.com/Scdurag/docs/Fra traité de législation coloniale troisième partie (page consultée le 6/7/2014)
[1137] Journal officiel de la République française du 13 avril 1949 page 3741.
[1138] OEA, op.cit.

257.- Omission de la technique de la pondération- Les rédacteurs des Directives UEMOA et du droit des marchés publics transposant ces directives ont omis volontairement ou involontairement la pondération[1139]. D'ailleurs ces directives de la BM affirment la règle de la pondération[1140] lorsqu'il s'agit du choix de l'attributaire sur la base de plusieurs critères comme la qualité, le prix, la valeur technique, le délai de livraison, le délai d'exécution, etc. Dès lors que le principe de la pondération n'est pas prévu même si plusieurs critères sont prévus, la qualité est reléguée ou second plan par rapport au prix. Cependant pour les marchés de prestations intellectuelles, le moins-disant peut être entendu dans le sens du choix du mieux-disant ou de l'OEA en ce sens que c'est le rapport qualité-prix qui est mis en exergue en fonction du système de pondération. C'est en ce sens que peut être compris le droit des marchés publics du Bénin qui emploie l'expression de moins-disant [1141] pour les marchés de travaux de fournitures et de services courants et de mieux-disant pour les marchés de prestations intellectuelles [1142]. Il en est de même de l'OEA employée par le droit Burkinabé[1143] et de celui de la RD Congo[1144].

L'expression OEA peut être considérée comme le mieux appropriée par rapport à celle de moins-disant qui rappelle l'ancienne adjudication.

[1139] En vertu des dispositions du paragraphe 2.25. des Directives passation des marchés de fournitures, de travaux et de services (autre que les consultants) Banque mondiale, op.cit., exceptionnellement un coefficient de pondération peut être prévu lorsque les spécifications ne peuvent pas être précisément définies ou que des éléments autres que les prix ne peuvent pas être exprimés en termes monétaires, tels que la passation de marchés relatifs à des techniques complexes de l'information et de manuels scolaires

[1140] V. Annexe XIII : Extrait des Directives de la Banque mondiale admettant la technique de la pondération mais non adoptée formellement au Mali par le droit interne ou communautaire UEMOA, p.359.

[1141] Article 79 al.1 de la loi n° 2009-02 du 7 août 2009 portant code des marchés publics et des délégations de service public au Bénin, op.cit.

[1142]Article 79 al.1 de la loi n° 2009-02 du 7 août 2009 portant code des marchés publics et des délégations de service public au Bénin.

[1143] Article 102 nouveau du décret n° 2012-123 du 2 mars 2012 portant réglementation des marchés publics et des délégations de service public au Burkina Faso, op.cit.

[1144] Article 20 de la loi n° 10/010 du 27 avril 2010 relative aux marchés publics en RD Congo

Dans la pratique, au Mali le choix sur la base du moins-disant n'est autre chose que la continuité de l'adjudication c'est-à-dire du prix le plus bas[1145].

Par contre les systèmes qui ont opté pour le mieux-disant ou de l'OEA utilisent la technique de la pondération dont le principe est le rapport qualité/prix pour tous les marchés et l'exception devient le critère du prix pour les marchés de fournitures de service courants. La réglementation des marchés publics et des délégations de service public au Burkina Faso dispose : *« L'attribution du marché se fait sur la base de critères économiques, financiers et techniques mentionnés dans le dossier d'appel à concurrence afin de déterminer l'offre conforme évaluée économiquement la plus avantageuse »*[1146]. La loi Béninoise édicte : *« l'attribution des marchés de prestations intellectuelles se fait au soumissionnaire présentant l'offre évaluée la mieux-disante, par combinaison de critères techniques et financiers selon la méthode retenue »*[1147]. L'adjudication ayant été réglementée dans l'ancienne réglementation a été abrogée dans la nouvelle réglementation des marchés publics au Mali et cela sur insistance des bailleurs de fonds. Cependant, il est à constater que dans la pratique quotidienne de tous les jours les commissions de dépouillement et de jugement des offres continuent d'user largement de l'adjudication. En effet, l'accent est mis plus sur le prix le plus bas que sur la qualité dans les marchés de travaux et de fourniture. Déjà, l'UEMOA dans son guide communautaire s'inquiète « du retour de l'adjudication »[1148]. Cette pratique a été favorisée par les dossiers types d'appel d'offres publiés par la DGMP en août 2009. Dans ce dossier type d'appel d'offres , il est précisé que la sous-commission technique adopte la méthodologie suivante au cours de ses séances de travail d'analyse et de jugement des offres : l'examen des offres , l'analyse de la qualification des soumissionnaires, l'évaluation et la comparaison des offres jugées conformes et l'évaluation des offres pour la détermination du prix évalué de chaque offre et classement des soumissionnaires par ordre croissant du montant évalué de leurs offres et détermination de l'offre conforme dont le prix évalué est le plus bas

[1145] V. Annexe XIV : Pratique continue de l'adjudication au Mali à travers les extraits de DAO type d'aout 2009 de la DGMP-DSP du Mali et rapport de dépouillement des commissions au Mali, p. 360.
[1146] Article 102 nouveau décret n°2012 -123 du Burkina-Faso, ibid.
[1147] Article 44 loi béninoise, op. cit.
[1148] Guide communautaire UEMOA, op. cit.

et enfin la proposition d'attribution du marché au « soumissionnaire dont elle a jugé l'offre éligible, conforme pour l'essentiel aux DAO, qui a satisfait aux critères de qualification et qui a offert le prix évalué le plus bas »[1149]. Dans la pratique, le marché est toujours attribué au Mali au soumissionnaire qui a proposé le prix le plus bas comme au temps de l'adjudication.

Il y a une continuité pratique de l'adjudication sous un autre nom. Les rédacteurs du Guide communautaire de l'UEMOA qui craignaient le retour de l'adjudication n'ont pas tort. Plusieurs éléments indiquent que la pratique actuelle du choix de l'attributaire fondé sur le moins-disant découlant de l'appel d'offres n'est autre chose que la continuité pratique et même réglementaire de la continuité de l'adjudication : Dans l'ancien code, l'adjudication consiste dans l'attribution du marché au soumissionnaire le moins-disant sur la base de la fixation par l'autorité contractante d'un prix maximum tenu secret au-delà duquel aucune attribution ne peut être prononcée[1150]. Le choix de l'adjudicataire et celui de l'attributaire dans le cas d'appel d'offres est fait par la même commission de dépouillement et de jugement des offres prévue aux dispositions du code des marchés publics abrogé[1151].

Dans les procédures, la commission procède à une analyse des capacités juridiques, techniques et financières des candidats avant toute attribution provisoire. La frontière est souvent difficile à faire entre les deux procédures de l'adjudication et de l'appel d'offres dans l'ancien code étant entendu que dans les deux cas, le choix est fait sur la base du moins-disant. En outre le libellé des dispositions de l'article 41.4 de l'ancien code laisse entrevoir, que le choix peut être fait sur la base du seul critère prix, mais également sur la base du critère prix et d'autres critères. Cet article est ainsi libellé : « ...si l'évaluation des offres est fondée non seulement sur le prix, mais également sur d'autres critères, tels que les coûts d'utilisation, délai d'exécution, calendrier de paiement et standardisation, ces critères doivent être énumérés à l'attention des candidats dans le dossier d'appel à la concurrence et être exprimés en termes monétaires, sauf exception dûment accordés par la DGMP ».

[1149] Dossier type d'appel d'offres, DGMP, août 2009

[1150] Article 24.1 du décret du 10 novembre 1995 portant code des marchés publics du Mali

[1151] Ibid. articles 38 à 41.

Dans la nouvelle réglementation des marchés publics, malgré le fait que le mot adjudication ait été supprimé, il apparaît que le moins-disant est soit le seul critère prix, soit ce critère prix combiné à d'autres critères pour les marchés de travaux, de fournitures et de services à l'exception des marchés de prestations intellectuelles basées en principe sur une analyse multicritère.

258.- Prépondérance du critère prix dans le choix de l'attributaire- Tout comme dans l'ancien droit, dans le nouveau droit de marchés publics, le critère prix, demeure le seul critère de choix pour les marchés de fournitures courants. Le terme adjudication a été supprimé, mais demeure dans le nouveau droit sous la forme de moins-disant basé sur le prix le plus bas. En effet, il s'agit d'un simple changement ou substitution de mot. L'adjudication demeure encore pour les marchés de travaux, de fournitures et de services sur le plan réglementaire à travers cette substitution de mot, mais également sur le plan pratique ou, il a été constaté qu'au Mali, l'attribution a toujours été faite sur la base du prix le plus bas. L'examen des dossiers types d'appel d'offres de mai 2009, élaborés atteste le maintien de l'adjudication sous le terme de moins-disant fondé sur le prix le plus bas. La pratique du choix de l'offre le moins-disant est en déphasage avec la réglementation en vigueur. Le choix de l'attributaire provisoire est basé essentiellement sur le prix au détriment des autres critères d'évaluation des offres. Malgré les dispositions du décret n° 08-485 P-RM portant PPERMPDSP, qui mettent l'accent sur plusieurs critères au Mali, la pratique met l'accent essentiellement sur le prix. Le marché de travaux d'aménagement d'un collecteur naturel ''Wango'' à guidio illustre cette affirmation[1152] : Ce marché de travaux a été passé suivant appel d'offres ouvert organisé par le Ministère de l'Habitat et de l'Urbanisme du Mali conformément aux dispositions du décret n° 08-485.

Le dépouillement des offres effectué par la commission mise en place s'est fait selon la méthode d'évaluation suivante : Vérification de la conformité des pièces ; évaluation, comparaison et classement des offres jugées conformes par ordre croissant du montant évalué ; proposition d'attribution du marché.

[1152] Voir document atelier de formation du contrôle général des services publics au Mali, décembre 2009.

Le classement des offres a donné les résultats suivants[1153] :

N° du pli	Nom de soumissionnaire	Montant de la soumission	Montant vérifié FCFA TTC	Rang
1	Groupement d'Entreprises Jean Travaux /Sud Entreprise	1.225.073.065	1.225.073.065	1er
2	TOURE – BTP	2.254.273.640	2.254.273.640	2ème
3	Bouken– Travaux	4.358.207.879	4.358.207.879	3ème

La commission a procédé à la vérification des critères de post qualification des soumissionnaires. Cette étape de l'évaluation des offres a consisté à vérifier que les offres ont satisfait, au minimum, aux critères suivants : Avoir réalisé un chiffre d'affaires annuel pour des travaux de construction ou d'aménagement au cours des trois dernières années au moins égal à cent (100) millions de FCFA ; avoir réalisé en tant qu'entrepreneur principal deux projets de construction ou d'aménagement, au cours des trois dernières années, dont le montant pour chaque marché est égal ou supérieur à cent (100) millions de FCFA ; présenter le matériel essentiel indiqué dans le dossier d'appel d'offres ;proposer un directeur des travaux, ingénieur du génie civil ayant dix ans d'expérience ; disposer de liquidités et/ou de facilités de crédit net de tous autres engagements contractuels et hors toute avance pouvant être payée au titre du marché d'un montant d'au moins cent millions de FCFA.

Le marché a attribué au soumissionnaire dont l'offre évaluée la moins-disante satisfait aux critères de qualifications ci-dessus.

« A l'issue de la vérification, le pli ° 1 groupement d'entreprises Jean travaux/sud entreprises, classé 1er moins-disant, a donné satisfaction aux cinq critères de post-qualification ».

1153. Source : Direction générale des marchés publics

La commission d'analyse et d'évaluation des offres a proposé comme attributaire provisoire du marché relatif aux travaux d'aménagement du collecteur naturel ''Wango'' au groupement d'entreprises Jean travaux/sud entreprises pour un montant toutes taxes comprises de 1.225.073.065 FCFA et un délai d'exécution de 12 mois. La DGMP n'a pas fait d'objection au rapport de dépouillement complet transmis par la Direction des Finances et du Matériel du Ministère de l'Habitat et de l'Urbanisme.

Le droit des marchés publics se caractérise par l'inefficacité économique de la commande publique.

Paragraphe II : L'inefficacité économique de la commande publique

259.- Objectif- *« Les principes qui ont présidé à la préparation du CSLP II sont entre autres : L'intégration des OMD »*. L'objectif du CSLP est une réduction de la pauvreté grâce à la croissance forte qui repose sur la relance des secteurs productifs et la consolidation des réformes du secteur public. L'objectif spécifique consiste à accélérer la croissance à plus de 7% par an sur la période.

L'inefficacité économique de la commande publique se manifeste à travers la non-atteinte des OMD (A) et la non-atteinte des grands équilibres macroéconomiques pour promouvoir le développement économique et social (B).

A) La non-atteinte des OMD

260.- Instrument- Le droit des marchés publics est un instrument d'atteinte des OMD. Différentes études et rapport[1154] ont montré que la mise en place de systèmes efficaces de passation des marchés publics est nécessaire d'une part pour l'atteinte des objectifs du millénaire pour le développement[1155] d'autre part pour l'amélioration de la réputation des institutions politiques. Les OMD sont huit (08) objectifs que les Etats membres de l'ONU ont convenu d'atteindre d'ici à 2015. La déclaration a été signée en septembre 2000 au siège des Nations unies à New York[1156].

[1154] Voir document CIFOPE, management des marchés publics ibid. p.3.
[1155]. OMD.
[1156] Voir http : www.OMD.com (page consultée le 15 décembre 2012)

Les 8 OMD sont : OMD1 : oui à la lutte contre la pauvreté et la faim ; OMD2 : oui à l'éducation primaire pour tous ; OMD3 oui à l'égalité des sexes ; OMD4 oui à la réduction de la mortalité infantile ; OMD5 oui à l'amélioration de la santé des mères ; OMD6 oui à la lutte contre les maladies ; OMD7 oui à un environnement durable ; OMD8 oui à un partenariat mondial.

L'eau, c'est la vie. L'absence d'eau potable et d'assainissement, c'est la mort, puis qu'elle constitue la première cause de mortalité[1157] et de morbidité[1158] au monde : 800 millions de personnes n'ont pas accès à l'eau potable et 2,5 milliards ne disposent d'aucun moyen d'assainissement.
Les Chefs d'Etat du monde entier se sont engagés en 2000 dans le cadre des OMD à diminuer de moitié d'ici à 2015 la population qui n'a accès ni à l'eau potable ni à l'assainissement[1159]. Comme le disait KOFI ANNAN ancien secrétaire générale des Nations Unies, en 2004, dans son allocution d'ouverture des travaux de la commission du développement durable, l'accès à l'eau conditionne la réalisation de tous les autres engagements de la communauté internationale pour lutter contre la pauvreté ''l'eau est intimement liée à l'éducation et à l'égalité des sexes. Les filles qui doivent parcourir des kilomètres pour aller chercher de l'eau ne vont généralement pas à l'école. La présence d'équipements sanitaires dans les écoles influe sur la fréquentation des enfants, notamment des filles. Ainsi les défis de l'eau sont multiples, par leur diversité et leur acuité. Le défi est d'abord sanitaire, pasteur disait : *''Nous buvons 90% de nos maladies'' l'absence d'eau potable et d'assainissement est une des principales causes de maladies dans le monde : ''chaque année, faute d'accès à l'eau potable, 3 millions d'enfants de moins de cinq ans meurent de diarrhées de la typhoïde, du choléra''.*
Le défi est social, car ne pas être accordé au réseau public signifie pour les pauvres d'un bidon ville, payer en général l'eau dix à vingt fois plus cher des surcoûts et un sous service (moins bonne qualité que dans le réseau public).

[1157] Voir http : www.OMD.com (page consultée le 15 décembre 2012).
[1158] Ibid.
[1159] BELLINA (S.) MAGO (H.)et De VILLEMEUR (V.) (sous la direction de .....), ibid. P. 453.

La communauté internationale attache une importance croissante à la bonne gouvernance et considère que la lutte contre la corruption dans les marchés publics est une condition essentielle au développement durable et à la réduction de la pauvreté.

B) Les mesures visant à atteindre les OMD et les grands équilibres macroéconomiques

261.- Moyens- Il est désormais évident que le continent africain dans son ensemble n'est pas sur la voie permettant d'atteindre les OMD en 2015, il a en dépit de progrès économiques et politiques significatifs réalisés depuis le début de la décennie[1160]. Au-delà d'une croissance macroéconomique significative, si l'on veut que les OMD puissent être atteints les pays africains doivent renforcer les mesures visant à pallier les déficits de gouvernance : améliorer la fourniture des services sociaux, approfondir la démocratie et, en particulier permettre aux personnes pauvres d'exercer leur citoyenneté et de demander des comptes. Des initiatives nouvelles cherchent à bien restaurer la gouvernance en Afrique. Il convient notamment de citer le Mécanisme d'évaluation par les paires (MAEP), le nouveau partenariat pour le Développement de l'Afrique (NEPAD) et le renforcement de la sécurité

Le MAEP, peut être l'approche la plus novatrice pour bien restaurer la gouvernance a été approuvé en 2000 par les dirigeants africains à Abuja Nigeria en complément du NEPAD, qui avait été créé en 2001 en Afrique du sud, annonçant ce qui fut appelé la ''renaissance africaine''[1161]. Avec l'objectif à long terme d'éradiquer la pauvreté et de placer les pays africains sur la voie de développement durable, l'adoption du NEPAD incluait l'engagement à promouvoir la démocratie et une gouvernance transparente et responsable. Cet engagement découlait des enseignements tirés de mauvaises expériences de mauvaise gouvernance de ces effets néfastes sur le développement humain.
C'est la raison pour laquelle la ''bonne gouvernance'', responsable a été établie comme la clé du problème de développement de l'Afrique,

---

[1160] BELINA (S), MARGO (H.) et De VILLEMEUR (V.), (sous la direction de ....) la gouvernance démocratique, op-cit. p. 561.
[1161] BELINA (S), MARGO (H.) et De VILLEMEUR (V.), (sous la direction de ....) la gouvernance démocratique, op-cit. p. 492.

et les dirigeants se sont tournés vers un nouveau modèle de développement fondé sur ‘‘les meilleures pratiques’’.

Instrument d'évaluation périodique par les pairs et d'autocontrôle des Etats le MAEP a été introduit pour rendre effectif les objectifs du NEPAD en assurant l'adhésion des Etats du continent aux valeurs, codes et normes de la démocratie et de la *‘‘gouvernance politique économique et des entreprise, de manière à fournir le cadre de gouvernance faisant la réduction de la pauvreté‘‘.* Il s'agit essentiellement pour l'Etat d'entreprendre une évaluation indépendante, globale et exhaustive dans l'esprit de l'analyse SWOT[1162], des quatre domaines clés de la gouvernance qui viennent d'être énumérés afin d'établir le cadre de référence auquel se conformer. Si l'Etat évalué décide de remédier aux faiblesses identifiées des mesures de correction sont instituées parmi lesquelles l'abrogation ou l'amendement de lois existantes jugées incompatibles avec les démocraties ou l'adoption de nouvelles lois et mesures pour instaurer la ‘‘bonne gouvernance’’ le développement institutionnel, l'action en faveur de l'éducation, le renforcement des capacités, la formation professionnelle, etc. Lorsque de telles mesures sont conçues et appliquées avec diligence, elles sont facteurs de gouvernance de stabilité politique, elles stimulent la croissance économique et renforcent la capacité de l'Etat à remplir efficacement ses obligations en matière de développement socio-économique et de bien-être des citoyens, une vision du développement de l'Afrique correspond à celle du PNUD, qui considère depuis longtemps que c'est sur la base des pratiques de bonne gouvernance que l'on renforce les capacités des Etat ; c'est ainsi que le PNUD a volontiers adopté le MAEP devenant l'un des trois grands partenaires stratégiques en la matière ; les deux autres étaient la commission économique des Nations unies pour l'Afrique (CEA) et la BAD.

La réforme du système de sécurité dans les Etats fragiles est indispensable, car sans paix, pas de développement. Le MAEP est dans son esprit, et dans sa démarche unique au monde. Instrument d'évaluation par les Africains, pour les Africains, il est ouvert à tout Etat membre volontaire de l'union africaine.

Le droit des marchés publics est un instrument de transformation de potentiel financier pour promouvoir le développement socio-

---

1162 Strenghtsweaknesses, opportunities and theats (forces faiblesse opportunités et menaces).

économique. Les marchés publics sont un facteur d'intégration et un instrument d'atteinte des grands équilibres macroéconomiques. Or sans l'utilisation effective du droit des marchés publics comme facteur d'intégration et la non-atteinte des grands équilibres macroéconomiques, la promotion du développement économique et social sera vaine.

262.- Espaces communautaires- L'importance des marchés publics est reconnue dans les espaces communautaires UEMOA et CEMAC. C'est la raison fondamentale qui a amené ces deux organisations sous régionales à utiliser les marchés publics comme facteurs d'intégration. Dans la zone CEMAC, l'ouverture des marchés publics est consacrée par les articles 11 à 18 du droit communautaire de la concurrence de la CEMAC[1163]. L'article 11 invite les Etats membres à se soumettre à des mesures de publicité ainsi qu'à des procédures de mise en concurrence de la passation des marchés publics dont le montant est égal ou supérieur à un seuil fixé. L'article 14 prévoit les conditions d'appel d'offres restreint. Contrairement à la zone UEMOA, en zone CEMAC, c'est le règlement n°06/09/UEAC/201-CM-20 portant procédures de passation, d'exécution et de règlement des marchés publics de la communauté qui a été adopté, mais dont le contenu ne diffère guère des Directives UEMOA.

263.- Politique publique- L'achat public est une politique publique qui repose sur la transformation du budget afin de promouvoir le développement économique et social d'un pays. En période de crise ou de non-crise l'achat public est destiné à la relance de l'économie. C'est à travers cette politique d'achat public que les autorités tentent de résoudre les problèmes de développement économique et social qui se posent. Tous les pays connaissent des problèmes de chômage et de sous-emploi. Or, sans croissance économique, il ne peut être trouvé une solution au problème de chômage qui s'accroît d'année en année. Toute la politique d'achat public repose sur la relance de l'économie à travers la forte croissance. Actuellement même les pays industrialisés connaissent un fort taux de chômage en raison du niveau très bas de taux de croissance. La plupart de ces pays sont en récession. L'application effective de la réglementation des marchés publics permet de réduire sensiblement le taux de chômage grâce à un fort taux de croissance économique. Au Mali, en raison de l'ineffectivité

[1163] Articles 11 à 18 du règlement 06/09/UEAC

de la réglementation des marchés publics, le taux de chômage s'accroît d'année en année et le chômage des jeunes diplômés devient une véritable bombe sous les pieds des gouvernants capable d'exploser à tout moment. Les acteurs chargés de la passation des marchés publics ne maîtrisent pas le nouveau droit des marchés publics.

Section II : La non-maîtrise de la réglementation des marchés publics par les acteurs chargés de la passation des marchés publics

264.- Capacité professionnelle- La faiblesse des capacités professionnelles des acteurs administratifs chargés des procédures de la passation et de contrôle des marchés publics (paragraphe I) est à la base de la lourdeur des procédures relatives aux marchés publics (paragraphe II).

Paragraphe I : La faiblesse des capacités professionnelles des acteurs administratifs chargés des procédures de passation et de contrôle des marchés publics

265.- Plan stratégique- Sans des ressources humaines qualifiées, les objectifs du nouveau droit des marchés publics ne seront pas atteints. Pour combler ces lacunes, le Burkina-Faso est l'un rare pays de l'UEMOA qui a élaboré un plan stratégique de renforcement des capacités pour la période 2014-2023 d'un montant estimé à 5.998.850.000FCFA et un plan opérationnel 2014-2016 [1164]. Les acteurs administratifs chargés de la passation des marchés publics au Mali présentent des faiblesses dans certains domaines (A). Il en est de même des acteurs chargés de la régulation et du contrôle des marchés publics (B).

A) La faiblesse professionnelle des acteurs administratifs chargés de la passation des marchés publics

266.- Pénurie- Les acteurs administratifs ne maîtrisent pas la technique de la définition des besoins et dans certains secteurs au Mali, il existe une absence de spécialistes. En vertu des dispositions

[1164] V. http : www.armp.bf (page consulté le 2 octobre 2014) ; plan stratégique de l'ARMP du Burkina-Faso, 2014-2023 et plan opérationnel de l'ARMP du Burkina-Faso 2014-2016.

de l'arrêté n° 10-203 du 28 janvier 2010 fixant les dispositions particulières relatives à la passation des marchés publics des collectivités territoriales, l'identification des besoins est effectuée par les organes exécutifs des collectivités territoriales à savoir le bureau de l'Assemblée régionale pour la Région, le bureau du conseil du District pour le District de Bamako, le bureau du conseil de cercle pour le cercle et au bureau du conseil communal pour la commune[1165]. L'expression des besoins fait appel à 4 considérations principales tirées de l'analyse des besoins fonctionnels des services, de la connaissance aussi approfondie que possible des marchés des fournisseurs, de la distinction entre achats standards (achats courants, ordinateur) et achats spécifiques (spécification et la définition des caractéristiques essentielles (qualité, dimension, etc.) que doit avoir une marchandise, une construction, un matériel, etc.) achats spécifiques : achats propres à une seule espèce à l'intérieur du genre), et lorsque cela est possible, de l'adoption d'une démarche en coût global prenant en compte non seulement le prix à l'achat, mais aussi les coûts de fonctionnement et de maintenance qui seront associés à l' usage du bien ou de l'équipement acheté[1166]. Afin de bien appréhender cette phase d'analyse, l'acheteur public doit avoir une connaissance technique de la prestation qu'il achète et de la façon dont les entreprises construisent leur offre. Il doit connaître les candidats potentiels, les produits, les innovations, etc. Pour autant cette connaissance n'est pas suffisante pour garantir l'efficience de la consultation. Il doit aussi correctement traduire son besoin dans le cahier des charges afin qu'il soit intelligible pour les candidats et qu'il corresponde à une offre existante.

L'absence de spécialistes dans certains domaines est aussi un handicap en matière de marchés publics. Dans le journal Indépendant du Mali n°3482 du jeudi 17 janvier 2014, il a été démontré à suffisance que les pays africains à l'instar du Mali connaissent de graves pénuries de main-d'œuvre qualifiée dans des secteurs en plein essor comme les industries extractives, l'énergie, l'eau, la santé, les télécom, l'agriculture, de chercheurs. En Afrique, la proportion de

---

[1165] Article 3 de l'arrêté interministériel n° 10-0203/MEF/MATCL-SG du 28 janvier 2010 fixant les dispositions particulières relatives à la passation des marchés publics des collectivités territoriales.

[1166] Circulaire du 7 janvier 2004 portant manuel d'application du code des marchés publics français.

chercheurs dans la population active reste excessivement faible pour la recherche et le développement. Par exemple le Burkina et le Nigeria ont un ratio de 45 et 38 experts par millions d'habitants, contre en moyenne 481 et 1714 respectivement en Amérique Latine et en Asie de l'Est.

L'insuffisance dans la formation professionnelle des autorités contractantes, des personnes chargées de la préparation des marchés est une réalité. *« Le taux de renouvellement des directeurs administratifs et financiers (DAF) actuellement Directeur des finances et du matériel (DFM) et l'absence de critères uniformes de nominations constituent des sujets de préoccupations »*[1167].

Parmi les réalisations attendues du projet de réforme des marchés au sein des pays de l'UEMOA figure le renforcement des capacités de gestion de la structure chargées des marchés publics logés au sein de la commission et le renforcement des ressources humaines des pays de la sous-région. L'examen du rapport d'étude du BVG sur les DAF montre les insuffisances de ceux-ci dans le cadre de l'accomplissement de leur mission[1168].

Une étude en vue de la création d'une filière de formation sera réalisée dans le cadre de ce projet[1169].

En cas de renouvellement des DFM le temps excessif consacré à leur formation et le taux de renouvellement des DFM qui sont remplacés peu après leur installation, entraînent également des retards dans le traitement des demandes de paiement.

''C'est ainsi que les DFM inexpérimentés commettent fréquemment des erreurs en préparant les demandes de paiement et en soumettant les justificatifs. D'ailleurs, vu par les prismes de la bonne gouvernance, la sédentarité des DFM ou de tout autre haut fonctionnaire à des postes sensibles ne pourrait que créer des accoutumances, source de malversations avec des montages tantôt sophistiqués''[1170].

Le système des marchés publics doit permettre à l'administration d'être efficace, performante.

[1167] http//www.agup. gov.ml (page consultée le 9 août 2013)

[1168] V. Annexe XV : Extrait du rapport d'étude transversale sur les DAF des départements ministériels du BVG du Mali, 2011, p.361.

[1169] V. PRMP-UEMOA

[1170] http://www.agup.gov.ml (page consultée le 10 Août 2013)

Cependant, sans la maîtrise des techniques d'évaluation de la commande publique, il n'est pas possible de vérifier l'efficacité économique de la commande publique.

B) La faiblesse des capacités professionnelles des acteurs chargés du contrôle et de la régulation des marchés publics

267.- Qualification- Les acteurs chargés du contrôle et de la régulation des marchés publics ne maîtrisent pas la technique d'évaluation des marchés publics tout comme la technique de l'audit de performance.

268.- Évaluation- Le droit des marchés publics est au centre d'une politique publique, qui est la satisfaction et l'amélioration des conditions de vie des populations. En même temps, c'est le droit qui permet de mesurer la satisfaction des besoins et cela grâce à un outil technique qui est l'évaluation. En effet, au regard des dispositions de l'article 1 de la loi N°08-023/du 23 juillet 2008 relative à l'Autorité de Régulation des Marchés Publics et des Délégations de Service Public, celle-ci *« peut faire réaliser des audits techniques et/ou financiers en vue d'évaluer le coût et l'efficacité des marchés publics ou des délégations de service public »*[1171].

Des sommes importantes sont englouties chaque année dans la mise en œuvre des politiques de développement, des projets et programmes par les pouvoirs publics. Ces politiques de développement ont pour objectif l'amélioration des conditions de vie des populations. Mais qu'en est-il réellement ? Les programmes et projets produisent-ils les effets escomptés ? Apportent-ils des changements adéquats et voulus ? Dans quels secteurs est-il nécessaire de faire des améliorations dans un programme donné ? Quels types d'ajustements sont-ils nécessaires pour améliorer les performances ? L'évaluation des politiques publiques s'intéresse à ces questions.

L'évaluation des politiques publiques est née historiquement aux Etats-Unis dans les années 1960, durant la période des grands programmes sociaux qui ont nécessité des investissements financiers importants, mais dont les impacts étaient largement inconnus. Cette culture d'évaluation qui venait de naître s'étendit au Canada voisin rapidement. En Europe, que c'est vingt ans plus tard que cet outil

---

[1171] Article 1c) de la loi N°08-023/ du 23 juillet 2008 relative à l'Autorité de Régulation des Marchés Publics et des Délégations de Service public, JO

d'aide à la décision se répandit d'abord au Royaume-Uni, puis dans les pays scandinaves et enfin dans les démocraties occidentales, à l'initiative de la Commission européenne. Dans les années 1990, la Commission européenne prescrit l'évaluation, qu'elle diffusa dans les Etats membres de l'UE. Elle rendit obligatoire l'évaluation des projets et programmes bénéficiant d'un financement européen. Alors, l'évaluation fut ouverte à l'ensemble des partenaires au développement et devint un outil de dialogue permettant d'éclairer la prise de décision, d'améliorer les législations et de se prononcer sur les résultats.

Au Mali, l'évaluation des politiques publiques demeure embryonnaire. En 1998, la revue du système international de l'aide a révélé que les projets et programmes d'investissements publics ont rarement fait l'objet d'une évaluation d'impact malgré des performances jugées globalement mitigées. Plusieurs études ont révélé l'absence d'une culture d'évaluation systématique des politiques, programmes et projets de développement au Mali[1172]. La revue du CSLP 2002-2006 a également montré la faible opérationnalisation du dispositif institutionnel de suivi/évaluation mis en place dans le cadre de ce système. En fait, il n'existe pas encore de mécanisme général au Mali défini pour la mise en œuvre des évaluations. L'absence d'un tel cadre est forcément un handicap majeur à l'optimisation des résultats, et de façon corollaire à l'amélioration réelle des conditions de vie des populations. Actuellement les pouvoirs publics maliens sont en train de dégager un mécanisme approprié d'évaluation des politiques publiques dans un contexte de performance et de gestion axée sur les résultats.

269.- Questionnement- Les questions sur lesquelles portent les évaluations sont en général[1173] :

La pertinence : est-ce que les objectifs, les produits et les activités de la politique, du programme ou du projet demeurent valides pour faire face au problème initialement identifié ?

[1172] L'étude sur la restructuration du système de planification et de gestion du développement et celle sur l'élaboration d'un manuel de procédures pour la programmation et le suivi-évaluation des investissements publics au Mali du PRRCAGED ; l'étude sur l'accroissement des taux de décaissement des projets et programmes au Mali réalisée en 2006 au Mali par le PNUD/Mali.

[1173] V. Glossaire des principaux termes relatifs à l'évaluation et à la gestion axée sur les résultats, OCDE 2002

L'efficacité : Dans quelle mesure la mise en œuvre de la politique, du programme ou du projet a atteint les résultats escomptés ? Quels obstacles s'opposent à l'atteinte des objectifs ?

L'efficience : Dans quelle mesure les ressources sont utilisées de manière à produire un plus grand niveau d'extrants avec le même niveau d'intrants, ou le même niveau d'extrants avec un niveau plus faible d'intrants ?

L'impact : la politique, le programme ou le projet permettent-ils de réaliser des changements substantiels ? L'impact sur des questions transversales comme le genre et l'environnement est-il pris en compte ? Les changements sont-ils imputables à la politique ?

La viabilité : Dans quelle mesure les effets de la politique, du programme ou du projet sont-ils soutenables à long terme ? Quels en sont les effets externes ?

Le rôle de l'évaluation a cependant évolué dans le temps. Elle permet encore de juger comme par le passé des succès et des échecs d'une politique ou d'un programme de développement, mais elle est toutefois de plus en plus perçue aujourd'hui comme un instrument de dialogue favorisant un retour rapide, à coûts raisonnables, d'informations pertinentes sur les interventions. L'objectif ultime étant d'éclairer les prises de décisions en vue d'améliorer les politiques publiques, les programmes et les projets de développement.

L'évaluation peut être faite a priori (ex ante, prospective) : c'est une évaluation préalable à la décision, destinée à éclairer les choix. Cette démarche intéresse particulièrement les instances délibératives chargées d'arrêter ou de suggérer des décisions politiques. L'évaluation concomitante (continue, on going) est celle réalisée au fur et à mesure de l'exécution de la politique publique. Elle a pour but : d'assurer une surveillance permanente de l'action, d'éviter des déviations par rapport aux objectifs initiaux, de constater des lacunes, de préconiser des ajustements de trajectoire éventuels. L'évaluation a posteriori (ex post, rétrospective, récapitulative) est l'évaluation postérieure à l'action, s'appliquant à des décisions publiques déjà prises dont l'application peut être ou non être en cours.

270. – Etapes de l'évaluation- L'évaluation comporte des étapes que la quasi-totalité des acteurs ne maîtrise pas.

L'étape 1 : la constitution d'un référentiel : La définition des contours précis de la politique à évaluer, le choix des modes de communication autour de l'évaluation, la reconstitution de la logique d'intervention du programme ou de l'ensemble des mesures à étudier, l'identification de la finalité de l'évaluation, et du type d'évaluation à mener, la sélection des questions auxquelles l'évaluation devra répondre, la détermination des hypothèses de départ de l'évaluation et le choix des normes et critères de l'évaluation.

L'étape 2 : la collecte et l'analyse des informations : La construction d'indicateurs et de questions qualitatives permettant de répondre aux questionnements de l'évaluation, la construction des outils et protocoles de collecte de données, la collecte de données quantitatives et qualitatives, le traitement des informations et le renseignement des indicateurs.

L'étape 3 : L'élaboration d'un jugement de valeur, l'organisation de la diffusion des conclusions : L'élaboration du jugement sur la valeur sur la base des données collectées et mises en forme au regard des critères définis dans la première étape, la formulation de recommandations et la diffusion des conclusions et des recommandations.

Il existe au Mali, une lourdeur des procédures relatives aux marchés publics.

Paragraphe II : La lourdeur des procédures relatives aux marchés publics

271.- Caractéristiques- Les procédures de passation (A) et d'exécution (B) des marchés publics se caractérisent par leur lourdeur.

A) La lourdeur des procédures de passation des marchés publics

272. Délai- La lourdeur se manifeste sur le plan des procédures internes et externes.

Au niveau des procédures internes, le délai long de passation des marchés est une réalité au Mali. Un des critères d'évaluation et de performance de l'UEMOA est le délai moyen de passation des marchés publics. Cet indicateur de performance permet de déterminer le nombre de jours ouvrables couvert par la passation de chaque marché, en prenant comme point de départ, la date d'entrée du DAO à la DGMP et comme date finale la date de numérotation du marché. Cet indicateur de performance doit être inférieur ou égal à 90 jours ouvrables. Ce critère de performance n'est pas encore satisfait au Mali. Le délai moyen de passation était de 109 jours ouvrables en 2010, 98 jours en 2009, 121 jours en 2010, 105 jours en 2011, 96 jours en 2012 [1174]. Ceci s'explique par la prolongation de 15 jours supplémentaires minimum accordée aux soumissionnaires après la publication des résultats en vue d'éventuels recours [1175], la faible capacité des autorités contractantes dans l'élaboration des DAO et leur approbation par la DGMP-DSP, la lourdeur du circuit d'approbation qui peut aller au-delà de 17 jours ouvrables prévus par la réglementation et le non-respect des délais réglementaires par les différents acteurs du système.

La lourdeur et la complexité des procédures se manifestent de même par les procédures particulières de passation pour chaque collectivité territoriale, par la distinction des seuils de conclusion et d'approbation des marchés publics, par les procédures particulières, par la distinction entre les autorités de préparation et de passation des marchés publics, par les marchés exclus de l'application du code, par la difficulté des modalités relatives aux marchés publics de prestations intellectuelles.

273.- Distinction entre les personnes chargées de la préparation et celles chargées de la passation des marchés publics- Les dispositions de l'article 12 du décret n°2015-0604/P-RM du 25 septembre 2015 portant code des marchés publics et des délégations de service public font la distinction entre les personnes chargées de la préparation des marchés, de celles chargées de la passation.

Les marchés sont préparés par les services de l'Etat, des collectivités et des établissements ayant compétence pour gérer les crédits sur lesquels la dépense est imputée.

En ce qui concerne les services de l'Etat, et sauf dans le cas de travaux ou de fournitures à caractère technique particulièrement marqué relevant exclusivement de la compétence des services techniques concernés, les services bénéficiaires préparent leurs marchés en liaison avec les Directions administratives et financières, les Directions des finances et du matériel ou toute autre entité chargée

---

[1174] Source : DGMP-DSP, Cellule information et Statistique
[1175] Article 70.2 du Décret n°08-485/P-RM du Mali, op.cit.

des marchés publics et des délégations de service public. A ce titre, les services bénéficiaires élaborent les dossiers d'appel d'offres, rédigent les procès-verbaux d'ouverture et d'évaluation des offres, et préparent les projets de marché.

274.- Disponibilité de crédits- Les DAF, DFM ou l'entité chargée des marchés publics et des DSP s'assurent de l'existence et de la disponibilité des crédits, procèdent au lancement des consultations, reçoivent les offres, président les commissions d'ouverture et d'évaluation des offres.

275. Seuil de préparation et de passation de marchés financés sur budget d'Etat et exécuté dans les régions- Les marchés financés sur le budget de l'Etat dont le montant estimé est inférieur à un seuil fixé par arrêté du ministre chargé des finances et qui sont exécutés dans les régions, sont préparés et passés par les services déconcentrés au niveau régional de l'Administration bénéficiaire.

En application de l'article 12.3 du code, les marchés financés sur le budget de l'Etat et exécutés dans les Régions et dans le District de Bamako dont le montant est inférieur ou égal aux seuils suivants, sont préparés par les services déconcentrés et passés par la Direction régionale du Budget ou du District :

-cinq cents millions (500.000.000) de francs CFA pour les marchés de travaux ;
-quatre cents millions (400.000.000) de francs CFA pour les marchés de fournitures et services courants ;
-deux cents millions (200.000.000) de francs CFA pour les marchés de prestations intellectuelles.

276.- Composition d'une commission- La commission d'ouverture des plis et d'évaluation des offres prévues à l'article 20 du code est composée comme suit :

Au niveau central :

Le DAF ou le DFM de l'autorité contractante ou son représentant, Président ;

Deux (2) agents de la DAF ou de la DFM de l'autorité contractante ;

Deux (2) représentants du service bénéficiaire ;

Un (1) représentant du service technique spécialisé, extérieur au service bénéficiaire, le cas échéant.

Au niveau régional :

Le Directeur Régional du Budget ou son représentant, président ;

Un agent de la Direction régionale du Budget ;

Deux (2) représentants du service bénéficiaire ;

Un (1) représentant du service technique spécialisé, extérieur au service bénéficiaire, le cas échéant.

En ce qui concerne, les établissements publics, les agences et organismes bénéficiant du concours financier ou de la garantie de l'Etat, les sociétés à participation financière publique majoritaire, les associations formées par une ou plusieurs de ces personnes morales de droit public et les projets, les commissions sont composées conformément aux règles de fonctionnement propres à chaque structure.

277.- Délibération d'une commission- La commission ne peut valablement délibérer que lorsque la majorité absolue au moins de ses membres y compris le président sont présents.

Lorsque la nature des prestations objet du marché le requiert, la commission peut désigner une sous-commission d'étude technique et d'évaluation des offres qui remet à la commission des éléments d'analyse et d'évaluation des offres, ou faire participer à ses travaux, avec voix consultative, tout expert ou spécialiste choisi en fonction de ses compétences particulières relatives à la nature des prestations, objet du marché. Le nombre minimum des membres de la sous-commission technique est de trois personnes

Les décisions de la Commission d'ouverture et d'évaluation des offres sont prises à l'unanimité. En cas de désaccord, les membres qui refusent de signer le procès-verbal d'attribution doivent adresser dans les deux jours ouvrables à compter de la délibération un rapport dûment motivé au CRD.

278.- Distinction des autorités chargées de la conclusion et de l'approbation- En vertu des dispositions de l'article 3 du Décret n°2014-256/PM-RM du 10 avril 2014 déterminant les autorités chargées de la conclusion et de l'approbation des marchés publics et des délégations de service public, les marchés des établissements publics à caractère administratif et organismes assimilés sont conclus et approuvés comme suit[1176] :

-les marchés de travaux de montant égal ou supérieur à 25 millions de FCFA, mais inférieur ou égal à 500 millions de FCFA, les marchés de prestations intellectuelles de montant égal ou supérieur à 15 millions de FCFA, mais inférieur ou égal à 150 millions de FCFA sont conclus par l'autorité à qui les dispositions statutaires confèrent ce droit et approuvés par l'autorité de tutelle ;

-les marchés de fournitures et services courant de montant égal ou supérieur à 25 millions de FCFA, mais inférieur ou égal à 250 millions de FCFA sont conclus par l'autorité à qui les dispositions statutaires confèrent ce droit et approuvés par l'autorité de tutelle ;

-les marchés de travaux de montant supérieur à 500 millions de FCFA, mais inférieur ou égal à 2 milliards de FCFA ou les marchés de prestations intellectuelles de montant supérieur à 150 millions de FCFA, mais inférieur ou égal à 750 millions de FCFA sont conclus par l'autorité à qui les dispositions statutaires confèrent ce droit et approuvés par le ministre chargé des Finances ;

-les marchés de fournitures et services courants de montant supérieur à 250 millions de FCFA, mais inférieur ou égal à 2 milliards de FCFA sont conclus par l'autorité à qui les dispositions statutaires confèrent ce droit et approuvés par le ministre chargé des Finances ;

-les marchés de travaux, fournitures et services courants de montant supérieur à 2 milliards de FCFA ou les marchés de prestations intellectuelles de montant supérieur à 750 millions de FCFCA sont conclus par l'autorité à qui les dispositions statutaires confèrent ce droit et approuvés par le Conseil des ministres ;

[1176] Supra 147

Quant à l'article 4 du Décret précité, il prévoit : Les marchés des établissements publics à caractère industriel et commercial sont conclus et approuvés comme suit :

- les marchés de travaux, fournitures et services courants de montant égal ou supérieur à 100 millions de FCFA, mais inférieur ou égal à 1 milliard de FCFA ou les marchés de prestations intellectuelles de montant égal ou supérieur à 60 millions de FCFA, mais inférieur ou égal à 300 millions de FCFA sont conclus et approuvés par l'autorité à qui les dispositions statutaires confèrent ce droit ;

-les marchés de travaux, fournitures et services courants de montant supérieur à 1 milliard de FCFA, mais inférieur à 2 milliards ou les marchés de prestations intellectuelles de montant supérieur à 300 millions, mais inférieur à 750 millions de FCFA sont conclus par l'autorité à qui les dispositions statutaires confèrent ce droit et approuvés par le ministre chargé des Finances ;

-les marchés de travaux, fournitures et services courants de montant supérieur ou égal à 2 milliards de FCFA ou les marchés de prestations intellectuelles de montant supérieur à 750 millions de FCFA sont conclus par l'autorité à qui les dispositions statutaires confèrent ce droit et approuvés par le Conseil des ministres

L'article 5 édicte, les marchés passés par les sociétés d'Etat, les sociétés d'économie mixte à participation financière publique majoritaire et les personnes morales de droit privé bénéficiant du concours ou de la garantie de l'Etat sont conclus et approuvés conformément à leurs dispositions statutaires.

Ce qui implique que tous les marchés des autorités contractantes sont préparés et passés conformément aux dispositions du code des marchés publics et des délégations de service public. Par contre, les autorités de conclusion et d'approbation de ces marchés et délégations de service public sont définies en fonction de leur montant et de leur nature par un décret du premier ministre. C'est pourquoi le décret n°2014-0256/P-RM du 10 avril 2014 déterminant les autorités chargées de la conclusion et de l'approbation des marchés et des délégations de service public a été adopté et est distinct du décret n°2015-0604/P-RM du 25 septembre 2015 portant code des marchés publics et des délégations de service public. C'est cette incompréhension qui fait que les dirigeants de certaines sociétés d'Etat et sociétés d'économie mixte à participation financière publique majoritaire essaient de se soustraire à l'application des dispositions du code des marchés publics et des délégations de service public. Ces sociétés sont soumises aux dispositions du code des marchés publics et des délégations de service public pour tout ce qui concerne la préparation et la passation de leurs marchés, tandis pour les conclusions et approbations, elles sont soumises au décret n°2014-0256/P-RM du 10 avril 2014 déterminant les autorités chargées de la conclusion et de l'approbation des marchés publics et des délégations de service public. En définitive, ces sociétés sont soumises au code des marchés publics pour ce qui concerne la préparation, la passation, le contrôle, la régulation et le contentieux de leurs marchés publics. L'avis rendu par la section administrative de la Cour suprême du Mali écartant la Compagnie malienne de Développement des Textiles (CMDT SA) de l'application des dispositions du code des marchés publics n'a pas de base légale et n'est pas fondé en droit.

279.- Règles particulières applicables à la Région[1177]**-**
Le DAO pour la région est élaboré par le 1er vice-président sous l'autorité du président de l'Assemblée régionale. Le DAO est publié par le président de l'Assemblée régionale. La réception des offres est faite par le président de l'Assemblée régionale. Le président de l'Assemblée régionale crée la commission de dépouillement et de jugement des offres.

Le contrat de marché est élaboré par le premier vice-président sous l'autorité du président de l'Assemblée régionale qui conclut le marché. Toutefois, si le président de l'Assemblée régionale est autorité d'approbation, le vice-président est autorité de conclusion.

Le visa des marchés de la Région est fait par le Directeur Régional du contrôle financier qui dispose d'un délai de 7 jours ouvrables après réception du dossier de projet de marché pour apposer son visa.

L'approbation des marchés de la Région est faite soit par le président de l'Assemblée régionale, soit par le gouverneur de Région, soit par le ministre des Finances ou le Conseil des ministres : Les marchés de la

---

[1177] Titre II de l'arrêté n° 10-203 du 28 janvier 2010 fixant les dispositions particulières relatives à la passation des marchés publics des collectivités territoriales, op. cit., v. Supra p.147 et S.

région dont les montants sont inférieurs ou égaux à 50 millions pour les marchés de travaux, de fournitures ou de services et inférieurs ou égaux à 30 millions pour les marchés de prestations intellectuelles sont approuvés par le président de l'Assemblée régionale ; au-delà de ces montants, les autorités d'approbation sont : Le gouverneur de Région, pour les marchés de travaux, de fournitures ou de services de montants supérieurs à 50 millions, mais inférieurs ou égaux à 250 millions ou les marchés de prestations intellectuelles de montants supérieurs à 30 millions, mais inférieurs ou égaux à 75 millions ; le ministre chargé des Finances pour les marchés de travaux de fournitures ou de services de montants supérieurs à 250 millions, mais inférieurs ou égaux à 1 milliard ou les marchés supérieurs à 75 millions, mais inférieurs ou égaux à 750 millions ; le Conseil des ministres pour les marchés de travaux de fournitures ou de services de montants supérieurs à 1 milliard ou de prestations intellectuelles de montants supérieurs à 750 millions.

L'autorité d'approbation des contrats de marchés dispose d'un délai de 4 jours ouvrables après réception du dossier de marché pour approuver les contrats de marché

L'enregistrement des marchés publics de la Région est fait au gouvernorat pour les marchés dont l'approbation relève du président de l'Assemblée régionale ou du gouverneur. Dans les autres cas, les enregistrements se font au niveau du Secrétariat général du gouvernement. L'enregistrement des marchés publics des régions est effectué au niveau de la Direction régionale des impôts.

Les marchés publics approuvés par le gouverneur ou le président de l'Assemblée régionale sont numérotés à la Direction régionale des marchés publics. Dans les autres cas, la numérotation est faite au niveau de la DGMP DSP.

280.- Règles particulières applicables au cercle[1178] -

L'élaboration du DAO est effectuée par le premier vice-président sous l'autorité du président du conseil de cercle. La publication par le président du conseil de cercle des DAO est effectuée selon les moyens de publication prévus par le code des marchés publics.

[1178] Titre III. Arrêté n° 10-203 du 28 janvier 2010, op.cit.

La réception des offres est faite par le président du conseil de cercle qui crée par décision pour chaque consultation une commission de dépouillement et de jugement des offres. Dans tous les cas pour que la commission puisse valablement délibérer, la moitié au moins de ses membres y compris le président doit être présente.

Le soumissionnaire ou son représentant dûment mandaté peut participer uniquement à l'ouverture des plis. En aucun cas, il ne peut être présent pour les travaux d'évaluation des offres.

Le premier vice-président est chargé sous l'autorité du président du conseil de cercle de l'élaboration du contrat de marché.

Conformément aux dispositions du code des collectivités territoriales, l'autorité de conclusion des marchés est le président du conseil de cercle.

Toutefois dans les cas où le président du conseil de cercle est autorité d'approbation, la conclusion des marchés est faite par le premier vice-président. Le délégué du contrôle financier du cercle appose son visa sur les marchés conclus par le président du conseil de cercle. Le Directeur Régional du contrôle financier appose son visa sur les marchés passés par le cercle, chef-lieu de région.

Le délégué du CF du cercle ou le Directeur Régional du CF dispose d'un délai de 7 jours ouvrables après réception du dossier de projet de marché pour apposer son visa.

Les contrats de marché du cercle dont les montants sont inférieurs ou égaux à 50 millions pour les marchés de travaux, de fournitures ou de services et inférieurs ou égaux à 30 millions pour les marchés de prestations intellectuelles sont approuvés par le président du conseil de cercle.

Au-delà de ces montants, les autorités d'approbation sont : Le gouverneur de Région, pour les marchés de travaux de fournitures ou de services de montants supérieurs à 50 millions, mais inférieurs ou égaux à 250 millions ou les marchés de prestations intellectuelles de montants supérieurs à 30 millions, mais inférieurs ou égaux à 75 millions ; le ministre chargé des Finances pour les Marchés de travaux, de fournitures ou de services de montants supérieurs à 250 millions, mais inférieurs ou égaux à 1 milliard, ou les marchés de prestations intellectuelles de montants supérieurs à 75 millions, mais inférieurs ou égaux à 750 millions ; Le Conseil des ministres pour les marchés de travaux, de fournitures ou de services de montants supérieurs à 1 milliard ou de prestations intellectuelles de montants supérieurs à 750 millions.

L'autorité d'approbation des contrats de marché dispose d'un délai de 4 jours ouvrables après réception du dossier de marché pour approuver les contrats de marché.

Les marchés publics des cercles sont enregistrés par le préfet en ce qui concerne les marchés dont l'approbation relève du président du conseil de cercle.

Les marchés publics des cercles sont enregistrés au gouvernorat en ce qui concerne ceux dont l'approbation relève du gouverneur et au secrétariat général du gouvernement en ce qui concerne ceux dont l'approbation relève du ministre chargé des Finances ou du Conseil des ministres.

Les marchés publics des cercles sont enregistrés au niveau du centre des impôts du lieu de conclusion des marchés.

Les marchés approuvés par le président du conseil de cercle ou le gouverneur sont numérotés au niveau de la Direction régionale des MPDSP. Pour les autres cas, la numérotation est faite au niveau de DGMP

281.- Règles particulières applicables à la commune (hors District de Bamako)[1179] - Pour la commune, l'adjoint du Maire chargé des questions économiques et financières est sous l'autorité du Maire chargé de l'élaboration du DAO. Le maire procède à la publication des DAO et à la réception des offres. Les moyens de publication sont ceux prévus par le code des marchés publics
Le Maire crée par décision pour chaque consultation une commission de dépouillement et de jugement des offres

L'adjoint au Maire désigné pour la préparation des dossiers de marchés est chargé de l'élaboration des contrats des marchés. Conformément aux dispositions du code des collectivités territoriales, l'autorité de conclusion des marchés de la commune est le Maire.

[1179] Titre IV de l'arrêté n° 10-203 du 10 janvier 2010, op.cit.

Toutefois, dans les cas où le Maire est autorité d'approbation, la conclusion des marchés est faite par l'adjoint du Maire chargé des questions économiques et financières.

Le délégué du contrôle financier du cercle appose son visa sur les marchés conclus par le Maire. Le DRCF appose son visa sur les marchés passés par les communes du cercle chef-lieu de région. Le DRCF dispose d'un délai de 7 jours ouvrables après réception du dossier de projet marché pour apposer son visa.

Les contrats de marchés de la commune dont les montants sont inférieurs ou égaux à 50 millions pour les marchés de travaux, de fournitures ou de services et inférieurs ou égaux à 30 millions pour les marchés de prestations intellectuelles, sont approuvés par le maire.

Au-delà de ces montants, les autorités d'approbation sont : Le gouverneur de région pour les marchés de travaux de fournitures ou de services de montants supérieurs à 50 millions, mais inférieurs ou égaux à 250 millions ou les marchés de prestations intellectuelles de montants supérieurs à 30 millions, mais inférieurs ou égaux à 75 millions ; le ministre chargé des Finances, pour les marchés de travaux de fournitures ou de services de montants supérieurs à 250 millions, mais inférieurs ou égaux à 1 milliard, ou les Marchés de prestation inférieurs de montants supérieurs à 75 millions, mais inférieurs ou égaux à 750 millions ; le Conseil des ministres pour les marchés de travaux de fournitures ou de services de montants supérieurs à 1 milliard ou de prestations intellectuelles de montants supérieurs à 750 millions.

L'autorité d'approbation des contrats de marchés dispose d'un délai de 4 jours ouvrables après réception du dossier de marché pour approuver les contrats de marchés.

Les marchés publics des communes sont enregistrés par le préfet en ce qui concerne les marchés dont l'approbation relève du maire. Les marchés publics des communes sont enregistrés au gouvernorat en ce qui concerne ceux dont l'approbation relève du gouverneur et au secrétariat général du gouvernement en ce qui concerne ceux dont l'approbation relève du ministre chargé des Finances ou du Conseil des ministres.

Les marchés publics des communes sont enregistrés localement au niveau des centres des impôts du lieu de conclusion des marchés.

Les marchés publics approuvés par le ministre chargé des finances ou par le Conseil des ministres sont numérotés au niveau de la DGMP. Les marchés approuvés par le gouverneur ou le maire sont numérotés au niveau de la DRMP. Les marchés approuvés par le ministre chargé des finances ou par le conseil des ministres sont numérotés au niveau de la DGMP

282.- Règles particulières applicables au District et aux communes de Bamako[1180] -

L'adjoint du Maire du District ou des Communes de Bamako chargé des questions économiques et financières est sous l'autorité du Maire, chargé de l'élaboration du DAO. Le Maire du District ou des Communes de Bamako procède à la publication des DAO et à la réception des offres. Les moyens de publication sont ceux prévus par le code des marchés publics. Pour chaque consultation, une commission de dépouillement et de jugement des offres est créée par décision du Maire du District ou des communes de Bamako.

L'adjoint au Maire du District ou des communes de Bamako désigné pour la préparation des dossiers de marchés est chargé de l'élaboration des contrats de marchés.

Conformément aux dispositions du code des collectivités territoriales, l'autorité de conclusion des marchés est le Maire du District ou des communes de Bamako. Toutefois, dans les cas où le Maire du District, ou des communes de Bamako est autorité d'approbation, la conclusion des marchés est faite par l'adjoint du maire chargé des questions économiques et financières.

Le délégué du CF du District appose son visa sur les marchés conclus par le Maire. Il dispose d'un délai de 7 jours ouvrables après réception du dossier de projet de marché pour apposer son visa.

Les contrats de marché du District ou des Communes de Bamako dont les montants sont inférieurs ou égaux à 50 millions pour les marchés de travaux de fournitures, de services ou inférieurs ou égaux à 30 millions pour les marchés de prestations intellectuelles sont approuvés par le maire du District ou de la commune de Bamako.

Au-delà de ces montants, les autorités d'approbation sont : Le gouverneur du District de Bamako, pour les marchés de travaux,

[1180] Titre V de l'arrêté n° 10-203 du 28 janvier 2010, op.cit.

fournitures, services de montants supérieurs à 50 millions, mais inférieurs ou égaux à 250 Millions ou les marchés de prestations intellectuels de montants supérieurs à 30 millions, mais inférieurs ou égaux à 75 millions ; le ministre chargé des finances pour les marchés de travaux de fournitures et de services de montants supérieurs à 250 millions, mais inférieurs ou égaux à 1 milliard ou les marchés de prestations intellectuelles de montants supérieurs à 75 millions, mais inférieurs ou égaux à 750 millions ; le Conseil des ministres, pour les marchés de travaux de fournitures et de services de montants supérieurs à 1 milliard ou de prestations intellectuelles de montants supérieurs à 750 millions.

L'autorité d'approbation des contrats de marchés dispose d'un délai de 4 jours ouvrables après réception du dossier de marché pour approuver des contrats de marchés.

Les marchés publics des communes sont enregistrés au niveau du gouvernorat du district de Bamako en ce qui concerne les marchés dont l'approbation relève du Maire ou du District ou de la commune, ou du gouverneur du District. Dans les autres cas, les enregistrements se font au niveau du SGG.

Les marchés publics du District ou des communes de Bamako sont enregistrés au niveau des Centres des Impôts du lieu de conclusion des marchés

Les marchés approuvés par le Maire de la commune ou celui du District ou par le gouverneur du District sont numérotés au niveau de la Direction des marchés publics du District.

Dans les autres cas, la numérotation est faite au niveau de la DGMP.

283.- Marchés au-dessous des seuils

En vertu des dispositions de l'article 9.2 du code des marchés publics, l'autorité contractante peut ne pas recourir aux procédures d'appel d'offres prévues au chapitre 1 du Titre V du présent décret pour les travaux, fournitures ou services dont la valeur est inférieure aux seuils fixés à l'article 9.1 ci-dessus. Dans ce cas, les procédures applicables sont fixées par arrêté du ministre chargé des finances[1181]

[1181] V. Arrêté n°2015-3721/MEF-SG du 22 oct. 2015 fixant les modalités d'application du Décret n°2015-0604/P-RM du 25/09/2015 portant code des marchés publics et des délégations de service public.

Les articles 22 à 28 de l'arrêté n° n°2015-3721/MEF-SG du 22 octobre 2015 fixent les modalités d'application du décret n °2015-0604/P-RM du 25 septembre 2015 portant code des marchés publics et des délégations de service public

284.- Procédures de sollicitation de prix- Au regard des dispositions de l'article 22 de l'arrêté n°2015-3721, les achats de l'Etat et des établissements publics nationaux dont la valeur est inférieure au seuil de passation des marchés publics font l'objet des procédures de sollicitation de prix suivantes [1182] : demande de cotation (DC) ; demande de renseignement et de prix à compétition restreinte (DRPR), demande de renseignement et de prix à compétition ouverte (DRPO).

Tout fractionnement de prestations portant sur un même objet en vue d'éviter l'appel d'offres et de favoriser des paiements successifs sur simple facture ou mémoire est formellement interdit. Les entreprises ou prestataires de service doivent posséder les capacités administratives, techniques et financières pour participer aux procédures de mise en concurrence.

285.- Demande de cotation- La demande de cotation concerne les commandes de travaux, fournitures, services courants et prestations intellectuelles dont le montant est inférieur à cinq millions (5.000.000.) de francs CFA, mais supérieur au plafond du montant des pièces justificatives admises en régie d'avance. L'autorité contractante consulte par écrit au moins trois (3) candidats, choisis sur la base de la liste des fournisseurs, entrepreneurs, et prestataires, constituée suite à un avis à manifestation d'intérêt et mise à jour avec les demandes spontanées d'inscription sur la liste des fournisseurs. Les propositions financières sont transmises sous forme de facture pro forma, sur la base des descriptions concises des fournitures ou prestations recherchées. Elles sont transmises par courrier administratif, par fax ou par courrier électronique. L'autorité contractante attribue le marché au candidat ayant soumis la proposition la moins-disante et en dresse le procès-verbal signé par la personne habilitée. La procédure de demande de cotation ne nécessite ni cahier de charge formel ni publicité[1183].

[1182] Supra 118

[1183] Article 23 de l'arrêté n°2015-3721, ibid.

286.- demande de renseignement et de prix à compétition restreinte - La DRPR s'applique aux achats dont les montants estimés sont supérieurs ou égaux à cinq millions (5.000.000) francs CFA et inférieurs aux montants ci-après :

-vingt-cinq millions (25.000.000) de francs CFA pour les travaux et fournitures et services courants ;

-quinze millions (15.000.000) de francs CFA pour les prestations intellectuelles.

Dans ce cas, l'autorité contractante :

- Choisit librement les modalités de publicité adaptées ;
- sollicite simultanément, par écrit, auprès d'au moins cinq (5) entreprises, fournisseurs ou prestataires choisis sur la base de la liste des fournisseurs, entrepreneurs, et prestataires, constituée suite à un avis à manifestation d'intérêt et mise à jour avec les demandes spontanées d'inscription sur la liste des fournisseurs ;
- doit s'assurer que les candidats sont intéressés par la procédure et ont la capacité d'exécuter le marché, y compris au plan juridique, dans le cadre d'une concurrence réelle ;
- attribue le marché au candidat présentant l'offre évaluée la moins-disante, rédige le procès-verbal d'attribution et informe les candidats dont les offres n'auront pas été retenues[1184].

287.- Demande de renseignement et de prix à compétition ouverte[1185] - La DRPO s'applique aux marchés dont les montants estimés sont supérieurs ou égaux à :

- vingt-cinq millions (25.000.000) de francs CFA, mais inférieurs à cent millions (100.000.000) de francs CFA pour les travaux ;
- vingt-cinq millions (25.000.000) de francs CFA, mais inférieurs à quatre-vingts millions (80.000.000) de francs CFA pour les fournitures et services courants ;
- quinze millions (15.000.000) de francs CFA, mais inférieurs à soixante-dix millions (70.000.000) de francs CFA pour les prestations intellectuelles.

[1184] Article 24 de l'arrêté 2015-3721, op.cit.

[1185] Ibid.

L'autorité lance un avis d'appel à concurrence. Le délai minimal de dépôt est de quinze (15) jours calendaires, à compter de la publication de l'avis d'appel à la concurrence.

La commission d'ouverture des plis et d'évaluation des offres de l'autorité contractante procède à l'évaluation des offres en fonction des critères mentionnés dans le dossier d'appel à la concurrence élaboré sur la base d'un modèle type diffusé par l'ARMDS. Elle propose à l'autorité contractante, dans un délai maximum de sept (7) jours à compter de l'ouverture des plis, l'attribution du marché au candidat qui a l'offre évaluée la moins-disante et qui est reconnu réunir les critères de qualification mentionnés dans le dossier d'appel à la concurrence. L'attribution est notifiée au soumissionnaire retenu. Les autres soumissionnaires sont informés par écrit du rejet de leur offre, et, le cas échéant, leur garantie d'offres leur est restituée.

Les marchés consécutifs à des demandes de renseignement et de prix donnent lieu à des contrats écrits[1186].

288.- Approbation du marché suivant les procédures de demande de renseignement et de prix- Avant tout commencement d'exécution, le marché attribué suivant les procédures de demande de renseignement et de prix, soumis à l'acceptation du prestataire, du fournisseur ou de l'entrepreneur est approuvé par l'administrateur de crédits ou son délégataire et visé par le contrôleur financier.

Dans le cas où la DAF ou la DFM se trouve en position d'administrateur de crédit, les marchés sont conclus par le chef de la Division Approvisionnement et approuvés par le DAF ou le DFM.

L'enregistrement du marché au service des impôts et le recouvrement de la redevance de régulation interviendront après sa notification.

Toutefois, aucun paiement ne sera effectué sur ledit marché avant l'accomplissement de ces formalités.

Les DRP entrent en vigueur à partir de leur notification définitive après l'expiration des délais de recours définis aux articles 120 ET 121 du code.

[1186] Article 25, ibid.

289.- Contrôle a priori de la passation des DRP-

Les procédures de DRP sont soumises, obligatoirement, à la revue de la Cellule de passation des marchés publics (CPMP) de l'autorité contractante. Les marchés attribués suivant les procédures de DRP sont numérotés par la cellule de passation des marchés publics de l'autorité contractante.

290.- Les Cellules de passation des marchés publics- Les Cellules de passation des marchés publics sont régis par le décret n°2016-0155 et l'arrêté n° 2016-1270. Le Décret n°2016-0155/P-RM du 15 mars 2016 fixe l'organisation et les modalités de fonctionnement des Cellules de passation des marchés publics. Les cellules de passation des marchés publics sont chargées d'assurer le contrôle des procédures de passation des marchés publics dont les montants n'ont pas atteint les seuils de revue de la DGMPDSP ou ses services déconcentrés[1187].

A ce titre, elles sont notamment chargées :

- d'émettre un avis motivé sur les dossiers d'appel à la concurrence ;

- d'examiner le plan de passation de l'année élaboré par l'autorité contractante ;

- d'assister, en qualité d'observateur, aux opérations d'ouverture des plis et de veiller au bon fonctionnement de la commission d'ouverture des plis et- d'évaluation des offres ;

- de procéder à l'examen du rapport d'analyse et d'évaluation des offres :

- de procéder à l'examen juridique et technique du projet de marché ;

- de procéder à l'examen juridique des projets d'avenants :

- de participer au classement et à l'archivage de tous les documents relatifs aux marchés publics ;

[1187] Article 3 du Décret n°2016-0155/P-RM du 15 mars 2016 fixant l'organisation et les modalités de fonctionnement des cellules de passation des marchés publics.

- de participer à l'identification des besoins de formation des services en matière de marchés publics ;

- d'assurer la liaison avec les missions extérieures, de vérification, d'audit ou d'inspection des marchés ;

- d'établir des rapports semestriels sur la passation et l'exécution des marchés à l'intention de l'autorité contractante, de la DGMPDSP et de l'ARMDS ;

- d'établir avant le 31 mars de chaque année, à l'intention de l'autorité contractante, de la DGMP-DSP et de l'ARMDS, un rapport annuel sur l'ensemble des marchés publics passés l'année précédente ;

- de renseigner le système d'information des marchés publics.

Les cellules de passation des MP sont chargées, dans le cadre de leur mission d'appui, de veiller à la qualité des dossiers de passation des marchés.

A ce titre, elles sont notamment chargées :

- d'appuyer les autorités contractantes dans l'élaboration du plan de passation annuel des MP ;

- d'apporter un appui-conseil aux autorités contractantes en cas de besoin.

291. Composition d'une CPMP- Le personnel d'une cellule de passation des MP comprend : un chef de cellule, un ou trois chargés de dossiers au plus et un secrétaire. Le chef de la cellule et les chargés sont des fonctionnaires de la catégorie A ayant des connaissances avérées en marchés publics. Le chef de la cellule est nommé par arrêté du ministre chargé des finances après avis de l'autorité contractante. Le chargé de dossiers est nommé sur décision du ministre chargé des finances après avis de l'autorité contractante. Le chef de la cellule a rang de directeur régional des marchés publics et des délégations de service public. Le chargé de dossier a rang de chef de Division d'une DRMPDSP

292.- Délai- Les cellules de passation disposent d'un délai de maximum de trois jours ouvrables à compter de la date de réception d'un dossier relatif à la procédure de passation de marchés pour se prononcer et transmettre leur avis à la personne responsable du marché. Les avis défavorables sont motivés. En cas d'avis défavorable, la PRM ne pourra poursuivre la procédure qu'après prise en charge des observations de la CPMP dans un délai maximum de trois jours ouvrables. Les CPMP disposent d'un délai maximum de trois jours ouvrables pour donner leur avis sur les dossiers soumis à nouveau. En l'absence de réponse dans ce délai, l'avis de la cellule est réputé favorable et la procédure de passation peut se poursuivre.

293. Traitement des différends- Les différends entre la PRM et la CPMP sont soumis au CRD de l'ARMDS.

Par arrêté n°2016-1270/MEF-SG du 12 mai 2016 portant nomination des CPMP, le ministre des Finances a nommé les chargés de mission à la DGMP-DSP en qualité de Chef de CPMP à la Présidence, à la Primature et dans dix départements ministériels.

Les différends ou toutes revendications formulés par une partie à l'encontre d'une autre, découlant de la passation, de l'exécution, de l'interprétation ou de la résiliation des marchés publics, des demandes de renseignement et de prix et des demandes de cotation sont réglées dans les conditions fixées au titre VIII du code[1188].

294.- Marchés exclus de l'application du décret n°2015-0604/P-RM du 25 septembre 2015 portant code des marchés publics et des délégations de service public- Le présent décret ne s'applique pas aux marchés de travaux, de fournitures et de services, lorsqu'ils concernent des besoins de la défense et de sécurité nationale exigeant le secret ou pour lesquels la protection des intérêts essentiels de l'Etat est incompatible avec des mesures de publicité. Le régime de ces marchés est fixé par décret pris en conseil des ministres[1189].

Ces marchés sont régis par le Décret n°2014-0764/P-RM du 9 octobre 2014 fixant le régime des marchés de travaux, fournitures et services exclus du champ d'application du décret n°08-485/P-RM du 11 août 2008 portant procédures de passation, d'exécution et de règlement des marchés publics et des délégations de service public

---

[1188] Article 29 de l'arrêté n°2016-155, op.cit.

[1189] Article 8 du Décret n°2015-064. Op.cit.

Les contrats passés sous le sceau de « secret en matière de défense » ou sous le sceau « des intérêts essentiels de l'Etat » ne sont pas soumis aux méthodes de sélection et aux contrôles des organes prévus par le code des marchés publics[1190].

295.- Définition du secret en matière de défense- « *on entend par « secret en matière de défense* » les renseignements, objets, documents, données informatisées, fichiers ou procédés qui doivent être tenus secrets dans l'intérêt de la défense nationale et dont la recherche, l'appropriation, le détournement, la reproduction, la divulgation ou la destruction constituent des infractions contre la sûreté de l'Etat »[1191]. A ce titre, sont considérés comme de travaux, de fournitures et de services revêtus du sceau de « secret en matière de défense », ceux relatifs :

- aux matériels et équipements cités à l'Annexe 1 ;

- aux travaux et services cités à l'Annexe 2.

Ces annexes relatives à la liste des biens concernés ne peuvent faire l'objet de révision qu'une fois par an sauf en cas d'urgence impérieuse. L'initiative de la révision appartient au ministre chargé de la Défense ou au ministre chargé de la sécurité. Cette révision se fait par décret pris en Conseil des ministres. Est soumis à l'avis préalable du Conseil Supérieur de la Défense tout contrat revêtu du sceau de « secret en matière de défense » dont le montant prévisionnel dépasse un (1) milliard de francs CFA.

296.- Définition du contrat conclu sous le sceau des intérêts essentiels de l'Etat- « *on entend par contrats conclus sous le sceau des « intérêts essentiels de l'Etat* », tous les contrats de travaux, de fournitures ou de services de l'Etat relatifs à la sauvegarde de son indépendance, l'intégrité de son territoire, sa sécurité, la forme républicaine de ses institutions, des moyens de sa défense et de sa diplomatie, de sa population tant à l'intérieur qu'à l'extérieur du pays, de l'équilibre de son milieu naturel et son environnement, des éléments essentiels de son potentiel scientifique, économique et de son patrimoine culturel.

[1190] Article 2 du Décret n°2014-0764 /P-RM du 09/10/2014 fixant le régime des travaux, fournitures et services exclus du champ d'application du Décret n°08-485/P-RM, op.cit.
[1191] Article 3, ibid.

Tout contrat passé sous le sceau « *des intérêts essentiels de l'Etat » est soumis à l'autorisation préalable du premier ministre* »[1192].

297.- Modes de passation des marchés exclus de l'application du code des marchés publics- En vertu des dispositions de l'article 5 du décret N)2014-0764, ces contrats sont passés soit par négociation directe, soit par appel d'offres restreint.

Conformément à l'article 6 dudit Décret, lorsque les travaux, fournitures ou services peuvent être exécutés par plusieurs candidats, l'autorité contractante organise un appel d'offres restreint à l'échelle nationale et internationale entre au moins trois candidats disposant des capacités technique et financière requises sur la base d'un dossier écrit comportant, notamment la description précise des travaux, fournitures ou prestations à exécuter ou à livrer et les critères d'évaluation. En cas d'impossibilité d'obtenir trois candidats, cette consultation est organisée entre deux candidats, à défaut, le contrat est passé par négociation directe avec le seul candidat intéressé.

Dans le cas du « *secret en matière de défense* », des critères et des modalités pour des entrepreneurs, fournisseurs ou des prestataires de service à l'échelle nationale et internationale sont établis par les services compétents du Ministère de la Défense ou de la Sécurité, aux fins que ces candidats respectent le professionnalisme, disposent des capacités technique et financière requises, jouissent d'une bonne moralité et soient capables de sauvegarder le caractère confidentiel des informations dont ils ont connaissance à l'occasion des opérations d'acquisition de biens et services au profit de l'Armée ou des Services de Sécurité.

Il en est de même des contrats relatifs aux « *intérêts essentiels de l'Etat* ».

L'article 7 du Décret dispose que les contrats sont passés par négociation directe en cas d'urgence impérieuse motivée par des circonstances imprévisibles ou de force majeure ou lorsqu'un entrepreneur, un fournisseur ou un prestataire de service dispose d'un droit exclusif ou d'un monopole dûment reconnu dans le domaine concerné.

[1192] Article 4 du Décret N°2014-0764, ibid.

Dans le cas d'appel d'offres restreint ou de négociation directe, la DFM du département concerné propose un plan annuel de passation des marchés. Ce plan est révisable et ne donne pas lieu à publication. Dans le cas de l'appel d'offres restreint, une étape préliminaire de demande publique à l'échelle nationale et internationale des manifestations d'intérêt ou des dossiers de pré qualification sont lancés une fois par année pour chaque catégorie de matériels, équipements et produits militaires visés à l'annexe 1, et chaque catégorie de services et travaux prévus à l'annexe 2. L'évaluation des dossiers reçus, sera faite sur la base des candidats qui respectent le professionnalisme, disposent des capacités technique et financière requises, jouissent d'une bonne moralité et soient capables de sauvegarder le caractère confidentiel des informations.

La DFM du département concerné joint à la lettre d'invitation des candidats inscrits sur la liste restreinte un exemplaire du Dossier d'appel d'offres restreint. Le délai de réception des offres est fixé à 15 jours calendaires à compter de la date de réception de la lettre d'invitation.

298.- Commission spéciale chargée du dépouillement et du jugement des offres- Le ministre concerné crée par décision une commission spéciale chargée du dépouillement et du jugement des offres dont la composition peut varier selon la nature de la commande. Cette commission présidée par le DFM du ministère concerné comprend au moins deux experts choisis en raison de leur compétence dans le domaine, objet du marché et au moins un représentant du service bénéficiaire. Dans le cadre de l'accomplissement de leur mission, les membres de la commission spéciale sont soumis au secret absolu. A l'issue de ses travaux, la commission établit un procès-verbal confidentiel qu'elle adresse au ministre concerné pour décision. Ce procès-verbal doit, notamment mentionner : les références du Conseil Supérieur de la Défense ou de l'autorisation du premier ministre selon le cas, les références de la lettre d'invitation, le nom de l'attributaire provisoire, les noms des soumissionnaires non retenus et les motifs du rejet de leur offre ; le montant du marché et le délai d'exécution.

299.- Conclusion et de l'approbation des marchés exclus de l'application du code-

Ces contrats sont conclus et approuvés comme suit[1193] :

1) Le DFM et le ministre concerné si le montant est inférieur ou égal à :
- un milliard de francs CFA (1.000.000.000.) pour les marchés de travaux ;

- huit cents millions de francs CFA (800.000.000) pour les fournitures et services courants ;

- trois cents millions de francs CFA (300.000.000) pour les marchés de prestations intellectuelles.

2) le ministre concerné et le ministre chargé des finances si le montant est :

- supérieur à un milliard de francs CFA (1.000.000.000) et inférieur ou égal à quatre milliards (4.000.000.000) pour les marchés de travaux ;

- supérieur à huit cents millions de francs CFA (800.000.000) et inférieur ou égal à quatre milliards (4.000.000.000) pour les marchés de fournitures et de services courants ;

- supérieur à trois cents millions de francs CFA (300.000.000) et inférieur ou égal à un milliard cinq cents millions (1.500.000.000) pour les marchés de prestations intellectuelles ;

En application de l'article 12 dudit Décret, au-delà des seuils sus visés, tous les contrats de travaux, de fournitures et de services courants et de prestations intellectuelles passés sous le sceau de « secret en matière de défense » sont conclus par le ministre chargé de la Défense ou du ministre chargé de la sécurité et approuvés par le ministre chargé des finances après avis du Conseil Supérieur de la Défense.

Par ailleurs, au-delà des seuils visés, tous les contrats de travaux, de fournitures et de services courants et de prestations intellectuelles passés sous le sceau des « intérêts essentiels de l'Etat » sont conclus

[1193] Article 11 du Décret n°2014-0764, op.cit.

par le ministre concerné et approuvés par le ministre chargé des finances après autorisation du premier ministre.

300.- Exécution des dépenses liées aux marchés publics exclus de l'application du code- Suivant les dispositions de l'article 14 du Décret précité, les dépenses liées à ces contrats sont exécutés conformément aux procédures d'exécution de la dépense publique. Tout contrat non revêtu du visa du contrôle financier est nul et expose ses auteurs aux sanctions prévues par la réglementation en vigueur.

301.- Contrôle a posteriori des marchés exclus- Chaque année, avant la fin du premier semestre, le CGSP procédera à l'audit des contrats dérogatoires susvisés signés au cours de l'année précédente. Ce rapport d'audit analyse également la compétitivité des prix des biens et services prévus dans ces contrats[1194].

302.- Annexe 1- L'Annexe 1 au Décret n°2014-0764 donne la liste des équipements suivants : liste des matériels, équipements et produits militaires : rations de combat, gilets pare-balles, coiffures de sécurité (casques militaires), radio militaire, radar, véhicules amphibies, chars et automobiles blindées de combat, avions, hélicoptères militaires, armes de guerre, pistolets mitrailleurs, bombes, grenade, matériel et équipement de maintien d'ordre.

303.- Annexe 2- L'Annexe 2 au Décret n°2014-0764 donne la liste des prestations suivantes : étude et travaux pour la construction de piste d'atterrissage à usage militaire, étude et travaux pour la construction de soute à munitions, étude et travaux pour la construction de soute à carburant pour le compte des forces de défense et de sécurité, études et travaux pour la construction de magasins d'armement, études et travaux pour fabrication d'armes légères, études et travaux pour la construction d'usine ou fabrique de munitions de guerre

304.- Normes régissant les marchés financés par des ressources extérieures- En application de l'article 7 du décret n°2015-0604/P-RM du 25 septembre 2015 portant code des marchés publics et des délégations de service public : « les marchés financés par des ressources extérieures sont soumis aux dispositions du présent décret,

---

[1194] Article 15 al.2 du Décret n°2014-0764, op.cit.

dans la mesure où elles ne sont pas contraires aux dispositions des accords de financement »[1195].

Conformément à l'article 20 de l'arrêté n° n°2015-3721/MEF-SG du 22 octobre 2015 fixant les modalités d'application du décret n°2015-0604/P-RM du 25 septembre 2015 portant code des marchés publics et des délégations de service public, les marchés financés sur ressources extérieures sont soumis, soit à la revue a priori du bailleur de fonds, soit à celle de la DGMP-DSP ou ses services déconcentrés. Lorsque la revue du bailleur de fonds est requise par la convention de financement, les marchés financés sur ces ressources ne sont pas soumis à la revue a priori de la DGMP-DSP ou ses services déconcentrés.

Toutefois, lesdits marchés accompagnés du dossier d'appel à la concurrence, du rapport d'ouverture des plis et d'évaluation des offres et des avis de non-objection du bailleur de fonds sont transmis à la DGMP-DSP, aux Directions régionales ou à la Direction des marchés publics et des délégations de service public du District de Bamako pour numérotation.

305.- Décision régissant les marchés publics des collectivités territoriales d'un montant inférieur à 25 millions pour les travaux, fournitures et services et inférieur à 15 millions pour les prestations intellectuelles- La Décision n°10-0143/DNCT du 16 novembre 2010, fixe pour les collectivités territoriales les dispositions particulières applicables aux marchés publics de travaux, de fournitures et de services d'un montant inférieur à 25 millions et de prestations intellectuelles d'un montant inférieur à 15 millions FCFA[1196] :

Ces dispositions particulières sont faites conformément aux dispositions :

- de l'article 9.2 du décret n°08-485/P-RM du 11 août 2008 portant procédures de passation d'exécution et de règlement des MPDSP ;

[1195] Supra P,218
[1196] Supra p.114 et 148

-de l'article 2 de l'arrêté interministériel n°10-203/MEF/MAT du 28 janvier 2010 fixant les dispositions particulières relatives à la passation des marchés publics des collectivités territoriales ;

-des articles 28 à 31 de l'arrêté ministériel n°09-1969/MEF-SG du 6 août 2009 fixant les modalités d'application du décret n°08-485/P-RM du 11 août 2008.

En vertu des dispositions de l'article 3, la présente décision régit les achats dont la valeur est inférieure à :

-25 millions de FCFA pour les marchés de travaux de fournitures courantes et de services ;

-15 millions de FCFA pour les marchés de prestations intellectuelles.

306.- Elaboration du plan de passation des marchés en dessous des seuils de 25 et 15 millions- Le plan de passation de ces marchés est élaboré par le maire de la commune, le Président du Conseil du cercle, le Président de l'Assemblée régionale ou du conseil du district sur la base de leur programme d'activités, soumis à l'adoption de l'organe délibérant de la collectivité territoriale avant le 31 mars de l'année de l'exercice budgétaire en cours. Il est publié par la collectivité territoriale par voie d'affichage. Il est communiqué à l'autorité de contrôle a priori des marchés de la collectivité. Tout fractionnement de dépenses est strictement interdit.

307.- Mode de passation des marchés en dessous des seuils de 25 et 15 millions- Les modes de passation de ces marchés sont l'appel d'offres ouvert, l'appel d'offres restreint ou par bon de commande. Un marché peut être passé par entente directe à titre exceptionnel, après avis de non-objection de la DRMPDSP.

Ces marchés visés par la présente décision sont également régies par les règles et principes du décret n°08-485 et son arrêté d'application, dans la mesure où la présente décision ne déroge pas à ces règles et principes.

La publication de ces marchés se fait par diffusion de l'avis d'appel d'offres par voie d'affichage au siège de la collectivité territoriale et par voie de presse. La publication peut être complétée par voie d'affichage dans tout lieu approprié, par communication dans les radios locales, régionales ou nationales ou par tout autre moyen de diffusion.

Le procès-verbal de dépouillement et d'évaluation des offres est soumis à l'approbation de l'autorité de contrôle des marchés publics. L'autorité de conclusion des marchés est le président de l'organe délibérant tandis que l'autorité d'approbation des contrats de marché est l'ordonnateur de la collectivité territoriale.

La passation d'un MP par émission d'un bon de commande est la procédure par laquelle l'autorité contractante choisit l'attributaire sur la base d'une demande de prix. L'ordonnateur de la collectivité territoriale adresse la demande à au moins trois candidats du secteur d'activité du marché en question.la soumission des propositions s'effectue sous la forme d'une enveloppe unique contenant l'offre financière présentée sous la forme d'une facture pro forma. La comparaison des factures pro forma est réalisée par l'ordonnateur de la collectivité territoriale qui signe le bon de commande du soumissionnaire retenu le moins disant

Les marchés passés par bon de commande ne donnent pas lieu à versement d'avances ou d'acomptes (article 55)3

308.- Difficile application des marchés de prestations intellectuelles-

309.- Distinction des DAO et DP- Il ne faut pas confondre le DAO employé pour les marchés de travaux et fournitures et services courants et la DP (demande de proposition) utilisée pour les marchés de consultations ou prestations intellectuelles.

310.- DP- La DP est le mode de passation de marché pour recruter les consultants. Les marchés de prestations intellectuelles sont passés sur la base d'une liste restreinte. La DP est adressée à un nombre limité de candidats choisis sur la base de leur expérience, de leur compétence. La liste restreinte doit avoir l'agrément de la DGMPDSP avant que l'autorité contractante ne lance la demande.

311.- Procédures particulières d'ouverture et d'évaluation des offres pour les MPI- Relativement aux procédures d'ouverture et d'évaluation pour les propositions intellectuelles, elles sont différentes de celles prévues pour les offres de marchés de travaux et de fournitures :

-l'analyse et l'évaluation des propositions se fait en deux temps : d'abord l'évaluation de l'offre technique suivi de celle de l'offre financière ;

-chaque procédure d'évaluation est précédée par une ouverture faite publiquement : l'ouverture des propositions techniques d'abord et ensuite celle des propositions financières. Mais seulement celles dont les propositions techniques ont atteint le score minimum technique demandé ;

Et l'autorité contractante négocie la proposition du candidat sélectionné après l'évaluation technique et financière combinée, tandis que dans les marchés de travaux, l'autorité contractante conclut le marché avec le candidat évalué le moins-disant sans négocier son offre.

312.- Différences entre les modes de passation des marchés de travaux et fournitures et les MPI- Elles sont :

Le produit technique est clairement identifié en matière de travaux et de fournitures tandis que le produit dépend de la capacité intellectuelle du prestataire de services et le résultat n'est pas nécessairement mesurable techniquement.

Pour les travaux et fournitures, c'est la libre concurrence alors que la liste est restreinte pour les consultations ;

Le critère essentiel est le prix de l'offre pour les travaux et fournitures tandis que le critère qualité prime pour les MPI

Le soumissionnaire doit répondre aux spécifications techniques fixes du DAO pour les travaux et fournitures, tandis que le consultant répond aux TDR pour les MPI.

La procédure d'ouverture et d'évaluation des offres se fait en une étape pour les travaux et fournitures, tandis que cette procédure se fait en deux étapes offre technique d'abord, puis offre financière pour les MPI.

Il n'y a pas de négociation avec le soumissionnaire gagnant pour les travaux et fournitures en principe alors que pour les MPI, les négociations font partie de la procédure normale, car il faut s'entendre sur les détails des TDR et de l'étendue de la mission.

Il est question de DAO pour les marchés de travaux et de DP pour les MPI. Le DAO est vendu à un prix tandis que la DP est envoyée aux soumissionnaires sur la liste restreinte. Dans les deux cas, il est question de caution provisoire et définitive.

-L'ouverture des propositions techniques commence à la date et l'heure déterminées dans la lettre d'invitation et les données particulières. Tous les soumissionnaires ou leurs représentants peuvent y assister. Le président de la Commission de Dépouillement et de jugement des offres (CDJO), nommé par l'autorité contractante fait lire à haute voix les noms des soumissionnaires indiqués sur l'enveloppe technique. Il vérifie ensuite le contenu de l'enveloppe technique (y compris la présence des pièces administratives, la caution de soumission si elles y sont incluses, éventuellement, il fait ouvrir l'enveloppe séparée qui contient ces pièces).

-les propositions financières doivent rester cacheter et mises en dépôt (coffre-fort) auprès de l'autorité contractante jusqu'à l'ouverture des enveloppes contenant ces propositions après que la DGMPDSP ait donné son accord sur le résultat de l'évaluation technique. L'ouverture des propositions financières commence à la date et l'heure déterminées par l'autorité contractante après l'évaluation technique.

Le président de la CDJO fait un rapport d'ouverture des soumissions techniques et nomme le rapporteur de la sous-commission technique d'analyse et d'évaluation. Après avoir rédigé le rapport d'évaluation technique, la sous-commission le soumet à la CDJO qui l'adopte. Le rapport adopté est transmis à la DGMP DSP pour avis, approbation et autorisation pour ouvrir les propositions financières. Si la méthode de sélection concerne la sélection fondée sur la qualité technique, la procédure d'évaluation se termine à ce stade et la sous-commission prépare son rapport final en recommandant l'attributaire et le soumet à la DGMPDSP pour avis.

Dans le cas de la sélection fondée sur la qualité technique et le coût et la sélection basée sur le moindre coût, seules les propositions techniques qui ont obtenu la note de qualité technique minimum (score de 75 points) sont admises à l'évaluation financière. Les propositions financières des soumissionnaires qui n'ont pas retenu la note technique minimum leur sont retournées non ouvertes.

Les cautions de soumission relatives aux propositions techniques non retenues peuvent être libérées à ce stade. Les cautions de soumission relatives aux propositions qui passent à l'évaluation financière ne sont libérées que lorsque le marché avec le soumissionnaire sélectionné est signé. Ceci, pour permettre à l'autorité contractante de passer au soumissionnaire classé deuxième au cas où les négociations avec le mieux classé n'aboutissent pas à un résultat positif.

Les soumissionnaires retenus après l'évaluation technique sont invités à assister à l'ouverture des propositions financières une ou deux semaines après l'achèvement de l'évaluation technique. Le Président de la CDJO fait ouvrir les propositions financières et fait lire les montants à haute voix et prépare un rapport sommaire de la séance d'ouverture. Puis la sous-commission technique procède à l'évaluation financière.

Après l'évaluation financière, la sous-commission procède à l'évaluation technique et financière combinée ou détermine l'offre la mieux classée quand il s'agit d'une sélection basée sur le moindre coût. Puis elle fait sa recommandation quant au soumissionnaire ayant obtenu le score total (technique et financier) combiné le plus élevé (qualité-coût) ou ayant le prix le moins cher des soumissionnaires qualifiés après l'évaluation technique (sélection au moindre coût) et envoie le rapport au Président de la CDJO qui le lui soumet à la DGMP-DSP pour approbation.

313.- TDR- Les TDR constituent le document clé de la sollicitation de proposition stipulant l'ampleur des prestations à fournir et les résultats attendus.

-Les éléments clés des TDR :

Pour atteindre les objectifs de la mission, les TDR doivent : définir clairement les objectifs, les buts et l'ampleur de la mission ;

Etre compatible avec le budget disponible ;

Lister exactement les produits que les consultants devront délivrer (rapports, dessins, logiciels) ;

Clarifier l'information que l'autorité contractante fournira aux consultants(le responsable de la supervision) ;

Définir les responsabilités respectives des parties

-points à couvrir dans les TDR : objectifs de la mission (enquêtes, rapports, confection de DAO), l'ampleur de la mission (la partie critique des TDR ; préciser la durée approximative du projet ;

La liste des rapports à fournir et leur calendrier pour des marchés « au forfait » (prix ferme non révisable), les marchés ;

Le calendrier des rapports : initial et acomptes, rapport intérimaire, l'avant-projet de rapport final et le rapport final

Données à fournir par l'autorité contractante (locaux personnels).

314.- Marchés types (CCAP)-

-missions complexes rémunérées au forfait (prix ferme) ;

-missions complexes rémunérées au temps passé (prix révisable) ;

-missions standard rémunérées au forfait (prix ferme)

-missions standard rémunérées au temps passés (prix révisable)

-marchés pour consultants individuels (au temps passé et au forfait)

315.- Formule d'évaluation des offres techniques et financières en matière de consultation-

Les données particulières de la demande de proposition adressée aux candidats définissent les critères d'évaluation comme suit :

1. les propositions techniques seront évaluées sur la base des critères suivants :
   - Expérience générale du bureau d'études dans le domaine des prestations demandées (notée sur 10 points),

- Compréhension des Termes de référence, commentaires de ceux-ci et méthodologie de travail (notée sur 40),
- Qualification des personnels-clés proposés (notée sur 50).

2. Expérience minimale exigée pour qu'un bureau d'études soit acceptable est qu'il a fait au moins cinq (5) des prestations de contrôle de travaux routiers, dont au moins deux (2) contrôles d'entretien routier. Toute expérience inférieure aux seuils est éliminatoire. La note sera calculée selon la formule :

$$Ne = 2+4\left[\frac{Abur-5}{Amax-5}\right] + 4\left[\frac{Cbur-2}{Cmax-2}\right]$$ dans laquelle :

Ne = note obtenue par le bureau pour son expérience
Abur = nombre de contrôle de bureau
Amax = le plus grand nombre de contrôles parmi tous les candidats
Cbur = nombre de contrôle d'entretien routier
Cmax = le plus grand nombre de contrôles d'entretien routier parmi tous les candidats

3. La compréhension des Termes de référence sera jugée sur la base des commentaires que le soumissionnaire donne sur ces TDR, compte tenu de ses expériences (au Mali et dans les pays de conditions climatique et physique similaires) dans le domaine des prestations demandées et sa connaissance des lieux. Il n'y a aucune formule donnée pour l'attribution de la note : chaque évaluateur analysera les commentaires et propositions du soumissionnaire et donnera une note **Nc** sur 20. La note finale sera la moyenne des notes données par tous les évaluateurs.
4. La méthodologie proposée sera évaluée sur la clarté de sa description et sur son adéquation aux attentes des termes de référence. La note correspondante **Nm** sur 20 sera attribuée de la même manière que pour la compréhension des Termes de référence.
5. L'évaluation des capacités des personnels-clés se fera sur la base des sous-critères ci-après, pour chaque agent

- Formation de base :	10 points
- Expérience générale :	15 points
- Expérience dans le poste proposé :	20 points
- Capacité de parler la langue du pays :	5 points

La formation de base est notée comme suit :

- Expert diplômé dans le domaine de la prestation = 10
- Expert dans le domaine de l'objet de la prestation, mais autre diplôme = 8
- Techniciens supérieurs dans le domaine de l'objet de la prestation = 7
- Techniciens supérieurs autres spécialités = 5
- Bac Technique = 3

Les formules à appliquer pour les expériences sont les suivantes :

$$Neg = 15x\left[\frac{Ecandidat}{E\max}\right]$$

Et $Nep = 20x\left[\frac{Ecandidat}{E\max}\right]$ dans laquelle

Neg = note pour expérience générale
Nep = note pour expérience au poste proposé
Ecandidat = nombre d'années d'expérience du candidat (général ou au poste)
Emax = plus grand nombre d'années d'expérience parmi tous les candidats

Pour le chef de mission, la note Nep sera calculée selon la formule suivante :

$Nep = 10\ x\left[\frac{CM\text{candidat}}{\text{CM max}}\right] + 10\ x\left[\frac{\text{ERcandidat}}{\text{ERmax}}\right]$ dans laquelle

CM désigne l'expérience du candidat comme chef de mission
ER désigne l'expérience de contrôle d'entretien routier.

Enfin, la note pour la capacité linguistique est 5 si le candidat parle la langue de travail du pays et 0 s'il ne le parle pas.

Cette notation sera faite pour chacun des membres du personnel-clé (chef de mission et autres experts).

La note pour le bureau, concernant le critère « qualification du personnel-clé » sera calculée en appliquant la formule suivante :

Np = 0,6 (note du chef de mission) + 0,4 (moyenne des notes des autres experts).

6. La note finale de l'offre technique est la somme :

$$\mathbf{St = Ne + Nc + Nm + Np}$$

7. Seuls les consultants dont les offres techniques ont obtenu au moins une note technique Nt de 75/100 seront retenus pour que leurs offres financières soient ouvertes.

8. Les offres financières, après vérification et correction éventuelle des calculs arithmétiques, seront notées par application de la formule suivante :

$$\mathbf{Sf = 100} \times \left[\frac{Mmin}{Moff}\right]$$

9. La note finale de l'offre sera déterminée par la combinaison des scores technique et financière selon la formule :

$$\mathbf{N = 0{,}8\ St + 0{,}2\ Sf}$$

Au niveau des bailleurs, également, il existe une lourdeur dans les procédures de passation des marchés publics. Cela est dû entre autres à l'obligation de communiquer toutes les étapes de la procédure de passation aux bailleurs de fonds pour obtenir leur avis de non-objection.

B) Le retard dans le paiement des marchés publics

316.- Retard- Le retard dans le paiement se manifeste sur le plan des procédures internes et externes. L'Etat au Mali dispose d'un délai de 60 jours maximum pour payer les fournisseurs ou opérateurs économiques qui ont totalement exécuté le marché sous réserve d'autres délais prévus pour certaines catégories de marchés[1197]. Le

[1197] Article 99.3 du décret n° 08-485/P-RM du Mali, ibid.

dépassement du délai de paiement ouvre de plein droit sans autre formalité paiement d'intérêts moratoires au titulaire du marché à compter du jour suivant l'expiration du délai, à un taux fixé par le ministre chargé des Finances et qui ne peut en aucun cas être inférieur au taux d'escompte de la BCEAO augmenté d'un point[1198]. En dépit de ses dispositions réglementaires, l'Etat a la mauvaise réputation d'être un mauvais payeur et cela en raison des tensions de trésorerie ou des traitements non transparents des mandats par le Trésor public suivant la tête du client. Le processus d'exécution du budget d'Etat est fondé sur le principe fondamental et sacro-saint de la séparation des ordonnateurs et des comptables. Afin d'éviter les abus et les cas de malversation, il a été considéré que le principe de la séparation des pouvoirs devant être appliqué au domaine financier en distinguant deux phases dans la réalisation des opérations de recettes et de dépenses. Une phase administrative, durant laquelle est prise la décision de dépenser ou de percevoir une recette et une phase comptable, au cours de laquelle le paiement de la dépense est effectué. Chaque étape du processus budgétaire est confiée à deux corps d'agents publics indépendants l'un de l'autre, les ordonnateurs et les comptables[1199]. Ces dispositions ont été reprises au Mali à la suite de la transposition de la Directive n°06/2009/CM/UEMOA portant lois de Finances au sein des Etats membres de l'UEMOA [1200]. Les ordonnateurs qui sont des administrateurs sont chargés de la phase administrative des opérations de dépense publique. En vertu des dispositions du décret n°97-192/P-RM du 9 juin 1997 portant règlement général de la comptabilité publique [1201] au Mali, la procédure de la dépense publique comporte quatre phases : L'engagement, la liquidation, l'ordonnancement et le paiement[1202]. L'engagement est l'acte par lequel un organisme public crée ou constate à son encontre une obligation d'où résulte une charge. C'est

[1198] Ibid. Article 99.6

[1199] Articles 6 et 7 de la loi n° 96-061 du 4 novembre 1996 portant principes fondamentaux de la comptabilité publique, JORM n°21 du 15 novembre 1996, pp.769-773.

[1200] Article 64 de la Directive n°06/2009/CM/UEMOA portant lois de finances ; article 63 de la loi n° 2013-028 du 11 juillet 2013 relative aux lois de Finances, JORM n°32 du 9 août 2013, pp. 1242-1255 et article 4 du décret n° 2014-0349/P-RM du 22 mai 2014 portant règlement général de la comptabilité publique.

[1201] Décret n° 97-192/P-RM du 9 juin 1997 portant règlement général de la comptabilité publique.

[1202] Article 30 du décret n°97-197/P-RM.

le fait générateur de la dépense[1203]. L'objet de la liquidation est de vérifier la réalité de la dette et d'arrêter le montant de la dépense. Elle est faite au vu des titres établissant les droits acquis du créancier. Il est la transposition de la règle du service fait[1204]. L'ordonnancement est l'acte administratif donnant conformément aux résultats de la liquidation l'ordre de payer la dette du créancier. Il doit permettre de s'assurer que les fonds disponibles existent dans la caisse du comptable avant de donner l'ordre de payer. L'ordonnancement est prescrit, soit par l'ordonnateur principal, soit par les ordonnateurs secondaires. Cependant aux termes des dispositions de la directive n°06/2009/CM/UEMOA du 26 juin 2009, le ministre chargé des Finances est ordonnateur unique des recettes du budget général et des crédits des programmes et budgets annexes de son ministère. Il peut déléguer son pouvoir [1205]. Les ministres et les présidents des institutions constitutionnelles sont ordonnateurs principaux des crédits, programmes et des budgets annexes de leurs ministères ou de leur institution. Ils peuvent également déléguer leur pouvoir[1206]. Ces dispositions ont été transposées au Mali comme telles à travers la loi n° 2013-028 du 11 juillet 2013 relatives aux lois de Finances[1207] et le décret n°2014-0349/P-RM du 22 mai 2014 portant règlement général de la comptabilité publique[1208]. Cependant, au Mali, pendant une période maximum de 5 ans à compter du 1er janvier 2012 les Etats membres peuvent continuer à conférer au ministre chargé des Finances la qualité d'ordonnateur principal unique du budget général, des budgets annexes et des comptes spéciaux du Trésor. Pendant cette période de 5 ans, le ministre chargé des Finances peut déléguer son pouvoir d'engagement à un ou plusieurs ministres ainsi qu'aux Présidents des institutions constitutionnelles pour leur budget respectif[1209]. Au Mali, le ministre chargé des Finances établit la liste des dépenses qui peuvent être payées sans ordonnancement ou faire

[1203] Ibid. article 31.

[1204] Ibid. article 32.

[1205] Article 66 de la directive n°06/2009/CM/UEMOA portant lois de finances au sein des Etats membres de l'UEMOA.

[1206] Ibid. article 68.

[1207] Articles 65 et 67 de la loi n°2013-028 du 11 juillet 2013 relative aux lois de finances, JORM n° 32 du 9 août 2013, pp.1242-1255.

[1208] Articles 8 et 9 du décret n° 2014-0349/P-RM du 22 mai 2014 portant règlement général de la comptabilité publique, JORM du 6 juin 2014, pp.885-897.

[1209] Article 68 de la directive n°06/2009/CM/UEMOA du 26 juin 2009 portant lois de finances au sein des Etats membres de l'UEMOA.

l'objet d'un ordonnancement de régularisation après paiement[1210]. La phase comptable consiste dans le paiement qui est l'acte par lequel l'entité publique se libère de sa dette. Il est effectué par le comptable. Celui-ci doit effectuer un contrôle sur la régularité juridique de l'opération qui entraîne le décaissement et refuser de payer s'il découvre une régularité en rendant compte au ministre des Finances qui rendra compte au ministre intéressé[1211]. Cette procédure de la dépense publique est très formaliste et faisant intervenir plusieurs acteurs : Les Directions de Finances et du Matériel, la Direction nationale du budget et ses démembrements au niveau régional ou subrégional, la Direction nationale du Contrôle financier et ses démembrements au niveau régional ou subrégional et la Direction nationale du Trésor et de la Comptabilité publique et ses démembrements au niveau régional ou subrégional. Les DFM réunissent les différentes pièces justifications de la dépense publique qu'ils envoient à la DNB qui autorise et confirme l'existence de crédits affectés à ladite dépense. Celle-ci autorise ou non l'ouverture de crédit et fait retourner le dossier à la DFM, qui à son tour le transmet pour engagement à la DNCF. A la suite d'un contrôle de conformité effectué par cette dernière, le dossier est rejeté pour irrégularité ou admis avec leur visa. Dans ce dernier cas, le dossier est retourné à la DFM qui l'envoie de nouveau à la DNCF pour mandatement. Si le mandatement est visé, le dossier retourne de nouveau à la DFM concerné qui l'envoie à la Paierie générale pour paiement. Dans certains cas, à la suite de ces va-et-vient, le dossier est égaré. Ce qui rend d'avantage lourd la procédure est que ces différentes structures ne sont pas au même endroit et dès fois le paiement peut ne pas intervenir durant la période concernée. Au niveau des bailleurs de fonds, le retard dans le paiement est également entre autres à la communication de toutes les pièces des procédures d'exécution afin d'obtenir leur ANO. Le nombre élevé de pièces exigées par les bailleurs de fonds est source de retard dans le paiement.

[1210] Article 33 du décret n° 97-192/P-RM du 9 juin 1997 portant règlement général de la comptabilité publique.
[1211] Ibid. articles 34 et 35.

Chapitre II
Le contournement de la réglementation des marchés publics à travers les pratiques frauduleuses

317.- Aspects de la corruption- Pour le professeur Lucien AYISSI de l'université de Yaoundé, *« l'analyse phénoménologique de la corruption met en relief son aspect ludique et poétique : dans son aspect ludique, la corruption est un jeu cynique qui se déroule surtout dans les gouvernances dont la médiocrité et la permissivité s'expliquent par les multiples pannes institutionnelles, définies par les vides juridiques et la porosité d'une normativité qui fait le lit de la connivence et de l'impunité. Dans son aspect poétique, la corruption a la magie de transformer les corrompus et les corrupteurs en héros, le normal en pathologique, les crétins en surdoués, les vertueux en vauriens, les gagne –petit en richissimes, les valeurs épistémologiques en valeurs marchandes, l'Etat en un vaste système mafieux déterminé dans sa gouvernance par la volonté prébendière des truands »*[1212].

L'application des règles régissant les deux phases des marchés publics au Mali est contrariée par leur contournement. Le contournement ou cette violation des règles se manifeste à travers la persistance de la fraude dans les marchés publics au Mali due à certains facteurs (section I) et la multiplicité de la typologie des cas de fraude dans les procédures de marchés publics (Section II).

Section I : La persistance de la fraude ou de la corruption dans les marchés publics au Mali due à certains facteurs

318.- Notion- Le mot fraude peut être défini de plusieurs façons. La fraude signifie mauvaise foi, acte de mauvaise foi, tromperie, acte

[1212] AYSISSI (L), corruption et gouvernance, l'Harmattan 2008, voir le résumé.

accompli dans le dessein de préjudicier à des droits que l'on doit respecter ; agissements illicites par emploi de moyens illégaux[1213]. Selon, le lexique des termes juridiques[1214], la fraude désigne un acte intentionnel commis par un ou plusieurs membres de direction, par des employés ou par des tiers, impliquant des manœuvres dolosives. La notion juridique de fraude est très large[1215]. La BM définit la fraude comme une présentation erronée des faits afin d'influer sur la passation ou l'exécution d'un marché [1216]. La réglementation applicable à la passation et à l'exécution des marchés est fréquemment ignorée ou contournée, ce qui aboutit souvent à des pratiques corrompues et frauduleuses de la part du secteur public et du secteur privé.

Un des principes de l'intégrité exige des pouvoirs publics de mettre en place des mécanismes spécifiques pour surveiller les marchés publics ainsi que de déceler les fautes commises et de les sanctionner. L'existence et l'efficacité des mécanismes de contrôle sont une condition essentielle de l'intégrité de la passation des marchés publics. Un autre principe souligne le traitement par l'administration de manière équitable et dans les délais prévus des réclamations des fournisseurs potentiels. Un dernier principe de l'OCDE demande aux pouvoirs publics de permettre aux organisations de la société civile, aux médias et à l'ensemble des citoyens de suivre de près la passation des marchés publics. Les rapports des institutions supérieures de contrôle des finances doivent être mis à la disposition du plus grand nombre, afin de renforcer la vigilance du public.

Il convient d'examiner les causes (paragraphe I) et les conséquences de la persistance de la fraude dans les procédures des marchés publics (paragraphe II)

1213 CORNU (G.), vocabulaire juridique, op.cit..

1214 Lexique des termes juridiques, 2010, Dalloz.

1215 Arrêté n° 10 – 1251/MEF – SG du 11 mai 2010 portant approbation des guides d'audit comptable et financier pour le secteur public au Mali pp. 24-25.

1216 Conseil de l'Europe, la corruption dans les marchés publics Edition du conseil de l'Europe septembre 1998 p. 112.

Paragraphe I : Les causes de la persistance de la fraude ou de la corruption dans les procédures des marchés publics

319.- Causes de la fraude- La persistance de la fraude est due au laxisme des autorités (A), mais aussi à l'inefficacité de la politique criminelle d'assainissement des marchés publics (B).

A) Le laxisme des autorités

320.- Manque de volonté politique- Le laxisme des autorités se manifeste par l'impunité et le manque de volonté politique. *« Le sentiment d'impunité dans lequel baignent les personnes responsables des pratiques frauduleuses et la banalisation à la fois de la corruption et du détournement de fonds publics qu'un pays pauvre ne peut pas se permettre parce que, précisément, ces pratiques aggravent la pauvreté et l'injustice. On a d'ailleurs le sentiment que, même lorsque les déclarations et les intentions affichées paraissent de bonne foi, les efforts exigés semblent exclure les premiers responsables, leurs familles, leur entourage, leurs alliés politiques et leur clan. Le (...) constat est l'exemple détestable qui est ainsi donné à la jeunesse (déjà au chômage et désœuvré) qui cède ainsi volontiers à la logique de l'argent facile au détriment de la rigueur et de la probité dans le travail. Dans les quartiers, ce sont les profiteurs de ce système (avec leurs belles voitures et leurs villas) qui sont montrés en exemple aux enfants et non ceux qui travaillent pour gagner honnêtement leur vie »*[1217].

321. Culture de la corruption- Pour le PNUD[1218], la culture de l'impunité est l'une des causes qui favorisent la corruption dans les marchés publics. Le problème posé par l'impunité fait partie des grandes conclusions retenues par les Etats généraux sur la lutte contre la corruption et la délinquance financière au Mali. Ces Etats généraux sur la corruption et la délinquance financière tenus à Bamako du 25 au 28 novembre 2008 ont abouti à 104 recommandations qui ont fait l'objet d'un rapport soumis au conseil des ministres du 5 février 2009[1219]. Un plan d'action a été élaboré et adopté en Conseil des

---

[1217] AYISSI (L.) op.cit. PP. 185-186.

[1218] V. http : www.dgrup.gov.ml programme des Nations Unies pour développement (page consultée le 1er août 2013).

[1219] V. http://www.banquemondiale (page consulté le 28/08/2013)

ministres du 27 janvier 2010. La qualité de la gouvernance reste un gage de succès des politiques et programmes de développement.
La création des pôles économiques et financiers au Mali en 2001, n'a absolument rien changé. La Haute Cour de justice créée depuis 1997 n'a été mis en place qu'en 2013. Cette juridiction politique est en quasi-léthargie.

322.- Impunité- Le laxisme des autorités se caractérise par l'impunité des acteurs publics et des acteurs privés impliqués dans les violations des règles relatives aux marchés publics. L'impunité des acteurs privés se justifie par le fait que ce sont eux qui sont attributaires des marchés publics et qui financent les partis politiques. Mais la quasi-impunité concerne les parlementaires et les membres du Gouvernement. L'impunité de ceux-ci découle de l'hypothèse du fait majoritaire, c'est-à-dire la concordance entre la majorité parlementaire et celle présidentielle.

323.- Fait majoritaire- Le fait majoritaire est la situation dans laquelle, le parti politique au pouvoir détient la majorité absolue des sièges à l'Assemblée nationale. Le fait majoritaire accentue la dépendance du Parlement vis-à-vis du Gouvernement en cas d'homogénéité face aux décisions prises par le Président de la République et le Gouvernement. Les parlementaires pensent qu'ils doivent appuyer la politique du Gouvernement qui n'est autre chose que celle de leur parti. Ils pensent toujours qu'ils sont élus pour être le relais du pouvoir exécutif. Selon, le Professeur DUVERGER, dans un parlementarisme majoritaire *« le Gouvernement s'appuie sur une majorité stable et relativement homogène de sorte qu'il dure normalement toute la législature et qu'il a les moyens de gouverner (...), la majorité du Parlement était formé par le parti ou le groupe de partis dont les leaders sont au Gouvernement, et ce parti ou ce groupe de partis étant disciplinés, la subordination des députés de la majorité à leur chef politique entraîne la subordination du Parlement au Gouvernement »*[1220]. L'ancien Président de l'Assemblée nationale du Mali, issu du parti Alliance pour la Démocratie au Mali (ADEMA), face aux critiques de ses pairs « de ternir l'image des députés » et de « casser leur ressort », a réagi en ces termes : *« J'ai une conception de complémentarité entre l'exécutif et le législatif et je ne cache pas que*

[1220] DUVERGER (M.), « les institutions après DE GAULLE », le monde du 26 novembre 1969.

je suis Secrétaire politique du parti majoritaire »[1221]. La quasi-léthargie de la Haute Cour de Justice[1222] est l'un des faits majeurs de cette impunité. La mise en accusation du Président de la République et des membres du Gouvernement est votée sous forme de résolution à la majorité des 2/3 des députés composant l'Assemblée nationale par scrutin public. La mise en accusation entraîne de plein droit la levée totale de toute immunité[1223]. Après clôture des débats, la Haute Cour statue sur la culpabilité des accusés. Un vote a eu lieu séparément pour chaque accusé sur chaque chef d'accusation et sur la question des circonstances atténuantes. Le vote a eu lieu par bulletin secret à la majorité absolue[1224]. Aucun recours ne peut être exercé contre un arrêt de la Haute Cour sauf le recours en révision. Il serait difficile dans cette situation de voir la levée de l'immunité d'un membre du Gouvernement. Ceci consacre l'impunité totale pour les membres du parti au pouvoir. Au Mali, plusieurs ministres ont été cités dans plusieurs affaires retentissantes sur le plan international sans qu'aucune suite judiciaire soit donnée aux dites affaires. Ces sont les rapports du BVG et de la Section des Comptes sur l'achat de l'avion présidentiel et les achats d'équipements militaires pour l'armée qui ont valu au Mali, la suspension de sa coopération avec les bailleurs de fonds bilatéraux, multilatéraux et PTF notamment le FMI, la BM, la BAD et certaines puissances occidentales[1225]. La quasi-immunité dont disposent les membres du Gouvernement en France a abouti à la révision de la Constitution du 4 octobre 1958 en 1993. Avec, cette révision, à côté de la Haute Cour de Justice compétente pour juger uniquement le Président de la République[1226] a été instituée la Cour de Justice de la République par le titre IX de ladite constitution[1227]. Ce

[1221] Réaction de Ali Nouhoun DIALLO, dans le journal, Républicain du 13 mai 1993 face à la déclaration le vendredi 30 avril 1993, place de la République du Colonel Youssouf TRAORE.
[1222] V. Supra, p.166.
[1223] Article 95 de la Constitution du 25 février 1992 du Mali et article 16 de la loi n° 97-001 du 13 janvier 1997 fixant la composition et les règles de fonctionnement de la Haute Cour de Justice ainsi que la procédure suivie devant elle.
[1224] Article 33 de la loi n° 97-001 du 13 janvier 1997 fixant la composition et les règles de fonctionnement de la Haute Cour de Justice ainsi que la procédure suivie devant elle.
[1225] Rapport du BVG du Mali, octobre 2014, acquisition d'un aéronef et fourniture aux forces armée maliennes de matériels d'habillement, de couchage, de campement et d'alimentation (HCCA), ainsi que de véhicules et de pièces de rechange Ministère de la Défense et des Anciens combattants, vérification de conformité et de performance.
[1226] Titre IX de la Constitution française du 4 octobre 1958.
[1227] Titre X de la constitution française du 4 octobre 1958.

Titre est intitulé : *« De la responsabilité pénale des membres du Gouvernement »*.

324.- Nécessité de créer une Cour de Justice de la République- Une nouveauté consiste au pouvoir donner à toute personne de porter plainte contre les membres du Gouvernement français pour les crimes et délits commis dans l'exercice de leur fonction devant une Commission des Requêtes. Pour éviter les abus, cette Commission des Requêtes composée de trois magistrats de la Cour de Cassation française reçoit les plaintes qu'elle peut classer ou transmettre au Procureur Général de la Cour de Cassation qui saisit la Cour de Justice de la République. Le Procureur général peut d'office après avis conforme de la Commission des Requêtes saisir la Cour de Justice de la République. L'instruction est faite par une Commission d'instruction composée de trois conseillers de la Cour de Cassation et le jugement est fait par la Cour de Justice de la République composée de quinze juges dont douze parlementaires et trois magistrats du siège de la Cour de Cassation et dont l'un est Président de la Cour de Justice[1228]. Ce mécanisme de mise en jeu de la responsabilité pénale des membres du Gouvernement est allé jusqu'à son terme en 1999, dans l'affaire du Sang contaminé. La Commission d'instruction renvoya devant la Cour de Justice deux anciens ministres du Premier Ministre Laurent FABIUS [1229] et ce dernier pour homicide involontaire. La Cour de Justice de la République relaxa FABIUS, et Georgina DUFOIX en condamnant Edmond Hervé, qui cependant a été dispensé de peine[1230]. Pour les fautes commises en dehors de l'exercice de leur fonction, les ministres sont poursuivis devant les juridictions de droit commun en France[1231]. D'ailleurs, dans certains pays comme l'Allemagne et l'Italie, les ministres peuvent être traduits devant les juridictions ordinaires[1232].

L'absence de volonté politique réelle de lutter contre la corruption favorise également celle-ci. Pour le magistrat Daniel A.

[1228] Ibid. article 68-2.

[1229] Premier Ministre 1984-1986.

[1230] ARDENT (P.), MATHIEU (B.), institutions politiques et droit constitutionnel, 23e édition, LGDJ, 2011, p.539 ; FAVOREU (L.), GAIA (P.), GHEVONTIAN (R.), MESTRE (J.-L.), PFERSMANN (O.), ROUX (A.), SCOFFONI (G.), droit constitutionnel, 12e édition, Dalloz, 2009, p.691. ;

[1231] ARDENT (P.), MATHIEU (B.), ibid. p.537

[1232] CHAMPAGNE (G.), l'essentiel du droit constitutionnel, théorie générale du droit constitutionnel, Gualino, 2011-2012, p.56.

TESSOUGUE *''les autorités n'ont jamais eu une véritable volonté de lutter contre la corruption. Tout ce qui est fait, c'est pour distraire le peuple et l'endormir d'avantage''*[1233], avant de déclarer *''le moustique ne fabriquera jamais l'anti moustiquaire''*. Dans une autre intervention, faite en 2015 au cours de l'ouverture de la deuxième session de la Cour d'assises à Bamako, le Procureur général près la Cour d'appel de Bamako dénonce le manque d'intérêt que les gouvernants accordent à la justice. Il explique qu'il a fallu deux ans de quêtes pour organiser une Conférence de Parquet, activité traditionnelle du Ministère public alors que le budget ne représente qu'un million six cent mille francs CFA. Finalement, ce sont les USA qui ont financé la Conférence de Parquet. Ce qui a poussé le Procureur général TESSOUGUE, a déclaré : *« La justice est au cœur de notre pays en crise et que cette crise a atteint l'Etat en ce qu'il a de plus profond (...) Mais comment expliquer qu'un pays souverain ne puisse pas investir moins de deux millions de FCFA pour que la justice au bout de deux ans puisse organiser une activité, qui permet une amélioration de la justice. Je ne me pose pas de question. Je pense simplement que c'est pour que le pouvoir judiciaire ne marche pas. Je le dis ici, si le Mali veut être parmi les nations qui comptent, il se doit de faire une véritable réforme du système de fonctionnement de la justice, une réforme vraie et non celle conçue dans un bureau d'étude pour satisfaire des fantasmes d'un autre âge et d'un autre monde »*[1234].

325.- Publication- La réputation des institutions politiques passe par l'engagement des gouvernants à lutter de façon implacable contre la corruption dans les marchés publics.

Les bailleurs de fonds et les PTF exigent à ce que les rapports d'audit des structures de contrôle soient publiés et singulièrement les rapports d'audits des marchés publics. L'organisation des institutions supérieures de contrôle des Finances publiques qui est L'INTOSAI insiste sur l'indépendance des institutions supérieures de contrôle des finances publiques (ISC). Les ISC doivent publier en toute indépendance leur rapport et tous les citoyens peuvent ou doivent avoir accès à ces rapports d'audit. C'est cela qui renforce davantage la confiance des citoyens aux gouvernants.

[1233] V. http : www.dgmp.gov.ml (page consultée le 1er août 2013)

[1234] V. Journal le Républicain n° 5194 du jeudi octobre 2015, p.4.

Le Mali a adopté en août 2011 ''la stratégie nationale de contrôle interne''[1235] qui insiste sur la liberté donnée aux structures de contrôle de publier en toute indépendance leurs rapports. Ces structures de contrôle peuvent également faire des dénonciations au parquet compétent en cas de découvertes de fraude dans les marchés publics.

Tout le système est gangréné par la corruption et celle-ci devient une véritable criminalité organisée.

B) L'inefficacité de la politique criminelle d'assainissement des marchés publics

326. Politique criminelle en lambeau- Malgré la panoplie de règles adoptées pour moraliser le système des marchés publics, ces derniers demeurent le terreau de la délinquance d'affaires. L'inefficacité de la politique criminelle d'assainissement des marchés publics peut être liée à la sous-estimation du phénomène criminel dans les marchés publics et à la mainmise du pouvoir politique sur le pouvoir judiciaire et l'administration.

Les marchés publics sont des contrats d'affaires[1236] basés sur la recherche du profit par l'opérateur économique contractante qui n'hésite pas à utiliser tous les moyens, tous les artifices, toutes les astuces et subterfuges pour obtenir ou se faire attribuer un marché. Or qui dit délinquance d'affaire dit un homme extrêmement intelligent selon Wilfread Jean Didier, qui est en avance sur le système mis en place[1237]. Sans la maîtrise du phénomène criminel dans les marchés publics, il est difficile de moraliser la chaîne de la dépense publique. La délinquance relative aux contrats d'affaires est mal maîtrisée par les acteurs chargés de la politique criminelle générale en l'absence d'une structure spécialement dédiée à l'observation et à la définition des comportements criminels en matière de marché public.

Seuls des acteurs de la politique criminelle spécialisée peuvent définir une véritable politique criminelle d'assainissement des marchés publics. La faiblesse professionnelle des acteurs de la justice demeure une réalité. Dans le domaine des marchés publics, le juge intervient tout au long du processus de passation et d'exécution des marchés publics à travers les plaintes et requêtes des candidats. Le constat a été

1235 V. document intitulé stratégie nationale de contrôle interne août 2011.
1236 GUETTIER (C.), op.cit.
1237 JEANDIDIER (W.), le droit pénal des affaires, 3e édition, 1998, LGDJ, pp. 1-26.

fait que les juges sont mal outillés pour trancher les litiges. L'insuffisance dans la formation sur le droit des marchés publics est un handicap à la bonne gouvernance démocratique.

De nombreux délits sont susceptibles d'être commis dans le cadre des marchés publics. De la prise illégale d'intérêts à la corruption, le plus emblématique est le récent délit d'octroi d'avantage injustifié dit "délit de favoritisme'' crée par la loi française n° 91-3 du 3 janvier 1991. Il permet notamment de réprimer des agissements qui jusque-là échappaient à la qualification de corruption en incriminant les pratiques destinées à favoriser un candidat même sans contrepartie.

327.- Délit de favoritisme- Le délit de favoritisme apparaît au Mali pour la première fois dans le Code pénal de 2001[1238].

Le Code pénal du Mali punit les auteurs du délit de favoritisme[1239].

Malgré cette disposition, les recherches faites au niveau des juridictions à Bamako n'ont pas permis de trouver même un cas de poursuite pour délit de favoritisme à plus forte raison une condamnation. Or l'examen des rapports des structures de contrôle au Mali, montre fréquemment que l'existence d'une telle infraction est légion.

Cette absence de poursuite par rapport à cette infraction est à mettre à l'insuffisance dans la formation des magistrats pour une telle infraction. En France, il y a plusieurs condamnations par an pour délit de favoritisme.
" Le délit de favoritisme représente donc le fait pour une personne de procurer à autrui un avantage injustifié c'est-à-dire comme le terme l'indique, de favoriser autrui par un acte contraire aux dispositions relatives à la liberté d'accès et à l'égalité des candidats dans les marchés publics ''[1240]
Après les scandales de corruptions survenues dans les années 90 en France, l'administration n'est plus libre désormais de choisir, en dehors de toute procédure de publicité et de mise en concurrence, le titulaire même d'une convention de délégation de service public.

[1238] Loi n° 01-079 du 20 août 2001 portant code pénal au Mali, ibid.
En France, il est puni par l'article 432-14du code pénal.
[1239] Article 112 de loi n°01-079 du 20 août 2001 portant code pénal au Mali, ibid.
[1240] CROS (N.), BOISSY (X.), les litiges des marchés publics, édition Berger Levrault 1er Septembre 2010 pp. 140-144.

Quant à la qualité de l'auteur du délit, le Code pénal du Mali établit une liste limitative des personnes auxquelles l'infraction peut être imputée : Les personnes dépositaires de l'autorité publique ou chargées d'une mission de service public ; les personnes chargées d'un mandat électif public ; les personnes publiques ou privées, agissant pour le compte d'une personne publique dans le cadre d'un marché public ; toutes personnes agissant pour le compte de l'une de celles susmentionnées[1241]. Concrètement la personne qui passe le marché est la première concernée par les dispositions pénales précitées.
Mais les mandataires de maîtrise d'ouvrage, les maîtres d'œuvre et le personnel des services techniques, les membres des commissions, d'appel d'offres sont aussi concernés. Evidement les élus (maires, conseillers, etc.) peuvent également être condamnés pour délit de favoritisme.

"Certaines personnes, tels les comptables sont exclues du champ du délit de favoritisme''.

S'agissant de l'élément matériel la première condition est celle d'un ''avantage injustifié procuré à autrui''. Or l'avantage injustifié n'est défini ni par la loi ni par le Code pénal. Il est laissé à la libre appréciation du juge pénal et est devenu une notion jurisprudentielle. ''Evidemment, l'avantage le plus flagrant est l'attribution du marché sans aucune mise en concurrence. Mais cet avantage peut également être par exemple une information confidentielle communiquée à une entreprise attributaire. Cette information peut aiguiller le candidat sur la présentation de son offre''[1242]. D'après la chambre criminelle de la Cour de Cassation française, une violation des dispositions relatives à l'égalité entre les candidats suffit à constituer un avantage injustifié. *''Les Juges ajoutent qu'Elisabeth x... a reconnu avoir pris sa décision d'attribuer un marché à la société A.C. consultants Sud - Ouest non pas en fonction de critères objectifs de choix découlant des propositions faites par les candidats, mais pour faire plaisir à un tiers avec lequel elle entretenait des relations d'amitié et qu'en procédant ainsi elle a porté atteinte à la liberté d'accès et à l'égalité des candidats et procuré un avantage injustifié à la société AC...''*[1243].

[1241] Article 11 de la loi n°01-079 du 20 août 2001 portant code pénal au Mali, ibid.
[1242] CROS (N.), BOISSY (X.), les litiges des marchés publics op.cit. p.141
[1243] Cass. crim, 14 février 2007, rec. n° 06-81924.

En outre, l'expression ''procuré à autrui'' signifie seulement que l'avantage doit profiter à l'attributaire du marché et non à l'auteur de l'infraction lui-même contrairement au délit de prise illégale d'intérêt.

Il n'est en effet pas nécessaire que l'auteur de l'infraction ait obtenu ou cherché à obtenir un profit personnel.

Quant aux moyens de procurer l'avantage il peut s'agir de tout acte ou abstention : communication ou au contraire dissimulation de document ou d'information, rendez-vous, défaut de publicité, défaut d'analyse des offres ou analyse partielle, décision d'attribution infondée, etc.

Concernant l'élément légal, la deuxième condition est un acte contraire aux dispositions législatives et réglementaires ayant pour objet de garantir la liberté d'accès et l'égalité entre candidats dans les marchés publics[1244].

Le délit peut être constitué pour violation de multitudes de règles très précises issues de divers textes dont voici quelques exemples : Le fractionnement de la commande publique afin de ne pas atteindre les seuils de mise en concurrence : *''Attendu qu'en l'état de ces énonciations, d'où il se déduit qu'en fractionnant le marché litigieux d'un montant supérieur au seuil de 700000 francs et dont l'attributaire imposait le recours à une procédure d'appel d'offres, le prévenu a nécessairement attribué un avantage, injustifié aux sociétés attributaires, par un acte contraire à l'article 104-110e du code des marchés publics alors applicables''*[1245] ; la rédaction du cahier des charges en fonction des prestations proposées par l'entreprise attributaire : ''l'insertion dans un cahier des charges de clauses techniques particulières qui ne pourront être satisfaites que par une seule entreprise est contraire à l'article 272 alinéa 1er du Code des Marchés publics (CMP) alors applicable et procure à cette entreprise un avantage injustifié''[1246] ; la modification des critères de choix contenus dans le règlement de consultation[1247] ; le choix sur des critères occultes et subjectifs : *''Attendu que, pour déclarer les prévenus coupables des délits reprochés les juges relèvent que Gaston x... a contrevenu aux dispositions du CMP alors en vigueur prescrivant une sélection faite sur le fondement de critères objectifs dûment spécifiés et*

1244 Et de délégation de service public.

1245 Cass. crim, 10 septembre 2008, Rec. n° 08-80589.

1246 Cass. crim, 30 juin 2004, rec. n°03-86287.

1247 Cass. crim. 22Nov 2006, Rec. n° 05-85919.

préalablement portés à la connaissance des candidats ; qu'ils ajoutent qu'en fondant son choix sur des critères subjectifs et occultes, il a fait bénéficier d'un avantage injustifié Jean pierre qui a en connaissance de cause, présenté un projet commun pour obtenir, le soutien qui leur a permis d'être sélectionnés''[1248].

Relativement à l'élément intentionnel, il s'agit d'un délit. Or selon l'article 121-3 du Code pénal français ''*il n'y a point de crime ou de délit sans intention de le commettre*''. La simple négligence ne suffit pas.

Il convient toujours d'établir la preuve de cette intention et pour ce faire le juge français a recours à la méthode du faisceau d'indices : gravité des faits, leur répétition et l'expérience de l'auteur de ''qui, il résulte de l'ensemble de ces éléments que les dispositions du CMP n'ont pas été respectées, ce que Claude x... Compte tenu de ses qualifications, de ses responsabilités, de sa longue expérience ne pouvait ignorer''[1249].

S'agissant du lien avec l'entreprise retenu : *''Il a été établi qu'il avait rencontré l'architecte A... avant la remise des dossiers [...] ; qu'ainsi son intention était bien de favoriser ce cabinet au mépris du CMP''*[1250].

Pour Nicolas et Xavier Boissy, l'intention fait partie intégrante du délit, d'ailleurs c'est sur la base de cet élément que la tentative est punissable.

En effet l'article 432-14 du Code pénal français n'exige pas la preuve de l'attribution effective du marché à l'entreprise favorisée. C'est pourquoi la jurisprudence condamne en cas de violation des règles de mise en concurrence combinée avec l'intention de favoriser alors que le marché avait par la suite été annulé par le conseil municipal[1251]. Quant aux causes exonératoires et circonstances atténuantes en l'absence de cause d'exonération expressément prévue par l'article 432-14 la jurisprudence française ne semble tolérer aucune raison valable susceptible d'écarter la responsabilité du prévenu.

[1248] Cass crim. 24 fev 2010, Rec. n° 09-83988.
[1249] Cass. crim. 27 Sept 2006, rec. n° 06-81300.
[1250] Cass. crim. 8mars 2006, rec. n° 05 – 85276.
[1251] CROS (N.) BOISSY (X.), op.cit. p 146.

Le bénéfice de l'article 122-7 [1252] a été refusé par la chambre criminelle à un fonctionnaire qui affirmait avoir agi pour faire face à une urgence sanitaire, passant irrégulièrement un marché d'enlèvement d'ordures ménagères en invoquant la salubrité publique[1253]. Le point de départ de la prescription triennale est la notification du marché.

La création d'une structure spécialement dédiée à la définition de la politique criminelle dans les marchés publics doit être pensée. La criminalité des marchés publics est une infraction d'astuce qui nécessite la création d'une structure spécialisée.

328.- Formes de corruption- Au Mali, les Etats généraux sur la corruption et la délinquance financière tenus du 25 au 28 novembre 2008[1254] ont dégagé deux formes de corruption : la petite corruption très pernicieuse qui agit directement sur le portefeuille des ménages et la grande corruption qui se trouve généralement au niveau de la passation des marchés publics. Ils constituent la ''mangeoire'' par excellence et sont gérés entre autres par des fonctionnaires qui ne savent pas quand est-ce que leur salaire est viré sur leur compte par ce qu'ils n'en vivent pas. Mais aussi d'autres personnes qui n'ont pas de fonds propres créent une structure fantôme qui se confond avec bien souvent la promesse de la commission de 10%. Ils prennent un crédit bancaire pour l'exécution parfois en payant ou en promettant quelque chose au financier. Comme, ils ne sont pas des spécialistes, le marché est en général sous-traité à l'insu du maître d'ouvrage. Celui qui a la charge du suivi, de l'exécution du marché ferme les yeux. "Le circuit est bouché par une réception provisoire en bonne et due forme et la levée de la retenue de garantie par une caution bancaire. C'est ainsi que se crée une chaîne de rentiers qui s'enrichissent au détriment de l'écrasante majorité de la population. Au Mali, un nouveau personnage est apparu dans le système de corruption en dehors du corrompu et du corrupteur, il s'agit d'un intermédiaire entre les deux, qui les rapproche. Pour ce service, l'intercesseur encore appelé "cocxeur'' perçoit une dime, la fameuse commission de 10% connue sous le nom de "nta'' ou "togo ». Cette nouvelle forme de corruption

---

1252 Article 122-7 ''n'est pas pénalement responsable la personne qui face à un danger….. accomplit un acte nécessaire à la sauvegarde de la personne ou du bien…..''

1253 Cass. crim 26 janvier 2005, rec n° 04- 84805

1254 http : www.financialafrik.com/2013 (page consultée le 10 août 2013)

est très répandue dans le domaine des marchés publics. “C’est la nouvelle corruption à 3têtes’’[1255].

329.-Instrumentalisation de la justice- L’économie et la politique sont liées étant entendu que dans les « *ploutodémoncraties, l’argent est le nerf de la guerre* ». Sans argent il est difficile, voire impossible pour un candidat de se hisser au sommet du pouvoir. Dans les nouvelles démocraties en Afrique ou *« démocraties formelles »* selon Joseph Ki-Zerbo[1256], le parti politique qui gagne les élections et qui doit gouverner un pays pense qu’il est le seul détenteur de la légitimité et par conséquent le pouvoir judiciaire doit être à son service. La notion de séparation des pouvoirs est reléguée au second plan. « L’immixtion du pouvoir politique dans le fonctionnement du pouvoir judiciaire devient une réalité » d’une part et d’autre l’administration ou les structures de contrôle des deniers publics sont instrumentalisées.

« *L’immixtion se manifeste à travers l’instrumentalisation de la justice* », et l’attitude négative des magistrats qui ne s’assument pas et ne prennent pas conscience de leur indépendance. « L’attente des instructions de la hiérarchie par les parquets avant d’engager toute poursuite » : les pôles économiques et financiers ont été créés à cet effet. Les procureurs n’agissent qu’en attendant les instructions de la hiérarchie, du ministre de la Justice. Ce sont les deux poids, deux mesures ; selon la fable de la Fontaine : « Selon *que vous soyez riche ou pauvre les jugements des cours vous rendront blanc ou noir* ». Il s’agit dans ce cas « *d’une justice aux ordres* » qui fait que les « parquets deviennent le bras séculier du pouvoir politique au sein du pouvoir judiciaire de sorte que la séparation des pouvoirs qui est un principe constitutionnel devient un leurre ». Si le voleur d’œuf ou de poule est inquiété, le voleur des dizaines de millions ou de milliards n’est pas inquiété.

L’attitude négative des magistrats qui ne s’assument pas et ne prennent pas conscience de leur indépendance rend la répression inefficace. Il n’y a pas d’Etat de droit sans une justice indépendante. Il a été coutume de dire au Mali que les magistrats sont indépendants à l’égard de tous sauf à l’égard de l’argent. *« Le pouvoir judiciaire est indépendant de pouvoirs exécutif et législatif. Il s’exerce par la Cour*

[1255] Rapport sur les Etats généraux de la corruption au Mali.
[1256] KI- ZERBO (J.), op.cit. p.9.

Suprême et les autres cours et tribunaux. Le pouvoir judiciaire est le gardien des droits et libertés définis par la présente Constitution. Il est chargé d'appliquer, dans le domaine qui lui est propre, les lois de la République »[1257]. L'indépendance du juge se manifeste notamment par « l'inamovibilité » qui signifie que les magistrats du siège ne peuvent être ni révoqués, ni suspendus, ni mis à la retraite, ni déplacés sans observations des conditions imposées par la loi. Selon, le juge sénégalais BAH, l'autorité de nomination viole souvent cette disposition, or sans la règle de l'inamovibilité, il n'y a pas d'indépendance du juge[1258]. C'est la raison pour laquelle, le Procureur général Dupin disait : *« un juge qui craint pour sa place ne rend pas la justice »*[1259]. Il faut reconnaître que l'indépendance du juge est reconnue par la loi fondamentale, c'est à lui de la saisir et de la mettre en œuvre. De même, le juge Kéba MBAYE disait : *« On ne peut forcer un homme à être libre, on ne peut que lui donner les moyens de sa liberté. L'indépendance n'existe que par exercice et volonté »*[1260].

La tentative d'instrumentalisation de la justice au Mali s'est manifestée par le comportement de certains ministres de la justice qui se fondèrent sur une disposition archaïque du code de procédure pénale pour dicter la conduite à tenir de procureurs et même de magistrats du siège dans certains dossiers qui concernent leurs protégés ou leurs adversaires. Cette disposition désuète, abandonnée dans toutes les grandes démocraties est formulée par l'article 49 de la loi n°01-080 /AN-RM du 20 août 2001 portant code de procédure pénale au Mali ainsi libellé : « *Le ministre de la Justice peut dénoncer au procureur général les infractions à la loi pénale dont il a connaissance, lui enjoindre d'engager ou de faire engager des poursuites ou de saisir la juridiction compétente de telles réquisitions écrites que le ministre juge opportunes* ». Cette disposition ne fait pas du ministre de la Justice un procureur qui peut se substituer aux procureurs de la République pour exercer leurs fonctions. Le ministre de la Justice doit passer par le Procureur Général pour ses instructions. Cette tentative de substitution du ministre de la Justice aux procureurs

---

[1257] Article 81 de la constitution du Mali du 25 février 1992.

[1258] V. allocution prononcée par le juge Amadou BAH, au cours de la rentrée solennelle des cours et tribunaux, cité par Maître Doudou NDOYE, dans le droit de savoir numéro 3, droits et responsabilités des juges au Sénégal, les éditions CAFORD, pp. 12-13.

[1259] Cité par le juge Amadou BAH au cours de la rentrée solennelle des cours et tribunaux au Sénégal, op. cit. p.12.

[1260] Ibid. p.17.

a conduit des procureurs de la République à rendre leur démission dudit poste. Il en est du cas de l'ancien procureur du Tribunal de première Instance de la commune III du District, en même temps procureur du pôle économique et financier de Bamako **(2012-2014) Mohamed Sidda DICKO,** qui a préféré démissionner, lorsque courant 2014, un ministre de la justice lui enjoignant directement, en toute illégalité, de décerner mandat de dépôt contre un suspect.

330. Couper le cordon ombilical entre le ministre de la Justice et les magistrats - Actuellement, dans les grandes démocraties où il existe une telle disposition, aucun membre du Gouvernement n'ose donner des instructions à un magistrat, qu'il soit même du parquet, car la société civile et même les partis politiques qu'ils soient de la majorité ou de l'opposition n'acceptent jamais une telle immixtion du pouvoir exécutif dans le fonctionnement du pouvoir judiciaire. C'est le principe de l'indépendance du pouvoir judiciaire. Si un magistrat commet une faute, il n'est pas au-dessus de la loi, il est poursuivi conformément à la loi. C'est le gage de l'Etat de droit, de l'approfondissement de la démocratie dans un pays.

331.- la non-maîtrise par les magistrats de la notion du délit de favoritisme- Concernant le délit de favoritisme, il consiste à attribuer un marché public à autrui en le favorisant au détriment des autres soumissionnaires. Cette infraction née en France à partir de 1991 reprise dans les textes des pays africains et singulièrement celui du Mali implique certains éléments.

Le délit de favoritisme appelé initialement en France délit d'octroi davantage injustifié a été créé par la loi française du 3 janvier 1991 relative à la transparence et à la régularité des marchés publics. Le délit n'est constitué suivant la doctrine et la jurisprudence constante que si l'ensemble des éléments constitutifs définis par la loi sont réunis[1261]. Les personnes susceptibles d'être poursuivies sont toutes celles qui interviennent avec un pouvoir décisionnel ou d'influence dans le processus de passation d'un marché public. L'élément matériel de l'infraction consiste en une violation des règles tendant à garantir la liberté d'accès ou l'égalité des candidats dans les marchés publics. Le fractionnement illégal d'un marché public visant à éviter le recours à

[1261] Cass ; Crim.10 mars 2004, Pourvoi n°02-685.285, arrêt cité dans dictionnaire DICO Moniteur des marchés publics, édit. Le moniteur , 2008,, p.84 et suivants.

l'appel d'offres est un des éléments matériel[1262]. L'agissement doit être contraire aux règles en vigueur et de nature à favoriser l'attributaire du marché. L'élément moral du délit est requis, car il y n'a point de délit sans intention de le commettre. La jurisprudence française en l'absence d'une jurisprudence malienne prend actuellement en considération l'absence d'intention malveillante et les difficultés d'ordre administratif à l'origine de l'illégalité, pour atténuer la responsabilité ou relaxer les personnes poursuivies[1263].

Il n'est pas nécessaire que l'auteur de l'infraction ait obtenu ou cherché à obtenir un profit personnel.

Relativement à l'élément intentionnel, la simple négligence ne suffit pas. Il convient toujours d'établir la preuve de cette intention et pour ce faire, le Juge français a recours à la méthode du faisceau d'indices : gravité des faits, leur répétition et l'expérience de l'auteur[1264].

332.- Absence d'indépendance des structures de contrôle- La quasi-totalité des structures de contrôle sont rattachées au pouvoir exécutif. Ce rattachement est à la base de l'instrumentalisation des structures de contrôles administratifs comme le CGSP et les inspections des départements ministériels. L'absence d'autonomie organique et fonctionnelle des structures de contrôles administratifs au Mali est une réalité. La quasi-totalité au Mali des structures de contrôles administratifs ne dispose pas d'une autonomie organique et fonctionnelle. En effet, le Mali compte deux structures de contrôle administratives qui disposent d'une compétence illimitée en matière de vérification de deniers publics à savoir le Contrôle Général des Services Publics (CGSP)[1265] et le Bureau du Vérificateur Général (BVG). Seule cette dernière dispose d'une réelle autonomie organique et fonctionnelle. Par contre le CGSP est un service central placé sous l'autorité directe du premier ministre. Or, le BVG, est une autorité indépendante disposant d'une autonomie organique et fonctionnelle. Les autres structures de contrôle administratives à savoir les Inspections des départements ministériels au nombre de plus de 13

[1262] Cass.crim.13 déc. 2000, pourvoi n °99-86876.

[1263] CA Paris 9ème ch.20 janv. 2000.BJCP, 2000 N°14 p.68.

[1264] Cass. crim. 27 sept. 2006, rec. N°06-81300.

[1265] Ordonnance n°00-051/P-RM du 27 septembre 2000, portant création du Contrôle général des Services Publics, JORM n° 32 du 20 novembre 2000, pp.1257-1259.

sont des structures sectorielles ne disposant d'aucune autonomie organique et fonctionnelle[1266]. Leurs crédits sont logés dans celui des départements auxquels ils sont rattachés.

Les structures de contrôles administratifs en dehors du BVG, sont des organes administratifs ne disposant pas d'une indépendance digne d'une structure de contrôle. Les pouvoirs politiques usent et abusent desdites structures de contrôle qu'ils n'hésitent pas à mettre aux trousses d'un opposant pour le faire taire. Etant entendu qu'aucune gestion n'est saine, les opposants ou les hommes politiques qui dérangent ne sont pas à l'abri des structures de contrôle à la solde du pouvoir politique pour les démolir. Au Mali, les organisateurs du sommet France-Afrique ont été malmenés à la suite de rapport du CGSP. Mais par la suite après quelques années de procédures judiciaires, lesdits organisateurs qui ont été trimballés dans la presse et devant la justice ont bénéficié d'un non-lieu[1267]. La fraude dans les marchés publics engendre des conséquences néfastes.

Paragraphe II : Les conséquences de la fraude dans les marchés publics

333.- Fraude- La fraude dans les marchés publics a un coût moral (A) et engendre une véritable saignée des finances et deniers publics (B).

A) Le coût moral de la corruption

334.- Mauvaise réputation des institutions politiques- La corruption affecte la bonne réputation des institutions politiques et de certains membres de la société civile et la qualité de la gouvernance démocratique et de l'Etat de droit. La corruption peut affecter aussi les institutions de la société civile telles que le barreau, les comptables professionnels et les chambres de commerce[1268] dont les membres succombent à la corruption : *''Les juristes conspirent avec les juges pour fausser les arrêts des tribunaux, les entreprises perdent des contrats dans des appels d'offres fictifs ou versent des dessous de table pour obtenir des marchés (...) La bonne gouvernance est essentielle à la croissance économique et au développement social. La Banque mondiale depuis longtemps cherche à limiter la fraude et la*

[1266] V. rapport sur le diagnostic des systèmes de contrôle public au Mali, Louis BERGER SAS, Bamako, novembre 2008.
[1267] http://www.banquemondiale.org/fr/country/mali (page consultée le 19/10/2013).
[1268] Ibid.

corruption dans les procédures de passation et de décaissement des marchés publics. La corruption systémique est incompatible avec le maintien des taux soutenus de croissance et de réduction de la pauvreté (...) Le marché le plus lucratif pour le trafic d'influence est le secteur privé en raison des montants en jeu et du rôle substantiel que joue l'Etat dans la réglementation et la passation des marchés publics''[1269].

335.- *Démocratisation de la corruption*- Selon une étude de la Banque Mondiale la corruption s'est généralisée et elle nuit à l'efficacité économique. La corruption prend en otage la croissance, annihile les effets de développement, décourage les investisseurs et creuse les factures sociales. Elle est un frein à la libre concurrence. Pire elle sape le moral de la population qui ne croit plus aux valeurs de travail, à la récompense du mérite. C'est dire que les coûts politiques, économiques et sociaux de la corruption sont très élevés. Il est question de *''démocratisation de la corruption aujourd'hui''*, de *''culture de la corruption, c'est un sport pratiqué avec talent par les professionnels de la discipline, et les spectatrices, les pauvres populations assistent démunies à la confiscation du produit de leur labeur''*. La corruption n'a pas faibli d'un pouce[1270].

336.- Criminalité organisée- Dans le pire des cas, « *la corruption ouvre la porte à la criminalité organisée, elle sape et menace la démocratie, elle mine le respect pour l'autorité constitutionnelle et la légitimité des gouvernements, elle ralentit ou pervertit le développement, elle conduit à la désintégration sociale et morale* ». L'acquisition d'un aéronef au Mali a montré le montage ingénieux mené par l'autorité contractante du Mali. Suivant le rapport du BVG : *« Le MDAC a immatriculé l'aéronef comme propriété de Mali BBJ Ltd (...) Aux termes de la convention de Chicago, l'aéronef est propriété de Mali BBJ Ltd car l'immatriculation vaut titre de propriété. En effet, pour des raisons diverses non justifiées, le ministre de la Défense et des Anciens Combattants a donné mandat, le 5mars 2014, à un avocat afin de constituer une société dénommée Mali BBJ Ltd dans le but de procéder d'une part, à l'immatriculation de l'aéronef sur le registre de l'aviation civile d'Aruba au nom de cette société et d'autre part, d'établir un contrat de bail pour son*

1269 http://www.banquemondiale.org/fr/country/mali (page consultée le 19/10/2013).
1270 http : www.banquemondiale.org/h/mali (page consultée le 28 / 08/ 2013).

exploitation. Suite à la constitution de cette société le 7 mars 2014 à Anguilla, territoire britannique d'outre-mer (...), l'aéronef fut immatriculé le 25 mars 2014 pour le compte de BBJ Ltd pour une période de deux ans (...). Un contrat de bail a été signé (...) entre le ministre de la Défense et des Anciens Combattants pour le compte de la République du Mali et Mali BBJ Ltd représenté par le Managing Director d'IMC Management (Anguilla) Limited dont l'identité reste indéterminée. En outre pour son exploitation les autorités d'Aruba ont attribué une licence radio avec fréquences à une société dénommée JETMAGIC LTD situé à St Julian Malte (...) pour chaque utilisation notamment ceux liés au fonctionnement et à l'équipage doivent être remboursés au locataire »[1271]. Cependant, cette affaire qui aurait coûté au Trésor public des milliards de FCFA n'a eu encore aucune suite judiciaire. *Les coûts de la corruption sont d'abord supportés par les habitants des pays où les investissements obéissent à la pratique des pots-de-vin.* Ils subissent la dégradation générale du contexte éthique et moral, ils pâtissent de la mauvaise affectation des ressources du pays, ils en supportent enfin financièrement les conséquences puisqu'il faut augmenter les impôts pour couvrir le surcoût des coûts.

''Les marchés publics mobilisent des ressources financières très importantes allant jusqu'à 11% du produit national brut[1272] *dans les pays de l'Union européenne pour un total de 720 milliards d'ECU. Contraire à l'éthique, la corruption dans les marchés publics porte atteinte à la libre concurrence et constitue une source énorme de gaspillage des ressources publiques, pouvant aller jusqu'à 30% du coût total des marchés publics''*[1273]

Selon l'OCDE *''même si les marchés publics sont de plus ouverts à la concurrence, la fraude et la corruption dans la passation des marchés continuent d'engloutir chaque année des flux considérables d'argent*

[1271] V. Rapport du Bureau du Vérificateur Général, acquisition d'un aéronef et fourniture aux forces armées maliennes de matériels d'habillement, de couchage, de campement et d'alimentation (HCCA) ainsi que de véhicules et de pièces de rechange, Ministère de la Défense et des Anciens Combattants, vérification de conformité et de performance, pp. 22-24.

[1272] PNB : agrégat formé par le produit intérieur brut auquel s'ajoutent les services rendus par les administrations publiques, les organismes financiers domestiques ainsi que le solde des échanges extérieurs de services.

Le produit intérieur brut (PIB) est la somme des valeurs ajoutées réalisées sur le sol national, additionnée de la TVA et des droits de douane grevant les produits (voir dictionnaire Hachette édition 2010)

[1273] Conseil de l'Europe, la corruption dans les marchés publics sept 1998, ibid. pp 147 et S.

public estimés à 400 milliards de dollars''[1274] . La corruption affecte la qualité de la gouvernance démocratique et de l'Etat de droit. Selon la Banque mondiale, la corruption est un constat d'échec de la gouvernance, la passation des marchés publics représente 2,5% du PIB, environ la moitié des achats publics financés par le budget national échappent aux règles de passation des marchés. La qualité de la gouvernance reste un gage de succès des politiques et programmes de développement. La bonne gouvernance, dont la lutte contre la corruption constitue la principale composante, est une priorité pour le gouvernement. Le Mali a adhéré en 2003 au mécanisme africain d'Évaluation par les paires (MAEP). La promotion de la gouvernance démocratique et des libertés publiques passe par la prévention de la corruption et le renforcement de la transparence dans la gestion des marchés publics[1275].

Le décret n° 08 – 485 du 11août 2008 a consacré des dispositions préventives à la lutte contre la corruption. Cet article est intitulé : *''De l'engagement de la lutte contre la corruption''. ''Les offres et admissions doivent contenir l'engagement du candidat ou soumissionnaire de ne pas octroyer à toute personne intervenant à quelque titre que soit dans la procédure de passation des marchés un avantage indu pécuniaire ou autre, directement ou par des intermédiaires, en vue d'obtenir le marché, d'informer l'autorité contractante de l'octroi de toutes sommes ou avantages à ce titre et en général de respecter les dispositions légales relatives notamment à l'interdiction des actes de corruption passive ou de trafic d'influence ou constitutifs d'infraction de cette nature''*[1276].

337.- avènement de la transparence- La lutte contre la corruption est un phénomène préoccupant dans le monde entier : la communauté internationale attache une importance croissante à la bonne gouvernance et considère que la lutte contre la corruption est une condition essentielle au développement durable et à la réduction de la pauvreté. L'aide extérieure est efficace dans les pays bien gouvernés et la mauvaise gouvernance érode le soutien en faveur de l'aide dans les pays industriels. La corruption entrave un développement sain et

---

[1274] OCDE (2010) principe de l'OCDE pour renforcer l'intégrité dans les marchés publics, édition OCDE p151et S.

[1275] http : www.banquemondiale.org/h/mali (Page consultée le 28/08/ 2013)

[1276] Article 24 du décret n°08-485P-RM du 11 août 2008 du Mali, op. cit.

équitable dans la mesure où elle détourne au profit des riches les ressources destinées aux pauvres ; elle alourdit les charges des entreprises, annihile l'Etat de droit et la légitimité de l'Etat. L'avènement d'une plus grande transparence dans les pays en voie de démocratisation a mis aux grands jours la corruption, les citoyens n'ont plus confiance à leurs dirigeants et cela est à la base des révolutions et changements de régime politiques[1277]. La corruption est aussi à la base de la saignée des finances et deniers publics.

B) La saignée des finances ou deniers publics

338.- Hémorragie- La saignée des finances publiques se manifeste à travers l'hémorragie financière et matérielle.

339.- Saignée- S'agissant de l'hémorragie financière : En 2006, le Bureau du vérificateur Général (BVG), dans son rapport annuel a précisé que le niveau de corruption avait pris une ampleur sans précédent. Entre 2005 – 2006, elle avait fait perdre au trésor public des sommes de l'ordre de 103 milliards de F CFA[1278]. Parlant de l'ampleur de la fraude dans les services publics : sur la période 2004 – 2010 le BVG[1279] a effectué 117 vérifications financières de 79 entités. Les vérifications ont mis en lumière plus de 383milliards de F CFA de perte pour le trésor public. En 2011, le BVG a identifié une perte pour le trésor public de l'ordre de 10,10 milliards de FCFA[1280]. Dans son rapport annuel 2012, le Vérificateur général affirmait : « *(...) les cas d'acquisitions fictives sur les deniers publics (...) ont entraîné au détriment de l'Etat une perte financière de 49, 39 milliards de FCFA dont 7, 57 milliards de FCFA représentent la fraude et 41,82 milliards de FCFA la mauvaise gestion* » [1281] . Au Mali, chaque année, l'impression générale en est que la fraude ne démunit pas. D'où ce cri de détresse du Vérificateur général en 2013 : La « *culture du faux se manifeste dans la stupéfiante faculté pour les gestionnaires, à tous les niveaux, de produire et de se procurer des documents sans aucune prise avec la réalité pour masquer une réelle hémorragie des deniers publics à des fins strictement personnelles* » [1282] . La déperdition

---

[1277] http : //www.banquemondiale.org/h/.country/mali (page consultée le 28/ 08/ 2013

[1278] http : www.dgmp.govml (page consultée le 15 décembre 2013)

[1279] Abrégé BVG

[1280] http : www.dgmp.gov.mlIbid (page consultée le 15 décembre 2013)

[1281] Rapport annuel 2012, du Bureau du Vérificateur Général du Mali.

[1282] Rapport annuel 2013, du Bureau du Vérificateur Général du Mali, p.124.

financière se chiffrait à 80,21 milliards de FCFA dont 12,28 milliards au titre de la fraude et 67, 93 milliards FCFA du fait de la mauvaise gestion [1283]. Le rapport annuel de 2014 du Vérificateur général avoisinait le même montant que celui de l'année précédente : « *Sur 16 vérifications effectuées en 2014, le montant total des irrégularités financières s'élève à 72,88 milliards de FCFA dont 33, 86 milliards de FCFA au titre de la fraude (soit 46,46% du montant total) et 39, 02 milliards de FCFA au titre de la mauvaise gestion* »[1284].

Aujourd'hui, plusieurs indicateurs démontrent le caractère systémique de la corruption au Mali. Dans le rapport 2012 de Transparency International [1285], le Mali reste toujours dans les profondeurs du classement mondial selon l'indice de perception de la corruption. Avec un score de 34 sur 100, il occupe la 105ème place ex æquo sur 176 pays classés dans le monde. Le Mali est loin derrière le trio de tête mondial : Danemark, Finlande et nouvelle Zélande (1er ex avec 90 point chacun) ; la France (22ème avec 71 points) ; les champions africains des catégories : Botswana (30ème avec 60 points), le Cap Vert (39ème avec 60 point), Maurice (43ème avec 57 point) et le Ghana (64 avec 55 point). *« Il est difficile d'évaluer quantitativement les coûts de la corruption. D'une manière générale, on estime que l'augmentation des coûts liés à la corruption se situe entre 15 et 40 % de la valeur du contrat ».*

340.- Gangrène-Il existe également une hémorragie matérielle. Dans un rapport de la Banque mondiale : « la Direction nationale du Contrôle financier du Mali admet que si tout le mobilier, le matériel de bureau et les divers équipements que son service a approuvé au cours des dix dernières années avaient été effectivement achetés, il n'y aurait pas un seul bureau de l'administration où le personnel disposerait d'espace pour pouvoir s'asseoir et travailler. La corruption continue de gangrener la société malienne. Elle est le mal n° 1 du pays »[1286]. Les internautes dénoncent la magouille dans les marchés publics[1287] : *''passations des marchés publics : odeur de magouille. La République du Mali à l'heure des scandales : ainsi peut être imaginée*

[1283] Ibid. p. 123.

[1284] Rapport annuel 2014, du Bureau du Vérificateur Général du Mali, p.14.

[1285] http : www.dgmp.gov.mlIbid. (page consultée le 15 décembre 2013)

[1286] http: www.banquemondiale.org/h/maliIbid (page consultée le 28/08/ 2013)

[1287] http : www.maliactu.net/passation de marchés publics (page consultée le 12 septembre 2013)

la transition malienne[1288]*, éclaboussée par une série de scandales financiers... Les affaires les plus récentes conservent les marchés de l'armée de l'Autorité Malienne de régulation des Télécommunications et des postes (AMRTP) attribués puis annulés et réattribués... Tous ces scandales interviennent dans la passation des marchés publics, un domaine pourtant bien réglementé. Le marché des véhicules de l'armée représente 8,9 milliards de F CFA qui oppose la primature et l'AMRTP.*

Le journal malien le SANKORE[1289] dans son numéro du 20 avril 2013 précise que durant 20 ans, la somme de 1600 000 000 000 de F CFA relatif à l'achat d'équipements militaires aurait été détournée[1290].

341.- Coût de la corruption- Le coût de la corruption dans les marchés publics est très cher au grand public :

- Les coûts d'investissement d'un contrat remporté grâce à des pots de vin vont augmenter soit dès le début, soit plus tard au cours de l'exécution du projet. La corruption au niveau de la passation des contrats annihile le libre jeu de la concurrence. La corruption au cours de l'exécution peut se manifester par des augmentations des coûts prévues ou par réduction des ambitions des projets, sans réduction de prix en proposition ;
- les malversations en cours d'exécution conduisent à une baisse de la qualité (matériaux meilleur marché mortier plus léger, qualité de l'exécution inférieure aux normes fixées par le cahier des charges), ce qui réduit la durée de vie de la construction ou augmente les dépenses d'entretien ;
- « *la corruption conduit souvent à opter pour des opérations non rentables, voire inutiles, ce qui empêche alors la réalisation d'investissements ou les plans économique, écologique ou social, souvent des ressources limitées sont entièrement absorbées par des investissements qui ne se justifient pas économiquement, ce qui oblige à rogner sur les dépenses d'entretien d'urgence de sorte que les bâtiments, chaussées installations d'adduction d'eau ou établissements scolaires se détériorent beaucoup plus vite qu'ils ne le devraient les possibilités de malversation et de commission sont*

1288 La transition a commencé après le coup d'Etat de Mars 2012 et a pris fin le 4 septembre 2013.

1289 Le journal LE SANKORE N° 23 du 29 avril 2013.

1290 Conseil de l'Europe la corruption dans les marchés publics sept 1999 Ibid. pp. 32-34.

également beaucoup plus nombreuses dans les projets d'investissement que dans les activités de maintenance, ce qui encourage un certain goût pour les investissements lourds ».

En gaspillant des ressources rares, la corruption contribue à l'érosion et à la dégradation du développement, elle se substitue aux lois de la concurrence et aux forces du marché et, après un certain temps décourage les investisseurs qui hésitent à investir dans un pays ou le rendement de leur investissement est très incertain.

Il est difficile d'évaluer quantitativement les coûts de la corruption. D'une manière générale il apparaît que l'augmentation des coûts liés à la corruption se situe entre 40 % de la valeur du contrat. L'examen et l'analyse de 200 rapports des structures de contrôle administratif de 2009 à 2013 du Mali font apparaître 80% de violations flagrantes des règles de procédures de passation et d'exécution des marchés publics[1291]. Il en est de même de l'examen et de l'analyse de 89 décisions rendues par l'Autorité de Régulation des Marchés Publics et des Délégations de Service Public de son fonctionnement de 2009 à 2013[1292]. La corruption systémique est incompatible avec le maintien des taux soutenus de croissance et de réduction de la pauvreté.

Le marché le plus lucratif pour le trafic d'influence est le secteur privé en raison des montants en jeu et du rôle substantiel que joue l'Etat dans la réglementation et la passation des marchés publics. « *Pour certains, la démocratie était synonyme de licence. Le système de passation des marchés publics fait l'objet d'une corruption généralisée* ».

Il existe une multiplicité de la typologie des cas de fraudes dans les procédures des marchés publics.

Section II : La multiplicité de la typologie des cas de fraude dans les procédures de marchés publics

342.- distinction- Il convient de distinguer d'une part les cas de fraude les plus visibles à savoir ceux passés au niveau interne par des acteurs internes (paragraphe I) et d'autre part les cas de fraude les moins visibles qui sont ceux passés par les bailleurs de fonds (paragraphe II).

[1291] http://www.gov.org/mali (page consulté le 20 juin 2014)

[1292] V. recueil des décisions rendues par le CRD-ARMDS 2009-2013.

Paragraphe I : Les cas de fraude les plus visibles : Ceux passés au niveau interne par des acteurs internes

343.- Visibilité- Au niveau interne du Mali, sont passés les cas de fraude les plus visibles et qui font les choux gras de la presse nationale et internationale. Ce sont certaines formes pratiques de fraudes (A) et la survivance de pratique illégale abrogée (B).

A) Certaines formes pratiques de fraude dans les marchés publics

344.- Secteurs- Il convient d'examiner les secteurs les plus corrompus au Mali avant d'analyser les formes pratiques de fraudes.

Les secteurs les plus corrompus concernent entre autres le financement des partis politiques, les travaux publics, les marchés secret défenses. Les formes de corruption au Mali sont les mêmes dans la plupart des pays. Les secteurs publics les plus corrompus sont :

- Le financement des partis politiques : chaque parti politique dans les domaines de l'administration qu'il contrôle détourne des fonds publics à son profit ;
- Les contrats publics de recrutement clandestin d'agents publics portant atteinte à l'égalité des citoyens devant la loi. Les diplômés qui ont des bras longs sont recrutés au détriment de leurs camarades.
- le contrat secret défense, les dépenses du gouvernement :

D'après transparency Internationale, *''le secteur ou la corruption se pratique à la plus grande échelle sur le marché international est celui de l'armement''*. D'après *''des estimations modérées, 15% au moins des dépenses consacrées à la défense des pays en développement sont versées de manière illégale à titre de commissions aux responsables de l'administration publique civile et militaire''*. Les paradis fiscaux : lorsqu'on enquête sur les avoirs illégalement acquis d'un fonctionnaire ou d'un agent corrompu, il arrive que les investigations conduisent vers les paradis fiscaux européens : Andorre, Monaco, Gibraltar, Luxembourg, la Suisse[1293].

[1293] Conseil de l'Europe, la corruption dans les marchés publics sept 1998 ibid. pp18- 23.

345.- Décision-Le CRD du Mali par décision n° 10-024 du 03 septembre 2010 a annulé la procédure de passation du marché de fourniture des cartes de santé du Ministère du Développement Social, de la Solidarité et des Personnes âgées pour faute commise par un agent de la DAF. En effet le jour de l'ouverture des plis, le pli de la société Oberthur Technologies a été écarté parce qu'était scotché dessus le récépissé d'achat du dossier d'appel d'offres. A la suite d'un constat d'huissier, un agent de la DAF a reconnu avoir scotché le récépissé sur le pli de la société Oberthur Technologies[1294].

Le CRD statuant en matière disciplinaire, par décision n° 10-003 du 15 octobre 2010[1295] a exclu la société Mali NEGOCE SARL et divers du droit à concourir aux appels d'offres pour l'obtention de marchés publics lancés au Mali pour une période d six (6) mois. En effet Mali NEGOCE, pour justifier son expérience en fournissant des marchés similaires, a produit des copies de marché falsifiées de la Librairie Papeterie et divers dans son offre lors de l'appel d'offres pour la fourniture de 60 moulins, 30 décortiqueuses et 12 charrettes pour les Directions régionales du Ministère de la Promotion de la Femme, de l'Enfant et de la Famille. Elle a commis des irrégularités de faux et usages de faux. Le CRD a ordonné au Secrétaire exécutif de saisir l'autorité judiciaire compétente des infractions de faux et usage de faux.

Dans une décision n° 11-034 du 04 novembre 2011, le CRD a ordonné la suspension de la procédure et sa reprise au motif qu'une nouvelle entreprise à savoir l'entreprise Fati qui n'était pas sur la liste restreinte, a été ajoutée par la commission. Dans cette affaire de consultation restreinte des entreprises pour la construction d'une salle de classe à NDébougou (commune de Digani-Ségou), *« le Maire de ladite Commune a reconnu que certains membres de la commission ont en effet justifié la présence d'une nouvelle entreprise dans la course pour éviter que le lot ne fut déclaré infructueux »*[1296]. Au Burkina-Faso, par rapport au Mali, les sanctions d'exclusion de la participation à la commande publique sont fréquemment prononcées afin de moraliser ce domaine à risque, en ce sens qu'en 2013, douze

[1294] V. Décisions CRD 2010 : décision n° 10-024 ARMDS-CRD du 03 septembre 2010, affaire Oberthur technologies C/DAF Ministère du Développement social, op.cit.
[1295] V. Décisions CRD 2010 : Décision n° 10-003 ARMDS-CRD-du 15/10/ 2010,.
[1296] V. Décisions CRD 2011 : Décision n° 011-035 du 04 Nov. 2011, aff. BTP-TP contre commune rurale de Digani, op.cit.

entreprises ont été exclues pour les motifs suivants : Production frauduleuse d'un marché similaire, production de fausse caution de soumission, déclaration de chiffres d'affaires certifiés, produit non reconnu par la Direction générale des Impôts du Burkina-Faso[1297], usage frauduleux de diplôme [1298], falsification d'un document administratif. Les sanctions de suspension oscillent entre 2 et 3 ans[1299].

Les formes de corruption se rencontrent à travers les activités subventionnées et la criminalité organisée. Selon le conseil de l'Europe[1300], pour chacun des secteurs budgétaires, il peut être établi une description des formes typiques des fraudes :

La fraude dans le domaine des fonds structurels découle de l'inexistence souvent de l'activité subventionnée. En matière de subvention à la prestation de service, le contrôle de la réalité de l'action subventionnée est difficile : Détournement de la subvention par l'utilisation des fonds à des activités autres que celles pour lesquelles ils ont été alloués ; fraudes dans l'attribution des marchés publics, l'absence de procédure d'appel d'offre régulière, fraudes couvrant la soumission des entreprises en vue de l'obtention des marchés publics : les concurrents à l'appel d'offre se partagent le marché et s'entendent sur la soumission des offres en vue de l'obtention d'un marché à prix plus élevé ; fraude en ce qui concerne le respect des conditions d'octroi du marché et les prestations techniques : le non- respect des conditions d'octroi peut porter sur les qualités ou les quantités de l'œuvre subventionnée. Par exemple, il peut s'agir de ce qu'une route ou une piste d'atterrissage sont construites en désaccord avec les indications quantitatives ou topographiques convenues lors de la passation du marché ; surfacturation et la fausse facturation : majoration de nombre de pièces vendues.

1297 V. Décisions CRD du Burkina-Faso : Décision n° 953/ARMP/CRD du 29/12/2011 portant suspension de l'entreprise Senfo Hamed. V. http : www.armp.bf (page consultée le 2 octobre 2014).

1298 V. Décisions CRD du Burkina-Faso : Décision n° 1146/ARMP/CRD du 23 /12/2013 portant suspension des entreprises BEPAD.

1299 V. Rapport d'activités 2013 de l'ARMP du Burkina-Faso, mai 2014, p.61 ; ARMP INFO n° 00 du 1er janvier au 30 juin 2014, p.55.

1300 Les fonds structurels sont : le fonds social pour la formation professionnelle ; le fonds de développement régional pour les projets d'investissement et infrastructure.

L'influence des groupes criminels organisés sur les marchés publics donne une dimension nouvelle au problème, car le fonctionnaire chargé de passer les marchés reçoit non seulement un pot-de-vin, mais sa vie ou celle de sa famille est en outre menacée. C'est pourquoi ils se retrouvent dans la situation résumée par cette phrase attribuée à la mafia italienne : ''Nous allons vous faire une proposition, que vous ne pourrez refuser''. Plus ironiquement selon la phrase forgée par les responsables du cartel de Medellin (Colombie), l'offre est formulée comme suit : ''*Nous allons vous donner du métal. A vous de choisir si vous préférez l'argent ou le plomb*''[1301].

Pour la BM la réglementation applicable à la passation des marchés est fréquemment ignorée ou contournée, ce qui aboutit à des pratiques corrompues ou frauduleuses. Les abus les plus courants figurent, l'abus des marchés de gré à gré, l'absence de contrôle sur les marchés passés par les entreprises publiques, et des sociétés d'économie mixte, le mépris des procédures d'évaluation des offres et d'attribution des marchés, les obstacles à la soumission des offres et l'absence de mesures punitives à l'encontre des contrevenants. Les marchés passés de gré à gré auraient été plus nombreux s'ils n'avaient pas été fractionnés[1302]. Cette pratique de fractionnement est destinée à éviter les appels d'offres au Mali : De 2009 à 2012, 447dossiers de marchés publics ont été accordés par entente directe encore appelée de gré à gré pour un montant global de 247 milliards de FCFA.

La passation de marchés de gré à gré est rare pour les investissements financés par des bailleurs de fonds externes, mais elle est courante pour les dépenses financées sur le budget national, 83% en 2012. Durant cette période 22% des marchés publics représentant un montant de 368 milliards de FCFA ont été octroyés sans appel d'offres ouvert en procédant par entente directe ou par consultation restreinte. Le pic a été atteint au Mali en 2011 ou plus de 4 sur 10 dossiers ont passé entre les mailles du filet pour un montant total de 185 milliards de FCFA. Cette année, les ententes directes qui ne représentent que 7% des dossiers de marchés publics se chiffraient à 100 milliards (soit 24% du montant des marchés publics). La même tendance s'est poursuivie en 2012 avec 8% en nombre et 23% en montant des marchés passés par le même procédé. Même si la

[1301] Conseil de l'Europe la corruption dans les marchés publics sept 1998, Ibid. p 28.
[1302] V. http://www.Dgmpgovml, ibid. (page consultée le 10 Août 2013).

réglementation admet l'entente à des conditions, il faut reconnaître qu'il y a de l'abus. Dans une décision, le CRD a reçu la dénonciation de la société Waymark INFOTECK a suspendu la procédure de passation et a ordonné sa reprise pour violation par le Ministère de l'Administration territoriale et des Collectivités Locales (MATCL) de l'article 65 du décret n° 08-485. Le MATCL, après un appel d'offres ouvert rendu infructueux a passé par entente directe le marché relatif à la fourniture des cartes NINA avec la société SAFRAN MORPHO. Le conseil des ministres extraordinaire du 10 mai 2013 a approuvé l'attribution du dit marché. En effet après l'appel d'offres ouvert déclaré infructueux l'autorité contractante a directement fait recours à la procédure de passation par entente directe. Or l'article 65 du décret n° 08-485 dispose : *« en l'absence d'offres, si aucune des offres reçues n'est conforme au dossier d'appel d'offres ou toutes les offres reçues sont supérieures à l'enveloppe budgétaire l'autorité contractante, sur l'avis motivé de la commission d'évaluation des offres déclare l'appel d'offres infructueux. Il est alors procédé, soit par nouvel appel d'offres, soit par consultation effectuée par appel d'offres restreint d'au moins trois entrepreneurs... auxquels est adressé le dossier d'appel d'offres, et dans ce dernier cas après autorisation de la DGMP »*. Par décision n° 13-16 du 22 mai 2013, le CRD a constaté que le marché passé par entente directe viole l'article 65[1303].

346.- Abus- L'absence d'une détermination exhaustive des catégories de marchés publics[1304] est une porte ouverte à l'arbitraire par des exclusions et aux abus de marchés par entente.

Le Mali à l'instar des Etats membres de l'UEMOA en reconduisant les dispositions communautaires relatives aux marchés publics n'ont pas déterminé les catégories des marchés publics. Il en est de même des Etats – membres de la zone CEMAC et du COMESA. Or, cette absence de détermination de la catégorie des différents types de marchés publics est un frein à la concurrence communautaire entre les Etats membres. Cette situation ouvre la porte à des arbitraires en ce sens que chaque Etat est libre de déterminer la catégorie de marchés publics soumise à la concurrence communautaire. Si le Mali dans sa

[1303] V. Décisions CRD 2013 : Décision n° 13-016 ARMDS-CRD du 22 mai 2013, aff société Waymark C/MATCL, recueil des décisions de l'ARMDS-CRD de 2013, op.cit.
[1304] Supra, pp. 228 et S.

réglementation en dehors des marchés classés secret défense[1305] n'a pas limité expressément le champ de la concurrence, la plupart des autres Etats ont énumérés des exclusions à l'application de la réglementation relative aux marchés publics.

Le fait que l'UEMOA dans sa Directive n° 04/2005/ en son article 9 s'est limité à exclure du champ d'application de la directive, uniquement les marchés de travaux, de fournitures et de services relatifs aux besoins de la défense et de la sécurité nationale exigeant le secret ou pour lesquels la protection des intérêts essentiels de l'Etat est incompatible avec des mesures de publicités, est à la base des abus et de l'arbitraire. Chaque Etat – membre s'est donné le champ libre pour déterminer les marchés exclus de l'application de son code des marchés publics. Les exclusions à l'application de la réglementation des marchés publics diffèrent d'un pays membre de l'UEMOA à un autre pays entravant le principe de la liberté de la concurrence au sein de l'union[1306].

L'article 3.3. du décret n° 2014-1212 du 22 septembre 2014 portant code des marchés publics au Sénégal fait la distinction entre les exclusions de droit et les exclusions facultatives aux dispositions dudit Code. Au titre des exclusions de droit, l'article 3 dispose que les prestations suivantes ne sont pas soumises aux dispositions dudit code : Les prestations de service d'arbitrage, de conciliation et de représentation juridique, les services financiers relatifs à l'émission, à l'achat, à la vente et au transfert des titres, en particulier les opérations d'approvisionnement en argent et les services fournis par les banques centrales, les services de travail.

347.- Exclusion- Il existe en droit Sénégalais deux catégories d'exclusion facultatives : Les exclusions facultatives en fonction des autorités contractantes qui sont les acquisitions des missions diplomatiques et consulaires à l'étranger ; les exclusions facultatives en fonction de la catégorie de l'objet du marché : Ce sont les acquisitions des produits pétroliers dénommés supercarburant, essence

[1305] Article 8 du Décret malien n° 08-485/P-RM du 11 août 2008 portant procédures de passation d'exécution et de règlement des marchés publics et des délégations de services publics intitulé « Des exclusions » qui dispose : « le présent décret ne s'applique pas aux marchés de travaux, de fournitures et de services, lorsqu'ils concernent des besoins de défense et de sécurité nationale exigeant le secret ou pour lesquels la protection des intérêts essentiels de l'Etat est incompatible avec des mesures de publicité ».

[1306] L'union s'entend l'UEMOA dans cette étude.

uniquement à l'usage des véhicules administratifs ainsi que le gaz butane à usage domestique[1307]. Les produits destinés à l'exploitation sont exclus de cette dérogation. Sont également exclus facultativement de l'application dudit code des marchés publics : l'acquisition des titres de transport aérien et maritime pour les besoins des missions des agents des autorités contractantes ; l'hébergement et la restauration des participants, à l'occasion des sommets officiels, de Séminaires ou ateliers, la publication par voie de presse d'insertion publicitaire ; l'acquisition en cas de rupture de stocks, des médicaments et produits essentiels dans la médecine d'urgence [1308] et l'acquisition des médicaments et produits pharmaceutiques essentiels[1309].

Au Niger, en vertu des dispositions de l'article 4 de l'arrêté n° 0143 du 29 juin 2012 fixant les seuils dans le cadre de la passation et l'exécution des marchés publics et délégations de services publics, les contrats de carburant, des dépenses d'abonnement d'eau, électricité, de téléphone, de transports liés aux missions et déplacements des agents de l'Etat, établissements publics, des Sociétés d'Etat, des collectivités sont effectués sur facture et ne donnent pas lieu à passation d'un marché quel qu'en soit le montant[1310]. L'article 7 du décret 2013-569/PRN/PM du 20 décembre 2013 portant code des marchés publics et des délégations de Service public au Niger[1311], dispose que les marchés et services suivants sont exclus du champ d'application dudit code : Les marchés classé secret défense, les dépenses d'abonnement d'eau d'électricité et de téléphone, les dépenses d'achat de carburant et de combustibles destinés à l'application des centrales électriques de l'Etat, les dépenses de transport et d'hébergement liées aux missions des agents de l'Etat et de ses démembrements à l'intérieur du pays et à l'étranger ainsi que l'hébergement des hôtes officiels de l'Etat et ses démembrements quel qu'en soit leur montant, les services d'arbitrage, de conciliation, d'assistance, de Conseil Juridique et de représentation. Ces dépenses

---

[1307] L'acquisition de ces produits au Sénégal est soumise à l'application du prix en vigueur figurant aux barèmes des produits pétroliers publiés périodiquement par la Commission Nationale des Hydrocarbures du Ministère chargé de l'énergie.

[1308] La liste desdits médicaments et produits est fixée par arrêté du Ministre de la Santé après avis de l'organe chargé de la régulation des marchés publics au Sénégal.

[1309] Leur acquisition est faite en application d'un arrêté du Ministre chargé de l'approvisionnement pharmaceutique des services et formations sanitaires.

[1310] Article premier de l'arrêté n°0143/CAB/PM/ARMP du 29 juin 2012 fixant les seuils dans le cadre de la passation des marchés publics et délégations de service public.

[1311] V. http://utwwarmp-niger.org (page consultée le 16 avril 2015).

donnent lieu à paiement sur factures ou sur mémoires après comparaison de facture pro forma ou devis et établissement d'un bon de commande suivant les textes portant modalités d'exécution des dépenses publiques et à la réglementation de la comptabilité publique en vigueur au Niger.

Par contre au Burkina Faso, l'achat de carburant est considéré comme un marché par entente directe, en application des dispositions des articles 71 à 73 nouveau du Décret n° 2013-1148/PRES/PM/MEF du 12 décembre 2013, qui prescrivent que pour le cas spécifique du carburant une autorisation du ministre chargé du budget n'est plus requise d'une part et d'autre part seul le projet de contrat accompagné de la facture pro forma est transmis à la Direction générale du Contrôle général des Marchés Publics et des engagements financiers (DG-CMEF) pour visa, sans autorisation préalable[1312].

348.- Non-détermination- L'absence de détermination exhaustive et limitative des marchés par entente directe est aussi une porte ouverte aux abus par entente directe.
La réglementation malienne des marchés publics a prévu expressément trois cas dans lesquels le marché est passé par entente directe [1313]. Le droit malien des marchés publics n'a pas repris intégralement l'article 38.2 de la Directive n° 04/2005/CM/UEMOA qui ajoute au trois cas, un quatrième cas qui est relatif aux marchés qui ne peuvent être confiés qu'à un prestataire déterminé pour des raisons techniques, artistiques.[1314]

349.- Etendue de l'exclusion- Le droit Sénégalais des marchés publics a donné une liste plus étendue des marchés par entente directe par rapport au droit malien et même au droit communautaire. Aux termes des dispositions du Décret n° 2014-1212 du 22 septembre 2014 portant code des marchés publics au Sénégal[1315], sont passées par entente directe notamment : Lorsqu'il s'agit de marchés destinés à

[1312] Article 71 à 73 nouveau du Décret n° 2013-1148/PRES/PM/MEF modifiant le décret n° 2008-173/PRES/PM/MEF du 16 avril 2008 portant règlementation générale des marchés publics et des délégations de services public au Burkina Faso et son modificatif, le décret n° 2012-123/PRES/PM/MEF du 02 mars 2012.
[1313] Article 49 du décret n°08-485/P-RM, op.cit.
[1314] Article 38.2 de la Directive n° 04/2005/CM/UEMOA portant procédures de passation, d'exécution et de règlement des marchés publics et des délégations de service public dans l'UEMOA.
[1315] Décret n° 2014-1212 du 22 septembre 2014 portant code des marchés publics au Sénégal (JORS, 159ème année, n° 6812 du Samedi 4 octobre 2014 p 1159).

satisfaire des besoins auprès des détenteurs d'un droit d'exclusivité qui est le seul à pouvoir satisfaire les besoins concernés ; lorsqu'il s'agit de fournitures, services ou travaux qui complètent ceux ayant fait l'objet d'un premier exécuté par le même titulaire à la condition que le marché initial ait été passé selon la procédure d'appel d'offres et que le marché complémentaire ne porte que sur des fournitures, services ou travaux qui ne figurent pas dans le marché initial conclu, mais qui sont devenues nécessaires, à la suite d'une circonstance imprévue et extérieure aux parties, et que ces fournitures, services ou travaux ne peuvent être séparés techniquement ou économiquement du marché principal ; les marchés considérés comme secrets ou dont l'exécution doit s'accompagner de mesures particulières de sécurité ou pour lesquels la protection des intérêts essentiels de l'Etat l'exige ; les marchés pour lesquels, l'urgence impérieuse, résultant de circonstances imprévisibles, irrésistibles et extérieures à l'autorité n'est pas compatible avec les délais et règles de formes exigées par la procédure d'appel d'offres ouvert ou restreint ; les marchés passés dans le cadre des mesures de mobilisation générale et mise en garde[1316].

Au Sénégal, les marchés classés secrets ne peuvent être compris dans le périmètre de l'audit indépendant annuel commandé par l'organe chargé de la régulation des marchés publics à la fin de chaque exercice budgétaire[1317].

Le droit des marchés publics du Burkina Faso a élargi le champ d'application des marchés par entente directe par rapport aux droits des marchés publics des pays précités. Outre les cas de marché passé par entente directe prévus par le droit malien,[1318] le droit Burkinabé des marchés publics en son nouveau décret n° 2013-1148 du 12 décembre 2013 dispose que le marché est passé par entente directe dans les cas suivants : Catastrophe naturelle consistant au déplacement subit des forces de la nature entraînant des victimes et d'importants dégâts (tempête, inondation, séisme, éruption volcanique, avalanche...) et tout évènement analogue imprévisible indépendant de la volonté des parties et qu'elles ne peuvent surmonter en dépit de leur diligence et ne permettant pas de respecter les délais prévus dans les

---

[1316] Article 76 du décret n° 2014-1212 du 22 septembre 2014 portant code des marchés publics au Sénégal.
[1317] Ibid. article 77.6.
[1318] Supra p.330

procédures d'appel à concurrence, qui nécessite une intervention immédiate et dès lors que l'autorité contractante n'a pas pu prévoir les circonstances qui sont à l'origine de l'urgence[1319].

En outre, l'extension du champ d'application des marchés par entente directe doit être prise à bras le corps par l'UEMOA qui doit à l'instar du droit communautaire européen et français déterminer limitativement leur domaine. Au regard des dispositions de l'article 35-111 du code des marchés publics français, les marchés de gré à gré sont désormais utilisés uniquement pour les cas limitativement énumérés audit article, où ni publicité, ni mise en concurrence ne sont exigées[1320].

La doctrine française abonde dans le même sens pour que les marchés de gré à gré soient limitativement énumérés par la réglementation en vigueur[1321]. Cette doctrine abondante française[1322] peut être une source d'inspiration pour le Mali et l'UEMOA, en précisant les procédures négociées sans publicité préalable et sans mise en concurrence comme suit : La doctrine distingue les cas dans lesquels toute mise en concurrence est impossible, ceux dans lesquels, elle est inutile et les cas dans lesquels, la mise en concurrence est contre-productive[1323].

La BM cite l'abus de l'aide extérieure trouvée dans un rapport du contrôle général d'Etat[1324] où peut être lu l'anecdote suivante : sur un échantillon de 100 sacs de mil, 15 ont été subtilisés par le personnel de PAM-Mali, 15 ont été vendus pour payer le coût du transport, 35 sont allés à la personne qui avait préparé le dossier du projet pour les villages, 15 ont été donnés en remerciement à ceux qui avaient négocié l'accord du projet et 20 ont été reçus par le promoteur du projet. Dans le cadre de l'abus par entente il ressort d'un rapport du contrôle général des services publics du Mali que 8 marchés ont été conclus par entente directe avec les entreprises indiennes en violation des dispositions de ces accords de prêt[1325]. L'examen des différents

[1319] Article 71 nouveau du décret n° 2013-1148 du 12 décembre 2013 du Burkina-Faso.
[1320] Article 35-III du code des marchés publics français, Dalloz, op.cit.
[1321] Michon (J.), les marchés publics en 100 questions guide pratique à l'usage des acheteurs et des prestataires éditions du Moniteur, Paris 2009, 4ème édition p. 51.
[1322] BACKE (P.) comprendre les marchés publics, éditions le moniteur paris 2013, p. 19 et suivants ; Michon (J.), id, p 51 et suivants.
[1323] DE BACKE (P.), id, p. 20 et suivants.
[1324] Audit de PAM-MALI, mission n° 089/97/CGE du 16 septembre 1997.
[1325] En exécution de l'Ordre de Mission N°096/2012/CGSP-C du 03 Juillet 2012.

accords de prêt donne un montant total de 168, 78 millions de dollars US (83.700.000.000 FCFA) sur la base du taux de parité 1 dollar US= 450francs CFA.

350.- Procédure d'exception- Le nombre élevé de procédures d'exception est aussi une pratique qui peut être frauduleuse.
Les procédures d'exceptions sont les marchés passés sans appel d'offres ouvert. Au regard des critères de convergence de l'UEMOA, les procédures d'exception ne doivent pas dépasser 10% des marchés passés dans l'année, soit 5% pour l'entente directe et 5% pour l'appel d'offres restreint. Au Mali, les marchés passés en 2010 par entente directe représentaient 12, 98% tandis que ceux passés par appel d'offres restreint étaient de 9,40 % ; les marchés passés en 2011 par entente directe représentaient 7% tandis que ceux passés par appel d'offres restreint étaient de 13% ; les marchés passés en 2012 par entente directe représentaient 8% tandis que ceux passés par appel d'offres restreint étaient de 9%[1326].

351.- Avenants- La multiplication d'avenants est une autre manifestation de la fraude. C'est le cas au Mali de l'avenant n° 5 relatif aux travaux de construction de la première tranche et la réalisation des travaux d'achèvement de la cité administrative de Bamako. En vue de réduire les déplacements des usagers de l'administration publique en leur offrant le plus de services possibles sur la même aire géographique et d'autre part de rendre plus efficace la concertation, les échanges, la communication, entre le maximum de structures de l'Etat, le Gouvernement de la République du Mali a entrepris la création d'une cité administrative qui regrouperait la majorité des services centraux de l'Etat à Bamako (Primature, Départements ministériels et Directions centrales).

A cet effet, un marché initial de réalisation de la première tranche des travaux a été attribué suivant décret n° 02-011 /P-RM du 15 janvier 2002 à l'entreprise Libyenne ''*General Company For construction*'' pour un montant de 27.410.512.301 FCFA HT et un délai d'exécution de 32 mois.

Dans le cadre de l'exécution de ce marché, 4 avenants[1327] ont été conclus. Les deux premiers n'ont pas d'incidence financière. Le

[1326] Annexe XVII : Statistiques des marchés publics passés par la DGMP de 2009 à 2014 ; Sources : DGMP-DSP Cellule information et statistiques, p363.
[1327] Source DGMP

troisième avenant traite de la compensation à l'entreprise des pertes résultant de la dépréciation du dollar (monnaie de paiement du marché) et le quatrième de la remise totale des pénalités de retard (1.370.525.615 FCFA soit 2.447.367,170 $US) sur la période du 24 mai 2006 au 31 décembre 2007.

La conclusion d'un avenant n° 5 d'un montant de 18.818.172.750,802 FCFA et un délai d'exécution de 14 mois est rendu nécessaire, car au terme de la prorogation du délai contractuel au 31 décembre 2007 les travaux n'étaient exécutés qu'à hauteur de 50%.

Un autre cas est le Marché de la Direction Générale de la Police Nationale (DGPN). Les travaux de construction de la DGPN ont été attribués à l'entreprise NIAMBIA construction suivant marché n° 0464 /DGMP-08 pour un montant de 1.198.000.000 FCFA. L'entreprise n'ayant pu exécuter les travaux, dans le délai requis, l'Etat décida de la résiliation du marché et choisit une nouvelle entreprise pour achever les travaux. Au moment de la résiliation, le coût des travaux effectués était de 605.450.000 FCFA alors que des paiements d'un montant de 790.000.000 FCFA ont été faits à l'entreprise[1328]. Au Mali, malgré l'abrogation des marchés publics à régulariser, cette pratique a survécu.

B) La survivance d'une pratique illégale abrogée : La pratique continue des marchés publics à régulariser

352. Marchés à régulariser- Le contournement de la réglementation des marchés publics au Mali se manifeste par la survivance d'une pratique illégale reconnue dans l'ancien droit des marchés publics. C'est la pratique illégale des marchés publics à régulariser. L'ancien droit des marchés publics au Mali reconnaît cette pratique illégale. Cependant, malgré son abrogation par le nouveau droit des marchés publics, cette pratique a survécu.

Il s'agit d'une pratique illégale reconnue dans l'ancien droit des marchés publics au Mali. Il a été constaté suivant le rapport d'évaluation des marchés publics selon les indicateurs de l'OCDE publié en 2011 qu'au Mali, la plupart des services publics continuent d'user du système des marchés publics à régulariser en violation de la nouvelle réglementation des marchés publics. En effet, le système des

[1328] Source DGMP : dossier de marché n° 0464/DGPP-08

marchés à régulariser avait été prévu par le décret n°95-401/P-RM du 10 novembre 1995 portant code des marchés publics ainsi libellé : « *Si contrairement à la prévision faite, les seuils précités se trouvent dépassés en cours d'année, il est alors nécessaire de passer un marché de régularisation. Toutefois, ce marché de régularisation a pour objet de permettre le règlement des sommes dues à l'entrepreneur, au fournisseur ou au propriétaire de services par le comptable public et n'a pas pour effet d'effacer l'irrégularité ni les sanctions prévues à l'article 69 ci-dessous pouvant en découler pour son auteur, sauf en cas de dépenses imprévisibles* »[1329].

La nouvelle réglementation des marchés publics a abrogé cette disposition, mais la pratique continue au Mali[1330]. De même, au niveau des Collectivités territoriales, il existe une pratique systématique de conclusion de contrats, d'engagement et de mandatement des dépenses relatives aux marchés sans que les fonds soient disponibles. Ce qui entraîne l'annulation systématique desdits engagements et mandatements relatifs à des marchés exécutés et le report de ses crédits impayés d'année en année. Ce qui grève le budget de la collectivité et est à l'origine des accumulations d'arriérées impayées. La pratique des marchés publics à régulariser existe dans les situations ou un prestataire a délivré des fournitures ou effectuer des prestations sur demande des autorités contractantes et cela en violation des dispositions du code des marchés publics. La solution retenue pour désintéresser l'opérateur économique qui a exécuté les prestations est la conclusion de marchés de régularisation de la situation illégale à titre exceptionnel sans préjudice des sanctions. Ce qui implique l'autorisation du MEF, qui est l'ordonnateur principal du budget et le visa du contrôle financier.

Paragraphe II : Les cas de fraudes les moins visibles : Ceux des bailleurs de fonds et PTF

353.- Mainmise des bailleurs de fonds sur la procédure- Il existe des cas de fraudes qui ne sont pas visibles alors que ce sont les formes de fraudes les plus pernicieuses à savoir la mainmise des bailleurs de fonds et PTF sur la procédure (A) dont les manifestations se sentent dans la pratique quotidienne de ces institutions (B).

1329 Article 4.3 du décret du 10 novembre 1995 portant code des marchés publics abrogé.

1330 V. Annexe XVIII : Pratique continue des marchés publics à régulariser, p364.

A) La mainmise des bailleurs de fonds et PTF sur la procédure

354.- Simple spectateur- Tout le processus de passation des marchés publics financés par les bailleurs de fonds est conduit par eux. Le Mali à l'instar de la plupart des pays en développement n'est que de simples spectateurs. Cette mainmise des bailleurs de fonds et PTF se manifestent à travers l'approbation de tous les actes de procédures et l'absence de voie de recours pour les concurrents évincés. Il n'est pas admissible de faire un prêt à un Etat ou à une collectivité publique qui est tenue de rembourser en même temps lui fixer des conditions de financement à travers la maîtrise de tout le processus de passation des marchés publics.

L'approbation de tous les actes de procédure démontre la mainmise des bailleurs de fonds sur toute la procédure. En application des dispositions de l'article 7 du décret n°08 – 485 /P – RM du 11 août 2008 portant procédure de passation d'exécution de règlement des marchés publics et des délégations de service public, ''*les marchés financés par des ressources extérieures sont soumis aux dispositions du présent décret dans la mesure où elles ne sont pas contraires aux dispositions des accords de financement*''. Il découle de cette disposition que les procédures des bailleurs de fonds multilatéraux ou bilatéraux régissent les marchés publics au Mali. Il s'agit entre autres des Directives de la Banque mondiale sur les marchés publics de la BAD, FED, des accords sur les marchés publics de l'OMC, des accords de financement bilatéraux avec des pays ou organismes internationaux de financement.

La prise en compte des exigences des bailleurs de fonds dans le processus de passation : Dès lors qu'un bailleur de fonds intervient dans le processus de passation de marchés et que parallèlement le code des marchés publics s'applique, il convient de s'interroger sur la procédure de passation à appliquer.

355.- ANO- La règle est que si la structure bénéficie d'un financement issu de fonds publics nationaux, le code des marchés publics national s'applique, quel que soit le montant ou le pourcentage des fonds publics en cas de cofinancement, la procédure peut bien sûr inclure les règles du bailleur en sus. Si le financement provient exclusivement d'un bailleur, ce sont les procédures du bailleur qui s'appliquent. L'accord de crédit de prêt ou la convention de financement entre le pays (l'Etat) et le bailleur indique les dispositions applicables le cas échéant. En pratique, à divers stades du processus des avis de non-objection (ANO) sont requis par le bailleur de fonds l'obtention de ces ANO (sous forme écrite) conditionne la poursuite et donc la conformité du processus de passation des marchés. En cas d'un financement par l'Agence Française de Développement (AFD), un ANO doit être donné au maître d'ouvrage sur : Le dossier de pré qualification ou présélection (lorsqu'il y a une phase de pré qualification, avant toute publication, le maître d'ouvrage attributaire (MOA) communique à l'AFD l'avis de pré qualification, le dossier de pré qualification et la méthode d'évaluation envisagée ; le résultat de la pré qualification ou la liste restreinte (le cas échéant) : Avant de notifier sa décision aux candidats, le MOA communique à l'AFD le rapport d'évaluation des candidatures et la liste des candidats pré qualifiés proposés ; le projet de dossier d'appel d'offres (DAO) : Avant de lancer l'appel d'offres, le MOA communique à l'AFD, le projet de dossier d'appel d'offre comprenant l'avis d'appel d'offre, les instructions aux soumissionnaires, y inclus les critères d'évaluation des offres, et les clauses administratives et techniques applicables, ainsi que l'avis d'appel d'offres dans le cas où il n'y a pas eu de phase de pré qualification ou présélection. L'utilisation des documents types conçus par l'AFD est recommandée ; le choix de l'attributaire : Après évaluation des offres et avant que l'attribution ne fasse l'objet d'une décision définitive, le MOA communique à l'AFD un rapport détaillé sur l'évaluation et la comparaison des offres reçues, les recommandations concernant l'attribution du marché et une copie de l'offre du soumissionnaire attributaire provisoire du marché. Le MOA n'attribue le marché qu'après avoir reçu l'ANO de l'AFD ; le projet de marché (et tout projet ultérieur d'avenant au marché) : Avant signature, le MOA communique à l'AFD, le projet de marché ainsi que, ultérieurement et le cas échéant, tout projet d'avenant modifiant toutes clauses et conditions du marché.

Les concurrents évincés ne disposent pas de voies de recours. Les procédures de désignation des titulaires des marchés des bailleurs de fonds ne sont pas aussi transparentes. En effet, toute la procédure doit être approuvée par le bailleur de fonds et sans aucun recours pour les candidats évincés qui par conséquent disposent au plan interne pour les marchés passés selon les procédures maliennes des voies de recours non-juridictionnels et juridictionnels. Or, pour les marchés des bailleurs de fonds dès lors que les différents actes ont été approuvés par le bailleur de fonds, il n'est prévu aucune voie de recours pour les tiers évincés. La seule voie de recours a été aménagée pour le titulaire du marché en cas de difficulté d'exécution et généralement dans la quasi-totalité des cas, une clause compromissoire ou un compromis arbitral est prévu pour sauvegarder davantage les intérêts du cocontractant étranger et cela devant les juridictions étrangères ou celle du pays du titulaire du marché. D'ailleurs le CIRDI de la Banque mondiale a été créé à cet effet. En cas de litige, c'est le CIRDI de la Banque mondiale qui administre l'arbitrage[1331]. Ceci aboutissant aux manifestations de fraude.

B) Les manifestations de fraude

356.- Exonération fiscale systématique- La fraude se manifeste généralement par la quasi-attribution des marchés aux opérateurs économiques du pays des bailleurs de fonds et PTF et la quasi-exonération fiscale ou parafiscale accordée aux opérateurs économiques du pays des bailleurs de fonds et PTF au Mali.

Il existe une quasi-attribution des marchés aux opérateurs économiques du pays des bailleurs de fonds et PTF en ce sens que les financements sont destinés à la promotion des entreprises des bailleurs de fonds étrangers ou à la recherche de débouchés pour leurs produits en vue de la stimulation de leur croissance économique et en vue de la réduction du taux de chômage dans ces pays. Plusieurs auteurs démontrèrent les méfaits de l'aide publique au développement : *« C'est le sud qui finance le Nord et non l'inverse. Jusqu'à ce jour, les sommes qu'il a versées au nord au titre du remboursement de la dette ont été sept fois supérieures à celles qui lui ont été versées par ce dernier »*[1332]. Cette aide a souvent des motivations économiques et politiques ou stratégiques. Cette aide intéressée a des effets pernicieux et contribue à maintenir les pays en voie de développement dans une situation de dépendance économique vis-à-vis des bailleurs de fonds. Ce qui entretient le cercle vicieux de la dette. En effet, *« le stock ou le volume de la dette extérieure du Mali en 2012 est de 1167 milliards de FCFA contre un remboursement de 72,8 milliards de FCFA (Principal et intérêt) la même année »*[1333]. Comme, elle est délivrée

[1331] http//:www.cirdibanquemondiale (page consultée le 20 décembre 2014).
[1332] BRUNEL (S.), l'aide au Tiers-Monde à quoi bon ? pp. 9-37.
[1333] V. Rapport de suivi de la dette extérieur du Mali, mars 2014.

pour des raisons stratégiques, commerciales, géopolitiques. L'économiste Jean Jacques Gabas dans sa thèse en 1987 parle « *d'aide contre le développement* ». Les accords de financement sont généralement conditionnés à l'attribution des marchés à des opérateurs économiques du pays du bailleur de fonds. Ce qui fait dire à Dambisa MOYO que la corruption est alimentée par l'assistance : « *On estime qu'au cours de son règne désastreux Mobutu Sese Seko, le Président du Zaïre, a volé une somme équivalente à la totalité de la dette extérieure de son pays, soit 5 milliards de dollars. Il venait d'obtenir un rabais sur les intérêts à verser quand il loua le Concorde pour que sa fille puisse se rendre à son mariage en Côte d'Ivoire. D'après certaines estimations au moins 10 milliards de dollars (soit près de la moitié de l'aide étrangère versée à l'Afrique en 2003) quittent le continent chaque année* »[1334]. Le professeur Yash TANDON parle : « *d'aide rouge ou le calice empoisonné. Ce sont des aides conditionnées imposées par les donateurs, par les institutions de Bretton Woods et par la déclaration de Paris sur l'efficacité de l'aide*»[1335]. Depuis la crise de paiement de la dette mexicaine de 1982, le tiers-monde est entré dans ce qu'il convient d'appeler *« la crise de la dette »*. Désormais, c'est le temps de la rigueur, d'autant que la dette du sud menace le système financier international. La BM et le FMI s'immiscent dans les pays du sud pour instaurer des plans de rigueur qu'on appelle PAS. Ils exigent de ces Etats qui avaient été tout-puissants pendant les décennies précédentes de laisser la place au marché, à la privatisation et la libéralisation. L'ingérence est non seulement économique, mais aussi politique. La guerre froide ayant disparu pour laisser la place au libéralisme. Et l'occident de prôner désormais la démocratie et ce qu'il appelle la bonne gouvernance dont ses experts sont les seuls à définir les critères. En 1962, l'Assemblée générale avait proclamé le droit de souveraineté permanente des peuples et des nations sur leurs richesses et leurs ressources naturelles[1336]. Celui-ci s'inscrit comme un élément fondamental du droit des peuples à l'autodétermination y compris pour assurer leur

[1334] FERGUSSON (N.) Avant-propos dans MOYO (D.), l'aide fatale, op.cit. p.13.
[1335] TANDON (Y.), en finir avec la dépendance à l'aide, CETIM, 2008, p86.
[1336] Résolution 1803 du 14 décembre 1962.

développement. Ces droits seront intégrés dans les deux pactes internationaux sur les droits de l'Homme de 1966[1337].

La charte des droits et devoirs économiques des Etats insiste sur la coopération internationale pour éliminer les injustices : *« Chaque Etat a le droit d'avoir part aux partages du progrès et des innovations de la science et de la technique pour accélérer son développement économique et social »*[1338].

Juliette Poirson, Fabrice Tarrit, démontrent la mise sous tutelle du Mali lorsqu'ils affirment que les interventions militaires s'accompagnent toujours de l'espoir d'occuper une place privilégiée en matière de reconstruction post-conflit du pays dans lequel on intervient, qu'il s'agisse des gros marchés publics, des exportations des biens ou services, ou de l'exploitation du sous-sol. Le Mali ne fait pas exception[1339]. Voici, ce qu'écrivait à ce sujet sur son blog, le député français, Pouria Amirshahi, au retour d'une mission au Mali du 3 au 5 février 2013 : *« La coopération économique avec le Mali doit être réfléchie dès à présent. Pendant que la France poursuit ses opérations militaires aux côtés des armées maliennes et africaines, d'autres puissances préparent déjà l'après. J'ai trop en tête l'exemple (sans doute caricatural, mais tellement parlant) de la Libye. De toutes les grandes capitales européennes (Italie, Espagne, Grande Bretagne, Allemagne), Paris est la seule à ne pas disposer d'une liaison directe avec Tripoli. La reconstruction de l'Etat malien passe aussi par un renouveau économique. Il est de notre responsabilité de faire en sorte que les entreprises françaises y prennent toute leur part »*[1340].

357.- Conditionnalités- Les conditionnalités d'accès à l'aide ont été surtout posées par les grandes puissances industrielles membres de l'OCDE comme les USA, la France, etc.

L'influence des USA s'exerce suivant leurs doctrines de l'aide au développement[1341]. Cette influence s'exerce à travers les contributions des USA à certaines institutions financières internationales comme la

---

[1337] Pacte international relatif aux droits civils et politique du 16 décembre 1966 entré en vigueur le 23 mai 1976 et le Pacte international relatif aux droits économiques, sociaux et culturels entré en vigueur le 3 janvier 1976.
[1338] Résolution 328 de l'Assemblée Générale, 29ème session 1974.
[1339] POIRSON (J.), TARRIT (F.), Survie, la France en guerre au Mali, enjeux et zones d'ombres, pp. 169-194
[1340] Cité par POIRSON (J.), TARRIT (F.), ibid.
[1341] whttp://Fr.wikipedia.org/wiki/Droit des marchés (page consultée le 1er juillet 2014)

BIRD, l'AID (ou IDA). Les USA étaient les plus importants bailleurs de fonds à la BIRD et à l'AID.

358.- Quasi-droit de véto dans l'attribution du marché- Les institutions financières internationales sont entre les mains des grandes puissances industrielles occidentales. Dans la plupart des cas les marchés sont attribués aux opérateurs économiques du pays du bailleur de fonds. Ce n'est pour rien que les critères d'éligibilité sont posés par tous les bailleurs de fonds[1342]. Le bailleur de fonds dispose d'un quasi-droit de véto pour l'attribution du marché. Certains pays qui ne sont pas en bon terme avec le bailleur de fonds n'auront jamais le marché quel que soit la qualité de la prestation et le prix proposé. D'ailleurs la création des agences d'exécution sur insistance des bailleurs de fonds découle de cette stratégie. Ces agences d'exécution appliquent au Mali les procédures des bailleurs de fonds qui sont leurs partenaires principaux. De même, au Mali, l'Etat a créé des agences d'exécution qui sont considérées au regard des lois de création comme des maîtres d'ouvrage délégué sur instructions des bailleurs de fonds notamment la BM ou la BAD qui se servent de celles-ci pour appliquer leur procédure.

Trois agences d'exécution ont été créées : L'Agence d'exécution des Travaux d'intérêt public (AGETIP) l'agence d'exécution travaux routiers (AGEROUTE) et l'agence d'exécution des travaux d'investissement et d'équipements ruraux (AGETIER). Ces agences d'exécution ne respectent pas les dispositions transposant ces Directives en matière de passation des marchés publics. Celles-ci passent des marchés publics sans se référer à la réglementation sur les marchés publics.

La loi n° 05-02 du 10 janvier 2005 a créé l'AGEROUTE au Mali[1343]. Le Ministère de l'Equipement et des Transports a choisi l'Agence pour les marchés financés par les prêts BIRD et IDA. Ce sont les Directives de ces bailleurs sur les passations de marchés qui s'appliquent dont le principe est l'appel d'offres international.

L'AGETIP –Mali a été créé le 10 janvier 1992 sur l'initiative du gouvernement du Mali avec l'appui financier de la Banque Mondiale. L'association AGETIP vise à assurer la maîtrise d'ouvrage déléguée

---

[1342] Supra 197 et 206.

[1343] V. http ://wwwageroute.org (page consultée le 27/8/2013)

des projets d'utilité publique pour le compte de l'Etat. L'AGETIP peut passer par appel d'offres international, national ou restreint, le marché de gré à gré après accord préalable du maître d'ouvrage. L'appel d'offres national peut être engagé avec ou sans présélection[1344].

Les marchés sont attribués au soumissionnaire présentant l'offre la moins-disante et dont la capacité et la compétence auront été vérifiées. La publication de l'avis d'appel d'offres se fera dans le respect des directives du maître d'ouvrage ou du bailleur de fonds. Le dossier d'appel d'offres en cas d'appel d'offres international sera conforme au dossier d'appel d'offres type du bailleur de fonds. Pour l'agence d'exécution des travaux d'infrastructures et d'équipements ruraux (AGETIER), il s'agit des mêmes procédures distinctes de celles du code des marchés publics. Aux termes des dispositions de 'article 1er de l'ordonnance n°04-018/P-RM du 18 septembre 2004 portant création de l'Agence d'exécution des travaux d'entretien routier (AGEROUTE), celle-ci est un établissement public à caractère administratif (EPA).

Au regard des dispositions de l'article 3 de l'ordonnance n°04-018, l'AGEROUTE a pour mission d'assurer la gestion des travaux d'entretien routier exécutés en entreprise. A ce titre, l'agence est chargé de :

-élaborer les DAO et les DP ;

-lancer les offres et attribuer les marchés ;

-contrôler les travaux exécutés par les entreprises attributaires de marchés ;

-assurer le paiement des prestations des entreprises.

Conformément au manuel de procédures particulières suivies pour la passation des marchés de mars 2007, il existe une commission des Marchés chargée de procéder aux décisions d'approbation des listes restreintes, de l'ouverture des plis et de l'attribution des contrats et marchés. La commission est présidée par le Directeur général de l'AGEROUTE. Il existe également la commission d'analyse chargée

[1344] V. http ://wwwagetipe.org (page consultée le 27 /8/2013)

d'analyser les offres et de formuler des recommandations qui seront soumises à la décision de la commission des marchés (voir le marché n°11/MET/AGEROUTE/O456T034 passé par appel d'offres national d'un montant de 803.988.557FCFA TTC dont le titulaire est l'entreprise malien de construction et de concassage Hamadallaye ACI 2000 avec comme source de financement l'autorité routière).

359.- Quasi-exonération fiscale ou parafiscale accordée aux opérateurs économiques du pays des bailleurs de fonds et PTF au Mali est une réalité.

Dans la plupart des cas, les conventions de financement conclues entre le Mali et les bailleurs de fonds bilatéraux ou multilatéraux prévoient que les marchés soient attribués aux opérateurs économiques du bailleur. Une clause d'exonération de tous droits de douane, fiscaux et taxes est généralement insérée dans ladite convention de financement.

360. – Clause La même clause est reprise dans les marchés conclus avec les opérateurs économiques du pays du bailleur de fonds. L'opérateur économique, même s'il est exonéré au Mali, il paie les droits, taxes et impôts dans son pays [1345]. Ce qui fait que ces entreprises étrangères opérant au Mali sont dispensées généralement d'impôt direct et indirect, de TVA, de droits de douane, de droit d'enregistrement. Ces marchés attribués aux entreprises du pays du bailleur de fonds ne sont que des moyens détournés de promotion d'entreprise étrangère et d'entrée de devises ou de ressources pour les pays étrangers. Par ailleurs, l'Etat perd d'énormes ressources fiscales et parafiscales comme les divers impôts et taxes prévus par la réglementation fiscale en vigueur au Mali. Ce sont des sommes importantes que le Mali perd à travers de tels marchés surtout que le taux de TVA au Mali est en principe de 18%[1346] tandis que les droits d'enregistrement représentent 3% du montant du marché [1347]. Le montant de ces quatre marchés s'élèvent à 29.581.850.000 FCFA, soit un droit d'enregistrement de 887.455.345 FCFA de manque à gagner pour le trésor public malien en dehors de la TVA. Or, c'est grâce à ses ressources que l'Etat arrive à faire face à ses dépenses.

[1345] V. Extraits de marchés publics financés par l'Inde et attribués à des entreprises indiennes bénéficiant d'exonérations fiscales, pp.365, 366, 367,368.

[1346] Article 229 du code général des impôts du Mali

[1347] Ibid. article 357.

361. Exonération Si ces opérateurs économiques sont exonérés d'impôt au Mali, ils le payent dans leur pays respectif. C'est ce qui a poussé HAÏDARA a affirmé ceci : « *les exonérations fiscales sont considérables, autant dire que ce qui est donné d'une main est simultanément repris de l'autre* »[1348]. Cet auteur conclut : « *l'aide publique au développement doit être fiscalisée* »[1349].

[1348] HAÏDARA (H.), ibid., p.191.
[1349] Ibid., p189

CONCLUSION GENERALE

362.- Conclusion- Le nouveau droit des marchés publics au Mali élaboré sous l'influence des bailleurs de fonds et PTF, malgré qu'il définisse des objectifs louables sur le plan de la transparence présente des insuffisances qui sont à la base de sa quasi-inefficacité. Ce droit demeure incohérent et inachevé. En outre, le Mali à l'instar de la plupart des pays de l'UEMOA ont mal transposé les principes fondamentaux de la commande publique. Ceci, fait que l'intégration par la commande publique au sein de l'UEMOA demeure un leurre. Chaque pays de l'UEMOA demeure jaloux de sa souveraineté. En l'absence d'une juridiction régionale ou communautaire chargée de connaître du contentieux des marchés publics, chaque pays est libre d'attribuer le marché à l'opérateur économique de son choix sans aucun respect des objectifs des Directives n°04 et n°05 relatives aux marchés publics au sein de l'espace UEMOA. Sans une volonté politique de lutte contre le fléau de la corruption dans les marchés publics, le Mali à l'instar de la plupart des pays africains ne connaîtra pas un développement harmonieux. De même, sans une justice responsable, l'impunité demeurera. Le problème du chômage et du sous-emploi ne peut être résolu sans une réglementation effective des marchés publics sur le plan théorique et pratique. L'Etat ne peut pas employer tous les jeunes diplômés. La promotion des PME-PMI à travers une procédure d'attribution de la commande publique juste et équitable est à même de réduire sensiblement le fléau du chômage. Le secteur privé est à même de tirer la croissance. Mais, il faut qu'il soit préservé du fléau de la fraude ou de la corruption dans les marchés publics. Le salut du Mali à l'instar de tous les pays africains passe par une lutte implacable contre la corruption dans les marchés publics. L'Etat y gagnera sur le plan fiscal par l'abandon du secteur informel par nombre d'opérateurs économiques qui y opérèrent, mais aussi grâce à une croissance soutenue capable de résoudre le problème du chômage. Il est souhaitable que le Mali comme les autres pays de l'UEMOA adoptent les mesures suivantes :

- La création d'une Cour des comptes conformément à la Directive UEMOA portant loi de finances. Cette Cour des comptes disposera de chambres régionales des comptes à l'instar des pays comme le Gabon et Madagascar ;
- Le droit pour tout concurrent évincé dans une procédure de marchés publics passée dans un Etat-membre de l'Union de saisir la Cour de Justice de l'UEMOA ;
- Le parachèvement des catégories de marchés publics ;
- La suppression des achats sus factures ou mémoires pour les remplacer par les marchés à procédure adaptée (MAPA) ;
- La publication de tous les marchés à procédures formalisées et les MAPA ;
- L'élaboration d'une loi régissant les relations entre l'administration et les usagers pour permettre à tout citoyen de demander à ses frais une pièce de dossier de marchés non soumis au secret professionnel ;
- La publication de tous les arrêts rendus par les juridictions en matière de marchés publics ;
- La publication de tous les textes relatifs aux marchés publics au JORM ;
- L'institution d'observateurs indépendants au sein des Commissions de dépouillement chargées de dénoncer tout comportement suspect aux autorités compétentes ;
- L'institution de la responsabilité pénale des personnes morales ;
- L'attribution par la Conférence des Chefs d'Etat de l'UEMOA et le Conseil des ministres à la Cour des comptes de l'UEMOA de procéder à l'audit des comptes de chaque Etat-membre de l'UEMOA dès la mise en place d'un nouveau régime conformément à la Directive UEOA portant lois de finances ;
- La volonté des Chefs d'Etat de l'UEMOA d'assurer l'effectivité du droit communautaire des marchés publics par l'application du seuil communautaire ;
- Le parachèvement du droit pénal des marchés publics ;
- L'adoption d'une charte des PME-PMI ;
- L'adoption d'un statut particulier pour les DFM ou DAF afin qu'ils ne soient pas à la merci des ministres dont ils relèvent ;
- La refonte de la Haute Cour de Justice, par la création d'une Cour de Justice de la République composée de magistrats et de parlementaires pour juger les ministres pour les fautes

commises dans l'exercice de leur fonction en écartant de sa compétence les fautes commises hors l'exercice de leur fonction. Une Commission composée uniquement de magistrats statuera sur les plaintes destinées à les renvoyer oui ou non devant la Cour de Justice de la République. Par contre, pour les fautes commises hors l'exercice de leur fonction, ce sont les juridictions de droit commun qui pourront statuer. La Haute Cour de Justice sera réservée uniquement pour le Président de la République.

- L'attribution de la compétence à la Cour des comptes de connaître les fautes de gestion commises par les ordonnateurs furent-ils ministres ou présidents d'institution à l'exception du chef de l'Etat, Président de la République ;
- La création des commissions spécialisées à la DGMP chargée du contrôle a priori des procédures formalisées de passation des marchés publics à l'instar du Cameroun ;
- Les principes fondamentaux de la commande publique y compris le principe de transparence doivent concerner tous les marchés publics notamment les marchés classés secret défenses ;
- La présidence des Commissions de dépouillement, de jugement et d'analyse des offres pourra être assurée par des personnalités désignés par le premier ministre pour une période déterminée pour les marchés formalisés financés sur budget d'Etat ou par le Chef de la Circonscription administrative pour les marchés passés au niveau régional, subrégional et des collectivités territoriales ;
- L'harmonisation des procédures des bailleurs de fonds avec les procédures internes et communautaires UEMOA ;
- Mettre fin à cette complexification du contentieux des marchés publics appliquant à la fois les directives différentes des bailleurs de fonds, le droit interne.

Il n'existe aucun rapport institutionnel entre les juridictions des organisations UEMOA, OHADA, CEDEAO. Il n'y a pas non plus de juridiction « supra-communautaire » chargé de résoudre les rapports entre les juridictions communautaires. Les Etats-membres de ces institutions doivent penser à dégager un traitement de ces éventuels conflits entre juridictions communautaires.

Cette réglementation des marchés publics est détournée d'un de ses objectifs de développement socio-économique à travers « l'aide fatale » engendrant le surendettement du pays causé par le cercle vicieux de la dette extérieure et une croissance qui ne profite pas à la grande majorité des populations et qui accroît les inégalités entre les riches et les pauvres.

La plupart des entreprises qui évoluent sur le continent ne paie pas l'impôt à cause des exonérations et des codes d'investissement. Une croissance qui profite aux bailleurs de fonds. Une aide liée. Une politique économique financière imposée à l'Etat. Une réglementation qui favorise les échanges extracommunautaires au détriment des échanges internes et intra-communautaire. Une réglementation qui favorise les bailleurs de fonds. La faiblesse des échanges communautaires (UEMOA) est une réalité sans l'application effective d'un seuil communautaire et l'élaboration d'un code communautaire des investissements pour les Etats membres de l'UEMOA. La primauté du droit communautaire UEMOA relatif aux marchés publics doit être préservée par la volonté des Chefs d'Etat et de Gouvernement.

BIBLIOGRAPHIE

I) Ouvrages

A) Les ouvrages généraux

ADDA (J.), *la mondialisation de l'Economie, de la genèse à la crise, la Découverte*, août 2013, 344 pages ;

AGBOYIBOR (Y.), BOCKEL (A.), DIOP (B.), FOLI (M.), MANGIN (G.), SIDIME (L.), YANSANE (K.), BOYE (A.) (Sous la direction de…), *Encyclopédie juridique de l'Afrique, droit des contrats et de la responsabilité T 9*, les nouvelles éditions africaines Abidjan, Dakar, Lomé, 1982, 458 pages ;

AJACCIO (F.-X.), CASTON (A.) et PORTE (R.), *l'assurance construction, régime juridique, responsabilité des constructeurs, obligations contractuelles des particuliers, prévention des contentieux,* édition Le Moniteur, 2012 ; 368 pages ;

AMILHAT (M.), Jean – Bernard AUBY (J.B.), (sous la direction de…), *la notion de contrat administratif, l'influence du droit de l'union européenne,* éditions Bruylant, 2014, 678 pages ;

ARDANT (P.) et MATHIEU (B.), institutions politiques et droit constitutionnel, 23ème édition, LGDJ, France, 665 pages ;

AYISSI (L), corruption et gouvernance, L'Harmattan, 2008, 210 pages ;

BELLINA (S.) (MAGRO (H.), DE VILLEMEUR (V.) (sous la direction de…), *la gouvernance démocratique*, édition Karthala, 2008, 602 pages ;

BINYOUM (J.), BOURGI (A.), BUYAS (J.), CHEMILLIER-GENDREAU (M.), GONIDEC (P.F.), KWAM KOUASSI (E.), NGIMBOG (L.R.), NGOM (B), NGONGO (L.), ROSENBERG (D.), THIAM (C.), TRAN VAN MINHI, VELLAS (P.), WEISS (P.), ZANGA (A.), CAMARA (S.), OWONA (J.) (sous la direction de…), *Encyclopédie juridique de l'Afrique, droit international et relations internationales, T 2,* les nouvelles éditions africaines Abidjan, Dakar, Lomé, 1982, 396 pages ;

BLUNDO (G.) et OLIVIER DE SARDAN (J.-P.), (sous la direction de…), Etat et corruption en Afrique, une anthropologie comparative des relations entre fonctionnaires et usagers (Bénin, Niger, Sénégal), éditions Kartala et APAD, 2007, 374 pages ;

BOULOIS (J.), CHEVALLIER (R. M.), *grands arrêts de la Cour de Justice des communautés européennes*, Tome 1, 5 édit., Dalloz, 1991, 470 pages

CADIET (L.), dictionnaire de la justice, 1ère édition, PUF, octobre 2004, 1362 pages ;

CARTON (B.) et CHEVALLIER (A.) (Sous la direction de…), *l'économie mondiale en 2014*, La Découverte, 2013, 126 pages ;

CHAMPAGNE (G), *l'essentiel du droit constitutionnel, théorie générale du droit constitutionnel,* Edition Gualino, 2011-2012, 198 pages ;

CHAPUS (R.), *droit administratif général*, tome 1, 15e édition, Montchrestien, 2001, 1427 pages ;

CHRISTINE ROUAULT (M.), *l'essentiel du droit administratif général*, 9e édition, Gualino, 2011 – 2012, 132 pages ;

COLIN (F.), *l'essentiel des grands arrêts du droit administratif,* 6ème édition Gualino, 2014 – 2015 216 pages ;

COLIN (F), FONT (N.), *droit administratif général, annales corrigées 2014*, Gualino, 2013, 152 pages ;

DIAGOURAGA (M.), KEITA (K), *un destin*, 1ère édition, l'Harmattan, France, 2005, 174 pages ;

DIOUKHANE (A.), les finances publiques dans l'UEMOA, le budget du Sénégal, l'Harmattan, 2015, 267 pages ;

FAVOREU (L), GAIA (P), GHEVOTIAN (R), MESTRE (J.-L), ROUX (A), SCOFFONI (G), *droit constitutionnel*, 12e édition, Dalloz, 2009, 1069 pages

GAUDEMET (Y.), *droit administratif*, 19e édition, LGDJ, 2010, 550 pages ;

GRELIERWYCKOFF (P.), *le mémento des contrats complexes de la commande publique, la conception- réalisation, le partenariat public privé (PPP)* : BEA, AOT, CP Eyrolle, 2012, 207 pages ;

GUETTIER (C.), LABRUSSE RIOU (C.), TRACHET (D.) (sous la direction de…), *droit des contrats administratif*, 3e édition, 2011, 646 pages ;

GUYOMAR (M.), SEILLER (B.), CHAGNOLLAND (D.) GUINCHARD (S.) (Sous la direction de…), *contentieux administratif*, édition Dalloz, 2010, 463 pages ;

GUYON (Y.), *droit des affaires, Tome 2, Economica, 1993, 494 pages ;*

HAÏDARA (H.), *les micro-entreprises en Afrique de l'Ouest ou le développement par la petite porte*, L'Harmattan, 2015, 211 pages ;
HUGON (P.), *l'économie de l'Afrique, La Découverte, 2013*, 126 pages ;
ISAAC (G.), BLANQUET (M.), *droit communautaire général*, 8ème édition, Armand Colin 2001 ;
KABOU (A.), *si l'Afrique refusait le développement* ? l'Harmattan, 1991, 207 pages ;
KI-ZERBO (J.) A quand l'Afrique ? Entretien avec René Holenstein, édition d'en bas, 2013, 239 pages ;
KUNANAYAKAM (T.), *quel développement ? Quelle coopération internationale ? pour un nouvel ordre international,* coédition CETIM (Centre Europe-Tiers Monde) Suisse 2007, 170 pages ;
LAAZOUZI (M.), les contrats administratifs à caractère international, éditions Economica, 2008, 507 pages ;
LOMBARD (M.), (DUMONT (G.), CHAGNOLLAND (D.) (GUINCHARD (S.) (sous la direction de…), *Hypercours, droit administratif*, 5e édition Dalloz 2003, 542 pages ;
LONG (M.), (WEIL (P.), BRAIBANT (G.), DELVOLVE (P.), GENEVOIS (B.), *les grands arrêts de la jurisprudence administrative*, 17e édition, Dalloz, 2009, 980 pages
MBEMBE (A.), sortir de la grande nuit, essai sur l'Afrique décolonisée, La Découverte, 2013, 254 pages ;
MORAND-DEVILLER (J.) *droit administratif*, 12e édition, Montchrestien, 2011, 774 pages ;
NDOYE (D), *droit et responsabilités des juges Sénégal*, les éditions du CAFORD, 130 pages ;
NGAIDO (M), SOCK (M.T.), *code des marches publics annoté*, 2015, éditions Juriscaré, 341 pages ;
NGWESE (N.P.), BINYOUM (J) *éléments de contentieux Camerounais*, l'Harmattan, 2010, 264 pages ;
NICINSKI (S.), droit public des affaires, Montchrestien, 2010, 421 pages ;
OUATTARA (T.A.), *l'économie des finances publiques et le système budgétaire malien*, seconde édition, Jamana, 2006, 421 pages ;
PIKETTY (T.), le capital au XXI siècles, Seuil, 2014, 969 pages ;
PORTELLI (A), *droit constitutionnel*, 9e édition, Dalloz, 2011, 459 pages ;
QUILLIEN (P.J.), TCHEN (V.), *le droit public en 20 leçons,* 4ème édition, Ellipses, 2010, 351 pages ;

RAINELLI (M.), *l'Organisation mondiale du Commerce*, neuvième édition, la Découverte, 2011, 105 pages ;

RICHER (L.), *droit des contrats administratifs*, 8e édition, LGDJ, 2012, 798 pages ;

ROUSSEAU (D.), *la justice constitutionnelle*, 3e édition, Montchestien, 1998

SALL (A.), *les mutations de l'intégration des Etats en Afrique de l'Ouest*, éditons l'Harmattan, 189 pages,

SALL (A.), *la justice de l'intégration, réflexions sur les institutions judiciaires de la CEDEAO et de l'UEMOA*, éditions CREDILA, 2011 ;

SAMAKE (F.), les grands arrêts de la Section administrative de la Cour suprême du Mali, 1990-1991 ;

SAWADOGO (F.) *de la CEAO à l'UEMOA,* l'Harmattan, 2015, 149 pages.

SY (D.), *droit administratif,* 2e édition revue, corrigée et augmentée, 2014, Sénégal l'Harmattan, 420 pages ;

TANDON (Y.), *en finir avec la dépendance à l'aide,* CETIL, 2008, 216 pages.

THOUROUDE (J. J.), pratique du contentieux administratif, Gualino Lextenso, 2014, 535 pages.

VINCENT (J.Y.), CRUCIS (H. M.), VEILLARD (G.E.), MONDIELLI (E.), LEGALL (Y.), BACHELLIER (E.), CADEAU (C.), EUDE (G. A.), GRABOYGROBESCO (A.), DEVILLIERS (M.) et DEBERRANGER (T.) (Sous la direction de…..) *manuel, droit public général, institutions politiques administratives et communautaires, droit administratif, finances publiques,* 4e édition, Litec, 2009, 1389 pages.

WALINE (J.)*droit administratif,* 23ème édition, Dalloz, 2010, 727 pages ;

WEYER (L.), *délégation de service public en pratique, régime juridique-passation-exécution*, édition Le Moniteur, 2014, 252 pages ;

YONABA (S.*), les grandes décisions de la jurisprudence Burkinabé : Droit administratif,* 2ème édition décembre 2013, 473 pages

YONABA (S.), *la pratique du contentieux administratif en droit Burkinabé : De l'indépendance à nos jours*, 2ème édition 2008, imprimerie les presses africaines, 348 pages

YONABA (S.), *recueil des décisions rendues en matière administrative, 1965-2006, janvier 2008*, 91 pages

B) Ouvrages spécialisés

AJACCCIO (F-X.), *guide pratique, droit et construction, risques et litiges des marchés privés de travaux, passation des marchés, exécution et réception des travaux, garantie de parfait achèvement*, CSIB éditions, avril 2013, 109 pages ;

ALLAIRE (F.), *l'essentiel du droit des marchés publics*, Gualino 7ème édition 2014 – 2015, 140 pages ;

BELMESSIERI (M.), CAMBIER (B.), DE ROY (D.), DELVAUX (A.), DOR (V.), FRANÇOIS (N.), GROS (B.), LAGASSE (P.), LOMBAERT (B.), MASSET (A.), MATHY (I.), MICHEL (N.), PARTERNOSTRE (A.), SIMAR (R.), THIEL (P.), THOMAS (M.), VANSNICK (L.), VASTMANS (M.), WAUTHIER (S.), BEN MESSAOUD (S.) et VISEUR (F.), (sous la direction de…), *le droit des marchés publics à l'aune de la réforme du 1er juillet 2013*, Larcier, 2014, 703 pages ;

BERGEAL (C.)*contentieux des marchés publics*, édition, 2012, 220 pages ;

BEZANCON (X.), CUCCHIARINI (C.) et COSSALTER (P.*), le guide de la commande publique, marchés publics, contrats de performance énergétique, contrats de partenariat public privé, Baux emphytéotiques administratifs, délégations de service public*, éditons Le moniteur troisième édition, 2012, 396 pages ;

BLOCH (B-M.), BLOCH (J.), *pratique des avis de marchés publics, le point sur, Berger* – Levrault, septembre 2008, paris, 282 pages ;

BLOCH (B.M.), *code des marchés publics commentés*, 12e édition, Berger (Levrault) 2012, 607 pages ;

BRACONNIER (S.) *précis du droit des marchés publics*, 3e édition, LEMONITEUR, paris 2009, 575 pages ;

CHABANOL (D.), JOUGUELET (J.P.), BOURRACHOT (F.), *le régime juridique des marchés publics, droits et obligations des signataires des marchés de travaux*, éditions Le Moniteur 5ème édition, paris 2007, 595 pages ;

CHAGNAUD (A.), MONMARCHE (X.), *TPE/PME, gagner des marchés publics, guide pratique pour répondre aux appels d'offres publics,* Dunod, paris, 2008, 195 pages ;

Code des marchés publics, *guide de bonnes pratiques en matière de marchés publics*, les éditions des journaux officiels, 2014, 305 pages ;

COSSALTER (P.), *l'essentiel sur les petits marchés de maîtrise d'œuvre, territorial* éditions, 2012, 104 pages ;

CROS (N.), (BOISSY (X.) *les litiges des marchés publics*, édition Berger Levrault, 2010, 169 pages ;

DE BAECKE (P.*), comprendre simplement les marchés publics*, éditions du Moniteur, paris 2013, 350 pages ;

FROT (O.), *Marchés publics* : *Comment choisir le mieux-disant* ? *La détermination des critères et leur pondération*, 2ème édition révisée, AFNOR, 2008, 370 pages ;

GRELIERWYCKOFF (P.), *pratique du droit de la construction, marchés publics et privés*, Eyrolles, 6ème édition, 2010, 617 pages ;

GRELIERWYCKOFF (P.), *le mémento des marchés publics de travaux, intervenants, passation et exécution*, 5ème édition, Eyrolles 2012, 304 pages ;

HOURCABIE (A.), *remporter des appels d'offres, connaître les acheteurs publics, connaître les modalités de sélection des candidatures, préparer une offre recevable et percutante*, éditions Le moniteur, 2009, 331 pages ;

JULIEN (F.), *guide pratique et juridique du contentieux des marchés publics, procédures d'urgence, contentieux de l'annulation. Contentieux pénal .... Recours du candidat évincé. Recours en responsabilité. Jurisprudence*, éditions du PUITS FLEURI, 2011, 234 pages ;

LAJOYE (C.)*droit des marchés publics*, 5e édition, Gualino, 2012, 480 pages ;

LEPRON (F.), *un an de droit des marchés publics, bilan 2012, critères de négociation, offres irrégulières, résiliation candidature, passation référé*, éditions Le Moniteur, 2013, paris, 293 pages ;

LINDITCH (F.), *le droit des marchés publics*, 5e édition Dalloz, 2009, 132 pages.

Marchés publics de travaux, *cahier des clauses administratives générales*, les éditions des journaux officiels, 2010, 59 pages ;

MARTINEZ (B.), SERRE (F.), *exécution des marchés publics, mise en œuvre administrative et financière,* éditions Le Moniteur, paris 2013, 375 pages ;

MICHON (J.), *la nouvelle réglementation des marchés publics, analyse du décret n° 2004 – 15 du 7 janvier 2004 et des textes complémentaires,* éditions Le Moniteur, paris, 2004, 521 pages ;

MICHON (J.) *les marchés publics en 100 questions, guide pratique à l'usage des acheteurs et des prestataires*, Editions Le Moniteur, paris 2009, 451 pages ;

MOISSON (E.), *guide des marchés publics*, groupe Studyrama pro, France, 2014, 308 pages ;

NDIAYE (I.) *guide de la passation des marchés publics au Sénégal*, édition l'Harmattan, 2011, 212 pages ;

NDOYE (D.), *Sénégal, le nouveau code des marchés publics*, Editions Juridiques Africaines, (EDJA) novembre 2011, 282 pages ;

PALMIER (S.), *les Mapa, passation et exécution des marchés à procédure adaptée, avenant, mise en concurrence, transparence, négociation, contentieux*, éditions Le Moniteur, 3ème édition 2013, 241 pages ;

PATRICE (C.), *l'essentiel sur la gestion administrative et financière des marchés publics*, territorial éditions, 2010, 104 pages ;

RIBOT (C.), MARC (E), IDOUX (P), *Dico moniteur des marchés publics*, 2012, 650 pages.

RICHER (L.), *l'Europe des marchés publics, marchés publics et concessions en droit communautaire*, LGDJ, 2009, 393 pages ;

VIAL-VOIRON (V.), BORDAT (J-M.), LORENZI (Y.), *guide de procédures et modèles pour MAPA – Marchés de fournitures (< 90 000 EHT), territorial* éditions, 2013, 88 pages ;

C) Les Revues spécialisées

Contrats publics, l'actualité de la commande et des contrats publics,

Guide, la réception des travaux, marchés privés, 2011, SEBTP, 31 pages ;

Contrats publics, l'actualité de la commande et des contrats publics, entreprises défaillantes et marchés publics, n° 127, décembre 2012 ; Le Moniteur, 82 pages ;

procédures de référés : quel bilan en matière contractuelle, n° 132, mai 2013, Le Moniteur, 82 pages ;

Contrats publics, l'actualité de la commande et des contrats publics, critères et sous – critères dans les marchés publics, n° 129, février 2013, Le Moniteur, 82 pages ;

Contrats publics, l'actualité de la commande et des contrats publics, retards de paiement et commande publique, septembre 2013, Le moniteur, 82 pages ;

Contrats publics, les nouvelles directives « marchés », (1ère partie), n° 143, mai 2014, Le Moniteur, 82 pages ;
Contrats publics, les nouvelles directives « marchés » (2ème partie), n° 144, juin 2014, Le Moniteur, 82 pages ;
Revue ARMP n°1 du Sénégal, 1er trimestre 2010
Revue ARMP n°2 du Sénégal 2009 publiée en 2011
Revue ARMP n°3 du Sénégal publiée en juillet 2011
Revue ARMP n°4 du Sénégal, septembre 2011
Revue ARMP n°5 du Sénégal, novembre 2011
Revue ARMP n°6 du Sénégal, février 2012
Revue ARMP n°7 du Sénégal, avril 2012
Revue ARMP n°8 du Sénégal, juin 2012
Revue ARMP n°9 du Sénégal, août 2012
Revue ARMP n°10 du Sénégal, octobre 2012
Revue ARMP n°11 du Sénégal, décembre 2012
Revue ARMP n°12 du Sénégal, février 2013
Revue ARMP n°13 du Sénégal, avril 2013
Revue ARMP n°14 du Sénégal, juin 2013
Annales africaines, Faculté des Sciences Juridiques et Politique de l'UCAD, Nouvelle série, Volume 1, avril 2015, CREDILA.

D) Thèses et mémoires

ARCHAMBAUD (J.), *Thèse de droit, contribution à l'étude de problèmes spécifiques du droit sénégalais des marchés de travaux publics, Université de* Dakar, 1977, 255 pages ;
AYOLOLA (K.), le droit de la concurrence à travers les ententes et les abus de positions dominantes dans le cadre de l'UEMOA, thèse, Université de Cocody, 2001-2002, 587 pages ;
BEYE (A.), *le droit des marchés publics au Sénégal, mémoire en droit public*, année académique 1998/1999 ;
DIABATE (A.), *thèse de doctorat en sciences économiques, dépenses publiques et croissance : le Cas du Mali*, Université DAUPHINE Paris, 2009, 162 pages ;
DICKO (A.A.), le droit des marchés publics au Mali, mémoire de DEA en droit public, Bamako, ISPRIC, année 2012-2013, 143 pages.
KY (E.P.L.), *thèse de doctorat en droit public, l'intégration par la commande publique, la réforme du droit des marchés publics dans*

l'Union Economique et Monétaire Ouest-Africaine, université de Poitiers, juillet 2004, 606 pages ;

NTYAM NKOTO (F-Y*.), mémoire de DEA en droit des affaires, la morale des affaires dans le régime camerounais des marchés publics*, Université Yaoundé II-SOA, année académique 1999-2000, 59 pages

PARFAIT (E.E.A.), *mémoire de DEA en droit public, la régulation des marchés publics au Cameroun*, Université Yaoundé II-SOA, année académique 2003-2004, 106 pages ;

SALIFOU (A.G.), *Thèse de doctorat en droit public, droit et pratique des marchés publics en Afrique de l'Ouest francophone : cas de la République du Bénin*, 2008, 536 pages ;

II) Articles

BOCKEL (A.) : « Les contrats administratifs : Données générales » dans Encyclopédie juridique de l'Afrique, droit des contrats et de la responsabilité, vol.9, les nouvelles éditions africaines Abidjan, Dakar, Lomé, 1982, p.217 ;

BOURGI (A.) : « Les relations avec l'Etat colonial » dans Encyclopédie juridique de l'Afrique, droit international, vol.1, PP.207-223.

BRACONNIER (S.) : « L'accès aux marchés publics dans le nouveau code des marchés publics », contrats et marchés publics, avril 2001, pp.33-51 ;

BRUYAS (J.) : « La coopération avec la CEE et les divers Etats membres de l'OCDE », Encyclopédie juridique de l'Afrique, droit international, P.240 ;

GLELE (M.A.) : « La constitution ou loi fondamentale » dans Encyclopédie juridique de l'Afrique, vol.1, p.2 ;

GONIDEC (P.F.) : « Introduction » dans encyclopédie juridique de l'Afrique, p.25 ;

MEYER (P) : « Afrique de l'Ouest – Séminaire sous régional de sensibilisation sur le droit communautaire de l'UEMOA, 2003. Les conflits de juridictions dans les espaces OHADA, UEMOA, CEDEAO », UEMOA, 06-10-2003, Références 2003 DCUM.

YONABA (S.) : « La nouvelle réglementation des marchés publics au Burkina-Faso », revue Burkinabé de droit n° 31, 1998, p.55.

III) Principaux textes législatifs officiels

A) Traités et Accords internationaux

La déclaration universelle des Droits de l'Homme du 10 Décembre 1948 ;

Le pacte International relatif aux droits civils et politiques du 16 décembre 1966 entré en vigueur le 23 mai 1976;

Le pacte International relatif aux droits économiques, sociaux et culturels entré en vigueur le 3 janvier 1976 ;

La Charte africaine des Droits de l'Homme et des Peuples du 27 Juin 1981 ;

La Déclaration sur le Droit au Développement du 4 décembre 1986 ;

Traité du 17 octobre 1993 relatif à l'harmonisation du droit des affaires en Afrique ;

Accord de l'OMC sur les Marchés Publics, Marrakech du 15 avril 1994, entré en vigueur le 1er janvier 1996, site web OMC.

Le Traité du 10 janvier 1994 instituant l'UEMOA.

B) Actes communautaires

L'acte uniforme OHADA relatif à l'arbitrage ;

L'acte uniforme OHADA relatif aux sûretés ;

Règlement n°2/2002/CM/UEMOA relatif aux pratiques anticoncurrentielles à l'intérieur de l'UEOMA du 23 mai 2002 ;

Règlement n°3/2002/CM/UEMOA relatif aux procédures applicables aux ententes et abus de position dominante à l'intérieur de l'UEMOA du 23 mai 2002 ;

Règlement n°4/2002/CM/UEMOA relatif aux aides d'Etats à l'intérieur de l'UEMOA et aux modalités d'application de l'article 88 du traité.

La directive du 23 mai 2002 relative à la coopération entre la commission et les structures nationales de concurrence des Etats membres pour l'application des articles 88, 89 et 90 du Traité de l'UEMOA

Directive 2004/17/UE du 31 mars 2004

Directive 2004/18/UE du 31 mars 2004

Procédures AID ;

La directive n° 04-2005/CM/UEMOA du 09/12/2005 portant procédures de passation, d'exécution et de règlement des marchés publics et des délégations de service public ;

La directive n° 05 / CM / UEMOA du 09/12/2005 portant contrôle et régulation des marchés publics et des délégations de service public ;

La Directive n°01/2009/CM/UEMOA portant code de Transparence dans la gestion des Finances publiques au sein de l'UEMOA.

La Directive n° 06/2009/CM/UEMOA du 26 juin 2009 portant loi de finances.

La directive n°07/2009/CM/UEMOA du 26 juin 2009 portant règlement général sur la comptabilité publique.

La Directive n°08/2009/CM/UEMOA du 26 juin 2009 portant nomenclature budgétaire de l'Etat.

La Directive n°08/2008/CM/UEMOA portant plan comptable de l'Etat.

La directive n° 04 / 2012/ CM / UEMOA du 28 septembre 2012 relative à l'éthique et à la déontologie dans les marchés publics et les délégations de service public au sein de l'UEMOA ;

Banque Mondiale, directives pour les décaissements applicables aux projets, Washington, juillet 2006 ;

Banque Mondiale, dossier d'appel d'offres type, guide de l'utilisateur du dossier type d'appel d'offres pour la passation des marchés de travaux, droit civil, Washington mars 2007 ;

Recueil de textes de droit communautaire de l'UEMOA, éditons Le Déclic, Organisation internationale de la Francophonie réédition novembre 2008, 735 pages

Recueil des textes fondamentaux et de la jurisprudence de la Cour de justice de l'UEMOA, éditons Le Déclic, Organisation internationale de la Francophonie, novembre 2008, 634 pages

Directives FIDA pour la passation des marchés de travaux, 2010 ;

Banque Mondiale, directives, passation des marchés de fournitures, de travaux et de services (autres que les services de consultants), Washington, janvier 2011 ;

Directives Banque Africaine de Développement ;

Directives Banque Mondiale ;

Procédures AID ;

Directives COMESA du 17 mars 2003 ; le règlement relatif aux aides d'Etats à l'intérieur de l'UEMOA et aux modalités d'application de l'article 88 © du traité ;

Règlements CEMAC ;

Directives du Marché Commun de l'Afrique Orientale et Australe (COMESA) du 17 mars 2003.

Règlement de la Communauté des Etats de l'Afrique Centrale (CEMAC)
Directives Banque Africaine de Développement ;
Directives Banque Mondiale ;
Statuts du FMI et de la Banque Mondiale ;

C) Textes applicables dans les colonies et Territoires d'outre-mer

- Décret du 18 novembre 1882 relatif aux adjudications et marchés à passer pour le compte de l'Etat français ;
- Décret du 26 octobre 1898 portant promulgation dans les colonies de divers articles du décret (français) du 18 novembre 1882 ;
- Décret n° 49-500 du 11 avril 1949 portant application pour les Territoires relevant du Ministère de la France d'Outre-mer du décret du 6 avril 1942 relatif aux marchés passés au nom de l'Etat, modifié par le décret du 21 novembre 1952 ;
- Arrêté du 16 octobre 1946 portant fixation du cahier des charges et conditions générales imposées aux entrepreneurs de travaux publics ;
- Arrêté du 8 avril 1953 portant approbation du cahier de fournitures et de services

D) Mali

1. Lois, Décrets, Arrêtés

- La constitution de la fédération du Mali du 17 janvier 1959.

La constitution du Soudan du 23 janvier 1959 ;
La constitution du Mali du 22 septembre 1960 ;
L'ordonnance n° 1/CMLN du 28 novembre 1968 portant organisation provisoire des pouvoirs publics en République du Mali ;
La constitution du 2 juin 1974 ;
La constitution du 25 février 1992
L'ordonnance n°46/bis du 16 novembre 1960 portant règlement financier au Mali ;
Loi n°62-67/AN-RM du 9 août 1962 portant code du travail.
L'ordonnance n°1 portant organisation provisoire des pouvoirs publics en République du Mali du 28 novembre 1968 ;
L'ordonnance n°2 portant nomination des membres du gouvernement provisoire du 28 novembre 1968 ;

la constitution du Mali du 02 juin 1974 ;
La loi du 11 avril 1963 portant statut des sociétés et entreprises d'Etat au Mali ;
Loi n°90 – 06 / AN-RM du 19 février 1990 portant création de la direction générale des marchés publics au Mali ;
Loi n° 91-048 /AN-RM du 26 février 1995 portant code des investissements au Mali (abrogé) (voir recueil des codes et textes usuels de la République du Mali, tome II, EDIMSA, 2000, page 283) ;
Loi n°92-020 du 23 septembre 1992 portant code du Travail au Mali.
La loi n°96 – 060 /AN – RM du 04 novembre 1996 relative à la loi des finances ;
La loi n°96 – 061 du 04 novembre 1996 portant principes fondamentaux de la comptabilité publique.
Loi n° 96-071 du 16 décembre 1996 portant loi organique fixant l'organisation, les règles de fonctionnement de la cour suprême et la procédure suivie devant elle (voir recueil de textes législatifs et réglementaires du Mali, janvier 2010, page 10) ;
Loi n° 01-079/ du 20 août 2001 portant code pénal du Mali ;
Loi n° 01-080/ du 20 août 2001 portant code de procédure pénale du Mali ;
Loi n° 03-030 du 25 août 2003 instituant le Vérificateur Général ;
Loi n°08 – 022 du 23 juillet 2008 portant création de la Direction générale des Marchés publics et des délégations de Services publics ;
Loi n°08 – 023 du 23 juillet 2008 portant création de l'Autorité de Régulation des Marchés publics et des délégations de services public ;
Loi n° 2012-009 du 8 février 2012 abrogeant la loi n° 03-030 du 25 août 2003 instituant le Vérificateur Général ;
Loi n° 2013-028 du 11 juillet 2013 relative aux lois de finances ;
Décret n° 0204/PG-RM du 08 novembre 1977 abrogeant le décret n°108/PG-RM du 22 juillet 1963
Décret n°90-030 / P-RM DU 19 février 1990 fixant l'organisation et les modalités de fonctionnement de la direction générale des marchés publics du Mali ;
Décret n° 92-059/P-CTSP du 14 février 1992 portant réglementation des marchés publics ;
Décret sur la comptabilité-matières au Mali, 2013 ;
Code de commerce du Mali ;

Décret n° 95-401/P-RM du 10 novembre 1995 portant code des marchés publics au Mali (abrogé), (voir recueil des codes et textes usuels de la République du Mali, tome II, EDIMSA, 2000, page 908) ;

Le décret n°97 – 192 /P – RM du 09 juin 1997 portant règlement général de la comptabilité publique ;

Le décret n°08 – 481 /P – RM du 11 août 2008 fixant l'organisation et les modalités de fonctionnement de la Direction générale des Marchés publics et des Délégations de Service public ;

Le décret n°08 – 482 /P – RM du 11 août 2008 fixant l'organisation et les modalités de fonctionnement de l'Autorité de Régulation des Marchés publics et des Délégations de Service public ;

Le décret n°08 – 485 /P – RM du 11 août 2008 portant procédures de passation, d'exécution et de règlement des Marchés publics et des Délégations de Service public ;

Le décret n°09 – 219 /P – RM du 11 mai 2009 déterminant les autorités chargées de la conclusion et de l'approbation des marchés publics et des délégations de service public ;

Décret n° 2011-079 / P-RM du 22 février 2011 modifiant le décret n° 08-485 / P-RM du 11 août 2008 portant procédure de passation, d'exécution et de règlement des marchés publics et des délégations de service public ;

Décret n°10-681/P-RM du 30 décembre 2010 portant réglementation de la comptabilité-matières.

Décret n° 2014-0304/P-RM du 08 mai 2014 modifiant le décret n°08-481/P-RM du 11 août 2008fixant l'organisation et les modalités de fonctionnement de la direction générale des marchés publics et des délégations de service public ;

Décret n° 2014-0349/P-RM du 22 mai 2014 portant règlement général sur la comptabilité publique ;

Décret n° 2014-0256/P-RM du 10 avril 2014 déterminant les autorités chargées de la conclusion et de l'application des marchés publics et des délégations de service public ;

Décret n°2014-0256/P-RM du 10 avril 2014 déterminant les autorités chargées de la conclusion et de l'approbation des marchés et des délégations de service public.

Décret n° 2015-0604/P-RM du 25 septembre 2015 portant code des marchés publics et des délégations de service public.

L'arrêté n°95-0391/MFC-CAB du 22 février 1995 portant cahier des clauses administratives générales applicables aux marchés publics de fournitures courantes de services, d'informatique et de bureautique ;

L'arrêté n°97-1595/MFC-SG du 22 février 1995 portant cahier des clauses administratives générales applicables aux marchés publics de travaux ;

L'arrêté n°97-1037/MFC-SG fixant les modalités d'application du décret n°95-401/P-RM du 10 novembre 1995 portant code des marchés publics ;

L'arrêté n°00-1383/MEF-SG du 11 mai 2000 fixant les dispositions particulières relatives à la passation des marchés publics de collectivités territoriales ;

L'arrêté n°02-1879/MEF-SG du 04 septembre 2002 portant cahier des clauses administratives générales applicables aux marchés publics de prestations intellectuelles ;

L'arrêté n°09 – 1969 /MEF – SG du 06 août 2009 fixant les modalités d'application du décret n°08 – 485 /P – RM du 11 août 2008 portant procédures de passation, d'exécution et de règlement des marchés publics et des délégations de service public ;

L'arrêté n°09 – 1970 /MEF – SG du 06 août 2009 portant cahier des clauses administratives générales applicables aux marché publics et travaux ;

L'arrêté n°09 – 1971 /MEF – SG du 06 août 2009 portant cahier des clauses administratives générales applicables aux marchés public de fournitures courantes, de services informatiques et de bureautique ;

L'arrêté n°09 – 1972 /MEF – SG du 06 août 2009 portant cahier des clauses administratives générales applicables aux marchés de prestations intellectuelles ;

L'arrêté n°10 – 0203 /MEF /MATCL du 28 janvier 2010 fixant les dispositions particulières relatives aux collectivités territoriales ;

L'arrêté n°2011-4798/MEF-SG du 25 novembre 2011 fixant les modalités d'application du décret n°10-681/P-RM du zodec 2010 portant réglementation de la comptabilité matière.

L'arrêté n°2014-1323/MEF-SG du 25 avril 2014 fixant les modalités d'application du décret n°08-485/P-RM du 11 août 2008, modifié, portant procédure de passation, d'exécution et de règlement des marchés publics et des délégations de service public ;

Recueil des principaux textes régissant les marchés publics en République du Mali, ARMDS, édition 2013 ;

2. Circulaires, instructions

Instruction n° 007/MEF-DGI du 28 juillet 2005 relative au régime fiscal applicable aux marchés et contrats à financement mixte ;
Circulaire du ministre de l'Economie et des Finances
Instruction du ministre de l'Economie et des Finances

3. Décisions du Comité de Règlement des Différends de l'ARMP-DSP du Mali

Décisions du Comité de Règlement des Différends de l'Autorité de Régulation des Marchés Publics et des Délégations de Service Public (ARMPDSP) de 2010 ;
Décisions du Comité de Règlement des Différends de l'ARMPDSP de 2011 ;
Décisions du Comité de Règlement des Différends de 2012 ;
Décisions du Comité de Règlement des Différends de 2013 ;
Décisions rendues par le Comité de Règlement des Différends de l'Autorité de Régulation des Marchés Publics et des Délégations de Service Public de 2013 à 2015.

E) Textes étrangers

1. Bénin

La constitution du Bénin du 11 décembre 1990 à jour au 20 septembre 2004 ;
Loi 2009-02 du 7 août 2009 portant code des marchés publics et des délégations de service public en République du Bénin ;

2. Burkina-Faso

Décret n°2013-1148/PRES/PM/MEF modifiant le décret n°2008-173/PRES/PM/MEF du 16 avril 2008 portant réglementation générale des marchés publics et des délégations de service public et son modificatif, le décret n°2012-123/PRES/PM/MEF du 02 mars 2012.
Décret n°2014-554/PRES/PM portant création, attribution, organisation et fonctionnement de l'Autorité de Régulation de la Commande publique du 27 juin 2014
Cahier des clauses administratives générales applicables aux contrats de prestations intellectuelles rémunérés au temps passé, août 2009
Cahier des clauses administratives générales applicables aux marchés d'équipements de fournitures et de services courants, août 2009

Cahier des clauses administratives générales applicables aux contrats de prestations intellectuelles rémunérés au forfait, août 2009

Cahier des clauses administratives générales applicables aux marchés de travaux, août 2009

Décisions du Comité de Règlement des Différends de l'ARMP-DSP du Burkina-Faso :

Décisions du Comité de Règlement des Différends de l'Autorité de Régulation des Marchés Publics et des Délégations de Service Public (ARMPDSP) de 2010 ;

Décisions du Comité de Règlement des Différends de l'ARMPDSP de 2011 ;

Décisions du Comité de Règlement des Différends de 2012 ;

Décisions du Comité de Règlement des Différends de 2013 ;

Décisions rendues par le Comité de Règlement des Différends de l'Autorité de Régulation des Marchés Publics et des Délégations de Service Public de 2013 à 2015.

3. Cameroun

Décret n° 2001//04 du 23 février 2001 portant création, organisation et fonctionnement de l'Agence de Régulation des Marchés publics

Décret n° 2004/275 du 24 septembre 2004 portant code des marchés publics ;

4. Congo

Décret 2009-156 du 20 mai 2009 portant code des marchés publics au Congo ;

5. France

Constitution française du 27 octobre 1946

Constitution française du 4 octobre 1958

Code civil français ;

Code pénal français ;

Code des marchés publics français, Dalloz

Loi n°2001-1168 du 11 décembre 2001 (loi MURCEF : portant mesures urgentes de réformes à caractère économique et financier) ;

Code des procédures administratives, édition Dalloz, 2015 ;

Manuel d'application du code des marchés publics français.

6. Gabon

Décret n° 0254/PR/MEEDDD portant code des marchés publics au Gabon du 19 juin 2012 ;

7. Madagascar

Loi n°2004-009 du 26 juillet 2004 portant code des marchés publics de Madagascar ;

Manuel d'application du code des marchés publics de Madagascar.

8. Niger

Constitution du 25 novembre 2010

Décret n°2013-569/PRN/PM du 20 décembre 2013 portant code des marchés publics et des délégations de service public du Niger ;

Arrêté n°0143/CAB/PM/ARMP du 29 juin 2012 fixant les seuils dans le code de passation et de l'exécution des marchés publics et des délégations de service public au Niger ;

9. R D Congo

Loi n°10/010 du 27 avril 2010 relative aux marchés publics en R D Congo

10. Sénégal

La constitution du 24 janvier 1959 ;

La constitution du Sénégal du 22 janvier 2001

Loi n°65-51 du 19 juillet 1965 portant code des obligations de l'Administration au Sénégal ;

Loi n° 72-62 du 20 juin 1972 portant loi de finances pour l'année 1972-1973, Sénégal

Loi organique n°2012-23 du 27 décembre 2012 portant création de la Cour des Comptes du Sénégal

Décret n°2007-546 du 25 avril 2007 portant organisation et fonctionnement de l'ARMP ;

Décret n°2007-546 du 25 avril 2007 portant création de la direction centrale des marchés publics (DCMP) ;

Décret n°2011-1048 du 27 juillet 2011 portant code des marchés publics ;

Décret n°2014-1212 du 22 septembre 2014 portant code des marchés publics au Sénégal

Recueil de textes juridiques sur les marchés publics, ARMP du Sénégal, édition 2011 ;

Décisions du Comité de Règlement des Différends de l'ARMP-DSP du Sénégal :

Décisions du Comité de Règlement des Différends de l'Autorité de Régulation des Marchés Publics et des Délégations de Service Public (ARMPDSP) de 2010 ;
Décisions du Comité de Règlement des Différends de l'ARMPDSP de 2011 ;
Décisions du Comité de Règlement des Différends de 2012 ;
Décisions du Comité de Règlement des Différends de 2013 ;
Décisions rendues par le Comité de Règlement des Différends de l'Autorité de Régulation des Marchés Publics et des Délégations de Service Public de 2013 à 2015.

11. Tchad

- Décret n°503/PM/SGG du 5 décembre 2003 portant code des marchés publics au Tchad.

IV) Jurisprudence

A) Jurisprudence malienne

Cour Suprême du Mali, section administrative, arrêt n°65 du 24/03/2009, affaire, La société TRANSFOPAM contre ministère de l'Education nationale, Direction des Marchés Publics, recueil des arrêts de la Cour suprême 2009-2012 ;
Cour Suprême du Mali, section administrative, arrêt n° 222 du 15/10/2009, affaire. La Sté TRANSFOPAM contre décision AO n° 10/MEN-DAF-DAMPT08 du 28/11/2008, recueil des arrêts de la Cour suprême 2009-2012 ;
Cour Suprême du Mali, section administrative, arrêt n° 65 du 08/04/2010, affaire, La société métal Soudan contre la société Métalux, recueil des arrêts de la cour suprême 2009-2012 ;
Cour suprême du Mali, section administrative, arrêt n° 235 du 20/10/2011, affaire. L'Assemblée nationale du Mali-Etat du Mali contre jugement n° 388 du 08/09/2010 du tribunal administratif de Bamako, et DES, recueil des arrêts de la Cour Suprême 2009-2012 ;
Cour Suprême du Mali, section administrative, arrêt n° 236 du 26/10/2011, affaire. L'Assemblée nationale du Mali-Etat du Mali

C/jugement n° 396 du 08/09/2010 du tribunal administratif de BKO, recueil des arrêts de la Cour Suprême 2009-2012 ;

Cour Suprême du Mali, section administrative, arrêt n° 237 du 26/10/2011, affaire. L'Assemblée nationale du Mali-Etat du Mali C/jugement n° 397 du 08/09/2010 du tribunal administratif de BKO, recueil des arrêts de la Cour Suprême 2009-2012 ;

Cour Suprême du Mali, section administrative, arrêt n° 238 du 26/10/2011, affaire. L'Assemblée nationale du Mali-Etat du Mali C/jugement n° 392 du 08/09/2010 du tribunal administratif de BKO, recueil des arrêts de la Cour Suprême 2009-2012 ;

Cour Suprême du Mali, section administrative, arrêt n° 239 du 31/10/2011, affaire. L'Assemblée nationale du Mali-Etat du Mali C/jugement n° 393 du 08/09/2010 du tribunal administratif de BKO, recueil des arrêts de la Cour Suprême 2009-2012 ;

Cour Suprême du Mali, section administrative, arrêt n° 276 du 30/11/2011, affaire. Ministère de l'Equipement et des Transports contre décision n° 11-027ARMDS-CRD du 09/09/2011 du CRD recueil des arrêts de la Cour suprême 2009-2012 ;

Cour Suprême du Mali, section administrative, arrêt n° 100 du 22/04/2011, affaire. Ministère de l'Equipement et des Transports contre décision du CRD, recueil des arrêts de la Cour Suprême 2009-2012 ;

Cour Suprême du Mali, section administrative, arrêt n° 124 du 09/06/2011, affaire. entreprise Niambia construction C/jugement n° 55 du 1er av. 2009 du tribunal administratif de Bamako et ministère de la Sécurité intérieure et de la Protection civile, recueil des arrêts de la cour suprême 2009-2012 ;

Cour Suprême du Mali, Section Administration, arrêt n° 324 du 22/12/2011 affaire, Direction générale autorité routière C/ décision n° 311-025 ARMDS-CRD du 28/07/2011, Rec. des arrêts C.S 2009-2012 ;

Cour Suprême du Mali, Section Administration, arrêt n° 330 du 23/12/2011 affaire, TRANSPOPAM C/ ministère de l'Enseignement secondaire, sup et de la recherche scient, rec. des arrêts C.S 2009-2012 ;

Cour suprême du Mali, section administrative, arrêt n° 04 du 23/02/2012, affaire. La société château construction contre la Direction administrative et financière de la présidence de la République, recueil des arrêts de la Cour suprême 2009-2012 ;

Cour Suprême du Mali, section administrative, arrêt n° 050 du 23/02/2012, affaire. Ministère de l'Equipement et des Transports contre décision n° 12-003/ARMDS-CRD du 06 janvier 2012 ;
Cour Suprême du Mali, section administrative, arrêt n° 212 du 06/07/2012, affaire. Afrique Auto entreprise individuelle C/décision n°12-010ARMDS-CRD du 24/04/2012, recueil des arrêts de la Cour Suprême 2009-2012 ;
Cour Suprême du Mali, section administrative, arrêt n° 321 du 29/08/2012 affaire entreprise générale Mariko EGM SARL C/ décision n°012-08/0041/ MAHSPA / CNAOM du 10 août 2012 ;
Cour Suprême du Mali, Section administrative, arrêt n° 434 du 11/12/2012, affaire, DAF de la présidence de la République C/ arrêt n°47 du 24/02/2012 SOGECO SARL Rec. des arrêts C.S 2009-2012 ;
Cour Suprême du Mali, Section Administrative, arrêt n° 450 du 19/10/2012, affaire entreprise Générale Mariko EGMSARL C/ décision n° 012-08/0041/ MAHSPA / CNAOM du 10 août 2012, Rec. des arrêts C.S 2009-2012.

B) Jurisprudence burkinabée

Décision n° 20, entreprise burkinabè de construction, peinture et carrelage (Ebepe) c/Ecole Nationale des Régies financières (Enaref) : 14 mai 1996 et 27 février 1998, voir Salif Yanoba, les grandes décisions de la jurisprudence Burkinabé, page 195 à 205 ;
Décision n° 31, Générale des études et travaux (GET) c/ Assemblée nationale : 10 août 2004 et 11 août 2005 (chambres réunies), voir Salif Yanoba, les grandes décisions de la jurisprudence Burkinabé, page 329 à 341 ;
Décision n°32, centre hospitalier national Sourou Sanou (CHN/SS) de Bobo-Dioulasso c/ Entreprise de nettoyage, entretien et décoration (NETENDEC) et entreprise de nettoyage, entretien et décoration (NETENDEC) c/ centre hospitalier national Sourou Sanou (CHN/SS) de Bobo-Dioulasso du 27 mai 2005, voir Salif Yanoba, les grandes décisions de la jurisprudence Burkinabé, page 342 à 350,
Décision n°44, Entreprise Inter-Réalisation EBCPC (Congo I.) c/Etat : 31 décembre 2010, voir Salif Yanoba, les grandes décisions de la jurisprudence Burkinabé, page 452 à 459.

C) Jurisprudence de la Cour de Justice des Communautés européennes

CJCE, 22 juin 1993, affaire, Commission c/ Danemark ;
CJCE, 25 avril 1996, affaire, C-87/94, Commission des Communautés européennes c/Royaume de Belgique ;
CJCE, 11 janvier 2000, Tanja Kreil
CJCE, affaire, C-380/98, 3 octobre 2000, University of Cambridge
CJCE, 24 janvier 2008, Emm. G. Lianakis AE e.a. C/DimosAlexandrapolise.a. affaire, C-532/06 ;
CJCE, 7 déc. 2000 Telaustria et Telefonadress, affaire, C-324/98.

D) Jurisprudence française

CE, 31 juillet 1912, société des granits porphyroïdes des Vosges, GAJA, n° 25 ;
Compagnie générale d'éclairage de Bordeaux, 30 mars 1916, GAJA, n°30 ;
CE, 20 avril 1956, époux Bertin, GAJA n°72 ;
CE, Société de l'autoroute Estérel –Côte d'asure ;
TC, 8 juillet 1963, Sté entreprise Peyrot , GAJA n°82 ;
CE, 30 mai 1975, Sté d'équipement, région montpellaire ;
TC, 7 juillet 1975, Commune d'Adge ;
CE, Ass., 20 octobre 1989, Nicolo, GAJA, n°93 ;
CE, 30octobre 1998, Sarran et Levacher ;
CE, 21 mars 2007, Commune de Boulogne Billancourt ;
CE, Ass.16 juillet 2007, société Tropic Travaux de Signalisation, GAJA, n° 117.

E) Jurisprudence sénégalaise

Cour suprême du Sénégal, arrêt n°11 du 31 mars 2011, Société générale de surveillance (SGS) contre conseil exécutif des transports urbains de Dakar (CETUD) ;
Cour suprême du Sénégal, chambre administrative, arrêt n°1 du 09 février 2012, complexe international thiaréguèye (CITG) ARMP ;
Cour suprême du Sénégal, arrêt n°12 du 07 avril 2011, Bureau Veritas S.A. contre ARMP ;
Cour suprême du Sénégal, arrêt n°18 du 22 mars 2012, port Autonome de Dakar (PAD) contre CRD de l'ARMP ;
Cour suprême du Sénégal, arrêt n°47 du 22 août 2013, société SARRECONS contre ARMP ;

Cour d’appel de Dakar, arrêt du 24 mars 1972, Etat du Sénégal contre Berraz, annales africaines 1975, p.62.

V) Autres documents

La loi type de la CNUDCI sur la passation des marchés de biens, de travaux et services, New York, 1994 ;
Déclaration de Paris sur l’efficacité de l’aide publique au Développement du 2 mars 2005 ;
Groupement d’études et de conseil-Mali, étude relative à la relecture du code des marchés publics, Mali, janvier 2005, 121 pages ;
Rapport sur le diagnostic des systèmes de contrôle public au Mali, ministère de l’Economie et des Finances, novembre 2008 ;
Situation des comptes administratifs et de gestion en matière de marchés publics au Mali 2009 ;
Statistique des marchés passés par la DGMP au Mali en 2009 ;
Bulletin d’information 2010 de la Cellule d’Appui aux Structures de Contrôle de l’Administration
Rapport annuel, 2010 de l’ARMP du Sénégal
Rapport annuel, 2010 de l’ARMP du Niger
Rapport d’activités 2013 ARMP du Burkina-Faso, mai 2014
Plan stratégique de l’ARMP du Burkina-Faso, 2014-2023
Plan opérationnel de l’ARMP du Burkina-Faso, 2014-2016
Stratégie nationale de renforcement des capacités en matière de marchés publics de L’ARMP du Burkina-Faso, juillet 2011
Rapport annuel, 2010 de l’ARMP du Cameroun
Situation des comptes administratifs et de gestion en matière de marchés publics au Mali 2010 ;
Dictionnaire Hachette, édition 2010 ;
Rapport annuel, 2010 du bureau du vérificateur général du Mali
Rapport annuel, 2011 du bureau du vérificateur général du Mali
Rapport annuel, 2012 du bureau du vérificateur général du Mali
Rapport annuel, 2013 du bureau du vérificateur général du Mali
Rapport annuel, 2014 du bureau du vérificateur général du Mali
Rapport du bureau du vérificateur général du Mali, acquisition d’un aéronef et fourniture aux forces armées maliennes de matériels, d’habillement, de couchage, de campement et d’alimentation (HCCA) ainsi que de véhicules et de pièces de rechange, Ministère de la Défense et des Anciens Combattants, Vérification de conformité et de performance, octobre 2014 ;

Statistique des marchés passés par la DGMP au Mali en 2010 ;
Situation des comptes administratifs et de gestion en matière de marchés publics au Mali 2011 ;
Statistique des marchés passés au Mali en 2011 par la DGMP ;
Stratégie Nationale de Renforcement des capacités en matière de marchés publics de l'ARMP du Burkina-Faso de juillet 2011 ;
Rapport annuel du bureau du vérificateur général du Mali 2011 ;
OCDE, principes pour renforcer l'intégrité dans les marchés publics, éditions OCDE 2011, 154 pages ;
Rapport annuel, 2011 du bureau du vérificateur général du Mali ;
Rapport annuel, 2011 de l'ARMP du Sénégal
Rapport annuel, 2011 de l'ARMP du Niger
Rapport annuel, 2011 de l'ARMP du Cameroun
Bulletin d'information 2011 de la Cellule d'Appui aux Structures de Contrôle de l'Administration
Bulletin d'information 2012 de la Cellule d'Appui aux Structures de Contrôle de l'Administration
Dossier standard régional d'acquisitions passation des marchés de travaux UEMOA, 2012 ;
Dossier standard régional d'acquisitions modèles de rapport d'évaluation des offres, passation de marchés de travaux ou de fournitures UEMOA, 2012 ;
Dossier standard régional d'acquisitions passation de marchés de fournitures et/ou de services connexes, UEMOA, 2012 ;
Dossier standard régional d'acquisitions passation des conventions de délégation de service public, UEMOA, 2012 ;
-Dossier standard régional d'acquisitions passation de marchés de fournitures et/ou de services connexes, UEMOA, 2012 ;
Dossier standard régional d'acquisitions passation de marchés de travaux, UEMOA, 2012 ;
Dossier standard régional d'acquisitions, passation de marchés de prestations intellectuelles, UEMOA 2012 ;
Mémentos d'accès des petites et moyennes entreprises (PME) à la commande publique UEMOA, décembre 2012 ;
Dossier standard régional d'acquisitions, passation des marchés de services courants UEMOA, décembre 2012 ;
Dossier standard régional d'acquisitions modèles de rapport d'évaluation des propositions : sélection des consultants, UEMOA, décembre 2012 ;
Rapport annuel, 2012 de l'ARMP du Sénégal

Rapport annuel, 2012 de l'ARMP du Niger
Rapport annuel, 2012 de l'ARMP du Cameroun
Rapport annuel, 2013 de l'ARMP du Niger
Rapport annuel, 2013 de l'ARMP du Cameroun
UEMOA, guide communautaire de l'acheteur public, imprimé par la manufacture des arts graphiques, Ouagadougou Burkina-Faso, déc. 2012, 163 pages ;
Rapport d'activités 2013 de l'ARMP du Burkina-Faso ;
Trois cent (300) rapports des structures de contrôle administratifs du Mali de 2009 à 2013
CIFOPE, management des marchés publics, audits, Thiais France, 2013 ;
Rapport annuel, 2013 de l'ARMP du Sénégal
Rapport annuel, 2014 de l'ARMP du Sénégal
Rapport annuel, 2014 de l'ARMP du Niger
Rapport annuel, 2014 de l'ARMP du Cameroun
Rapport de synthèse de mai 2014 de l'ARMDS du Mali : audit de l'exécution physique des marchés passés par les autorités contractantes au titre de l'exercice budgétaire 2010 ;
Rapport de synthèse de mai 2014 de l'ARMDS du Mali : audit de l'exécution physique des marchés passés par les autorités contractantes au titre de l'exercice budgétaire 2009 ;
Rapport de synthèse de mai 2014 de l'ARMDS du Mali : audit de conformité des procédures de passation, d'exécution et de règlement des marchés passés en 2010 ;
Rapport de synthèse de mai 2014 de l'ARMDS du Mali : audit de conformité des procédures de passation, d'exécution et de règlement des marchés passés en 2009 ;
Plan opérationnel 2014-2016 de l'Autorité de Régulation des Marchés Publics du Burkina-Faso
Plan stratégique de l'ARMP 2014-2023 du Burkina-Faso
Rapport sur la Conférence d'Afrique relative à la réforme du droit des marchés publics
La réforme des marchés publics par la transparence ;
Projet de réforme sur le droit des marchés publics au sein de l'espace UEMOA
La Déclaration de Paris sur l'harmonisation et l'efficacité de l'aide au développement ;
La loi type de la CNUDCI sur la passation des marchés de biens de travaux et services (voir document du centre de formation

international pour le perfectionnement des cadres, la Rochelle, France) ;
Méthodologie d'évaluation des systèmes de passation des marchés publics selon les indicateurs de l'OCDE ;
Guide pour l'incorporation de la loi type CNUDCI dans le droit interne des Etats ;
Cahier général de charges relatives aux marchés de travaux financés par le Fonds européen de développement (FED) (voir document du centre de formation international pour le perfectionnement des cadres, la Rochelle, France) ;
Cahier général de charges relatives aux marchés de fournitures financés par le FED ;
Guide Pratique de l'Union européenne ;
Règlement de procédure de conciliation et d'arbitrage pour les marchés financés par le FED.

VI) Webographie

http://www.uemoa,traité révisé (page consultée le 24/8/2008) ;
http://www.agetipe.org (loi du 10 av 1992 créant l'agetipe page consultée le 27/8/2013) ;
http://wwwgoogleml, (l'agetier page consultée le 27/8/2013) ;
http://www.ageroute (page consultée le 27/8/2013) ;
http://www. armp.bf
http://www.banquemondiale.org/fr/country/mali
http://www.transparency.org
http://www.banquemondiale.org/h/country/mali
http://www.droitafrique.com
htpp://www.wikipedia.org/wikiafriqueoccidentale (page consultée le 16/6/2014)
http://www.org, histoire au Mali (page consultée le 11/7/2014)
http://www.afard.org/allfichiers/6a (page consultée le 10/7/2014)
Déclaration de Paris et forum de haut niveau ; http:www.oecd.org dac
Décret d'allarde des 2-17 mars 1791
(consultable sur htpp:www.wikipedia.org
Loi le chapellier des 17-17 juin 1791
(consultable sur http : wikipedia.org, page consultée le 6/7/2014)
http://www./issu.com/traité de législation coloniale (page consultée le 6/7/2014)

Rapport sur la conférence d'Abidjan (consultable sur le site internet du centre du commerce international : http://www.intracen.org/ipsm/tools/abidjan.pdf

https://www.unictral, règlement d'arbitrage de la CNUDCI de 1976 révisé en 1910 (page consulté le 22/10/2014)

https://www.incoterms

http://www.cci (page consultée le 15/12/2014).

INDEX ALPHABETIQUE

Les chiffres renvoient aux numéros de paragraphe, et le cas échéant, aux notes auxquelles ils font référence en bas de page

D

E

M

N

O

P

Q

R

TABLE DES MATIERES

Questions juridiques aux éditions L'Harmattan

Dernières parutions

EXISTE-T-IL ENCORE UN SEUL « NON BIS IN IDEM » AUJOURD'HUI ?
Sous la direction de Delphine Brach-Thiel
«Nul ne doit pouvoir être jugé et condamné deux fois à raison des mêmes faits.» Si le principe est simple, c'est précisément son interprétation par de très nombreuses juridictions - pas toujours à l'unisson - qui pose question et explique le retour de ces interrogations sur le devant de la scène aujourd'hui. L'analyse ici présentée se veut riche et féconde de la rencontre entre universitaires belges et français, entre praticiens et chercheurs, entre européanistes, internationalistes ou pénalistes.
(Coll. Comité international des pénalistes francophones, 23.50 euros, 230 p.)
ISBN : 978-2-343-11828-4, ISBN EBOOK : 978-2-14-004143-3

ESSAI SUR LA NOTION D'EXÉCUTION CONTRACTUELLE
Alvarez Isabelle
L'exécution contractuelle constitue la cause impulsive de l'établissement du contrat qui, paradoxalement, est un mécanisme trop familier pour être bien connu. Adopter une méthode d'analyse alternative permet d'esquisser une définition de cette notion juridique. Est ici proposée une approche dynamique des échanges contractualisés, orientés vers la réalisation satisfactoire de l'opération économique, démontrant que cette phase exécutoire recèle un panel étendu de perspectives. (Étude à jour de l'ordonnance n° 2016-131 du 10 février 2016 portant réforme du droit des contrats, du régime général et de la preuve des obligations).
(Coll. Logiques Juridiques, 45.00 euros, 486 p.)
ISBN : 978-2-343-12604-3, ISBN EBOOK : 978-2-14-004271-3

LES ACCORDS COLLECTIFS DE GROUPE
Théodoropoulos Alexandra - Préface de Gérard Vachet
De simple expérimentation issue de la pratique, la négociation collective de groupe est devenue un véritable niveau de négociation collective reconnue par le législateur. L'accord de groupe est désormais consacré comme une norme créatrice de droits et d'obligations entre employeurs et salariés du groupe, mais sa place dans la hiérarchie des normes n'a pas été précisée. Cette situation génère de nombreuses interrogations quant à sa portée et à ses limites.
(Coll. Logiques Juridiques, 44.00 euros, 440 p.)
ISBN : 978-2-343-12269-4, ISBN EBOOK : 978-2-14-004330-7

LA SIMPLIFICATION DU DROIT DES SOCIÉTÉS À L'AUNE DU CAS HONGKONGAIS
L'exemple des SARL et SAS
Tortellier Nathalie - Préface de Mme le professeur Catherine Barreau
Cette étude comparative puise dans les règles et mécanismes de la société fermée à risque limité hongkongaise des techniques pouvant fortement contribuer à l'assouplissement et à

la simplification du droit des sociétés. L'analyse décortique la vie des SARL et SAS et propose l'application de la méthodologie pragmatique du droit hongkongais par thèmes dans un souci d'adaptabilité du droit français. Il ressort de cette analyse comparative 80 recommandations inspirées de la société hongkongaise pour développer une société outil au service de l'entreprise, une société adaptée et adaptable aux acteurs économiques contemporains.
(Coll. Logiques Juridiques, 49.00 euros, 638 p.)
ISBN : 978-2-343-11885-7, ISBN EBOOK : 978-2-14-004220-1

LE DROIT DE L'INFORMATIQUE
4e édition (2017)
Bismuth Yves
À travers l'étude des grands thèmes du droit de l'informatique (protection des logiciels et des données, contrats informatiques, protection des libertés, gestion du risque informatique), cet ouvrage permet au lecteur d'établir lui-même un diagnostic juridique des problèmes rencontrés à l'occasion de la mise en place d'un système informatique. Il est complété par des extraits de code, une bibliographie, un index et un lexique, et est à jour des dernières lois et décrets intervenus en la matière.
(38.00 euros, 436 p.)
ISBN : 978-2-343-11527-6, ISBN EBOOK : 978-2-14-004177-8

MÉTHODE ET ASPECTS FORMELS DE LA RECHERCHE
Petit manuel à l'usage des juristes (2e édition)
Marain Gaëtan
L'ouvrage propose un apprentissage de la recherche et de son formalisme qui doit permettre aux étudiants confrontés à la rédaction d'une thèse ou d'un mémoire en droit d'aborder ce travail avec sérénité. L'auteur donne ainsi une méthode pour définir le sujet, échafauder un plan et trouver la documentation utile. Est également abordée, entre autres, la question du référencement des sources et de la citation d'auteur. Des recommandations propres à l'organisation de la soutenance et à son bon déroulement sont prodiguées. Voici un guide à même d'éclairer les premiers pas du jeune chercheur en droit.
(15.50 euros, 138 p.)
ISBN : 978-2-343-12682-1, ISBN EBOOK : 978-2-14-004300-0

LA PROCÉDURE DE LIBÉRATION CONDITIONNELLE COMME OUTIL DE GESTION DU RISQUE
Ben Gadi Amélie - Préface de Joana Falxa
La procédure d'octroi de la libération conditionnelle des longues peines témoigne d'une sévérité accrue à leur égard. En imposant une évaluation de dangerosité, le législateur a souhaité «verrouiller» la procédure. Cependant, la notion de dangerosité est très complexe à définir et ne fait l'objet d'aucune définition légale. Elle introduit la notion de gestion du risque, ouvrant le chemin vers une justice de précaution. La présente étude éclaire la problématique de la réinsertion des longues peines.
(Coll. Bibliothèques de droit, 15.00 euros, 132 p.)
ISBN : 978-2-343-11550-4, ISBN EBOOK : 978-2-14-004296-6

LETTRE À TOUS CEUX QUI PERSISTENT À VOULOIR FAIRE LEUR DROIT
Charles Thierry
Le droit court derrière la «révolution numérique». Les algorithmes nous espionnent et restreignent les libertés publiques, ils calculent les indemnités au service des compagnies d'assurances. La diminution lente et continue des services chargés de veiller à l'application du droit affaiblit et parfois anéantit l'efficacité de ces lois. L'échec de la loi Hadopi est significatif à cet égard. Le mal est en fait bien plus profond et ne date pas d'hier. Nous vivons une époque de démolition des codes établis. Si le droit est partout, en définitive il n'est nulle part...
(20.50 euros, 204 p.)
ISBN : 978-2-343-12343-1, ISBN EBOOK : 978-2-14-004306-2

FÊTE ET DROIT PUBLIC
Sous la direction d'Adrien Azarete, Elie Guerrero et Thomas Moretto
S'inscrivant dans une approche globale et élargi à tout le droit public, le présent ouvrage, issu du colloque « Fête du Droit Public », a pour objet l'étude de l'application du droit public dans la fête par les différents acteurs de cette branche du droit. De l'autorisation de la fête à sa responsabilité, en passant par son organisation, son coût et sa sécurité, le droit public est présent partout, de par l'évidente présence et implication de la puissance publique et des collectivités territoriales.
(Coll. Bibliothèques de droit, 20.00 euros, 192 p.)
ISBN : 978-2-343-11018-9, ISBN EBOOK : 978-2-14-003946-1

LA DÉMOCRATIE EN DROIT INTERNATIONAL
Étude critique sur le statut juridique de la démocratie en droit international et la légitimité de l'imposer par la force
Alshiabani Abuhamoud
En droit international, la démocratie était jusqu'à très récemment absente. Malgré les appels lancés au début du 20e siècle, celui-ci a toujours considéré la démocratie comme une idéologie dans laquelle il ne doit pas s'impliquer. Après la fin de la Guerre froide et la victoire de la démocratie libérale, la démocratie s'est renforcée au plan international. Elle a exercé une pression considérable sur le droit international pour qu'il s'adapte aux nouvelles exigences des réalités politiques. Cet ouvrage traite de ce sujet et montre le contexte dans lequel se sont développés la démocratie et le concept d'ingérence démocratique.
(Coll. Logiques Juridiques, 39.00 euros, 408 p.)
ISBN : 978-2-343-10818-6, ISBN EBOOK : 978-2-14-003833-4

LES PRINCIPES GÉNÉRAUX DANS LA JURISPRUDENCE DE L'ORGANE DE RÈGLEMENT DES DIFFÉRENDS DE L'OMC
Aydi Ghozzi Mariem - Préface de Slim Laghmani
Représentant la justice marchande, le Système de règlement des différends de l'organisation Mondiale du Commerce (OMC) est censé rendre une meilleure justice. Bien qu'il ne constitue pas une véritable juridiction, il chemine sur les traces du juge international dans la détermination et la régulation du sens du droit de cette organisation, les principes généraux devraient en constituer des instruments de moralisation et de développement. Cependant, la méthode par laquelle l'organe de règlement des différends appréhende lesdits principes mérite une attention particulière.
(Coll. Droit aujourd'hui, 37.50 euros, 368 p.)
ISBN : 978-2-343-12079-9, ISBN EBOOK : 978-2-14-004047-4

LA RESPONSABILITÉ DES ENTREPRISES MULTINATIONALES POUR LES VIOLATIONS DES DROITS DE L'HOMME EN AFRIQUE
Opportunités et défis
Belporo Christelle
La question de la responsabilité des entreprises multinationales pour les violations des droits de l'homme est d'une actualité brûlante. Alors qu'à travers le monde les scandales se multiplient, sur le continent africain, des voix s'élèvent pour dénoncer les nombreuses violations des droits internationalement protégés. Cet ouvrage évalue les réponses offertes par le droit pour l'encadrement de la responsabilité juridique des entreprises multinationales à l'aune des instruments internationaux et africains.
(Coll. Études africaines, 20.50 euros, 200 p.)
ISBN : 978-2-343-11365-4, ISBN EBOOK : 978-2-14-004005-4

CONCEPTS ET PRATIQUES PROFESSIONNELLES EN DOUANES
Origines, procédures, régimes et valeur
Bouga Boukari Dan
Ce livre explique d'abord les concepts, c'est-à-dire le vocabulaire douanier de façon à ne saisir que l'essentiel. Il expose ensuite les exigences des pratiques douanières pour tous les scénarios du

commerce international. II procède enfin à des illustrations pour une meilleure compréhension des droits et obligations des opérateurs en douane.
(Harmattan Côte-d'Ivoire, 20.00 euros, 184 p.)
ISBN : 978-2-343-11805-5, ISBN EBOOK : 978-2-14-004075-7

LE DROIT POSTMODERNE
Une introduction
Barraud Boris
Au XIXe siècle le droit a changé d'ère passant du droit moderne au droit postmoderne. Sa principale caractéristique résiderait dans le développement d'une forme de concurrence juridique entre puissances publiques et puissances privées. La révolution copernicienne de la pensée juridique serait ainsi la rupture du lien consubstantiel entre droit et État que la modernité avait noué. La société civile serait désormais au cœur du jeu juridique. Ce livre propose quelques pistes et une grille de lecture afin de comprendre le nouveau droit que la globalisation modèle.
(Coll. Droit aujourd'hui, 32.00 euros, 320 p.)
ISBN : 978-2-343-12077-5, ISBN EBOOK : 978-2-14-003633-0

LE CONSEIL DE L'EUROPE ET LES COLLECTIVITÉS TERRITORIALES
Contribution à l'étude de l'autonomie locale
Kalimeri Vasiliki
Le Conseil de l'Europe est la première organisation internationale à avoir intégré l'acteur infra-étatique dans son action. La Charte européenne de l'autonomie locale et le Cadre de référence pour la démocratie régionale ont cristallisé la conception de la notion d'autonomie locale en Europe, élargie désormais à deux niveaux : le local et le régional. Au niveau extérieur, le traité de Maastricht intègre également les collectivités locales dans la reformulation du fonctionnement de l'Europe.
(Coll. Logiques Juridiques, 49.00 euros, 664 p.)
ISBN : 978-2-343-12019-5, ISBN EBOOK : 978-2-14-003697-2

GUIDE PRATIQUE DU CAPITAL INVESTISSEMENT ET DES AIDES PUBLIQUES
Créer, développer, transmettre son entreprise
Battini Pierre - Préface d'Olivier Millet
Cet ouvrage entend démystifier le capital investissement et répondre concrètement aux questions que se posent les entrepreneurs, leur donner les clés pour être efficaces, gagner du temps et avoir plus de chances de réussir leur projet. Beaucoup d'exemples et de cas concrets sont exposés. Ce livre traite la question des fonds d'investissements et des aides publiques sous différents angles : finance et outils financiers, juridique et montage des opérations, valorisations et accompagnement.
(30.00 euros, 292 p.)
ISBN : 978-2-343-12074-4, ISBN EBOOK : 978-2-14-003636-1

ET COMMENT VONT LES ENFANTS ?
Réflexions d'un notaire sur l'évolution de la parentalité des années 60 à nos jours
Dauptain Pierre
PMA, GPA, adoption, statut du beau-parent, familles homoparentales, ces sujets sont au cœur des débats contemporains et témoignent de l'évolution de la parentalité sur les cinquante dernières années. Avec un regard impartial, l'auteur inscrit sa réflexion dans les mouvements de la société tout entière. Fidèle à la méthode qui a fait le succès de son premier essai, il nous parle de droit en termes simples pour exposer les changements que la famille a connus en cinq décennies.
(Éditions Pepper/Harmattan, 22.50 euros, 218 p.)
ISBN : 978-2-343-12076-8, ISBN EBOOK : 978-2-14-003757-3

L'HARMATTAN ITALIA
Via Degli Artisti 15; 10124 Torino
harmattan.italia@gmail.com

L'HARMATTAN HONGRIE
Könyvesbolt ; Kossuth L. u. 14-16
1053 Budapest

L'HARMATTAN KINSHASA
185, avenue Nyangwe
Commune de Lingwala
Kinshasa, R.D. Congo
(00243) 998697603 ou (00243) 999229662

L'HARMATTAN CONGO
67, av. E. P. Lumumba
Bât. – Congo Pharmacie (Bib. Nat.)
BP2874 Brazzaville
harmattan.congo@yahoo.fr

L'HARMATTAN GUINÉE
Almamya Rue KA 028, en face
du restaurant Le Cèdre
OKB agency BP 3470 Conakry
(00224) 657 20 85 08 / 664 28 91 96
harmattanguinee@yahoo.fr

L'HARMATTAN MALI
Rue 73, Porte 536, Niamakoro,
Cité Unicef, Bamako
Tél. 00 (223) 20205724 / +(223) 76378082
poudiougopaul@yahoo.fr
pp.harmattan@gmail.com

L'HARMATTAN CAMEROUN
TSINGA/FECAFOOT
BP 11486 Yaoundé
699198028/675441949
harmattancam@yahoo.com

L'HARMATTAN CÔTE D'IVOIRE
Résidence Karl / cité des arts
Abidjan-Cocody 03 BP 1588 Abidjan 03
(00225) 05 77 87 31
etien_nda@yahoo.fr

L'HARMATTAN BURKINA
Penou Achille Some
Ouagadougou
(+226) 70 26 88 27

L'HARMATTAN SÉNÉGAL
10 VDN en face Mermoz, après le pont de Fann
BP 45034 Dakar Fann
33 825 98 58 / 33 860 9858
senharmattan@gmail.com / senlibraire@gmail.com
www.harmattansenegal.com

www.ingramcontent.com/pod-product-compliance
Lightning Source LLC
LaVergne TN
LVHW021138061026
849535LV00002B/286
* 9 7 8 2 3 4 3 1 4 1 6 4 0 *